西安外国语大学德语语言文学跨文化研究团队成果（2015—2020）

I
nterkulturelle Kommunikation und Kompetenz
– China und Deutschland

中德跨文化与企业跨文化

比较论文集

冷亚梅　刘越莲◎主编

陕西新华出版传媒集团
陕西人民出版社

图书在版编目（CIP）数据

中德跨文化与企业跨文化比较论文集／冷亚梅，刘越莲主编．—西安：陕西人民出版社，2021.12
ISBN 978-7-224-14280-8

Ⅰ．①中… Ⅱ．①冷… ②刘… Ⅲ．①企业管理-跨文化管理—对比研究—中国、德国-文集 Ⅳ．①F279.23-53 ②F279.516.3-53

中国版本图书馆 CIP 数据核字（2021）第 264433 号

责任编辑：王　凌　张启阳
整体设计：蒲梦雅

中德跨文化与企业跨文化比较论文集

主　　编	冷亚梅　刘越莲
出版发行	陕西新华出版传媒集团　陕西人民出版社 （西安市北大街 147 号　邮编：710003）
印　　刷	广东虎彩云印刷有限公司
开　　本	787mm×1092mm　1/16
印　　张	23.5 印张
字　　数	350 千字
版　　次	2021 年 12 月第 1 版
印　　次	2021 年 12 月第 1 次印刷
书　　号	ISBN 978-7-224-14280-8
定　　价	78.00 元

如有印装质量问题，请与本社联系调换。电话：029-87205094

前　言

冷亚梅

1. 编辑出版的背景

中国作为一个日益国际化和全球化的大市场，其产出人才在国际的流动也越来越频繁。随着外资的大量涌入和人才流动的国际化，高层次人才和热门专业人才更加紧俏，特别是国际贸易、市场营销、商务谈判、信息技术、国际旅游、财务、人力资源、行政、外语外贸、翻译、工商管理、国际法等行业对涉外人才的需求更大。而跨文化沟通与交际能力、跨文化管理能力、跨文化职业能力和跨文化领导力是国际化人才最重要的一系列能力。随着中国企业国际化进程的不断加快，中国高等院校和企业对跨文化人才的培养也越来越显得重要。学习外语不仅仅是为掌握一门语言的听说读写的能力，更重要的是洞悉其承载的文化背景，从而在学成之后成为中外跨文化交流的使者。

顺应我国研究生跨学科即复合型人才培养的趋势，西安外国语大学德语系多年以来一直为本系研究生开设跨文化交际学与跨文化管理学等课程，培养了一批又一批具有跨文化能力的新生力量。本论文集中的作者都是西安外国语大学德语系的学生，一部分作者虽然已经毕业，但至今仍活跃在中德各职场领域，并颇受社会的青睐。与此同时，我系刘越莲教授和张世胜教授开展了有大量研究生参与的"中德企业跨文化研究项目"。经过5年的努力，该项目产出了30余篇兼具现实意义与实际价值的学术论文。在科研项目运作期间，学生们不仅能秉承理论与实践相结合的理念，认真研修跨文化交际与管理的理论知识，还带着问题深入企业进行实地考察。参与项目的研究生大都有在驻华德资企业、合资企业和涉外中资企业进行中德企业文化比较研究的经历，并勤于思索，敢于创新，力图探索出一条适合德中外资企业和外派人员克服文化差异、消除文化冲突、创造整合文化的跨文化管理的路径，使在华外资企业能更好地适应中国文化并能进行有效的跨文化管理，同时也为中国跨国企业实施"走出去"战略，向现代化、国际化发展提供独特的参考和借鉴。

2. 编辑出版的意义和价值

2.1 主要内容

本书分为上下两部分，即"中德跨文化交际比较篇"和"中德企业文化与跨文化管理比较篇"。参与课题的德语专业研究生将德语大学生、研究生、德语老师、翻译、外事工作人员、旅游外贸人员、中德合作企业、德资企业和在德中资企业作为研究对象，能从民族文化、中国文化、德国文化和中德企业文化的关系研究出发，对跨文化管理的选题背景、意义、研究方法以及技术路线等进行阐述，并系统地分析、整合跨文化交际及管理的理论，探讨中德日常交际及现有外资企业跨文化管理领域的研究现状及成果。除此之外，课题参与人员还通过实地考察、访谈、调查问卷等方法，探寻中德企业文化的共性与差异，以及因这些差异而造成的文化冲突，并借此探究跨文化管理特征、发展模式及如何形成适宜的跨文化管理方法以搭建值得借鉴的中德各领域能够通畅交流的平台。

2.2. 主要观点和研究方法

（1）多维视角的系统性与深度。跨文化交际学是关涉人类学、心理学和社会学的一门综合性学科，虽然参与者都是只有语言专业背景的研究生，但大家勇于跨学科学习和研究，潜心钻研社会学、经济学、企业管理学领域知识，撰写出了有关中德人力资源管理、品牌文化、质量管理、市场营销等领域比较分析类的创新性论文，有的甚至涉及法律、税务、财务制度等学科领域。

(2) 对中华传统文化认识的深刻性。只有对中华传统文化有一定的了解和掌握才能有效地进行跨文化对比。参与项目的学生对颇具中国特色的文化及企业管理模式和内涵进行深度分析，比如论文集中中国儒商文化与德国隐形冠军的对比。

(3) 实证研究方法的多样性。参与者奉行严谨的学术作风，在课题导师的精心关照和指导下，发挥自己独立思考和创新的能力，克服困难，运用实证研究方法进行实地调查，比如采访、问卷调查、图表统计等。

(4) 着眼职场的切实性。大部分的参与者即将或已经进入中德文化沟通的职场，他们通过全程参与此项目的研究和撰写，不仅增强了自己的跨文化交际能力，更成为中德跨文化使者，为中德合作事业贡献了属于自己的一份力量。

2.3. 理论创新和学术价值

(1) 对跨文化管理研究具有理论与实践的建设性意义；(2) 对提高中德各界之间的交往与合作，特别是中德合资企业的跨文化管理绩效具有现实意义；(3) 对中国外派人员，特别是中国企业走向国际具有借鉴意义；(4) 特别对外语类本科及硕士研究生提高跨文化意识、进行跨学科研究、为将来职场做准备具有现实意义。

目 录

中德高校师生间新媒体"约时间"表达模式对比研究
  ——以中国 QQ 和德国 E-mail 为例 宋花乐 / 1
从跨文化视角看德国抗疫 App 的现实困境 陈思甜 / 12
中德礼貌原则对比 刘研翔 / 18
对 M. J. Bennett 跨文化敏感度发展模式的研究 窦文浩 / 28
中国大学德语教材中的刻板印象
  ——以《当代大学德语》为例 张名扬 / 36
简析中德口罩文化差异
  ——基于霍夫斯泰德的文化维度理论 许 楷 / 46
分析《孙子兵法》在德国的跨文化传播 陆美含 / 53
中德非语言交际行为探析 李 丹 / 64
跨文化交际中汉德熟语的比较 田心仪 / 76
中德两国各阶层女性领导者的跨文化分析 陆美含 / 88
跨文化交际视角下中德酒文化对比 余 丽 / 98
浅析跨文化交际中的文化标准理论 徐铃玲 / 107
跨文化能力培养在外语教学中的应用 刘雪婷 / 120
浅析文化身份认同及其对在德、奥华人所产生的影响 苟小雨 / 128
德国护发产品施华蔻在中国广告策略的跨文化对比和分析

——以微博和脸书广告为例　　　　　　　　　　刘思佳 / 138

跨文化背景下中德中小企业质量管理比较分析　　　　　　　　 / 148

隐形冠军和儒商文化

　　——从跨文化角度对比分析中德企业文化和管理经营理念　张雯倩 / 161

论跨文化对中德品牌要素的影响　　　　　　　　　　　　　韩颜竹 / 173

浅析在中国的德国跨文化广告的策略选择　　　　　　　　　陈思甜 / 181

中德工会制度跨文化对比　　　　　　　　　　　　　　　　王　哲 / 188

中德中小企业人力资源管理对比研究　　　　　　　　　　　张丽萍 / 202

中国企业跨国并购中的文化整合研究　　　　　　　　　　　李　丹 / 214

德国厨具品牌在中国市场推广的跨文化策略分析　　　　　　陈吾宜 / 232

从案例分析看文化差异中的企业跨文化管理　　　　　　　　余　丽 / 239

跨文化视域下中德企业文化比较研究　　　　　　　　　　　徐铃玲 / 248

从跨文化人力资源管理视角探析中德语境中克服文化休克的策略

　　——以招聘和跨文化培训为例　　　　　　　　　　　付宇娜 / 259

给在德中国员工的六条跨文化建议

　　——以特朗皮纳斯文化维度理论为基础　　　　　　　杨　倩 / 279

中德企业形式对比

　　——以有限责任公司和股份有限公司为例　　　　　　窦文浩 / 290

跨文化视角下的中德公益广告对比研究　　　　　　　　　　石　鑫 / 300

德企在华子公司当中的跨文化交际

　　——以大众汽车自动变速器（天津）公司为例　　　　王　哲 / 310

中德企业危机管理的跨文化对比分析　　　　　　　　　　　陈思甜 / 317

对国际电商平台中企业简介的跨文化视角分析　　　　　　　聂昊晨 / 326

中德企业组织形式与职场称谓跨文化对比分析　　　　　　　石　鑫 / 333

文化角度下中德企业财务模式比较　　　　　　　　　　　　聂昊晨 / 343

中德企业文化差异对比初探　　　　　　　　　　　　　　　张丽萍 / 353

中德高校师生间新媒体"约时间"表达模式对比研究
——以中国 QQ 和德国 E-mail 为例

宋花乐

提要：在互联网与社交聊天工具迅速普及的今天，高校师生间的交流不再局限于课堂，本文基于德国师生间的 E-mail 和中国师生间的 QQ 真实语料，以言语行为理论相关知识为依据，采用实证分析法和对比研究法，着重对比分析了中德高校师生间"约时间"的言语行为表达模式异同，以此来帮助中国学生更好地实现跨文化交际。本研究表明：中德高校师生间"约时间"的表达都有一套相对固定的行文框架，该框架由带有明确标识的开头和结尾以及主要言外行为"约时间"和其他附属辅助言外行为"说明原因""日期建议"等组成，但二者还是存在一些差异如称呼语、结束语等，为高校机构话语研究提供参考。

关键词：言语行为理论　约时间　中国 QQ　德国 E-mail

1. 引言

近年来，随着我国不断加大力度支持高校学生出国交流学习，越来越多的学生选择去国外求学。不难发现，由于各国高校师生间交流方式的差异，常常会引起跨国师生间不必要的误会，因此，研究高校话语对异国他乡求学的学者具有重要的意义。根据笔者留学经历和悉心的观察，发现赴德中国学生由于未能及时查看电子邮件，错失老师的通知，因而未能按时赴约或参加重要活动的现象普遍存在。本文从这种跨文化现象出发，运用言语行为理论相关知识分别从师生间的称谓和问候语、主要言语行为"约时间"以及辅助言外行为等三方面着手，比较研究在国际高校交际背景下，德国师生间如何用电子邮件"约时间",中国学生如何通过QQ来和老师"约时间",二者之间有何异同,以此来帮助中国留学生更好地实现跨文化交际。Dürscheid(1999)研究了亲近伙伴关系间(如朋友和家庭)的互联网交际话语特征,重点分析了聊天平台和电子邮件之间的异同:聊天平台是即时的、书面化和口语化夹杂的;而电子邮件是非即时且书面化的。目前在德语领域中已有关于师生间通过电子邮件"约时间"的研究(Kiesendahl Jana, 2011；Bachmann-Stein, 2011), Kiesendahl(2011)指出,高校交际属于"学术话语",对于非母语者来讲,师生互动话语在德语学术写作与交际规范中具有重要意义。在汉语会话领域内,有研究QQ群在高校文献检索课师生交流中的应用研究(杨冬艳, 2015),有基于QQ的高校师生课后交流模式如群聊、私聊,即时交流和延时交流等(徐建星,2009),也有通过对师生间QQ聊天记录在语篇分析来提高教学质量的研究(邵婷婷,2012),但对QQ中关于高校师生间"约时间"的言语行为模式却鲜有研究。本文以德国明斯特大学和中国西安外国语大学2016—2017学年的真实语料为例,收集德语电子邮件6组,QQ对话6组,所有语料中,"约时间"行为发出人均为母语者,通过对比中德"约时间"言语行为中的结构特点,归纳并分析中德"约时间"言语行为的共同点和不同点,以便更好地促进中德高校间师生的跨文化学术交流。

2. 理论基础

英国牛津大学哲学教授奥斯汀(J. L. Austin)1955年在哈佛大学做的题为《言有所为》(How To Do Things With Words)的系列讲座中指出,说话即做事,即我们说话的同时是在实施某种行为。他认为"言语行为理论的基本出发点是:人类语言交际的基本单位不应是词、句子或其他语言形式,而应是人们用词或句子来执行言语行为,并在听话人那里产生一定的交际效果"。在他试图区分"表述句"和"施为句"无果后,提出言语行为活动的另一想法,即说话者说话时可能同时实施三种行为:言内行为、言外行为和言后行为。言内行为即说话活动,是一种发声的行为,其内容可以是句子、短语、单词等,以表达某种概念或意义;言外行为是通过说话实施的一种涉及说话者意图的行为，如断定、疑问、命令、描写、解释、道歉、感谢、请求等；言后行为指话语在听话者身上产生的效果，如听话者听懂说话人的言外之意成功完成说话者意图等。Seale 在 Austin 的基础上，系统地发展了言语行为理论，并提出间接行为理论。间接言语行为是指说话人如何通过字面用意来表达间接的"言外之力"，也就是它的用意，或者说听话人如何从说话人的字面用意中推断出间接的言外之意。此外，Seale 在 Austin 言语行为分类的基础上将言语行为重新分为五大类：

1. 断言类：指描述状况或者告诉听话人发生的事情，如主张、抱怨、建议等。

2. 指令类：发话人想通过说话让听话人去做某件事情，如命令、请求等。

3. 表达类：说话人想要表达自己的思想感情，如对事物的态度、祝贺、感谢、责备等。

4. 宣告类：发话人宣布某一种状况或某件事情，如任命、指派、宣判等。

5. 承诺类：说话人对一定行为过程承担责任或义务，如宣誓、承诺、威胁等。

礼貌原则下的"约时间"其实就是请求约定时间这个行为，而请求言语行为，属于 Seale 提出的指令类言语行为，是发话人通过说话来表达自己的意愿，其言外之意就是让听话人来完成发话人的意愿。在下一节，本文将分别分析德国师生之间用 E-mail 请求"约时间"的行为模式和中国师生之间用 QQ 请求"约时间"的行为模式以及它们之间的异同。

3. 德语电子邮件和汉语 QQ 言语行为模式分析

Wunderlich (1972) 对言语行为模式进行了定义。他指出，每一个单独的言语行为都存在于一个行为系统关系中：它有指向其他言语行为的前提条件和预设，而其他言语行为也可以同时指向一个言语行为。为凸显一段语言表达系统中的主要言语行为，Holly (1979) 将发话人表达的言语序列分为主导言外行为和辅助言外行为。也就是说，每个关于"约时间"的表达都是一个言语行为序列，而在这个言语序列中总有主要言外行为和辅助言外行为，辅助言外行为服务于主要言外行为，辅助言外行为的表达本身也具有其言外之力，可是它的力度没有主导言外之力大，但为了强调该交际表达中最重要的施事行为，辅助言外行为只能退而求其次帮助凸显主导言外行为。一个表达序列中的辅助言外行为完全可能在另外一个表达中占据主导地位。文本的内容和施事行为的选择反映了发送者和接收者之间的关系，不同的表达方式可以达到不同的言后行为，它在修辞上与其诱因和所处语境有关。通常情况下，"请求"这个言语行为类型跟辅助言外行为"说出原因"和"预先感谢"同时出现，为了能够确定其表达重心，笔者首先将"约时间"这个言语行为结构切分成不同类型的言外行为，然后在这些切分出来的言外行为中对它们进行等级关系的划分。一个表达可以通过一个或多个言外行为支撑，被支持的言外行为是主导言外行为，而其他支撑该主导言外行为的施事行为则称之为辅助言外行为。每一个表达都对应一种特点鲜明的言语表达类型，用主导言外行为和辅助言外行为来对该言语表达模式进行详细的描述是可行且有必要的。

3.1 德语电子邮件"约时间"言语行为模式

通过对本研究中的德语语料库的观察表明，"约时间"对话中通常会或多或少包含一些直接或间接的言语行为，如"说明原因""告知事实""提前感谢""日期建议"以及"日期确定"等。对这种类型的"约时间"行为所期望的回应当然是老师的时间建议或最终确定的时间约定。整理好的德语电子邮件中请求约时间"主导言外行为如下：

"Ist es möglich, einen Sprechstundentermin zu vereinbaren?"

有没有可能跟您约个咨询时间？

"Ich würde mich freuen, wenn wir uns bald zusammensetzen könnten, um die ersten Ergebnisse zu besprechen."

如果我们之后能够坐在一起谈谈最近的进展的话，我将非常高兴。

"Im Namen meiner Prüfungsgruppe möchte ich Sie fragen, wann Sie uns einen Termin anbieten können."

我想代表我的考试小组询问您，您什么时候能够给我们提供约谈时间。

"Hiermit möchte ich Sie um einen Termin für eine Besprechung zu meiner Masterarbeit bitten."

特此我想请求您跟我约定一个关于硕士论文的谈话。

"Hätten Sie am 07.03. um 9:30 Zeit für ein persönliches Gespräch?"

您3月7号上午9点半有时间跟我有个私人谈话吗？

"Hätten Sie möglicherweise um 14 Uhr Zeit für mich?"

您下午2点可以对我腾出时间吗？

在以上约时间的表达中，最直接的显性"约时间"表述就是："Hiermit bitte ich sie um einen Termin."（特此我想跟您约时间。）而有些约时间则是以问题的形式来间接完成的，比如说："Frage ich Sie nun, ob Sie am nächsten Montag kurz Zeit für mich hätten."（我想问您，是否能在下周一给我腾出短暂的时间。）

（1）Von：student@posteo.de

Gesendet：Donnerstag, 3. November 2016 10:34

An：lehrer@uni-muenster.de

Betreff：Sprechstundentermin

> Sehr geehrter Herr <Nachname>,

> da ich leider versäumt habe, früher einen Termin mit Ihnen zu

> vereinbaren, frage ich Sie nun, ob Sie am nächsten Montag kurz Zeit

> für mich hätten. Ich werde in zwei Wochen das Referat über

> Librettistik im Opernseminar halten.

> Am passendsten sind am Montag für mich die Zeiten von 14-16 Uhr,

> allerdings lassen sich auch alle anderen einrichten. Für etwaige

> andere Lösungen bin ich auch offen, falls Sie am Montag keine freie

> Zeit erübrigen können.

> Ich danke Ihnen wirklich sehr!

> Beste Grüße

> <Vorname Nachname>

学生对老师(2016/11/03,10:34)

尊敬的 X 先生,很遗憾之前错过跟您约时间,我现在问您一下,您下周一能否为我腾出些许时间(见面)。我两周后将在歌剧研讨课上做关于自由表演者的报告。对于我来讲最适合的时间是周一下午 2 点到 4 点,当然,其他时间段也是可以的。如果您周一没空的话,我们也可以再商量其他时间。

非常感谢,

最好的问候

名,姓

在这封邮件中,该学生用了较多书面语中常见的复杂句。例(1)中"约时间"的表达是以提问的方式来间接完成的,并用德语第二虚拟式的修辞方式来表达礼貌。在该学生提问老师之前,他事先道出约时间的原因"因为之前错过约时间"。紧接着就告知相关的客观事实,该事实同时也充当了"约时间"的理由,用于辅助主要的言外之意"约时间"。第二段中他又给出了一个日期的选择即建议,暗示老师最好能够选择该日期,该建议再次帮助凸显主要言外行为。在邮件结尾,该学生为了"约时间"这个行为非常礼貌地提前感谢老师,并进入该信息的结尾做准备。

总体来讲,在这段电子邮件中,共包含了 5 种言语行为类型,即主导言语行为"约时间"、辅助言语行为"说出原因""告知事实""日期建议"和"提前感谢",所有这些辅助施事行为都在间接或直接支持并围绕中心施事"约时间"展开。对于以上"约时间"言语行为模式的结果言后(取效)行为,将会收到老师的日期建议、日期确定(接受)或者以另一个可选日期或者直接不回复(沉默)等言后行为。

图一可以直观地描述现有德语语料库中关于"约时间"言语行为模式中主导施事行为和辅助施事行为的关系,其中出现的辅助施事行为只是学生约时间邮件中期待出现的言外之力,并非必要,也就是说,删掉这封邮件中的辅助施事行为,也不影响邮件中"约时间"言语行为的主导言语行为。表格中的

问候和结尾只是用来框定这些言语行为，并非辅助言语行为。

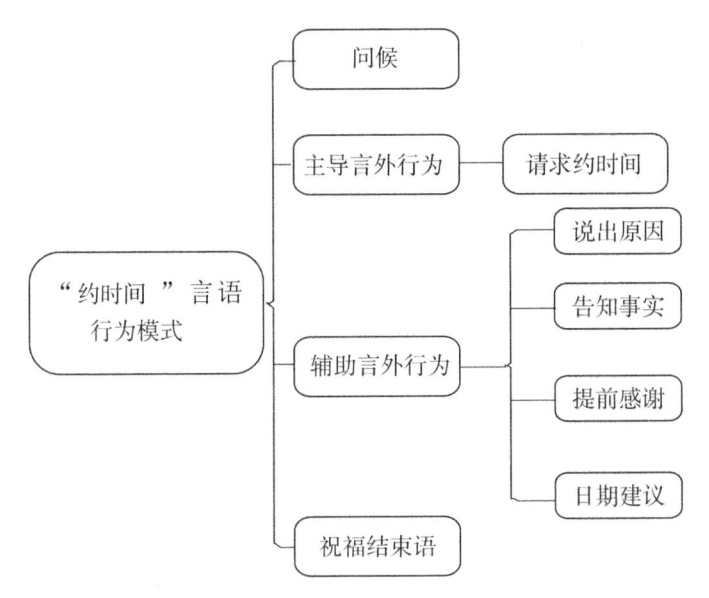

图一 德语电子邮件"约时间"言语行为模式

3.2 汉语QQ"约时间"言语行为模式

中国师生在常用的社交平台QQ中"约时间"的言语行为中，有针对具体时间段直接请求约时间的提问，如"老师，我明天什么时候去找您合适？"也有间接的地点询问，比如"老师您明天在办公室吗？"此外，QQ约时间模式中辅助言语行为较少，有时对话双方会略过互相问候直接开始进入主题，这一点在老师主动约时间的语料当中尤其明显。对话过程中"时间的确定"和"日期的建议"也是发问一方对对方回应当中有所期待的。下面基于具体语料，分别对QQ语料中"约时间"行为做一详细阐释。

（2）学生（女）对教授（2017/06/01，17：17）

N老师，您好！我是ZY。今天下午给您打电话，您没有接。明天您在办公室吗？我明天给您交论文行吗？打扰了！

教授对学生（2017/06/01，17：52）

明天上午10点吧。

学生对教授（2017/06/01，18：17）

好的老师!

这是一组比较正式的约时间对话,在该组对话中,学生首先以"您好+老师姓氏"来问候老师,紧接着又用自我介绍和陈述客观事实的方式告知该教授跟他发信息的原因。在所有这些辅助施事行为后才以问题"明天是否在办公室"为由约定明天的时间去交论文(原因辅助)。信息最后以道歉言语行为"打扰了!"结束该对话。在中国社交媒体中,学生常常以"实在不好意思,打扰您了"等道歉式辅助施事来表达对老师的礼貌,除此之外,该道歉结尾在某种意义上也起到了加强言后取效的作用。而后老师直接给出"时间的建议"并作为"约时间"确认的言后取效。在该对话中,学生做出同意老师所建议的时间之后,老师就没有再继续回复了,再次体现了教授跟学生之间的地位差别。在中国的传统文化中,老师的地位远高于学生,因此对于中国师生间"约时间"的言语行为,学生一般跟着老师的节奏来确认最终约定的时间,除非学生自己有特殊情况,此时,学生通常也并非直接建议具体时间,而是会给老师提供一个较宽裕的时间区间,具体时间还待老师确定,比如下例(3)

(3)学生对老师(2017/04/24,13:48:01)

Hi,X主任我想问一下,咱们五一放假是什么时候啊,我打算五一前后过去。

老师对学生(2017/04/24,13:48:53)

如有可能,5月2号过来吧。

学生对老师(2017/04/24,13:55:29)

好的好的,那我安排一下,谢谢主任。

老师对学生(2017/04/24,13:55:51)

别客气,叫"老师"就够了

学生对老师(2017/04/24,14:00:08)

好的老师。

例(3)中学生首先用该老师的行政职务来称呼老师,并以询问放假时间的方式暗示老师在假期前后去找老师,给老师界定了所约时间的范围,但也仅仅是一个时间区间，并未给出具体时间，具体时间还得等待老师给出，老师给出时间建议的同时也就完成了时间确认这个言外行为。

不难发现，大多数学生在跟老师约定时间的时候都会加上询问老师是否在办公地点的言外行为。这种事先询问地点的言外行为方式在中国比较常见，因为中国的高校一般不对老师设定专门的对外约谈时间，只要老师在办公室就意味着学生可以在老师的空余时间直接去找他。所以当学生想跟老师约时间的时候，会将事先询问老师是否在办公室作为一个辅助"提问位置"的言外行为，由此引出想跟老师约时间的言外之意。在汉语语料中，学生向老师约时间的言语行为模式要比德语短，通常情况下只包括老师的称呼语、"约时间"这个主导言语行为和"日期确认"的言外行为，不包括直接的祝福语，沉默就意味着该表达序列的结束。

基于中国QQ语料得出中国师生之间"约时间"的言语行为模式如图二所示。

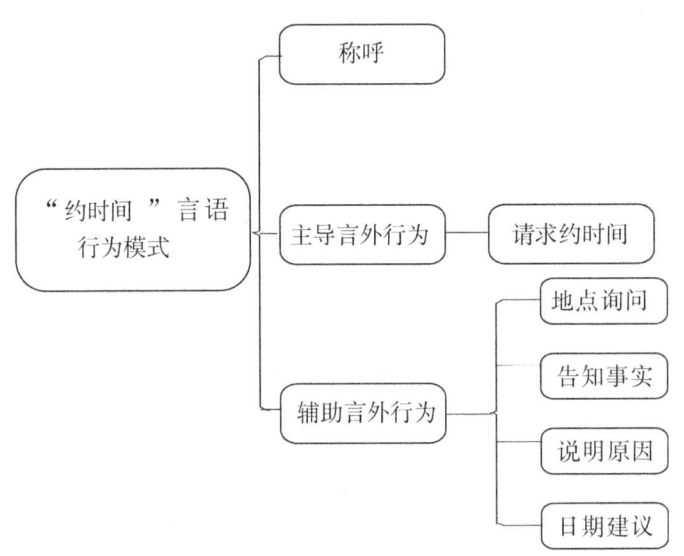

图二　中国QQ"约时间"言语行为模式图

4. 结论

通过两小型语料库的对比研究发现，虽然师生之间的关系越来越亲近，但社会地位依旧存在较大差距。不管德语电子邮件还是汉语 QQ 语料，在"约时间"这个言语行为过程中都有一套相对固定的行文框架，该框架由带有明确标识的开头、结尾和主导言外行为"约时间"以及其他附属辅助言外行为如"说明原因""告知事实""日期建议"等组成。学生所发信息要比老师所发信息包含更多的言语行为。社会地位较高的老师比社会地位较低的学生写的信息更短。在"约时间"的过程当中，学生更倾向于遵从老师给出的时间建议。此外，在中德两媒介师生"约时间"的具体语言使用和框架中，也体现出一定的语言差异性，如德语电子邮件会以"致以衷心的祝福""祝好"等作为请求结束语，而在中国师生 QQ"约时间"语料中则没有固定的结束语，通常情况下以感谢或者时间确认这个辅助言外行为直接结束"约时间"请求；师生之间的称呼和问候形式以及老师回复时间的快慢也有一定的差异，如德国老师和学生都会因为师生关系的距离感称呼对方为"您"，而中国老师对学生的称呼只有"你"；德语电子邮件中学生对老师的称呼是以其教育头衔为主，而在中国，如果老师同时担任行政职务，学生则通常会以老师的行政头衔来确认其身份并定位老师的行政地位，以上这些差异均可对未来中德高校机构话语身份的建构提供参考。

参考文献

[1] Austin, John Langshaw (1962). How to do things with words. Oxford.

[2] Bachmann-Stein, Andrea (2011). E-mail-Kommunikation in der Institution "Hochschule" zwischen Distanzierung und Entv-Distanzierung.

[3] Dürscheid, Christa (2006). Merkmale der E-mail-Kommunikation. In: Peter Schlobinski (Hrsg.): Von ∗ hdl ∗ bis ∗ cul8r ∗. Sprache und Kommunikation in den Neuen Medien. Mannheim, Zürich: Duden, 104 – 117.

[4] Kiesendahl, Jana (2008). Die Bitte um einen Termin. Eine rollensignalisierende.

[5] Anliegensformulierung in universitären E-mail s und Sprechstundengesprächen. In: Kalbotyra (3) (Germanic and Romance Studies), S. 154 – 163.

[6] Kiesendahl, Jana (2011). Status und Kommunikation: ein Vergleich von Sprechhandlungen in universitären E-mails und Sprechstundengesprächen. E. Schmidt, Berlin.

[7] Searle, John R. (1980). Eine Klassifikation der Illokutionsakte. In: Kußmaul, Paul (Hg.):Sprechakttheorie. Ein Reader. Wiesbaden, S. 82 – 108. Lizenziert für Universität München.

[8] Wunderlich, Dieter (1972). Zur Konventionalität von Sprechhandlungen. In: Wunderlich, Dieter (Hg.): Linguistische Pragmatik. Frankfurt. S. 11 – 58.

[9]邵婷婷.语篇分析应用于启发式教学及教学.湖北经济学院学报：人文社会科学版，2012.

[10]反思的初探——以一次师生间的QQ聊天记录分析为例.

[11]徐建星.基于QQ的高校师生课后交流模式研究.教育与教学研究，2009.

[12]杨彦礼.QQ聊天平台在教育教学中的作用及应用.宁夏教育，2014.

[13]杨冬艳.QQ群在高校文献检索课师生交流中的应用探究.科技情报开发与经济，2015.

从跨文化视角看德国抗疫 App 的现实困境

陈思甜

摘要：为了有效地应对新冠疫情，阻止其进一步的蔓延并对有关人员进行追踪和调查，德国同其他国家一样，也在研发并试图上架抗疫 App。但是在德国这一过程持续的时间却要比其他欧洲国家及亚洲国家要长很多。德国抗疫 App 艰难上架，受到很多方面因素的影响，如德国的深厚、悠久的个人数据保护传统。而进一步从跨文化的视角深入探究，这些因素对应的是德国独特的跨文化维度归属和民族特性。这一研究不仅有利于我们透过德国抗疫 App 的现实困境看到其深刻的文化背景，更能为中国对应层面的举措产生警示和借鉴意义。

关键词：德国抗疫 App　跨文化　文化维度

1. 引言

新冠疫情发生以来，为了对人们的行踪以及已被感染者的密切接触者进行调查和监管，进一步全面控制疫情的蔓延，许多国家紧急研发出了本国境内适用的手机抗疫 App。目前在欧洲的很多国家，抗疫 App 都已投入使用，如奥地利的阻止新冠 App(Stop-Corona-App)。然而身处欧洲中心地位，也是欧盟重要成员国的德国，在抗疫 App 的进展上却呈现出"起步早，进展慢，投入使用困难重重"的情况。而想要真正了解德国抗疫 App 艰难上架的根本原因，不仅需要系统性了解其上架受阻的原因，更应从跨文化的视角进行深层次的审视。

2. 德国抗疫 App 的困境

德国的抗疫 App——新冠预警 App(Corona Warn-App)在历经数月的"挫折"之后，终于于 2020 年 6 月 16 日上架手机商店。而由于德国抗疫 App 相较于其他国家抗疫 App 的时间滞后性，具体的下载和使用体验目前仍然是未知数。而在这一款软件上架之前，所遭遇的困境更是"一波未平，一波又起"。

首先，德国对"个人数据保护"(Datenschutz)的重视程度相当高。而抗疫 App 的研发，毫无疑问也要严格遵守欧盟和德国之前颁布的有关个人数据保护方面的法律，才能够上架并可能得到大众的认可。其次，德国群众在有关"中心化数据处理方式"(Zentralisierte Speicherung)和"去中心化数据处理方式"(Dezentralisierte Speicherung)两种方案的讨论中，在涉及"中心化处理方式"中建立中心数据处理器(Der Server)来收集个人数据时，很多民众也对该做法的数据隐私也持忧虑的态度。

此外，德国政党绿党(Die Grünen)呼吁针对此抗疫 App 应该颁布一项单独法律来消除人们使用这一款 App 时的焦虑与不安。政治家诺茨(Konstantin von Notz)认为，这一举措的意义在于建立信任，而建立一个单独的法律来进行约束，要比一般性的适用性法律更有价值。

政治家们的激烈争论和反复的民意调查也无疑是阻碍德国抗疫 App 尽早上架的一大原因。在埃尔福特大学进行的一次定期在线调查当中，约有 55% 的受访者表示不愿意安装符合数据保护法的抗疫 App。而他们拒绝的主要原因包括：仍旧对数据保护存在忧虑、同个人利益的冲突以及对该抗疫 App 有助于抗击疫情的期望不高。

3. 困境背后的跨文化背景

3.1 个人数据保护

德国人的个人数据保护意识十分强烈，这同他们对不确定性的规避(Unsicherheitsvermeidung)密切相关。在跨文化学者霍夫施塔德的文化维度理论当中，对不确定性的规避主要是指人们在面对不确定或者未知情景时，感到受到威胁的情况。而人们这种受威胁或者感到不安的心情可以通过建立书面或者非书面的规则来缓解。因为这些规则或是法律提升了事物的可预见性，因此缓解人们的忧虑。而德国，是典型的高不确定性规避国家，其不确定性规避指数（Uncertainty Avoidance Index）高达65。因此，即便是在新冠疫情十分严重期间，德国民众仍然在反复考量该抗疫 App 个人数据保护的能力。如果因为急于推行抗疫 App 而导致了个人信息的大范围泄漏，这在他们看来不仅是不可以接受的，更是充满了未知与不确定性。

此外，无论是强调抗疫 App 应符合德国和欧盟有关数据保护的现存法律，还是绿党等团体希望建立新的更为细致的法律法规，都体现了对不确定性的规避原则。德国黑森州早在1970年就颁布了世界上第一部《数据保护法》，目前德国也已经有一套具有德国特色（法律体系完备、组织保障完善、制度更新及时）的个人数据保护体制。德国如此"未雨绸缪"，也体现了GLOBE（Global Leadership and Organizational Behaviour Effectiveness）组织所建立的文化维度理论中的"未来导向性"（Zukunftsorientierung）。具有高未来导向性的国家注重的是对未来的计划，位于这些国家内的组织和机构大多着眼于长期战略规划。德国很明显是一个高未来导向性的国家，其最早颁布数据保护法的重要原因正在于此。

由此来看，建立德国抗疫 App 对应的个人数据保护的法律保障势在必行，也符合其深层次的文化维度归属。

3.2 广泛讨论

无论是德国议会中的各个政党、公私媒体以及德国其他社会群体，在抗疫 App 的研发和上架前准备过程中都相当大程度地参与其功能和可行性的讨论和建议过程。德国政府原本已在四月中旬就打算上架这款抗疫 App，但是由于大众对于中心化数据存储方式的质疑，开发人员不得不选择改变数据存储方式。在美国社会心理学家，同时也是一名文化研究学者的施瓦茨（Shalom H. Schwartz）的文化维度理论中，他将霍夫斯塔德的权利距离理论进一步发展为"等级"（Hierarchie）和"平等"（Gleichheit）的对比，用以强调权力的平等与否。在注重"平等"价值的国家当中，如芬兰、丹麦及意大利，和平和自由是其价值核心，而个人的幸福和康乐也是人们努力奋斗和追求的目标。德国也是属于"平等"文化维度的国家，所以在抗疫 App 的研发阶段，人们都在积极地广泛地进行着其适用性的讨论。

3.3 注重民意调查

除了上述埃尔福特大学进行的在线民意调查以外，德国抗疫 App 研发期间很多其他机构和组织都进行了民意调查。如纽伦堡市场决策研究院（Nürnberg-Institut für Marktentscheidungen）的专家通过对 1500 位不同年龄、性别和教育程度的受访者个人对 App 的偏好（如希望数据中心化处理还是去中心化、应用程序应该由私人公司还是公共机构运营）进行数据收集、分析，得出结论：已经有 53%～69% 的德国人已经准备好使用这款抗疫 App 了。不同主体和机构所进行的民意调查，展现了德国政府和机构深刻的个人主义倾向（Individualismus）和较低维度的"仁爱"倾向（Humanorientierung）。霍夫斯塔德的集体主义与个人主义的文化维度理论可以较好地体现出德国在抗疫 App 研发过程中注重民意调查的原因：个人主义倾向的社会中人与人之间的关系是松散的，人们倾向于关心自己及家庭。这也是调查中征求和了解德国群众个人对于抗疫 App 的看法及他们对于该软件的真正需求度的原因。而 GLOBE 组织所建立的九大文化维度体系中的"仁爱倾向"，进一步指出了不同国家和社会对于个人利益的不同追求。在"仁爱倾向"较低的社会中，对个人舒适度和个人利益的追求较为强烈。德国是低仁爱倾向的典型国家，因此，在抗疫 App 的研发及推行过程中，调查问卷是为了更好地了解德国群众个人的需求和利益所在。

3.4 官僚主义与对新事物的抗拒

部分德国媒体在此次抗疫 App 遭受困境的过程中自嘲和感慨到民众对于新事物的抗拒（Nutzerfeindlich）和政府、机构的官僚主义作风（Bürokratie）。正是由于不同机构繁复的调查和无休止的争论，以及部分群众始终对于抗疫 App 的抗拒和抵触，让原本"早已上线"的新冠预警 App（Corona Warn-App）遭受重重困难，最终数月才能艰难上线。而在上线之后，尽管本着自愿的下载原则，部分人仍然对该软件表示担忧。任《联通政治》(Netzpolitik)主编及德国著名网络活动家马库斯(Markus Beckedahl)则认为，人们的健康数据是最敏感的信息。

英国作家理查德 D. 刘易斯(Richard D. Lewis)在《文化的冲突与共融》(1996)一书中提出了线性活跃人格(Linear-aktiv)的概念，即指代以事实为依据，遵从现实主义、目标明确，冷静且富有逻辑的人们。在刘易斯模型(The Lewis Model)当中，德国与瑞士同属于最具线性活跃人格的国度，这意味着在这些国家内，人们的行为处事大多目标明确、思考冷静且富有逻辑。这一理论也很深刻地影响到了德国民众对于该抗疫 App 的判断和态度。

4. 德国抗疫 App 困境的启示

德国抗疫 App——新冠预警 App(Corona Warn-App)上架艰难，受到了很多方面因素的影响，而要真正理解这些现实困境，就必须要从深层次的跨文化视角去分析探究。这一过程对于我国抗疫 App 的运营以及与其相关的立法、研发、优化方面都有很深的借鉴意义和相应启示。德国抗疫 App 不仅完全符合欧盟和德国的相应法律，更为可贵的是在研发过程中人们对于数据保护及相应立法的重视。个人数据保护应当兼顾数据利用，在合法合规的基础上实现两者的平衡。此外，在德国抗疫 App 的研发过程中，开发者和相应机构反复进行民意调查，并对软件进行相应的优化，展现了对个人利益和需求的尊重。抗疫 App 的上线，也是经过了相当大程度的推敲和深层次的讨论，较好地规避了未来的一些潜在性风险。尽管如此，由于繁复的程序和不同意见的顾接不暇，以及德国民众对于新事物的极大抗拒(这一抗拒有时超过了其应有的程度)，让德国抗疫 App 从研发走向市场变得异常艰难。在崇尚集体主义精神的中国，这一问题得到了很好的解决，并为更好地控制疫情争取了相当宝贵的时间和精力。

参考文献

[1] Beatrice Hecht-El Minshawi und Jutta Berninghausen, Interkulturelle Kompetenz,

Managing Cultural Diversiy-Trainingshandbuch,2010.

[2]Christoph Koopmann. Die Mehrheit will, Süddeutsche Zeitung, 2020.

[3]Geert Howstede. Cultures and Organizations:software of the mind, Administrative Science Quarterly, 1993.

[4] https://www.zeit.de/wissen/gesundheit/2020 - 06/corona-warn-app-bundesregierung-start-datenschutz-faq#gibt-es-fuer-die-warn-app-eine-eigene-gesetzliche-grundlage.

[5]霍夫斯塔德. 文化与组织——心理软件的力量[M]. 中国人民大学出版社, 2010.

[6]理查德D. 刘易斯. 文化的冲突与共融[M]. 新华出版社, 2002.

[7]张校羽. 德国如何保护个人数据[J]. 学习时报, 2019(02).

中德礼貌原则对比

刘研翔

语言自从有历史记载以来，都是人类交流的主要手段。在人类的社会生活之中，语言和劳动是人类社会发展的两大推动力。在我们进行日常的社会劳动之后，我们需要与他人完成个体与个体之间的交流，以使得个体融入人类社会之中，而这之间的纽带就是语言。而在个体与个体的交流过程中，为达成个更好的交流目的，我们必须掌握一种规则。这种规则就是礼貌。

古语常道："君子之交淡如水，小人之交甘若醴。"从这里我们能提炼出一点：对待不同的人交流方式是不同的，这关系到一个人不同的出身、文化程度、社会阅历甚至个人性格。国和国之间交流也是如此，只是这套规则会变得更加的复杂和必要。所以，我们在交往的过程中，为了避免一种无所适从感，就必须要对交流对象所处的文化、社会生活、日常礼仪甚至是日常用语都要有一个主客观相结合的理解和了解。

德国作为一个西方国家，它的历史发展演变与中国差异很大，这就给中德交流之间埋下了一个巨大的文化鸿沟，带来了巨大的挑战和阻碍。在这种无形的文化鸿沟之间寻找文化交流的异同之处、构建中德文化交流的重要桥梁是当务之急。所以，打好"礼貌"的桥墩就显得尤为重要。

1. 中国礼貌定义及原则

1.1 中国礼貌的定义

中国作为最早的文明古国之一，对于礼仪的要求是由来已久刻入骨髓的。而随着朝代的演变，人们思想不断进步，文化不断发展，人们形成了十分严密和复杂的礼仪准则。但从礼貌两个字来看，"礼"指的是礼仪准则，"貌"指的是个体和群体所表现出的一种状态。所以，礼貌可以理解为人在道德准则的要求之下所表现出的一种状态。中国人常说"言谈举止"，由此可见言谈应是我们讨论的第一个切入点，言谈得体是体现个人礼仪的一个重要评判标准。而言谈得体的标准来源于社会人际交往约定俗成的惯用方式，这便使得不同社会文化造就出天差地别的文化典型。譬如"后会有期"和"久仰大名"就是一些极具有中国特色的用法。

中国关于礼的文献是《周礼》。最早出现"礼貌"一词是司马光所著《涑水记闻》卷十五："凡待人无贵贱贤愚，礼貌当如一。"意思就是，凡是对待他人无论是地位高低还是为人圣贤愚蠢，礼貌应该都是一样的。

中国文化认为，礼是人与动物相区别的标志。"凡人之所以为人者，礼仪也。"[①]"礼，经国家，定社稷，序民人，利后嗣者也。"[②]礼不仅仅是治国安邦的根本，同时又是立身之本和区分人格高低的标准。《诗经》言："人而无礼，胡不遄死？"[③]孔子说："不学礼，无以立。"中国伦理文化从某种意义上可以说是"礼仪文化"。"礼"是中华民族的美德之一。作为道德规范，它的内容比较复杂。作为伦理制度和伦理秩序，谓"礼制""礼教"；作为待人接物的形式，谓"礼节""礼仪"；作为个体修养涵养，谓"礼貌"；用于处理与他人的关系，谓"礼让"。

礼貌是人类文明的标志，是人类社会活动的一条重要准绳。作为一种社会活动，语言活动也同样受到这条准绳的约束。礼貌原则几乎存在于人类社会有语言交际活动的任何时间和地方。礼貌原则在日常生活中的体现有以下几个方面：

1.2 中国礼貌原则

1.2.1 在教育方法中的中国礼貌策略

在文化传播的过程中，我们需要把人际交流视为一种语言的艺术。它的

[①] 戴圣主编. 礼记·冠义. 北京燕山出版社, 2009.
[②] 左丘明. 左传·隐公十五年. 山西古籍出版社, 2004.
[③] 徐寒主编. 诗经·楚辞鉴赏. 中国书店出版社, 2011.

宗旨是让对方接受你所表达的信息，以达到自己的目的，所以这就要讲究方式方法。在去年年初著名的流行科幻电影《流浪地球》中出现了一句带有中国特色的交通标语："行车不规范，亲人两行泪。"它体现的是用较为亲切的、中国人较为熟悉的方式拉近距离，从而使得人更好地接受。这体现出的就是一个语言的艺术。在教育和指引的过程中，真正能体现其价值的方式方法应是寓教于乐和潜移默化。语言策略原则的重点就是以人为本。

1.2.2 成功后的谦逊原则

从中国古代文化上解释，关于"谦虚"二字出处可谓由来已久，这也难怪为何中国人的谦虚如此深入骨髓。《说文》中曾提及："谦，敬也。敬，肃也。肃，持事振敬也。"①《易传·系辞》则解释："劳谦，君子有终，吉。"②子曰："劳而不伐，有功而不德，厚之至也。语以其功下人者也。德言盛，礼言恭；谦也者，致恭以存其位者也。"

中国人有一个特点，就是在接受赞扬时常会说"没有什么""哪里哪里"，这一点在外国人看来是自卑的体现，因为他们从来不会接纳自己的成功。殊不知这其实正是中国式礼貌的体现。假设一个人获得了很高的成就，当他在总结自己成果的过程中，他一定不会大肆宣扬自己的努力，相反他会夸大其他人的帮助与合作，而将自己的努力尽可能地最小化，将自己的成功大部分地归于他人。

1.2.3 客套中体现的赞扬原则

说到赞扬原则，就不得不提到中国特有的词语"客套话"。这个词汇在中文中的意义是非常丰富的。在网络流行小说《第一次亲密接触》当中有这样一段话："首先你得赞美她的名字……形容词可有四种：气质、特别、好听、亲切。如果她的名字只可能在小说中出现，你要说她的名字很有气质……如果她的名字像男生，或是很奇怪，你要说她的名字很特别……如果她的名字实在是普普通通，乏善可陈，你要说她的名字很好听……如果她的名字很通

---

① 许慎著，董莲池主编. 说文解字考正. 作家出版社，2005.
② 朱高正著. 易传通解. 华东师范大学出版社，2015.

俗，到处可见，你要说她的名字很亲切……"这段话充分体现了赞扬准则。在中国，我们喜欢在赞扬别人时贬低自己。这就使得使自己的受损最大，从而尽可能地缩小对别人的贬损，夸大对别人的赞扬。

1.2.4 敬老原则

在中国文化中强调"尊老"，《孟子·梁惠王上》中曾道"老吾老以及人之老"①，很多时候我们可以从对老年人的尊称中可以看出。我们常用"姓氏+老"（譬如赵老、李老等）与使用"老人家"一词来称呼我们遇到的不认识的老人，这是一种表达重视与尊敬的态度。中国人将老人视为"德高望重"的群体。无论是在学界还是在日常生活中，相对上层的人都是有一定阅历的。这体现了中国人对于文化与经验积累的一种推崇。所以中国才有"故人不独亲其亲，不独子其子，使老有所终，壮有所用，幼有所长，矜（同"鳏"）寡孤独废疾者，皆有所养"这样的充满"大同思想"的言论。②

1.2.5 日常行为中的谦让原则

中国传统一直以来存在对弱势群体的关爱，这体现的是传统中对集体利益的重视，最终的目的是为了构建一个和谐的人际交往环境。在对集体利益付出的过程中使集体利益最大化，使得集体利益中的红利惠及集体中的每一个成员。这就是中国礼貌原则中的核心思想。

中国提倡尊师重道的思想，在学习中也有尊师重道的思想，学生会下意识地将自己置于老师之后，体现的是对长辈或有德行之人的敬佩。对于教育者的尊敬，若加以含义上的上升，即可理解为对于知识本身的尊重，同时也更加有利于教育的继续进行。相较于其他文化，中国的教育观念更在意的是言传身教，所以在教育过程中的"人情世故"就显得格外重要。教育作为主要的社会实践，必定会用"谦让"来体现教育的尊重。

---

① 王财贵主编．孟子．古籍出版社，2007．
② 王财贵主编．孟子．古籍出版社，2007．

2. 中德礼貌差异

2.1. 工作中的礼貌原则

2.1.1 交流礼貌原则

唐代司空图所著的《韵味说》中有一句话道"言有尽而意无穷"，中国人讲究的是只可意会不可言传的意境，是中国人在长期的社会实践中形成的文化上的理想境界。它所代表的，表达的主题所产生的主观的感情与客观现实而升华出来的环境氛围相互熔炼而产生的非常独特的状态，而这也是中国独有的。在 20 世纪美国传教士亚当·史密斯对中国人特有的表达方式做出了一个比较主观的评价："我们只要和中国人稍有接触就可以得出以下结论：仅从中国人所说的话里是不可能判断出他们的意思……即使你精通了汉语，连俗语也听得懂，听得懂所有的词，也许更糟的是，能够写下你听到的每一个句子；即使如此，你也不能准确了解说话者心里的意思。理由很显然：说话者本不打算说出心里的话，只能说一些相关的事，希望你从中推论出全部或部分的意思。"[1]这也直接表现出中国人在语言交流中所表达的若有若无、虚实结合的表达方式。

中国人常讲"言外之意"，这种言外之意深刻地体现了表达者的内心情感，并且杂糅了对于客观事物的在主观认识。而西方人的表达方式多表达了一种客观存在的现实，更易表达出自己的真实情感。其更能体现自己本民族对于文化和世界观的某种认同感。语言所体现的在于其背后的文化，什么样的文化土壤，就能培育出其特殊的礼貌原则和语言艺术。

有这样一个例子，下面是辽宁卫视 2011 年春晚小品《相亲》中的一段对话：

赵海燕：老头子，起来。

赵本山：有事吗？我这睡觉睡得好好的。

赵海燕：出去溜达溜达。

---

[1] 亚瑟·史密斯. 中国人气质. 张梦阳，王丽娟译，敦煌艺术出版社，1995.

赵本山：溜达什么玩意儿，这二十几年了也没见你早上喊我去溜达过。

赵海燕：这不是今天天气挺好的嘛，溜达溜达有益健康。

赵本山：有事吧你？

赵海燕：我要在家会个人。

通过这一段对话就可以看出中国人在谈话的时候往往不是一开始就表明自己的观点和主题。而德国人在交际中讲求直接、坦率和求实，他们喜欢直截了当地阐明自己的观点，对发表相同的或不同的意见均要求开诚布公。①

因此，在德国人看来中国人在交际的开始阶段往往要花费好多时间去说那些无关紧要，且与主题毫无关系的事情，很少直奔主题。中国人给德国人留下的总体印象往往是过多的客套，不实事求是，过多浪费时间。甚至不少德国经理人员以为中国人不会按逻辑办事，以为中国人没有自己的逻辑和策略。

在中国人眼中，德国人的坦率中却又常常流露出种傲慢，直接过分则免不了伤人。其实这都是误解，产生这些误解的原因就是两国人的谈话方式不同。如果德国人按照自己的思路去看待中国人的谈话，就会觉得中国人完全是在找理由抑或是在"打太极"，根本没有想要解决问题的诚意和行为。而德国人的直率中又有些不顾及他人感受，会让中国人背后叫苦不迭。因此，在传递主要信息之前，双方需要先交换一些背景信息，以期建立一个共同的谈话框架和创造一个良好的谈话气氛，同时双方还要了解彼此的逻辑路线和思维方式。只有各方面的条件都清楚了，才可能得出正确的结论。②

2.1.2 守时礼貌原则

网络上曾盛行一组图片"对比中德文化差异"。在德国人看来，中国人的准时观念是在约定的时间边缘前后来回浮动的。这可谓是一种文化上固有的偏见。事实上，64%的中国人都认为自己从不迟到，也从不允许不守时的情况在自己的身边出现。而是在德国，地铁和火车迟到的情况比比皆是。

---

①黄崇岭. 从德语和汉语的句法看德国人和中国人思维方式的差异. 同济大学出版社, 2000.

②王黎红, 姜峰. 社交语用失误和中德文化差异. 东北大学学报·社会科学版. 东北大学外国语学院, 2005.

准时

曾经在德国听过这样一个笑话：如果在德国迟到了，完全可以先不用着急。只需要向德国人解释自己是因为"地铁/火车晚点"就可以逃过一劫了。因为这样他们不仅不会怪罪你的迟到，甚至还会和你一起抱怨德国地铁和火车不准时。

但是这两者之间也不是完全没有共同点：对于德国和中国的企业、工作单位的人事考官们而言，守时观念一向是一个求职者最为重要的原则之一。毕竟不会有人愿意挑选一位面试时就迟到的申请人的，无论是在德国还是在中国。

2.2 生活中的礼貌原则

2.2.1 家庭礼貌原则

中国的家庭礼貌原则中，非常重要的一条就是"称谓的细化"，自中国古代周朝就有森严的长幼尊卑排序，这也影响到了后世。宋朝时期的《称谓录》就是专门记述不同身份地位的人互相称呼的标准的一本书，可见中国古代对于名称地位的重视和细致。时至今日，就算是家庭观念已经被相对简化的时代，在外国人看来中国的称谓也是十分庞杂的。其中比较明显的体现特点就是父系亲属的称谓与母系亲属的称谓具有明显的不同，需要格外注意。

中国文化的礼教传统离不开伦理纲常，总的来说就是"正名定分"。这起源于中国家族式的生活方式和经营模式。一首近现代耳熟能详的家族歌就很能说明问题：譬如叔叔和舅舅的区别，姥姥与奶奶的区别，和侄子与外甥的区别。一个家庭内部的等级也体现在语言中，例如长辈要在小辈前，平辈时，年长者要在年幼者之前。譬如"父子""兄弟"。每个中国人从小就受到父母和老师的教诲，懂得对和自己什么样关系的人该如何称呼，不可以张冠李戴。在家庭内部，遇到长辈必须按照不同的辈分来称呼，对长辈直呼其名在每个有家教的家庭里是被禁止的，也没有一个中国小孩会直呼父母的名字，就像是一种潜移默化的约定俗成。

在家庭以外的社会，别人也会根据社会地位的不同产生一定变化，有时还按人的不同官衔给予不同的称呼，总之，直呼其名是不可能的。①

相比之下，德语中的称呼要简单得多。对家庭成员的称谓只有数得清的几个：Vater（父亲）、Mutter（母亲）、Tante（姑姑）、Onkel（叔叔）、Groβ Vater（爷爷）、Groβ Mutter（奶奶）等等。而"Tante"和"Onkel"是不分父亲家还是母亲家的。

在德国人看来，这是非常正常的。究其原因在于基督教国家，"上帝之下人人平等"的观念深入人心。不论年龄和辈分，每个人在家庭内部都是平等的。在家庭外部的社会称呼语更为简单，只是"先生""太太""小姐"等，其标准只是人的性别，一般无年龄、地位、官位之分。有时德国媒体采访总理时也直呼 Frau Merkel（默克尔女士），只有在公开外交场合，才将头衔 Frau Kanzlerin 加入称呼语中。

2.2.2 习俗礼貌原则

除称呼语差别外，中德两国还有很多不同的社会习俗，如接受邀请时德国人会给主人明确的回复：Ich komme gern（我愿意来），如果自己并不愿意来，会把情况简单明确地告知。着实，德国人也会有因为客套而难以启齿的情况出现，但即便如此，他们的拒绝大多是简洁明了的，而不是中国式的简单"好的，到时看情况"，等真正到了那时，再想出各式各样的理由搪塞过去。

在中国人家里做客，主人问客人需要喝点什么，客人往往出于客气说不需要。这时，主人为了显示其诚意和好客，会再三劝下去，直至客人接受才肯

---

① 朱建华，顾士渊. 中德跨文化交际论丛. 同济大学出版社，2000.

罢休，而客人也会因主人的"盛情难却"，便欣然接受主人提供的茶水或饮料。

在德国，自然主人也会出于礼貌询问客人的喜好与忌口，并提问"想要吃点或喝点什么"时，如果客人表达出了不同意的态度，那主人便默认自己的客人此时确实不想喝或者吃东西，就不会再继续提问了。在之后的做客时间里，他们基本也不会再提问第二次。因此，很多初到德国的中国人会觉得在一个德国人家中收获了"极其冷淡"的对待，从而对整个德国民族群体产生了偏见，这是万万不可取的。

3. 总结

在全球化日益深化规模逐渐扩大的今天，不同文化的交流已是大势所趋。中德作为两个具有相对悠久历史的国家，其文化的差异性因地域、气候、政治、经济、人口流动等诸多主客观因素的影响，在文化的交流上必定会有一定程度的"点"和"面"的不对等甚至冲突。在跨文化交际中，这种文化差异会被直接放大，所以在这种交流的过程中，我们应由点及面地去学习，从生活习惯以及礼仪规则开始了解和学习，进而是其背后所蕴含的道德标准和价值准则，最后则是提炼其行为举止下的文化内涵和社会必然性，以达成对跨文化领域的深入探究。

在研究的过程中，首先要明确双方对于互相文化的包容心和文化尊重，这是国与国交流的必要前提，同时也是人与人之间交流的根本。在这个基础上，我们要打破对于彼此的陈旧同时固有的刻板主观印象，比如"德国人是古板不苟言笑的，而中国人是圆滑不直率的"等等，脸谱化的生根发芽标志着一个国家或群体将自己置于一个"信息茧圈"之中，所以无论何时，刻板印象都是阻碍跨文化交际的第一桎梏。打破个人的信息茧房，在意识上突破文化与文化的壁垒，则成为走向人类命运共同，全球化互信共助的敲门砖。

其次，通过对比中德礼仪文化差异，我们不得不正视二者之间所存在的"繁"与"简"的矛盾。即中国的礼仪往往注重一些主观内涵，而德国的礼仪通常基于一种客观判断。也就是所谓"深思熟虑"与"开门见山"的矛盾。要解决这种文化交际的尴尬，首先我们要给对方留有交流的空间，在了解对方文化的基础上，站在不同立场上看问题，正所谓"入其俗，从其令"。直接去学习和接触双方的交流方式以及作为交流准则的礼貌原则，将有助于将交流双方的言谈举止控制在一个双方可以接受的程度上。

再次，就是在互相之间了解双方的文化差异和冲突的基础上，规避彼此交流的"禁区"，比如涉及历史遗留问题的话题或涉及宗教冲突的问题，应尽量避免涉及，以免双方的交流陷入尴尬，甚至间接导致交流双方产生嫌隙或者误解。与此同时，还要注重展现出对于对方文化的包容态度，尊重彼此阐述观点的权利，同时求同存异，这是最能体现跨文化交际礼仪的根本态度。

综上所述，随着中德交流日益密切，我们对于彼此礼貌原则与礼仪文化的学习应更加深入，用探究式的目光聚焦到二者文化的差异与共通之处上，使得彼此的交流可以在新的时代背景下，迸发出新的生机与活力，同时为彼此的跨文化交际提供更加专业细致的分析与参考。

参考文献

[1]崔希亮. 汉语熟语与中国人文世界[M]. 北京语言文化大学出版社，1997.

[2]杜美. 德国文化史[M]. 北京大学出版社，2000.

[3]黄崇岭. 从德语和汉语的句法看德国人和中国人思维方式的差异[M]. 同济大学出版社，2000.

[4]何自然. 语用学概论论[M]. 湖南教育出版社，1988.

[5]胡文仲. 跨文化交际学概论[M]. 外语教学与研究出版社，1999.

[6]Hans-R. Fluck，贾慧碟. 德语实用语体学[M]. 同济大学出版社，1997.

[7]贾玉新. 跨文化交际学论[M]. 上海外语教育出版社，1997.

[8]贾慧碟. 中德书面交际中的深层文化因素探讨[M]. 同济大学出版社，2000.

[9]陶嘉炜. 写作与文化[M]. 上海外语教育出版社，1998.

[10]王娟. 中西文化群已观的差异对交际模式的影响的影响[M]. 外语与外语教学，2004.

[11]姚大伟. 对外贸易经济谈判[M]. 同济大学出版社，1991.

[12]朱建华，顾士渊. 中德跨文化交际论丛[M]. 同济大学出版社，2000.

对 M. J. Bennett 跨文化敏感度发展模式的研究

窦文浩

摘要：近年来，在全球化的大趋势下，各个国家、各个文化群体之间的跨文化交际越来越频繁。学界普遍认为，跨文化敏感度对跨文化交际至关重要。对跨文化敏感度的培养可以帮助交际参与者对文化差异的敏感性，掌握双方文化的异同，促进双方的理解与认同，有助于跨文化交际顺利完成。本文试图以身处异文化的留德中国学生经历文化差异的过程为例，对 M. J. Bennett 跨文化敏感度发展模式进行简要分析，并对跨文化敏感度发展提出了建议。

关键词：跨文化敏感度发展模式　中国留学生　德国

1. 绪论

随着全球化、国际化的进一步发展，越来越多的中国学生选择出国求学。其中，德国因相对较低的求学成本、生活成本以及其高质量的教育水准逐渐成为最受青睐的目的地之一。但由于中德两国处于两个不同的文化圈，存在较大的文化差异，留德学生在学习生活方面遇到了较多的困难。但他们绝大多数都在自己的努力下，适应了中德之间的文化差异，培养了自己的跨文化能力。

目前学者们已经就跨文化能力的核心意义达成了共识：跨文化能力是一种包含情感、认知和行为三个基本要素的综合能力。Deardorff 认为跨文化能力是"依据自己跨文化的态度、知识和技能，在跨文化环境中有效并且得体的交际能力"，Bennett 认为"跨文化能力是用来帮助在多种文化语境中进行有效而得体的交际的一套认知、情感和行为的技能"。

近年来，跨文化能力的培养越来越受到人们的重视。国家颁布的《外国语言文学类教学质量国家标准》就指出学生应具备跨文化交流的基本能力。Bennett 首次认为跨文化能力三要素中的情感要素—跨文化敏感度—对跨文化能力的培养起着决定性作用。如果不具备跨文化敏感度，人们就失去了感受体验文化差异的能力。Bennett 提出了跨文化敏感度发展模式，认为跨文化敏感度是一个动态的变化过程，在这个过程中实现了由民族中心主义向民族相对主义的转变，实现了跨文化能力的提升。该过程包括六个阶段：否认差异、抵制差异、最小化差异、接纳差异、适应差异、融合差异。本文借助文献法，对中国知网收录的有关留德中国学生跨文化案例以及在知乎等平台的案例进行搜集分析，试图对 M. Bennett 所提出的跨文化敏感度发展模式进行研究，并对留德中国学生提高跨文化敏感度提供一定的策略。

2. 研究现状

本文通过中国知网可视化分析〔文献总数：392 篇；检索条件：（主题% = 跨文化敏感 or 题名% = 跨文化敏感）；检索范围：总库〕可发现，跨文化敏感度研究涉及的学科分布越来越广泛，涉及外国语言文学、中国语言文学、教育、文化以及中医学等 30 多门学科。

以下是以"跨文化敏感"为关键词，在中国知网得出跨文化敏感度学术研究总体趋势分布：

由下图可看出，2010 年之前国内对跨文化敏感度的研究一直保持在较低的数量；自 2010 年起，中国学者对跨文化敏感度的关注迅速增加。2012 年—2017 年，中国国内的跨文化敏感度论文研究处于高产阶段，2018 年之后跨文化敏感度的研究有所回落，但仍保持在一个较高的数量。

通过对相关论文的进一步可视化分析以及对部分论文的抽样分析，不难得到以下结论：国内对跨文化敏感度的研究多以借助成熟的测量工具调查分

总体趋势分析

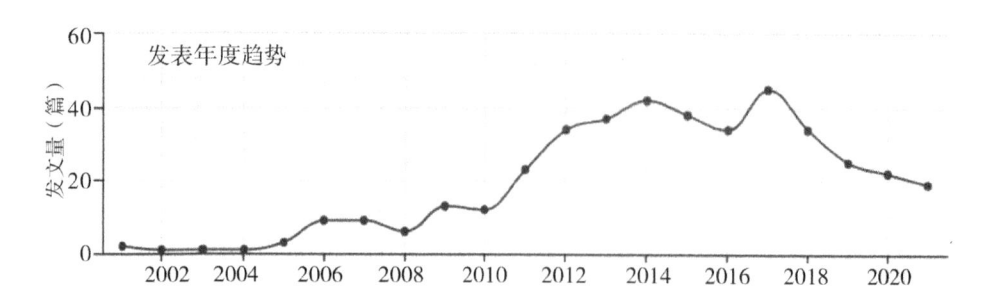

发表年度趋势

析为主，且研究对象多为英语学科的在校学生、教师为主。很少涉及对中国留德学生以及跨文化敏感度发展模式的详细分析。如：陈增铮以高校英语专业研究生为研究对象，采用陈国明和 Starosta 设计的跨文化敏感度量表，探究跨文化交际课程对英语专业研究生跨文化敏感度的影响，最终得出结论：跨文化交际课程对英语专业研究生总体跨文化敏感度水平有积极影响，尤其是对交际参与度和差异认同感有显著的积极影响。李娜在跨文化敏感度度量表的基础上，通过对国内五所高校的汉语国际教育专业 212 名留学生进行问卷调查并对样本中的 4 名留学生进行追踪访谈，探究目前汉语国际教育专业留学生的跨文化敏感度水平，分析跨文化敏感度的影响因素。结果表明，汉语国际教育专业留学生的跨文化敏感度总体上处于中等水平。学习汉语时长、来华时长、中国文化课程、语伴、中国文化活动等因素影响在华汉语国际教育专业留学生的跨文化敏感度。

3. 跨文化敏感度模式分析

跨文化敏感度发展模式（DMIS：Development Model of Intercultural Sensitivity）由 M. Bennett 提出，提供了人们在经历文化差异时构建跨文化能力的过程及发展规律。Bennett 将跨文化敏感度发展模式分为两大部分，即民族中心主义（Ethnocentrism）和民族相对主义（Ethnorelativism）。之后，他又将这两个部分分别细分成三个阶段：否认差异、抵制差异、最小化差异；认同差异、适应差异、融合差异。他认为，人们在处理跨文化差异，增加跨文化敏感度的过程就是由民族中心主义向民族相对主义转变的过程。这个过程式适用于所有构建完成跨文化能力的人，在依此经历完这两大部分的六个阶段后，人们能够对所经历的文化差异有更深的认知和体会，冷静地对待不同过程的心理感知，有助于跨文化能力的构建。

3.1 民族中心主义

在民族中心主义阶段，人们只是无意识地将自己所认知的世界观作为世界的中心，并将外界的文化差异视作对本文化的威胁。他们只能通过自己的经验来认识世界。这一部分分为否认差异、抵制差异、最小化差异三个阶段。

否认差异阶段是民族中心主义的第一阶段。处于这一阶段的人尚未成功构建文化差异这一概念，他们否认其他世界观的存在，对文化差异的认知只是处于浅显的表层阶段，如通过皮肤的颜色和脸部来区分黄种人、白种人和黑种人。他们总是无意识或有意识地将自己隔离在其他文化之外，并认为文化差异是可以通过心里拒绝和物理隔离的方式回避的。

由于语言能力不佳、环境压力以及授课方式的巨大差异等问题，初到德国的中国学生在课堂讨论时往往害怕发言，并且在课后也总是同中国学生一起交流或自己独处，对与德国或其他国家学生交往感到恐慌，并认为不与其他人交往自己也能够在德国顺利生活。以上表现是人们处于否认差异阶段的典型表现。处于否认差异阶段的人在生活中往往表现为更乐意同来自相同文化圈的人交往，在与不同文化圈交往时感到焦虑恐慌，并且对文化差异有很低的感知能力。

民族中心主义的第二阶段是抵制差异阶段。在这一阶段，人们已经接受文化差异的存在，但对文化差异仍持抵制态度，对文化差异的认知还是较弱。人们仍将自己的文化作为世界的真实，并且认为世界只有简单的"我们"和"他们"，并且总是将刻板印象放大化，对文化的"优劣"加以评判。抵制阶段主要表现为三种倾向：第一种倾向是对对方文化加以批判，诋毁对方的文化；第二种倾向是对本国文化过分赞扬，强调本民族文化的优越性；第三种倾向则是认为对方的文化优于本民族的文化，并对本民族的文化加以诋毁，这种倾向也是民族中心主义的另一种体现形式，只不过是将对方文化视为中心文化。

处于抵制阶段的留德中国学生主要体现在对德国的饮食、文化等过分批判，并同时对中国的生活大加赞扬，并在做事之前往往考虑在中国会怎样。或认为德国人在课堂上大声擤鼻涕是不讲卫生、不礼貌的行为。此时，人们的民族情绪、爱国精神往往达到在国内时所未有的高涨。

民族中心主义的最后一个阶段是差异最小化阶段。在这一阶段，文化差异被承认，也不会再被抵制。在民族中心主义的支撑下，人们试图借助本民族的文化和经验来寻找文化相似性，缩小文化差异：所有人都有同样的需求，所有人都有相同的精神原则。在这一阶段的人意识到制度、习俗等表面的文化差异，但他们认为文化差异之下仍有相同的文化内核，如认为德国人奉行集体主义，当个人利益和集体利益相冲突时，他们可以毫无怨言地放弃个人利益。

3.2 民族相对主义

民族相对主义是指"个体依靠另一文化自有的前提……来评估这一文化中展现的行为"。在民族相对主义阶段，人们已经认识到所有的文化都因其独特的文化背景而产生，各个文化都有其本身独特的文化内核和民族精神。他们开始认识到自己之前民族中心主义认知的局限性，并希望积极发现文化差异来丰富自己对现实世界的认知并寻求借此能够更加了解异文化。民族相对主义同样也分为三个阶段：接纳差异阶段、适应差异阶段、融合差异阶段。

接纳差异阶段是民族相对主义的开始。在这一阶段，人们认识到意识到影响文化形成的不同文化背景，并接纳文化差异的存在。他们所接纳的文化差异可以小到人们的各种言语和非言语行为，也可以大到价值观和世界观。当然，接纳文化差异并不意味着接纳所有的文化。当留德中国学生开始将德国人当众大声擤鼻涕作为德国的很普通的一个小习惯，开始理解德国人在野餐时将三明治随手放在草地上背后的原因——德国人认为大自然是最干净的时，这就意味着他已经开始接纳文化差异，开始构建跨文化能力了。

当然，接纳文化差异并不意味着接纳所有的差异。在此阶段的早期阶段，人们很难对其先前的民族中心主义过度补偿，并对所有"文化"差异行为过度宽容。而有些"文化"即使是在本国也是无法被人们所接受的。

民族相对主义的第二阶段是文化调适阶段。在接纳差异阶段，人们始终站在本文化的中心来观察其他文化及文化异同。而在本阶段，人们已经具备了移情能力，学会了换位思考，能够改变参照系，站在目标文化的角度看待文化差异。跨文化移情是适应差异阶段的核心，它是一种能够体验不同于自身文化背景的事物的能力，也是一种从他人认知出发去理解他人感受的尝试。在移情能力的作用下，个体逐渐将两个或更多的不同文化框架逐渐内化为一个整体。随着留德时间的加长，中国学生也学会了暂时搁置自己的世界观，并有意识地将自己置于德国文化中，从德国人的视角看待德国文化。

Bennett 认为当个体处于民族相对主义的最后一个阶段——差异融合阶段时，他就具备了多元化意识，能够处理不同文化背景下的跨文化问题。个体已不再需要站在某一文化的中心位置看待本文化与其他文化，只需要站在各文化的边缘位置就能够将多种文化融合为自己的身份定位和世界观，能够自如地对待文化问题。

4. 跨文化敏感度的发展策略

中国学生在去德国之前往往没有去过德国，对德国缺少了解，所以跨文化敏感度发展往往处于民族中心主义的第一阶段——否认差异阶段。因此针对这一阶段，发展跨文化敏感度最好的方式就是参与文化认知，即在国内就积极了解德国衣食住行以及风俗习惯等表层文化，并通过网络等途径找去过德国的人了解德国生活求学所注意的问题，加深对德国的了解，以期不再否认中德之间的文化差异。

在到达德国时，不要因语言不佳而羞于说话，要克服心理障碍，积极参与课堂发言，积极与德国人交流，通过与德国人直接接触的方式了解德国文化，提高跨文化敏感度；还要离开舒适区，不要总是闭塞在自己的空间或只在中国人的小圈子里交流，否则无法真正适应文化差异。

另外，跨文化敏感度发展模式并不是一个单向的过程。跨文化敏感度也会有降低的情况发生。因此，在适应德国文化的同时，也要注意协调好本国文化与德国文化适应的平衡，避免倒行至诋毁本民族文化、夸大异文化的抵抗文化差异阶段，避免跨文化敏感度发展模式的逆流。

5. 总结

本文以中国学生赴德求学的经历为参考，借助文献法，对 M. Bennett 的跨文化敏感度发展模式的六个阶段——否认差异、抵制差异、最小化差异；认同差异、适应差异、融合差异——进行分析，之后又针对提高留德中国学生跨文化敏感度提出了以下策略：在出国前，充分利用各种方式初步了解德国的基本国情以及德国生活的注意事项，避免否认文化差异；在抵德时，克服心理障碍，离开中国人舒适圈，积极同德国人交流，加深对德国文化的认识；处理好德国文化与本国文化的平衡，避免跨文化敏感度的降低。

参考文献

[1] 陈国明. 跨文化交际学[J]. 华东师范大学出版社，2009.

[2] 陈雪飞. 跨文化交流论[M]. 时事出版社，2010.

[3] 陈增铮. 跨文化交际课程对英语专业研究生跨文化敏感度的影响研究[D]. 扬州大学，2017.

[4] 刘伟. 跨文化交流能力的构建[M]. 中国矿业大学出版社，2014.

[5] 潘亚玲，杨阳. 海外经历对跨文化能力发展的影响——以留德中国学生为例[J]. 外语学刊，2021(1).

[6] Bennett, J. M. Developing Intercultural Competence for Global Leadership. https://5a07ac3d-a-36ab80dc-s-sites. googlegroups. com/a/sgs-wa. org/sgsprofessionaloutreach/BennettInterculturalCommunication. pdf? attachauth = ANoY7cqVG92y191qhKoou0uaS3Mc8Ze4v-CEJEhHkco9tcKmO4gvVXTgoXBnSCy2ZH-YFnDfs89MMetz3RTqH8VyJa-PjVFPChig7XlEVA8mgYM5J1rkNOE6feYqx2FVrb-cegxJsRvIq3iNLkdssJutQdFKbuhHugivNpU9-8Lu_Q5

viuqzPRhNAgOJK_WYKKwZaLw8o4FSJfZcshRrM4DI-8Dh2flE3c4fQBtzNMHhkm1KQYl1Xp-uKbpsjnQP-sWksiB8bDTQv0&attredirects=0.

［7］Bennett, J. M. Transformative Training: Designing Programs for Culture Learning［J］. Exploring the Cross-cultural Dynamics Within Organizations, 2009(00):95-110.

［8］Deardorff, D. K. Identification and Assessment of Intercultural Competence as a Student Outcome of Internationalization［J］. Journal of Studies in International Education, 2006(3):241-266.

中国大学德语教材中的刻板印象
——以《当代大学德语》为例

张名扬

摘要：刻板印象主要是指人们对某个事物或物体形成的一种概括固定的看法，并把这种观点看法推而广之，认为这个事物或者整体都具有该特征，而忽视个体差异。在跨文化交际中，刻板印象是一种非常普遍的现象，是文化互动中的必经环节。对于德语学习者而言，教材对语言学习和文化了解起到举足轻重的作用，尤其是对于中国大学德语专业的学生而言，教材是其了解德语与德国的重要来源，本文以中国大学德语教材中的基础教材《当代大学德语》为例，基于跨文化交流理论分析中国大学德语教材中的刻板印象。对该教材的分析无论在中德跨文化交流课堂教学层面，还是在个体跨文化交流层面，都具有一定的借鉴意义。

关键词：刻板印象　跨文化交际　中国大学德语教材　当代大学德语

1. 引言

在全球化的进程中，跨文化交际已成为其不可或缺的一部分。在跨文化交际中，了解交际对象的文化背景是交际能够得以成功的先决条件，但由于时间与精力的有限，并不是每一个人都机会亲身经历并详细了解其他国家的文化和民族特征，人们往往会通过媒体、书籍、借鉴他人经历等手段获得的信息来了解其他国家和文化，并逐渐形成对其他民族与文化群体的特定印象。这些印象有时与现实相符，但有时与现实相违背。报纸、杂志、电视、互联网和书籍等获取信息的手段与这个时代的特征息息相关，信息的接受程度还取决于目前的文化背景，与接受者的现有文化经验密切相关。为了节省时间和精力，刻板印象能帮助人们对某一类人形成具有概括性的印象。但是除了积极的影响之外，刻板印象还能妨碍人们客观地看待他人，甚至能产生偏见或歧视的现象。对于未去过德国的德语学习者来说，他们对德国和德语的最初印象，很大程度上来自教科书，实际上，人们早就意识到，语言教科书必然会反映目标文化，因为语言的学习与文化的学习密不可分，所以教材在跨文化交流中起着重要的作用。但是，教材也经常受到批判，因为教材中的内容往往会导致刻板印象的形成，渗透着教材编写者的国别刻板印象。本文以中国大学德语教材中的基础教材《当代大学德语》为例，分析中国大学德语教材中存在的刻板印象。

2. 理论基础

在日常的谈话中常常能听到德国人严谨，美国人思想开放，法国人浪漫等等的说法。甚至在关于跨文化交流的专业文献中，英国人理智且有传统意识，美国人简单且物质至上，意大利人充满激情、爱好音乐、不修边幅，德国人勤奋、缜密等这样的说法也并不罕见。这种对他文化群体成员特质的简单概括被称之为刻板印象。

2.1 刻板印象

刻板印象（Stereotype）最早是由一位叫 W. Lippmann 的新闻记者提出的，"刻板印象"也叫"定型化效应"（Stereotype effect），是指个人受社会影响而对某些人或事持稳定不变的看法。（刘弘、孔梦苏，2014）。刻板印象是一种过于一般化、简单化的认知方式，它的特点就是忽略个体的多样化，忽略细节差别，只注重共同的总体的特点（黄律沙，2006）。荷兰社会心理学家海尔特·霍夫斯蒂德（Geert Hofstede）认为"刻板印象是对某一群体的人们形成的固定观念。该观念并没有考虑到个体的特质区别"。霍夫斯蒂德的定义对刻板印象的不满表现在它造成的固定观念。在 Duden 中，"刻板印象"一词的解释如下："（[Sozial]psych.）vereinfachendes, verallgemeinerndes, stereotypes Urteil, [ungerechtfertigtes] Vorurteil über sich oder andere oder eine Sache;

festes, klischeehaftes Bild. "（Duden：Deutsches Universalwörterbuch：1516）

社会心理学中刻板印象划分为：自我刻板印象和异己刻板印象。自我刻板印象是某一种族或群体成员对本种族或群体成员的刻板印象。异己刻板印象是某一种族或群体成员对非本种族或群体成员所持有的刻板印象。"刻板印象"一词描述了一种集体认知的偏差。刻板印象是一个群体对自己或对其他群体标准化的判断，这种判断总是与实际情况不相符或者不完全相符。（Hansen，2000：321 – 322）。

2.2 刻板印象的来源

刻板印象并不是与生俱来的，而是后天形成的，是生活世界，社会环境和文化之间相互作用的结果。个体对其他种族和民族的看法和印象会受到其生活的环境、接受的教育、他人的经验和媒体报刊的影响。尤其大众媒体在刻板印象的形成中发挥着越来越重要的作用。在当今社会，大众媒体无处不在，电视、广播、报纸、杂志、互联网和书籍都是信息的载体，传递着大量信息。人们往往会通过媒体、书籍等手段获得的信息，了解其他国家和文化，并逐渐形成对其他民族与文化群体的某些印象。

2.3 刻板印象的作用

在跨文化交流中的形象研究方面，刻板印象是重要的主题。刻板印象在跨文化交流当中既有积极作用，也有消极作用。刻板印象往往会导致轻率的，不全面的判断，这一方面的消极表现被许多研究者提出，并作为对刻板印象的持有否定的、负面的态度的依据。在跨文化交际学中，不同的学者对刻板印象定义不同，但均倾向刻板印象的消极方面。美国人类学家爱德华·霍尔提出："Stereotypes get hold of the few simple, vivid, memorable, easily grasped and widely recognised characteristics about a person, reduce everything about that person to those traits, exaggerate and simplify them, and fix them without change or development to eternity". (1997, S.258) 霍尔将刻板印象描述为统治者压迫他人的工具。克劳尔也认为刻板印象是危险的，尽管他对刻板印象的定义并不是完全消极的。他认为，刻板印象可能导致偏见，如果偏见加深的话甚至会导致对某些社会群体的歧视。荷兰社会心理学家海尔特·霍夫斯蒂德（Geert Hofstede）认为"刻板印象是对某一群体的人们形成的固定观念，该观念并没有考虑到个体的特质区别"。霍夫斯蒂德的定义对刻板印象的不满表现在它造成的固定观念。总体而言，跨文化学者们认为刻板印象是对他文化群体成员特质的简单概括，这种认识上的简单化没有涵盖个体的不同特点，导致了对他文化群体整体的错误观念。而且这些偏颇的错误观点还会僵化、固化下来。因此，跨文化交际学中对刻板印象的普遍态度倾向于否定的、负面的。

但是，刻板印象也存在积极作用，Zarate 和她的同事尽管意识到了刻板印象会导致的问题，但同时也看到了刻板印象在文化理解当中积极的表现。"Stereotypes, although reductive, convey the characteristics peculiar to a cultural society and can serve as raw material for the understanding of a particular culture."

面对复杂的世界和普遍的信息过剩，人作为个体没有办法获得关于世界的所有信息，因此通过简化的方式来组织大部分关于世界的知识和图景，尤其在面对陌生的异文化时，个体需要借助它们将现实的复杂性减低为少数几个容易全局掌握的基本形态模式。刻板印象和偏见恰恰具有这种为个体提供减复和导向能的作用，是个体在跨文化交流过程中极度依赖的框架。在跨文化研究中，"刻板印象指的是精神范畴，他们能够将关于特定社会群体——比如民族团体或者国家团体——的现有知识和对该群体的期待组织起来"。刻板印象使人们能够通过分类来处理复杂的信息，它能够在社交环境中发挥作用。在过去的一个世纪中，刻板印象的正面作用和负面作用都曾被反复讨论，虽然很多学者倾向于它负面的作用，但是仍然没有绝对的论点能证明刻板印象是完全有益的或是完全有害的。因此，刻板印象的正面和负面影响密不可分。

迄今为止，各学科的研究人员已广泛研究这一课题，为理解这一现象做出了重要贡献。但对于高校教材中的刻板印象的研究还并不多。本文所研究的刻板印象主要是指中国高校基础德语教材中的国别刻板印象问题。

3. 当代大学德语中的刻板印象

文化之间的交流并不总是顺利和没有冲突的，也不总是富有成果的，因为每一种文化都包含着自己独特的自我概念。跨文化学习的代表人物们认为对其他文化的理解是一种内在和外在视角之间的辩证法。从字面意义上来讲，跨文化学习体现在学习者在外语课堂沉浸在文化的氛围当中。他们能够踏入"一段间隙"当中，并从那里"看到另一种语言文化的位"，通过这种方式，跨文化性得以变得清晰。(Kaikkonen，2005：301)

对于德语学习者而言，教材对语言学习和文化了解的作用举足轻重，尤其是对于中国大学德语专业的学生而言，教材是其了解德语与德国的第一来源。教科书中的内容影响着德语学习者尤其是对于那些从未出过国或很少与德国人交往的学习者对德国的看法。然而，他们对德国的刻板印象往往也来自教材，教科书中的内容容易使学习者的思想和行为在一定程度上受到固化，并按照自己从书上学到的内容、语言和社会的模式行事。语言课本中的文化引入有时给教师和学习者带来两难境地。一方面，随着对文化的日益重视，通过学习，学习者被赋予了更多的机会来了解语言的发展环境。另一方面，教科书在提供有关目标文化的信息时存在不完全一致或错误陈述的风险。如果学习者将这些内容照单全收，在真实的跨文化交际中难免要遭受挫折。他们通常只能通过用自己的思想结构进行分析来发现一个外国社会及其文化背景。本文选取在中国大学德语专业本科阶段最常用的一本基础德语学习用书《当代大学德语》作为研究对象，来探讨中国大学德语教材中的刻板印象。

日常文化的教学可以说是语言教科书编写中所面临的最大的挑战之一。通过收集、总结、解释和当代大学德语中的所有数据，笔者发现当代大学德语中的刻板印象主要涉及了对德国、德国人、德语和中国人的刻板印象。

3.1 德国与德国人

慕尼黑与啤酒：(1) Die internationale Stadt München ist durch das Oktoberfest und das Münchner Bier stereotypisiert："Da können Sie das weltberühmte Münchner Bier trinken. Denn München ist auch die Stadt des Biers."(Liang/Nerlich，2005：8)

在那里你可以喝到世界著名的慕尼黑啤酒。慕尼黑也是个啤酒的城市。

从这个例子中可以得出教材中关于慕尼黑的刻板印象是慕尼黑以啤酒而闻名。

德国的环境保护：（2）In diesem Bereich gehört Deutschland zu den führenden Nationen："Deutsche Unternehmen seien auf dem Gebiet der erneuerbaren Energie führend."（Liang/Nerlich，2009：204）

德国是该领域的领先国家之一："德国公司在可再生能源领域是领头羊。"

（3）Deutschland legt großen Wert auf die"grüne Energie"，da z. B."Wind und Sonnenenergie viel sauberer seien als das Verbrennen von Erdöl und nicht so gefährlich wie Atomenergie"（Liang/Nerlich，2006：133）。

德国十分重视"绿色能源"，因为像"风能和太阳能比燃烧原油清洁得多，并且没有核能那么危险"。

通过以上两个书中文章中的例子，德国给德语学习者的印象是绿色环保，对于德国环境保护的刻板印象的主要体现在"绿色能源""绿色技术"和"绿色旅行"。

家庭：家庭生活在日常生活中也起着重要作用，教科书中对德国家庭生活的描述如下：（4）Die"Normalfamilie"-ein Ehepaar mit einem oder mehr gemeinsamen Kindern-wird in Deutschland immer seltener …. Immer normaler，fast schon am normalsten sind in Deutschland Single-Haushalte.（Liang/Nerlich，2005：169）

一对夫妻，一个或者多个孩子，这样普通的家庭模式在德国越来越少。单亲家庭在德国越来越常见，甚至是最常见的情况。

（5）"In Deutschland gibt es bis zu 300000 alleinerziehende Väter und ihre Zahl steigt rasant an"（Liang/Nerlich，2009：33）。

在德国，单身父亲多达300000，而且他们的数量还在迅速增加。

从上述描述可以看出单个家庭在德国占家庭类型的比例已经越来越高。就单个家庭而言，不仅涉及单身人士，也涉及离婚人士和单亲父母，德国人倾向于松散的家庭关系。

德国人：书中对德国人的刻板印象是最为普遍听到的一种说法（6）Li Tao：Heibt es nicht immer, ihr Deutschen legt so groben Wert auf Ordnung und Pünktlichkeit?

不是说，你们德国人很重视秩序和准时吗？

Thomas：Ach, die typisch deutschen Tugenden! Aber es stimmt schon. Viele Deutsche sind genauso typisch deutsch wie Yang Fang. (Liang/Nerlich, 2005：239)

托马斯：典型的德国美德。也对，很多德国人就是这样的典型，像杨芳一样。

3.2 德语

马克·吐温专门为德语写了一篇文章，文章名字开门见山——《可怕的德语》，这篇文章世界著名，造成了一种对德语的刻板印象，即德语是一门很难的语言。德语是一门难学的语言，这样的刻板印象至今仍然影响着许多德语学习者。马克·吐温的这篇文章其中的一部分也作为课文出现在了《当代大学德语》第四册中。

（1）Es gibt ganz bestimmt keine andere Sprache, die so unordentlich und systemlos ist wie das Deutsche. Hilflos schwimmt man hin und her und wenn man glaubt, endlich festen Boden und eine Regel gefunden zu haben, liest man："Der Lernende merke sich die folgenden Ausnahmen."Man überfliegt die Liste und stellt fest, dass es mehr Ausnahmen als Belegefuir die Regel gibt. (Liang/Nerlich, 2009：307)

当然再也没有比德语更加草率松懈，毫无系统的语言，而且还如此变化无常，难以参透。学习德语的人十分无助地在德语海洋中沉浮，当他以为终于掌握了十种词性变化规则的时候，德语书翻到第二页，上面却写着："现在同学们请认真记录以下单词的特殊变化。"眼睛扫一眼才发现特殊变化比规则变化多几倍。

（2）Das Wort sie zum Beispiel, ein so armes, kleines, schwaches Ding von nur drei Buchstaben, bedeutet sowohl you als auch she als auch her als auch it als auch they als auch them. Man stelle sich die Verzweiflung vor, nie zu wissen, welche dieser Bedeutungen der Sprecher gerade meint. (Liang/Nerlich, 2009: 308)

譬如，同一个词"sie"可以表示"您""她""它"，宾格的"她"和"他们"想想吧，一门语言贫瘠到一个单词就要表示六种意思，更别提这单词只有三个字母而已。再好好想想，你永远别指望弄明白说话者到底指的是谁。

3.3 中国人

书中除了对德国的刻板印象以外，也有涉及到西方人对中国的刻板印象：(1) Die Chinesen haben im Laufe der Jahrhunderte eine besondere Fähigkeit der indirekten Sprechweise entwickelt. Indirekte Hinweise ermöglichen es den Gesprächspartnern, ihr Gesicht zu wahren. (Liang/Nerlich, 2009:279)

中国人几千年来培养了一种间接讲话的特别能力。间接的暗示能使对方的面子得到维护。

(2) Und sie ist sehr fleibig und natürlich auch höflich. Ich mag diese chinesischen Tugenden. (Liang/Nerlich, 2005:240)

托马斯：她很勤奋，当然也很有礼貌。我喜欢这些中国美德。

从以上例子中可以得出如下结论：教材中对德国和德国人的描述正面居多，从而导致中国学生对德国和德国人的刻板印象偏正面，而对于德语的描述偏负面。涉及对中国人的看法的文章有两篇，提及了中国人说话委婉，勤奋有礼貌这一刻板印象。

4. 结论

语言与文化息息相关，是文化的载体，任何语言都是该民族在长期历史发展过程中沉淀下来的文化表现，所以学习语言也是学习其语言背后的文化。跨文化学习和交流是外语学习必不可缺的一部分。教科书承载着文化内容，在外语学习中有意识地或无意识地向学习者传播着文化思想。对于德语学习者来说，他们对德国和德语的印象，最初来自教科书，因此教材在跨文化交流中起着重要的作用。但是，由于文化在传播的过程中常常被概括和简化,学习者容易形成目标文化的刻板印象。刻板印象在跨文化交流当中既有积极作用,也有消极作用。中国大学德语专业基础德语教材——《当代大学德语》中的刻板印象主要涉及对德国、德国人、德语和中国人的刻板印象。其中的刻板印象主要有:慕尼黑以啤酒而闻名,德国人注重环境保护,普通的家庭模式在德国越来越少,德国人注重秩序和准时,德语是一门难学的语言,中国人说话委婉,勤奋有礼貌。这些教科书中的案例分析有助于研究中国大学德国专业学生学习德语期间可能形成的刻板印象。因此,科学地完善外语教科书中的刻板印象是很重要的。教材涉及的过程中确实很难完全避免刻板印象和过度概括。然而,教科书设计者仍然有可能将这种负面影响降到最低。

参考文献

[1] Geert Hofstede. Culture's Consequences. Comparing values. Behaviors. Institutions and Organizations Across Nations (2nd edition). Shanghai Foreign language education Press, 2008:P14.

[2] Hall, S. The spectacle of the "Other". Representation: Cultural Representations and Signifying Practices, 1997:223 – 290.

[3] Hansen, K. P.. Kultur und Kulturwissenschaft: Eine Einführung. 2. Auflage Tübingen: A. Francke Verlag Tübingen und Basel, 2000.

[4] Kaikkonen, Pauli. Fremdsprachenunterricht zwischen Moderne und Postmoderne. Info DaF, 2005:32, 4, 297 – 305.

[5] Liang Min, Nerlich, Michael (Hrsg.). Studienweg Deutsch. Kursbuch 1. Beijing: Foreign Language Teaching and Research Press, 2004.

[6] Liang Min, Nerlich, Michael (Hrsg.). Studienweg Deutsch. Kursbuch 2. Beijing: Foreign Language Teaching and Research Press, 2005.

[7] Liang Min, Nerlich, Michael (Hrsg.). Studienweg Deutsch. Kursbuch 3. Beijing: Foreign Language Teaching and Research Press, 2006.

[8] Liang Min, Nerlich, Michael (Hrsg.). Studienweg Deutsch. Kursbuch 4. Beijing: Foreign Language Teaching and Research Press, 2009.

[9]Zarate, G., Gohard – Radenkovic, A., Lussier, D., & Penz, H. Cultural Mediation in Language Learning and Teaching. Straßburg:Council of Europe, 2004.

[10]高慧,赵岚. 跨文化交际视野下对刻板印象的再认识[J]. 对外传播,2016(7):52 – 54.

[11]黄律沙. 交际与交际障碍. 中国水运,2006(11):238 – 239.

[12]刘弘,孔梦苏. 对外汉语教材中虚拟人物的刻板印象研究[J]. 语言教学与研究,2014(1):51 – 51.

简析中德口罩文化差异
——基于霍夫斯泰德的文化维度理论

许 楷

摘要： 本文将以跨文化视角，从霍夫斯泰德的文化维度理论出发，以中德口罩文化差异为切入点，分析其背后折射出的中德文化差异及原因，帮助在德国生活工作的中国人了解、避免由此引发的文化冲突。

关键词： 霍夫斯泰德　文化维度理论　戴口罩　中德文化差异

引言

2020 年，新冠疫情来势汹汹，席卷全球。面对来势汹汹的疫情，中国人纷纷戴上了口罩，隔绝病毒，保护自己和周围人的生命安全。疫情之下，戴口罩成中国人的"必修课"。而在德国疫情之初，少数戴口罩的人常常需要冒着被嘲笑甚至被攻击的风险。"到底要不要戴口罩？"是当时让"留德华"们头疼的问题。尽管后来随着疫情蔓延，德国人看到了中国人戴口罩的好处，越来越多的德国人开始戴口罩。但在疫情暴发初期，德国的官员、卫生机构及医疗专家却坚称健康者不必戴口罩。

这反映了中德两国人民对口罩的不同态度，以及中德口罩文化德差异。中德两国人民对戴口罩的态度差异深究则是中德两国的客观因素、传统观念、历史文化等多方面的差异。德国社会对口罩的态度转变，由反感到逐渐接受的过程，实质上是中德口罩文化的碰撞、交流、融合的过程。

1. 疫情下中德戴口罩现状

1.1 疫情下中国戴口罩现状

疫情之下，中国人都戴上了口罩，隔离新冠病毒。科学研究表明，新冠病毒可以通过飞沫传染，其传染速度极快，15 秒钟就能传染一个人。口罩能防止飞沫飞出去，降低被病毒感染的风险。

因此，中国疾控专家建议普通民众在人员密集的场合均需佩戴口罩。后来，为防止病毒的快速传播，提倡全民戴口罩外出。感染者戴口罩可以避免传染给他人，健康者戴口罩可以保护自己免受感染，同时不知情的无症状感染者戴上口罩也能保护他人。

疫情期间，不戴口罩不仅是对自己，还是对周围人不负责的表现。在中国疫情最为严重的时期，不戴戴口罩外出的人会受到周围人的指责，甚至会受到相关部门的处罚。

1.2 疫情下的德国戴口罩现状

德国暴发新冠病毒后，一些德国人开始戴口罩，引起了周围人的恐慌。"德国第一桩新冠肺炎诉讼与口罩有关！"据德国《焦点》周刊 2020 年 3 月 9 日报道，德国著名机场免税店海涅曼的员工因不满雇主禁止他们在工作中佩戴口罩、手套等防护用品，将后者告上法庭。原来，在欧洲疫情恶化后，一些员工自行戴上口罩，但雇主担心这会带来紧张和恐慌，吓跑顾客，于是下达禁令："如果继续佩戴，我们将让您回家！"

"随着疫情日趋严重，欧洲人对口罩的态度肯定会改变，仿效亚洲人戴口罩的人会越来越多。"德国学者汉斯曼在接受《环球时报》采访时表示。此前，德国专家一直宣传"普通人戴口罩没有用"，现在这种坚定的信念似乎因疫情的恶化而发生了一些动摇。德国人对戴口罩的偏见也慢慢消减。随着疫情日趋严重，德国人对口罩的态度发生变化，尤其是看到中国人戴口罩的好处，越来越多的德国人开始戴口罩，防止自己感染病毒。

2. 中德口罩文化差异

2.1 传统观念差异

2.1.1 中国的传统观念

在中国，戴口罩体现了过去一个多世纪逐渐发展形成的健康卫生习惯。1910 年，中国东北鼠疫肆虐，华人医生伍连德发明了"伍氏口罩"。对普通民众来说，戴口罩是简单、方便的防护措施，能有效应对传染病，降低感染风险。

如今，口罩已经是中国人的日常生活用品，与防污染、花粉过敏及冬天保暖联系在一起。口罩为人们提供一份最简单也最为安心的防护，应用范围较广，不仅用于医务人员和病人，还用于普通大众的各种防护，例如防御传染病，也用于明星出行等。甚至一些受社交焦虑或社交恐惧心理困扰的年轻人将口罩作为谢绝社交的标志。

2.1.2 德国的传统观念

德国社会普遍认为，生病的人才需要戴口罩来保护他人，而病人应该进行自我隔离。因此，健康者无须戴口罩。在德国，戴口罩的人会被视为疾病带原者。因此，路上有人戴口罩，会对周围人产生很大的"冲击"。德国人大多认为，口罩的功能是避免传染疾病给别人，缺乏"戴口罩是自保"的观念。"戴口罩等于生病"，这一观念在德国社会可以说是深入人心。

前不久，荷兰代尔夫特理工大学的一批研究生展开了一项关于在欧洲戴口罩的调查，发现大多数欧洲人从小接受的教育是"口罩是重病以及医嘱时才需要佩戴的"，多数受访者看到街头戴口罩的人会感到"不正常"。

2.2 客观原因的差异

2.2.1 中国的客观原因

当今的生活环境也使中国人习惯戴口罩。中国的人口密度远高于德国，大量的人挤在很小的区域中，传染和患病的风险要高得多。戴口罩可以降低传染、患病的风险，保护身体健康。

其次，中国居家工作的条件和环境不如德国。生病请假较难，虽然身体不舒服时，人们仍要到公司工作。为了保护自己和他人健康，戴口罩似乎成为一件稀松平常的事。

2.2.2 德国的客观原因

德国人口密度较低，疾病就相对不容易传染。再加上这几十年来，德国没有发生过大规模的特殊传染病，更让人们不会产生戴口罩的想法。

在德国的工作文化中，员工如果生病了，就应该待在家休息，不应外出工作。在德国，生病请假相对容易。对较为习惯居家办公的德国社会，这个观念也更加稳固。

同时，德国戴口罩涉及政治因素。德国人有游行示威传统。近几十年来，恐怖袭击呈上升趋势。对此，德国出台了相关的禁止蒙面法案，公共场所禁止任何人蒙面。有关条款的适用范围包含：禁止在公共领域佩戴面罩、头盔、安全帽、巴拉克拉法帽、罩袍等将面部完全遮住的物品。这主要便于警方辨别个人身份，来保护公共安全。

3. 根据霍夫斯泰德的文化维度理论分析中德口罩文化差异

荷兰心理学家吉尔特·霍夫斯泰德提出用来衡量不同国家文化差异的一个框架。霍夫斯泰德认为，文化是在一个环境下人们共同拥有的心理程序，能将一群人与其他人区分开来。霍夫斯泰德将不同文化间的差异归纳为五个基本的文化价值观维度，分别为权力距离、不确定性规避、集体主义与个人主义、男性化与女性化、长期取向与短期取向、自身放纵与约束。

3.1 权力距离

权力距离指数用来测量一个社会或国家，人与人之间的平等程度的指数，包含高权力距离和低权力距离。高权力距离社会崇尚社会地位、权力和中央集权。在低权力距离社会，却完全相反，不强调社会等级，而是强调平等的社会地位和权力。"人人平等"是低权力距离社会的显著标志。

中国是高权力距离国家。普通民众相信权威，响应政府的号召。为防控新冠疫情的继续蔓延，政府号召全民戴口罩，媒体向普通民众普及戴口罩的必要性。因此，中国人在疫情期间都会自觉戴口罩外出。德国则是低权力距离国家，人人平等的观念深入人心。在民众心中，等级只是为了便利而建立的不同角色。民众会根据自己的判断，自行决定是否戴口罩。

3.2 不确定性的规避

不确定性的规避是衡量一个社会中的成员在多大程度上可以容忍不确定性。

不确定性规避程度高的文化不容忍偏激观点和行为，相信绝对知识和专家评定等手段来避免这些情景。不确定性规避程度低的文化对于反常的行为和意见比较宽容，规章制度少。

中国是一个不确定性规避程度低的国家，人们对外来事物、突发事件、风险等的接受程度高。在中国，在公共场合戴口罩不会引发恐慌。德国则是一个不确定性规避程度高的国家，人们对风险的接受程度较低，尽量避免风险，擅长建立规则、条例。德国曾颁布法律，禁止示威游行民众使用口罩等蒙面手段，妨碍身份辨别。因"蒙面禁令"，德国人在公共场合看到有人戴口罩，会认为是恐怖分子，感到反感甚至恐慌。

3.3 个人主义与集体主义

个人主义与集体主义这一维度用来衡量某一社会总体是关注个人的利益还是关注集体的利益。在个人主义倾向的社会，人与人之间的关系松散，注重个性与个人权利，追求独立、个体自由。在集体主义倾向的社会，个体之间联系紧密，注重成员间的相互责任，关心大家庭。

中国奉行的是集体主义，而德国更推崇个人主义。中国人戴口罩牺牲的是个人的舒适，从而实现保护自己和他人的目的，还能同时达到安慰他人、同舟共济的效果，即"人人为我，我为人人"，体现利己利人的精神。2003年的SARS加深了西方对中国人戴口罩的印象。当时，有西方学者总结称，戴口罩表达了一种集体主义价值观，拒绝戴口罩会遭到公开谴责，通过戴口罩人们展现出团结的姿态。德国人不戴口罩，追求的是个人的舒适与自由，体现了对个人主义的信仰。

3.4 男性化与女性化

男性化与女性化维度主要看某一社会代表男性的品质如竞争性、独断性更多,还是代表女性的品质如谦虚、关爱他人更多,以及对男性和女性职能的界定。

相比德国,中国的女性品质更为突出,关爱他人较多。疫情期间,中国人戴口罩不仅是对自己的关爱,更是对他人的关爱,减少他人感染病毒的风险,保护他人的生命健康。

3.5 长期取向与短期取向

长期取向与短期取向维度指的是某一文化中的成员对延迟其物质、情感、社会需求的满足所能接受的程度。在长期取向的社会和国家,勤俭节约、注重利益长远化,恪守传统,社会成员必须遵守社会秩序。在短期取向的社会和国家,对短期成效的期望较高,强调个人的创造力和个体的发展。

中国倾向长期取向,更注重长远效果,为了取得重大成就而坚持不懈。疫情之下,中国人戴口罩,隔离病毒。作为过去一个多世纪逐渐发展形成的健康卫生习惯,戴口罩已经是中国人日常生活中熟悉的自我防护措施。疫情过后,中国人在日常生活中仍会戴口罩,保护身体健康。相比之下,德国则更注重短期效果。因疫情日趋严重,德国人会暂时转变对口罩的态度,戴上口罩,降低感染风险。即便如此,疫情过后,日常戴口罩的行为很难被德国人接受。

3.6 自身放纵与约束

自身放纵与约束维度指的是某一社会对人基本需求与享受生活享乐欲望的允许程度。自身放纵的数值越大,说明该社会整体对自身约束力不大,社会对任自放纵的允许度越大,人们越不约束自身。

中国传统文化具有含蓄、内敛、克制的气质,儒家思想教育人们要学会自律、克制私欲、遵守礼节和道德规范。戴口罩会让人感到压抑、不舒服。中国人从小被教导要学会克制。因此,中国人为保护自己和他人的健康,能克制戴口罩带来的不舒适感,长时间戴口罩。相比之下,德国属于放纵型文化。德国人崇尚自由,不喜欢被约束。戴口罩会让人感到被约束、不自由,所以德国人讨厌戴口罩。

4. 结语

2020年，新冠病毒来势汹汹，在世界范围内暴发，威胁着全人类的生命健康。打败新冠病毒，维护全世界的健康安全，需要全世界共同努力合作，互相借鉴学习疫情防控方法。在此过程中，各国的疫情防控方法在相互交流、相互碰撞、相互交融。

德国等西方国家的"病人才戴口罩"观念不容易打破。目前，中国的防疫经验已经在某些方面影响德国对疫情防控的看法。随着疫情蔓延，德国民众看到了中国人戴口罩的好处，越来越多的德国人开始戴口罩。为了自己和他人的生命健康，希望德国民众对口罩的偏见能慢慢消减。此外，"留德华"们在做好自我防护的同时，应尊重德国的口罩文化，尽量避免冲突。

参考文献

[1] G. Hofstede. National cultures in four dimensions [J]. International Studies of Management and Organization,1983(13).

[2]陈海涛.戴口罩纷争背后的西方媒体传播文化解读[J].新闻研究导刊,2020,11(09):234-235.

[3]陈涛,巩阅瑄,李丁.中国家庭文化价值观与影子教育选择——基于霍夫斯泰德文化维度的分析视角[J].北京大学教育评论,2019.

[4]顾平.全球新冠病毒疫情下的中西文化差异现象研究[J].东南传播,2020(05):77-79.

[5]口罩文化的差异[J].医学美学美容,2020(Z2):68.

[6]施勤.从口罩文化看中国与英美国家价值观之差异——基于跨文化非语言交际角度的分析[J].国际公关,2020(07):232-233+236.

[7]王敬峰.霍夫斯泰维德及其价值维度理论[J].教育教学论坛,2020.

[8]汪汇源.普利策新闻奖与中国新闻奖的中美文化差异——基于霍夫斯泰德的五种文化维度[J].今传媒,2019.

[9]为什么西方人到现在也不戴口罩?,环球网.

[10]郑言.戴口罩不扎堆不聚餐仍是当务之急[J].郑州日报,2020.

分析《孙子兵法》在德国的跨文化传播

陆美含

摘要：中国已有五千年的历史，自古拥有悠久的传统文化，流传至今的文化古籍更是经久不衰。《孙子兵法》就是其中之一，它与《五轮书》《战争论》一起被称为世界三大兵书。《孙子兵法》不仅是一部军事巨著，它还蕴含着深厚的人生哲理，这也正是它能够历久弥新，并在今天能够被越来越广泛地运用到各个领域的原因。本文分析《孙子兵法》在德国的传播情况，研究德国人是如何将《孙子兵法》运用到德国的各个领域，《孙子兵法》对德国人的生活有哪些影响，以及《孙子兵法》在德国的传播对中华古典文化的对外输出有哪些启示。

研究异文化之间如何相互理解对方的思想和行为方式本身就是跨文化传播中的一个重要课题。同时从《孙子兵法》以及孙子的思想在德国、欧洲乃至全世界的传播过程中，我们可以总结出今后有益于跨文化交流的经验。

关键词：《孙子兵法》 文化 跨文化 跨文化传播 企业管理兵法

1. 引言

自发现甲骨文以来，中国的文字史就可以追溯到公元前1300多年前的商朝。中国拥有悠久的传统文化历史，流传至今的文化古籍更是数不胜数。《孙子兵法》就是其中之一，它与《五轮书》《战争论》一同被称为世界三大兵书。

《孙子兵法》是世界上现存最早的兵书，被誉为"兵家经典"。该书的作者孙武是兵家的创始人,他被尊称"兵圣"或孙子(孙武子),也被称为"兵家至圣",还被誉为"百世兵家之师""东方兵学的鼻祖"。

孙子和孔子是同一个时代的。在《孙子兵法》中孙子归纳出战争的原理原则,并提出以战止战是最后手段。这本书涉及战争的方方面面,包括战前之准备,策略之运用,作战之部署,敌情之研判等。

《孙子兵法》是世界上第一部系统地对兵法进行论述的兵书,其内容博大精深,思想精邃富赡,逻辑严谨缜密,是古代军事思想精华的集中体现,也是中华优秀传统文化的重要组成之一。《孙子兵法》不仅是一部军事著作,还蕴含着非常深刻的人生哲理,这也就是为什么在今天它能够经久不衰并应用得越来越广泛的原因。

近年来,西方国家对《孙子兵法》产生了十分浓厚的兴趣,进行了一系列的研究,使得孙子的思想得到了广泛的传播。据不完全统计,《孙子兵法》目前已有40多种文字的译本及研究专著问世,《孙子兵法》已经成为一门世界性的学问。它虽然只是一部兵书,但是它的译本在世界范围内传播所产生的影响并不仅仅局限于军事领域,而是涉及政治、经济及社会生活的各个方面。

迄今为止,学术界对于《孙子兵法》进行细致研究的书籍不计其数。

由此,我们可以看出目前国际学术界对于《孙子兵法》的研究大多渗透到军事、哲学、企业管理、教育和译本分析比较等几个领域,而对于跨文化交流方面的深入研究并不多见。

本论文包含三个部分:解释文化、跨文化和交流的概念,介绍《孙子兵法》和文献的分析和比较以及结果的讨论。介绍并分析《孙子兵法》在德国的传播,研究德国人眼中的《孙子兵法》,他们是如何运用《孙子兵法》的,《孙子兵法》是如何影响德国人的以及《孙子兵法》在德国的传播对中华传统文化对外输出有哪些影响。为了达到上述的研究,研究过程主要采用文献研究和案例研究。通过阅读《孙子兵法》和《孙子兵法》的有关文献,对研究的问题有了更全面的了解。

2. 理论基础

2.1 "文化"

2.1.1 "文化"的定义

"文化"有许多定义。文化研究的理论讨论区分了三个基本文化概念（Lüsebrink，2016：10-11）：

a. 文化的知识美学概念：这与"教育"和"艺术"密切相关，并且在一定程度上基于由伟大作家、艺术家和艺术家的作品确立的审美和道德价值观标准作曲家的体现。它从广泛的大众文化或流行文化中划定了高级教育和精英文化的领域。这两个领域之间的分界线受特定文化和历史变化过程的影响。

b. 文化的物质或工具概念：这源于文化作为农业的本义，包括工艺和文化、企业文化、饮食文化、工程文化等现实概念和领域。

c. 文化的人类学概念：在这里，文化被理解为是指社会中思想、知觉和行为的集体模式的整体。

霍夫斯泰德在人类学意义上将文化定义为"一种集体现象，因为你在相同社会环境中，即在这种文化学习的地方，至少将部分的生活与人分享。正是头脑的集体编程将一个群体或一类人的成员与另一类人区别开来"（Hofstede，1993：19）。

亚历山大·托马斯（Alexander Thomas）从相似的角度定义了"文化"，并和霍夫斯泰德一样，并将其描述为一个集体的"定位系统"："根据托马斯所讲，存在文化，这是针对社会、组织和团体的但非常典型的定位系统。该定位系统由特定的符号构成，并在相应的社会中流传下来。它影响所有成员的看法、思想、价值观和行为，并定义其与社会的联系。作为导向系统的文化构成了特定的行动领域，从而为发展独立形式的环境管理创造了先决条件。"（Thomas，1996：380）

在人类学意义上，文化意味着对个人的思想，感觉和行为的某种心理（预）编程，属于文化社区。根据文化学家克劳斯·汉森（Klaus P. Hansen）的说法，文化包括"集体行动平等"的趋势（Hansen，2011：29），这意味着影响和塑造个人行为的具体习惯，规范和惯例。汉森将其定义为标准化，并区分以下四种类型(Hansen，2011：53-110)：

a. 交流的标准化：指的是"熟悉大多数集体"的标志(Hansen，2011：40)；例如交通标志、礼貌问候语或穿着习惯。交流的标准化还包括在文化社区中分配给语言符号的特定文化含义。乍一看，很容易翻译或解释的众多术语显示出需要理解的文化层面。甚至一个标志都有需要理解的文化层面。

b. 思想标准化：这包括集体知识的形式，这些集体知识表征了文化社区的基本态度，例如关于自然、社区、宗教、魔术或纯净的观念。

c. 感觉的标准化：这被理解为在所有人和所有社会中都有文化塑造的观点和情感形式，但在每个文化社区中都有不同的表达方式：例如悲伤、同情、喜悦、惊恐、厌恶或母爱。

d. 行为标准化：即使是普遍的人类学行为模式，例如饮食，购物，生活或问候，也具有明显的文化特征，进而与语言，情感和认知(基于知识)标准化紧密相关。

人类的心理编程(Hofstede，1993：19)，他们的价值观、行为、思维和感知的塑造在三个层面上进行：

a. 通过人类的本性，这种本性是普遍的，生物学的构成和个体遗传的；

b. 个人的个性，由遗传因素和个人经验决定；

c. 通过在社会化机构(例如家庭，家族，幼儿园和学校)以及媒体以及[例如在一种民族文化(例如德语，法语或中文)中]学习和体验的文化，则受社会和区域特定变体的影响。

一方面，这将文化描述为一种态度、信念和价值取向的系统，在人们的行为和行动以及他们的思维中变得显而易见。(Maletzke，1996：16)另一方面，文化被解释为一种定向系统，社会中的人们成长并采用这种定向系统以找到自己的生活方式。(Thomas & Kinast，2003：22-23)

在人类学的理解中，文化也分为三个方面：精神社会和物质方面。文化的心理层面包括文化标准化，例如特定于文化的规范，思维方式，感觉和行为方式。社会互动，结构和制度被分配给社会维度。另一方面，物质维度包括媒体和其他文化人工制品，例如图像和建筑物。应当指出，可以观察到社会和物质方面，而不能观察到心理方面。但是，在交互中，可以从可观察的维度中得出有关不可见维度的结论。(Erll & Gymnich, 2008: 22)

2.1.2 霍夫斯泰德和托马斯定义下的"文化"

在跨文化交流的文献中，"文化"一词有许多定义。人类学家 Geert Hofstede 和心理学家 Alexander Thomas 提出了两种广泛的定义。

霍夫斯泰德对文化的定义已成为比较文化心理学的经典。霍夫斯泰德对文化的定义构成文化分析和比较的理论基础。霍夫斯泰德指的是对文化的理解，这主要是基于高级文化的概念：在这种情况下，应从狭义上理解文化，将其理解为文学、艺术和音乐的代名词。从广义上讲，文化涵盖了人类生活中所有活动的全部，特别是思想、价值观和行为。(Hofstede, 1993: 24 - 25)

根据霍夫斯泰德的说法，文化的实质在视觉上可与洋葱媲美。文化由四个层次组成：文化确定的符号、英雄、仪式和价值观(见图1)。

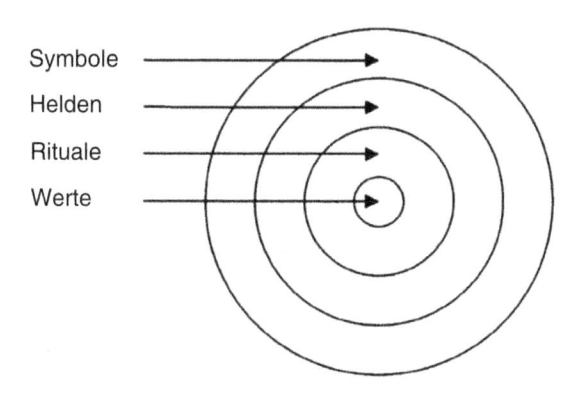

图 1 Hofstede 提出的文化层次(Hofstede, 1993: 24)

洋葱皮或外层是由符号形成的，其含义只能由给定文化的代表来理解。但是，这些符号在其存在和形式上不是恒定不变的，而是易于变化甚至消失的，例如状态符号、惯用语(语言符号)和服装(时尚符号)。

下面的下一层是英雄或榜样。英雄或榜样可以是活的、历史的或虚幻的人,在某种文化的社会中被视为重要人物,也可以充当榜样。在许多文化中,运动员、艺术家或其他公众人物被评为英雄。

仪式形成第三层。仪式是在某些情况下发生的集体主义的常规行为模式。它们是多余的做法。在许多情况下,它们与礼节有关,因此被视为重要。

这些上述文化成分是可以从外部轻松发现的元素,并且其他文化的成员也可以感知这些元素。但是,它们的文化意义仍然是隐藏的。霍夫斯泰德洋葱图中的内层是价值观。价值观是优先事项,无意识地控制了倾向于某些行动方式而不是其他方式的趋势。文化的核心在童年时代就被内在化了,以至于到十岁时改变获得的价值体系变得困难,因为它无意识地影响了我们的思想、价值观和行为。(Hofstede,1993:24-25)因此,霍夫斯泰德认为每个人都配备了头脑软件。行为、思维和感觉主要在儿童时期通过社交来教授。核心位于最内层。在跨文化交流中,应考虑三个外层,但重点应放在"价值"层,然后才能了解文化的本质并在此基础上加强关系。

托马斯的定义适用于处理跨文化相遇问题类的跨文化研究。另一方面,根据托马斯的观点,文化是"一种普遍的定向体系,对于社会、组织和团体来说是非常典型的。……该定向系统由特定的符号形成,并在相应的社会中……延续。它影响着其所有成员的看法、思想、价值观和行为,从而确定了他们在社会上的成员资格"(Thomas,1996:380)。

因此,文化可以理解为思维、感觉和行为的一种模式或一种取向系统。两种定义都意味着文化会影响我们的思维、行动和判断。另外,"文化"一词可以指各种各样的群体,而不仅限于国家或种族群体。来自不同文化背景的人们在跨文化交流中见面。根据这种文化定义,这些人自然会按照各自的文化表现自然。当所涉文化之间存在巨大差异时,问题和冲突是不可避免的。正是从这个意义上说,理解外国文化在跨文化交流中变得很重要。

2.2 "跨文化"

"跨文化"一词描述了不同文化之间的相遇产生的所有现象。例如,语言混合现象和文化形式混合，比如音乐、建筑或服装。而且还包括外国文化元素的创造性整合过程，例如外国文化文学，戏剧或艺术的接受。（Lüsebrink，2016：14）跨文化现象可以但不必具有交流的维度。相反，"跨文化"不仅包括跨文化交流，还包括其结果和后果。因此，本论文所涉及的跨文化交流是整体跨文化上位概念的一部分。

2.3 "跨文化交流"

"跨文化交流是文化和平共处的基本前提。因此，跨文化似乎是政治上公认的多元文化世界共同体出现的一种模式。"（Hahn & Platz，1999：1）跨文化交流的功能不需要文化的调整："这也不是适应问题。沟通和理解的工作方式不同。我们现在不必相同。有了足够的知识，理解就会改变。"（Heringer，2007：19）

2.3.1 "交流"

"交流"是当今的一个常用词汇。直到20世纪70年代初，它才在德国使用。但是"交流"没有统一的定义。这是由于在定义"交流"时会有不同的先决条件和观点：

a. "交流"是指在人类日常水平上相互交流语言、文字或图像的思想。"交流"包括人与人之间传达信号和理解的过程。

b. "交流"是将信息从发送方发送到接收方的过程。

c. "交流"被理解为对观察者而言具有固定含义的数据或信号的相互传输。然后信号被认为是某些反应的触发。

d. 人与人之间的交流可以通过言语，声音，触摸，感觉和思想进行。感觉，情感，情绪和情感是人际交流的一部分。在沟通中，建立，稳定和终止关系。

所有定义都是不同的。但是，通常以下情况适用：人们无法交流（Watzlawick，2007：53）。

"交流"被认为是获取知识和理解的重要手段，也可以看作是解决问题的过程。"交流"也是为了建立和稳定关系网络和伙伴关系而进行的。

所有"交流"的目标之一是（最好尽可能公平地）进行交换。这些好处远远超出了基本生活保障(呼吸、营养、繁殖等),甚至超出了获得奢侈品。从这个意义上讲,"交流"也被用作一种工具,目的是获得更多幸福的感受。(Lüsebrink,2016:46)

没有"交流"就没有文化。它关系到共同的生活习惯。在文化过程中,意义语境提出问题和解决问题。在共同的文化生活中长大的一个人认识另一个人,例如,一个讲话人和一个特定职业的成员会讲同一种语言,可以进行交流。"交流"是所有系统的基本要素。没有沟通,就没有社会系统,包括公司和国家。

2.3.2 "跨文化交流"

跨文化交流的研究始于20世纪70年代。(Erll & Gymnich,2015:32)"跨文化交流"描述了属于不同文化的人们之间的理解。因此,当与具有相同文化背景的人们互动时,特定的交流方案是已知的,并且该过程在很大程度上是无意识的。(Broszinsky-Schwabe,2011:15,20,66)

跨文化交流的概念显示了非常广泛的用途,最初被定义为不同文化成员之间人际面对面交流的一个领域。另外,一方面,它是科学的主题或子学科,是日常生活和日常生活中的问题领域,也是范式概念。此概念起源的原因之一是移民以及多元文化社会及其问题领域的发展。此外,此概念的出现表明不同文化及其冲突地区之间关系的核心问题领域的重要性突然增加。(Schugk,2014:67)随着时间的流逝,对此词的解释没有太大变化。

跨文化交流的特殊性在于,一旦两种文化相遇,就会破坏自己的文化烙印。(Broszinsky-Schwabe,2011:36-38)因此,来自不同文化的人们之间的交流非常困难,不仅因为语言不同,而且因为各自的文化标准会影响这一过程。因此,了解这些差异对于跨文化交流的成功至关重要。(Broszinsky-Schwabe,2011:11)即使到了今天,谈及跨文化交流就意味着至少有两个来自不同文化背景的人见面,并且意识到他们的伙伴是"不同的"。在两个部分之间进行文化交流是很重要的,不仅要使用自己的惯例、态度和行为。同样,在满足不同文化的过程中,不可避免地会产生误解。通过学习可以实现最佳的跨文化交流,在学习过程中,人们会感知外来文化,并有意识地考虑到差异。"因为我们的交流受到我们文化的影响,我们的文化决定了我们如何相互交流。"(Lautner,2004:78)跨文化交流也可以在一个民族中在不同种族的成员之间进行。(Lüsebrink,2016:8;Jonach,1998:15-17)

在跨文化交流的背景下,"交往"的定义与上述定义基本没有区别。只有参与跨文化交流的人来自不同的文化,这就是为什么各个参与者对同一行为的理解,解释和随后的反应可能会非常不同的原因,这也可能导致问题并削弱两者之间的交流。为了避免这种情况,必须首先了解并理解影响人的感知、思维、交易和价值的相关文化或文化标准。

3. 研究价值

《孙子兵法》是中华传统文化作品,总结了《孙子兵法》在德国的传播史,主要从其在德国的传播角度来阐释这一作品。在传播方面,该论文列举了一些案例,并解释了《孙子兵法》在政治、军事、经济以及德国运动员中的运用。

在政治和军事领域,遭受了两次世界大战伤害的德国人从《孙子兵法》中明白了战争本质上就是使人们陷入灾难,并感谢今天的和平。但是,在商业和体育领域里,德国人轻松地运用了孙子的思想。由此可见,《孙子兵法》的在日耳曼文化中蓬勃发展。

孙子兵法不仅是中国传统文化的重要组成部分,而且在中国对外交流中也起着重要作用。本论文的目的是从国家对外文化传播的战略角度高度将《孙子兵法》作为中国古典文化的典范。从这个角度来看,《孙子兵法》在德国的传播可以说是中国古典文化输出的成功案例。

跨文化交流不仅包含知识,而且还要求尊重其他文化的特征并认可外国文化。如果在跨文化学习中遵循这些观点,那么可以将误解降到最低,并建立和谐的跨文化关系。

尽管《孙子兵法》是一本军事书籍,但它与诸如《战争论》等传统的欧洲军事哲学有所不同。《孙子兵法》热爱和平并尽可能地限制战争中的暴力行为,这在现在维护世界和平的主题下显得至关重要。

本论文的主要目的旨在使读者理解德国人对《孙子兵法》及孙子思想的看法。这不仅将为跨文化交流提供启发和参考，还将为日后的跨文化交流做准备。寻求对不同文化本身的思想和行为的理解是跨文化交流中的重要主题。从《孙子兵法》以及孙子思想在德国，欧洲乃至世界的传播，我们可以总结出有益于跨文化交流，了解文化差异并结合文化优势的未来经验。同时以《孙子兵法》为例，分析中华传统文化在德国的传播。目的是研究中德之间的相互关系，促进中德两国人民的文明进步，改善中德交流文化体系的结构，创新中国文化的方法。研究德国和世界各地，促进中国文化融入世界文化大家庭，强调中国文化软实力，塑造现代中国文明的新形象。

参考文献

[1][美]贝文·亚历山大. 孙子兵法与世界近现代战争. 新华出版社, 2014.

[2]戴晓东. 跨文化交际理论. 上海外语教育出版社, 2011.

[3]杜继东. 中德关系史话. 社会科学文献出版社, 2011.

[4]韩胜宝.《孙子兵法》与商业竞争. 古吴轩出版社, 2016.

[5]韩胜宝.《孙子兵法》与文化战略. 古吴轩出版社, 2016.

[6]韩胜宝.《孙子兵法》与战争艺术. 古吴轩出版社, 2016.

[7]《深度军事》编委会.《孙子兵法》与现代战争新解. 清华大学出版社, 2019.

[8]薛国安. 商战智慧——向《孙子兵法》学经营管理. 广东经济出版社有限公司, 2018.

[9]钟英杰. 大中华文库——孙子兵法. 军事科学出版社, 2009.

[10] Alvandi, Daidu. Geld, Macht & Erfolg-Business bedeutet Krieg.：Lektionen und Strategien aus：Die Kunst des Krieges & Der Weg des Samurai, Ins heutige Ge-schäftsleben übersetzt.（Independently published）,2019.

[11] Apfelthaler, Gerhard. Interkulturelles Management：die Bewältigung kultureller Differenzen in der internationalen Unternehmenstätigkeit. MANZ Verlag. Wien,Deutschland,2002.

[12] Berninghausen, Jutta,/ Minshawi, Béatrice Hecht-El. Interkulturelle Kompetenz；Managing Cultural Diversity-Das Trainingshandbuch（Interkulturelle Studien）. Kellner Verlag. Bremen,Deutschland,2009.

[13] Hall, Norman. Nutze "SUNZI Die Kunst des Krieges" für die eigene Karriere: Der Karriere-Ratgeber-Deinen persönlichen Erfolg strategisch managen. Verlag für Neobooks / Neopubli GmbH. Berlin, Deutschland, 2013.

[14] Hansen, Klaus P. Kultur und Kulturwissenschaft. UTB Verlag GmbH. Stuttgart, Deutschland, 2011.

[15] Klöpsch, Volker. SUNZI Die Kunst des Krieges. Insel Verlag. Frankfurt am Main und Leipzig, Deutschland, 2009.

中德非语言交际行为探析

李 丹

摘要：在跨文化交际中，不仅用语言行为传递信息，而且非语言行为也起着传递信息的作用。由于国家、文化、风俗不同，不同国家的人对同一种非语言行为有不同的理解，日常交流工作中很可能会产生冲突和误解，如何跨越文化障碍达成有效沟通显得尤为重要。本文就在华德企中德国员工与中国员工的非语言交际行为进行对比，从不同文化背景角度给予分析研究，来说明非语言行为对跨文化交际起到的重要作用，并对企业如何让不同文化背景的员工之间达成快捷高效的交际效果提出针对性意见，以期对中德企业间的跨文化交际有所贡献。

关键词：中德企业　跨文化交际　非语言交际　文化差异

引言

中国是德国在亚洲最大的贸易伙伴，而德国也多年来位居中国在欧盟最大的贸易伙伴位置。在华德企和在德华企正如雨后春笋般兴起，与之随来的就是同一企业内部不同文化背景员工之间的交流合作。在此过程中不同文化个体之间跨越文化障碍达成有效沟通显得尤为必要，它能使企业活动顺利开展。反之，在交流过程中若不能跨越文化阻碍，不仅会影响企业活动的流畅进行，甚至会适得其反，掣肘企业发展。

在跨文化交际的过程中，人们总是首先想到语言，殊不知语言行为只是人们交际的一个手段。事实上，随着语言能力的不断增长，语言上的差异对不同母语者的影响要远远小于文化上的差异。眼神、手势、微笑、面部表情、服装打扮、沉默、身体接触、讲话人的距离、时间观念等非语言行为交际对不同文化背景员工的影响远远大于语言本身。然而，人们对非语言交际的具体表现形式所折射出的言外之意了解甚少。由于缺乏非语言交际方面的认知和应对策略，人们在交际中难免会遇到困难，伴随着引起语言和理解上的误解，从而影响正常的企业员工人际交往，影响企业发展。

因此，我们有必要重视中德文化差异所带来的员工间非语言行为的交际，加强跨文化交际意识，以便更好地促进两国企业的发展和经贸活动的繁荣。由此观之，从中德文化差异的角度探讨中德企业中的非语言交际行为具有重要意义。

1. 非语言交际行为的定义与分类

1.1 非语言交际行为的定义

在日常生活中，我们通过各种各样的形式来表达我们的情感和传达信息，无论是通过文字还是口语的形式，这些都属于语言行为，也就是通过现实存在的一些话语来传递信息，除此之外，我们还会通过其他一些形式来传递自己所要展现出来的一些信息，包括肢体语言、服饰、妆容、说话的声音、语调等，都能够传递出一些信息和内涵。这些除了语言行为之外的行为，就被称为非语言交际行为。

萨皮尔称非语言行为是"一种不见诸文字，没有人知道，但大家都理解的精心设计的代码"。非语言行为就是在无言语状态下的语言行为。世界著名语言学家杰克·理查德(Jack C. Richard)等人认为，非语言交际是不用词语的交流。

美国著名学者罗莱塔－A. 马兰多(Loretta A. Malandro)在《非语言交际》一书中把非语言交际定义为"个人发出的有可能在他人头脑里产生意义的非语言暗示的加工过程"。这些非语言行为或者单独进行，或者与语言行为同步进行，以交流或解释信息。美国人类学家伯德惠斯特尔(Birdwhitel1)曾对同一文化的人在对话中的语言行为和非语言行为做了一个量的估算，认为语言交际最多只占整个交际行为中的35%，其余65%的信息是不通过语言来进行传递和交流的。他认为，没有一种表现行为可以适用于所有文化；所有的行为方式都是文化的产物，而不是生理上的遗传。非语言行为所传达的信息是带有极强的文化特性的。

实际上，非语言行为是长期的历史和文化积淀造就的某一社会群体共有的习惯。换言之，人们的非语言行为的内涵是由其文化意识所决定的。在跨文化交流中，影响沟通的主要因素是游离于语言文字表面意义之外、蕴含在非语言范畴中的许多隐性文化因素。非语言行为不仅可以独立表现意义，而且能够传达不宜用语言直接表达的隐含信息，并对语言行为表达的意义进行补充、重复、替代、强调、对抗等。

1.2 非语言交际行为的分类

在非语言交际行为中，表达方式异常丰富，在众多的分类中，胡文仲、毕继万在其所著的《跨文化非语言交际》一书中的归类较为清晰，即：体态语（bodylanguage）、副语（paralanguage）、客体语（Objectlanguage）及环境语（environmentallanguage）。

体态语指的是传递交际信息的表情与动作，它是用以同外界交流感情的全身或部分身体的反射性或非反射性动作。它包括身体语言、手势语、势语和体语等。

体态语和有声语言一样，它也是文化的载体。在体触行为方面，中西文化差异体现得尤为突出。

副语言又称伴随语言，它一般指伴随话语而发出的无固定语义的声音。副语言中同样蕴含着丰富的文化内涵。其中最显著的方面是对沉默的不同态度。Hall曾把"沉默"作为他划分"高语境文化"和"低语境文化"的一条重要标准。

在他看来，东亚文化如中国、日本、朝鲜等属于高语境文化。在这些文化中，信息往往是通过手势、对空间的利用甚至沉默来传递的，因此对信息的理解在很大程度上要依赖于语言行为以外的语境。

客体语言指人工用品，包括化妆品、修饰物、服装、衣饰、家具等。

这些物品具备双重功能：实用性与交际性。以交际角度来看，这些用品都可以传递非语言信息，都可以展示使用者的文化特性和个人特征。东西方文化对嗅觉信息的感受也不一样。中国人适应人身体的自然气味，中国人很少习惯使用香水；而在西方国家，人们对这种人体的自然味是很难接受的。因而无论男女都注重对身体气味的掩饰，都习惯每天使用香水。在跨文化交际中，我们需要注意正确对待来自不同文化背景的人的身体气味，即身体气味的文化差异，不能从本民族的喜好出发去厌恶、反感外族文化的生活习惯。

环境语也是非语言交际的一种重要形式。从非语言交际的角度来看，环境指的是文化本身所造成的生理和心理环境。环境语包括时间、空间、颜色、信号等。这些环境因素都可提供交际信息，所以环境语也能展示文化特性。Hall 在其《无声的语言》中对不同文化对于空间、领地、近体距离等的不同认识做了详尽研究。他认为，人的空间观念是后天习得的，因此人们的领地要求和空间关系在每种文化中都有其特定的规则与程序。文化不同，人们对空间的需求和与空间有关的交际规则也不同。

1.3 非语言交际与语言交际行为对比

语言交际产生听觉效果，非语言交际产生视觉和更多的感觉效果。通常来说，非语言交际比语言交际更具有潜意识性，更能连续不断地表达思想，而语言交际当谈话停止时，交流便随之结束。在许多情况下，非语言交际产生的效果比语言交际产生的效果更加明显。语言交际只传递交际的内容和思想，非语言交际能够展现交际模式和体现交际双方的关系。近些年来，社会心理学家越来越强调非语言交际的作用。梅拉齐（Albert Mehrabian）认为，情绪信息只有改通过语言表达，55%由视觉符号传递，38%由副言语符号传达。有的研究者甚至认为情绪信息的表达完全是通过视觉观察到的非语言信息完成的。在人际交流中，语言交际和非语言交际互为补充。有研究表明，当语言和副语言不一致时，对方主要依赖于副语言信息，当副语言和表情不一致时，则主要依赖于面部表情。当然，和语言交际中大量的文字相比，非语言交际的某些形式具有一定的局限性。因此，只有语言交际与非语言交际共存才能完成交际过程。

2. 非语言交际行为与文化的关系

沃德·古迪纳夫(Ward Goodenough)说,文化是社会获得的知识。一个社会的文化包括我们所需要知道或相信的东西,以便以一种社会成员可接受的方式为人处世。对于语言与文化的关系来说,大多数的语言是包含在文化中的,因此我们说"一个社会的语言是的文化的一个方面,语言与文化的关系是部分与整体的关系"。在实际交流的过程中,语言和非语言的信息是互相影响、共同作用的。

各种文化的非语言交际方式有很大的差异,在进行跨文化交流及其研究时,必须注意非语言交际行为在各种不同文化之间的差异及其文化内涵。在跨文化交际中,要清楚地认识非语言交际与文化之间的关系。文化和大多数非语言交际行为都是代代相传和后天习得的,都是长期的历史和文化积淀而成的社会某一共同的习惯。文化与非语言交际密切相关,许多非语言交际行为都是文化习得的结果,人们的非语言行为常常由一定的文化环境所决定。因此了解非语言交际行为与文化之间的关系非常重要。

3. 非语言交际行为的具体差异表现

参考上述胡文仲与毕继万对非语言交际行为的分类标准,下文主要从体态语、副语、客体语及环境语这四个方面的代表性行为对中德员工非语言交际行为的差异性进行分析。

3.1 中德员工的体态语行为差异

体态语言是社会个体同外界交流感情、传递信息的全身或部分身体有意或无意中做出的各种表情和肢体动作。研究表明,在情感的表达中,有65%以上是靠身姿,手势,表情等体态行为完成的,而且体态行为大都是无意识的。值得关注的是,每一种表情、姿势和动作在不同文化和情景中都有不同含义,而同一含义的在不同文化背景下又有不同的体态语形式。

首先是面部表情的差异。我国著名学者钱冠连先生认为"人的交谈总是伴随着脸面表情、身势与体位的变化的，可以做一个比喻：影子与人相随像身势"。在西方文化中，面部表情也被认为是最有表达力，更能表达出一个人的真情实感的动作。对于个人情感表达更加外露的德国人来说，他们脸色、眼神、眉宇间的变化更为丰富且多样，在跨文化交际的过程中起着协调强化与弥补暗示的作用。相比之下，中国员工的面部表情变化很微小，不习惯将自己的任何内心感情披露在他人面前。

目光接触的差异性也是一个典型的例子。中国有句话"眼睛是心灵的窗户"。眼睛能够用自己特殊的语言传递信息。它也显示着不同民族文化的不同特征。中国人在交流中不习惯于长期注视对方的眼睛，而常常选择间断性回避，在听对方说话时低头或看向别处；相较之下，德国人则把长时间对视看作是与对心灵交流的信号，柔和且亲切，表达出自己的尊敬、诚意，以在语言交际之余辅助读懂对方心理的变化，从而达到甚至超过既定的交流目标。德国人认为在交谈过程中不看着对方就是不尊重，他们习惯谈话时面带微笑，注视着对方的眼睛，表示赞同就微微点点头。此外，当出差很久且关系很好的同事回公司时，中德员工表示欢迎的方式是不同的。中国员工会微笑着说"欢迎回来，辛苦了！"，然后会帮忙一起收拾对方的工位。德国员工则会先握手，再热情地送上拥抱和贴面礼。需要注意的是，在中国，同性别之间的拥抱是友好的表示，异性之间则较为拘谨和含蓄。德国刚好相反，同性之间亲密的体态语很容易被视为同性恋嫌疑，而异性之间则非常自由，贴面礼、亲手礼、拥抱都很习以为常。

汇报工作以及开会时，中国上司喜欢坐着，让下属站着汇报工作。德国上司则喜欢站着，让下属坐着汇报工作。究其原因是：中国老板认为"坐着"代表"享受"与"高贵"，"站着"代表"劳作"和"侍候"。这一行为事实上在中国数千年历史长河中随处可见。例如，中国古代上朝时，就是皇帝坐着，朝臣站着。而站立在德国则是一种社会交往习惯，德国人喜欢站着接待、站着开会、站着交谈。德国上级喜欢站着还有一个原因是，他们感觉站着更能掌控局面，更有震慑和压倒性的感觉。

对于"女士优先"这一思想在中国并没有很广泛的在社交中被表现出来。

而德国男士则会随处可见的为女士开门,让女士先进门或者出门。聚餐和商务会议时,男士会为女士挂衣服,拉开座位。甚至办公室一些收拾杂物类和需要些许体力的活,德国男同事会主动迎上,甚至拒绝女同事一起帮忙做请求。

3.2 中德员工的副语言差异

副语言又称伴随语言,它一般指伴随话语而发出的无固定语义的声音。副语言中同样蕴含着丰富的文化内涵。其中最显著的方面之一是对沉默的不同态度。

在中国,沉默是一种积极的交际策略,中国人会常说"沉默是金";在西方,沉默则被视为一种消极、被动的反应。在会议上,领导发言后经常会问大家还有没有什么问题或建议。尽管中国员工心里装着不少点子,但当场大部分人都是保持沉默,怕一开口说话就会冒犯领导。这种情况下中国同事的沉默是为了显示对领导的尊重并保全其面子。当领导对下属进行严厉的训话时,中国员工总是低着头沉默不语,这是对领导的尊重和畏惧。另外,中国领导也经常在下属面前保持沉默,这一方面显示了其威严,另一方则是提醒下属领导就是领导,他们比普通员工地位高。

在德国员工身上,情况经常是全然相反。德国员工会和领导以及员工和员工之间为了一个方案在开会时争得面红耳赤。德国领导不会因为某个员工提出和自己不同的观点而对其怀恨在心或给其穿小鞋。相反,大部分德国领导都希望能从下属那儿听到不同的声音,他们认为"真理越辩越明",鼓励大家要有创新意识。

德国领导也会对下属训话,但德国员工的反应和中国员工则差别很大。如果领导"所言极是",德国员工会耐心聆听并和领导交流自己当初的想法,共同分析所犯错误的原因。如果领导"所言不是",德国员工则会当场指出,根本不会涉及"面子问题"。此外,德国领导会积极问候下属,主动和下属打招呼,打成一片。

3.3 中德员工的客体语言差异

客体语言指人工用品,包括化妆品、修饰物、服装、衣饰、家具等。这些物品具备双重功能：实用性与交际性。以交际角度来看，这些用品都可以传递非语言信息，都可以展示使用者的文化特性和个人特征。

中国同事喜欢在自己的办公桌上摆放照片，尤其是自己及其家人的照片。初衷是可以在工作之余随时看到自己爱的人。但是，德国同事的办公桌上从来都不会出现任何人物照片，一方面是因为注重隐私，另一方面是将工作与私生活之间划了清晰的分界线。

东西方文化对嗅觉信息的感受也不一样。中国人适应人身体的自然气味，中国人很少习惯使用香水；而在西方国家，人们对这种人体的自然味是很难接受的。因而无论男女都注重对身体气味的掩饰，都习惯每天使用香水。在办公室里经常会出现的一个场景是：下班离开办公室时，德国同事总会喷完香水后再出办公室的门，德国同事每次喷完香水走后，同间办公室还没走的中国同事总会捏着鼻子，打开窗户。在跨文化交际中，我们需要注意正确对待来自不同文化背景人的气味，即身体气味的文化差异，不能从本民族的喜好出发去厌恶、反感外族文化的生活习惯。

3.4 中德员工的环境语言差异

环境语也是非语言交际的一种重要形式。从非语言交际的角度来看，环境指的是文化本身所造成的生理和心理环境。环境语包括时间、空间、颜色、信号等。

这些环境因素都可提供交际信息，所以环境语也能展示文化特性。Hall在其《无声的语言》中对不同文化对于空间、领地、近体距离等的不同认识做了详尽研究。

他认为，人的空间观念是后天习得的，因此人们的领地要求和空间关系在每种文化中都有其特定的规则与程序。

文化不同，人们对空间的需求和与空间有关的交际规则也不同。在中国，人们比较能够容忍拥挤；而在英美国家，一旦公共场合出现拥挤，人们会马上尽量回避，因为他无法适应过近的近体距离与体触。因此德国同事对办公室和办公桌的大小更看重。

德国员工的领地观念明显强于中国员工，如果他们认为自己无形的领域被侵犯，就会马上采取各种反应进行维护。领地观念最突出的心理反应是对待隐私的不同态度。德国同事十分重视保护自己的隐私，这也是他们与中国同事交往时感受到的最大的文化冲突之一。东西方文化对待时间的观念也不尽相同。一般来讲，德国人具有更强的时间观念性，他们非常注重守时，并十分珍惜时间。

4. 如何应对非语言行为造成的跨文化交际冲突

由于国家、文化、风俗不同，不同国家的人对同一种非语言行为有不同的理解，日常交流工作中很可能会产生冲突和误解，如何跨越文化障碍达成有效沟通显得尤为重要。为了克服这种潜在的不利影响因素，本文提出了以下解决策略：

4.1 提高自身跨文化交际的能力

跨国企业的员工可从以下几个方面提高自身的跨文化交际能力：跨国企业在甄选雇员时，不仅要考虑其技术能力、管理经验等因素，还要测验他们对适应新环境、新生活方式、新文化接纳的能力；公司应对员工进行跨文化知识的培训，使其认识到不同文化之间的差异性，加深他们对异国文化的理解和认知，降低异文化带来的困惑和不解，尽快适应跨文化多元背景下的工作生活。

员工要有意识地去多观察异文化的特点和习惯；若跨国员工中欧美同事偏多的话，有条件的中国员工可以了解一下《圣经》以增强文化的敏感度，因为它是西方传统文化的主要组成部分，其教义渗透西方社会各阶层，影响力遍及哲学、政治、经济、文学、艺术乃至日常生活的方方面面，想要与欧美同事更深入地顺畅地交流，无论如何都绕不过它去；积极与来自不同文化背景的人们进行社交活动；中国员工应培养自己本民族文化的认知度和认同感，以便能在与外国同事社交活动时进行准确适当、具有说服力的解释说明，从而达到双方在日常交际中有意识地预防和避免文化冲突。

4.2 相互尊重对方文化

每个国家因为历史的沿袭、地理的特点、信仰等等原因形成了他们独特的文化,而文化没有高低贵贱之分,跨国公司里的员工首先要做的是在公平的思维模式下进行交际。德国人喜欢吃汉堡三明治,强迫他们去吃川菜喝广州的老火靓汤是不妥当的;日本人吃面条会发出吸吮的声音表示面条的美味,但这在中国人看来则有失礼貌,但如因此指责他们的话,显然是不公平的。容忍非本族语同事在使用非语言行为过程中出现的某些易使人误解的行为,以宽广的胸怀去容忍非本族文化背景下的人在非语言交际中偶尔出现的各种误解性行为,并及时向他们解释同一意义在其本族语文化中的正确表达形式;而非本族语人在跨文化交际中如遇到不确定的身势语时要虚心向本族语人请教。这样才能成功实现中德企业中的跨文化交际。

4.3 努力构建跨国公司自己独有的"共性文化"

虽然各个国家地区的文化有着差异性,但这并不排除不同文化之间存在着共性。跨国企业应该积极摸索不同文化之间的共同之处,并以这些共同之处为立足点,建立起一套大家都认可的准则制度,大家在这个准则下沟通互动则容易产生共鸣,交际的高效性则会不言而喻了。跨国企业自身应该考虑文化整合并使用环境压力、组织能力及领导能力来分析跨文化冲突。"共性文化"要体现几个基本原则:合适性,即构建嵌入到东道国中的独特的组织文化;系统性,跨文化管理实践应该有支撑体系;平等性,没有一种文化是优越于另一种文化的。

跨文化管理战略的一个重要举措是对人力资源的跨文化管理的发展。对中国文化的宣传以及通过交换进行跨文化交流。在进行跨文化交际时,各方不能一味迁就对方的文化习俗去放低自己的姿态,而应该坚持"适度原则",在平等的交流的基础上,认真体会对方文化的精华并加以借鉴利用,这样既不会使双方尴尬,又不让自己陷入被动,在坚持自己文化特色的同时也借鉴了对方的文化的精髓,形成本公司内部独特的"共性文化",在跨文化交际上达到事半功倍的效果。

4.4 企业为员工提供跨文化培训

企业为员工提供跨文化培训,如在华德企应对中国员工提供有关德国文化的基本介绍,同时对本国员工提供有关中国文化的介绍。其目的是为双方员工提供足够的知识，从而能够更加轻松地应对来与自己不同文化背景的同事，避免误解和冲突。

结语

从上述阐述不难看出，非语言交际在跨文化交际中具有相当重要的地位。它在整个交际中是不可缺少的组成部分。无论是有意识的还是无意识的行为，都深深烙上了各民族的文化烙印。在现实生活中，非语言行为是不可或缺的一种行为表现方式，并且在人际交往中越来越重要。中国和德国这两个风格迥异的东西方国家有不同的文化背景，在实际生活交往中这两国员工一般会大概率地使用非语言交际行为。若是人们了解双方之间的差异，就能减少中、德两国员工在企业跨文化交际中由于文化背景差异而造成的冲突。

跨文化交际中的非语言交际行为在文化交际中呈现出不同的表现形式。往往负担着一定的信息，蕴涵着极其丰富的文化内容。在跨国企业里，跨文化交际的障碍就像一座隐形的大山一样现实存在着，当彼此员工不能很好地理解对方时，这座大山就会显现出来，横在我们面前，会严重削弱公司内部交流的有效性，产生不必要的内耗；但是当我们顺利地跨过这座大山、融合相互的文化优势，创造出高效的交际模式的时候，就变成了跨国公司在商业竞争中出奇制胜的隐形的翅膀。随着社会的发展，世界各国人民之间的交往愈加频繁，世界范围内的跨文化交际活动不断增多，非语言交际的重要性也愈加凸显，人们对这一领域的研究也一定会越来越深。

参考文献

[1]毕继万. 跨文化交际研究与第二语言教学[J]. 语言教学与交际，1998.

[2]胡文仲. 英美文化词典[M]. 外语教学与研究出版社，1995.

[3]Edward Hall, The Silent Language[M]. Oxford University, 1959.

[4]潘一禾. 超越文化差异：跨文化交流的案例与探讨[M]. 浙江大学出版社，2011.

[5]Birdwhistell, R. S. Kinesics& Context[M]. University of Pensylvania Press. 1970.

[6]云贵彬. 非语言交际与文化[M]. 中国传媒大学出版社,2007.

[7]鄂玉荣. 跨文化非语言交际的文化意义[J]. 哈尔滨工业大学学报:人文社会科学版,2014(4):112 –115.

[8]张立杰. 跨文化交际中的非语言行为浅谈[J]. 佳木斯大学社会科学学报,2004.

[9]https://www.sohu.com/a/125246939_496464.

跨文化交际中汉德熟语的比较

田心仪

摘要：语言是文化的载体。世界上几乎所有历史悠久的语言，都含有大量熟语。熟语是语言发展的成果，可以反映出一个民族的思想、特点与价值体系。本文首先从风俗习惯、神话传说、历史事件、宗教信仰、文学著作等方面分析汉语熟语与德语熟语的来源，继而从经济生产方式、宗教信仰以及价值观念等方面探究汉德熟语所折射出的文化内涵。了解汉德熟语的起源及其文化内涵能提高我们的跨文化交际能力，使我们在跨文化交际的过程中做到胸有成竹。

关键词：汉语　德语　熟语　文化内涵

1. 引言

姚锡远在《熟语学纲要》中提到，汉语熟语一般包括成语、谚语、俗语、惯用语、格言、歇后语等。德语熟语则有很多分类方法，按照传统的语用法可将其分为谚语、成语、名言警句和固定词组。熟语是民族文化的瑰宝，是人们思想和经验的总结。汉语和德语中都存在着大量的熟语，它们充分展现了各自民族的历史渊源、风俗习惯、宗教信仰、价值观念、社会关系等方面的情况，也体现出了各自民族鲜明的文化特征。源于生活习俗、神话传说、历史事件、宗教信仰以及文学作品的汉德熟语反映出中德两国间存在的文化差异。

2. 汉德熟语的来源

2.1 汉语熟语的来源

2.1.1 生活习俗

语言源于生活，深受生活习俗和风土人情的影响。不同的民族在不同的社会生活中形成了迥异的习俗与生活方式，也产生了带有民族特色的诸多熟语。如"妻贤夫祸少，子孝父宽心""莫看容颜，要看心眼""举案齐眉""门当户对"等熟语源于中国传统的婚嫁习俗。又如，"尊老爱幼""谦恭下士""济济跄跄""赐茅授土""浅茶满酒""父母在堂，子不言寿"等熟语则体现了我国的礼仪习俗。再如，还有不少熟语来源于中国古代的迷信思想。在我国古代，人们认为狗血可以辟邪。在中国传统的干支纪法中，十二生肖对应着十二地支，狗对应的地支是"戌"，而"戌"属阳，因此，狗被认为是一种阳气十足的动物。而妖魔鬼怪通常被归为阴性，阳性能够克制阴性，所以人们相信把狗血淋在妖怪的头上，就能让它的法术失灵，熟语"狗血淋头"或"狗血喷头"就由此而来。"撮土焚香""逢凶化吉""在劫难逃""正月不剃头，剃头死舅舅"等熟语也源自迷信思想。

2.1.2 神话故事

古希腊和罗马神话是西方国家熟语的重要来源之一。但我国的熟语几乎没有受到古希腊文化的影响，而是深深植根于中国本土文化之中。中国传统的神话故事发源于中国上古时期的传统文化，是古代人民试图通过幻想来解释自然现象和社会生活的产物。传统神话故事是中国传统文化的重要组成部分，熟语作为文化的精华更是与我国本土的神话故事有着千丝万缕的联系。"补天浴日"这个熟语来源于我国传统神话故事中的女娲补天和羲和沐日两个典故。在上古时期，四根擎天柱倾折，致使天塌地陷。洪水四处泛滥，大火在山林间焚烧蔓延，各种凶兽倾巢而出，到处吞食人类。这时，大地之母女娲挺身而出。她先是从大地上收集五色石子，用火将它们淬炼成石浆，用来填补天空。随后又斩下一只大龟的四脚，当作四根擎天的柱子。最终，大地又恢复了往日的和平安定。羲和则是上古天帝帝俊的妻子，她为帝俊生下了

77

十个儿子,他们都是三足金乌。也就是说,这十个儿子便是十个太阳。羲和与儿子们居住在东方的汤谷,在汤谷有一棵高达几千丈的大树,名为"扶桑",十只金乌就生活在扶桑树上,他们轮流在天上值日。为了让太阳保持明亮的光芒,羲和经常在甘渊中为儿子们洗澡。后用"补天浴日"比喻杰出的功勋。

类似来源的熟语还有很多,例如出自《列子·汤问》的"愚公移山",出自《新序·杂事》的"叶公好龙",出自《山海经·海外北经》的"夸父逐日",出自《山海经·北山经》的"精卫填海",出自《淮南子·本经训》的"后羿射日",出自《庄子·齐物论》的"十日并出",等等,都是从妇孺皆知的神话故事中凝结出的熟语。

2.1.3 历史事件

中国是世界四大文明古国之一,我国有文字可考的历史长达三千年,可追溯至殷商时期。在这漫长的历史长河中存在着数以万计的历史事件与历史人物。众多汉语熟语的来源与这些历史典故和名人逸事密不可分,例如出自《晋书》的熟语"坦腹东床"。东晋时期著名的政治家郗鉴听说琅琊王氏的子弟极为优秀,就想在他们中选一位来做自己的女婿。他派了一位门生到丞相王导家中代为相看。王导对门客说:"你去东边的厢房中看看吧。"厢房中的琅琊王氏子弟早就得知了郗鉴要来选女婿的消息,一个个悉心装束,正襟危坐地等待着门生到来。只有一个年轻人毫不在意,袒胸露腹地躺在床上吃胡饼。门生回来后将王家子弟的言行如实地向郗鉴汇报,郗鉴对那位坦然自若的年轻人非常满意,认为他可以做自己的女婿。他亲自前去王家拜访,得知这个年轻人正是素有盛名的王羲之,于是欣然地将爱女嫁给了他。自此,"坦腹东床"成为女婿的美称。又如廉颇和蔺相如之间的"负荆请罪",项羽被困乌江时的"四面楚歌",田忌和孙膑的"围魏救赵",淝水之战以少胜多的"草木皆兵",东晋名将祖逖的"闻鸡起舞",民族英雄岳飞的"精忠报国",还有源于三国故事的"说曹操,曹操到""关公赴会——单刀直入""司马昭之心——路人皆知"等熟语都有极为深厚的历史渊源。

2.1.4 宗教

宗教在民族文化中扮演着不可或缺的角色。不同于欧美国家的基督教一家独大，我国并没有一个统一的宗教信仰。追溯汉民族的历史，往往是多种宗教并立，其中，儒、释、道三教对我国的政治与文化产生了深远影响。

儒教，即儒家思想，是中国持续两千余年的封建社会的根基，是中国传统文化的核心所在。儒教对中国古代历代王朝均产生了不可磨灭的影响，源于儒教的熟语极多，例如，"是可忍，孰不可忍"出自儒教经典《论语》。鲁国的卿大夫季孙氏在自己家的庭院中用八佾奏乐舞蹈，孔子听说这件事后，评价说："这样的事他都忍心去做，还有什么事情做不出来呢？""八佾"是周天子祭祀太庙时才能使用的仪式，是由横八纵八共计六十四个人组成的方阵来奏乐舞蹈。季孙氏作为卿大夫居然敢使用天子的礼乐，可谓是罪不容诛。后来，"是可忍，孰不可忍"这个熟语经常被用于形容不可容忍的人或事物。再如，"富贵不能淫，贫贱不能移，威武不能屈"出自儒教"四书"之一的《孟子》。"半途而废""博闻强识"等均出自"五经"中的《礼记》。

道教是我国的本土宗教，其影响力可想而知。"玉皇大帝""西王母""城隍""财神"等概念都是从道教中衍生出来的。"胡说八道"中的"八道"也与道教有关。修道之人的终极目标是羽化登仙，长生不老。想要成仙则需要历经八个阶段。第一个阶段是入道，也就是拜入道门；第二个阶段是学道，学习和研究道教的基本理论和修道的方法；第三个阶段是访道，也就是请得道大能对自己悟出的心得体会进行指导和修正；第四个阶段是修道，即在得道大能的指点下开始修行；第五个阶段是得道，通过研究禅机和解悟道理来使自己的道行更为精妙；第六个阶段是传道，也就是宣传道法，普度众生；第七个阶段是了道，也就是已将所有道法都融会贯通，得以脱胎换骨；最后一个阶段就是成道，飞升入天，成为神仙。这就是所谓的八道。"八仙过海，各显神通""一人得道，鸡犬升天""紫气东来""仙风道骨""洞天福地""千里之行，始于足下"等熟语都有很深的道教渊源。

佛教是世界三大宗教之一，早在东汉末年就传入了中国。历经两千年的凝练与演变，已经深深融入我国传统文化之中。佛教讲求因果业报，多劝诫信众行善积德，熟语"放下屠刀，立地成佛""救人一命，胜造七级浮屠""苦海无边，回头是岸"等体现了这一特点。熟语"天女散花"则来源于《维摩诘经》中记载的一个故事。维摩诘居士的住处中有一位天女。有一天，当维摩诘居士与诸位菩萨和众位弟子谈论佛法时，天女将手中的鲜花倾洒而下，处所中一时落英缤纷，花团锦簇。但令人惊奇的是，花瓣飘到诸位菩萨身上时，就立即掉落下来了；而飘到弟子身上的花瓣却被沾住了，任凭众弟子如何施法，都没能让花瓣脱落。天女说道："并不是花沾着你们，而是你们的心在沾花，诸位菩萨并不把花瓣当作花瓣，才能做到片叶不沾身。"原来，天女散花是为了试探菩萨和众位弟子的佛心。在今天，"天女散花"一词多用来形容雪花纷飞的样子。

2.1.5 文化典籍

文学在民族文化中占据着举重若轻的地位。中华民族的文学语言中凝结着汉语的精髓。我国历史悠久，历代出现的经典名篇多如牛毛。这些经典作品中的名词佳句或几经演变，或纹丝不动，最后均以熟语的形式呈现于人前。例如，"君子周而不比，小人比而不周"与"知之者不如好之者，好之者不如乐之者"两句熟语均出自先秦经典《论语》，出自《孟子》的"生于忧患，死于安乐""不以规矩，不成方圆"，出自《诗经》的"与子偕老""夙兴夜寐""万寿无疆"等均是参照原文且一字未改而形成的熟语。而出自杜牧《阿房宫赋》的"付之一炬"则是经过总结和加工的熟语，其原句为："戍卒叫，函谷举，楚人一炬，可怜焦土。"类似的熟语比比皆是，包括"先忧后乐"（范仲淹《岳阳楼记》）、"前呼后应"（欧阳修《醉翁亭记》）、"世外桃源"（陶渊明《桃花源记》）、"沧海一粟"（苏轼《前赤壁赋》）、"青梅竹马"（李白《长干行二首》）、"扑朔迷离"（《木兰诗》）、"车水马龙"（李煜《望江南》）等等。

2.2 德语熟语的来源

2.2.1 宗教

宗教是一种文化现象，而语言又与文化息息相关，由此可见，宗教也会对语言产生一定的影响。大部分德国人都信仰基督教，基督教对德国人民的生活产生了巨大影响，许多德国的节日与习俗也都是从基督教教义中衍生出来的。《圣经》是基督教的经典之作。自1521年至1534年，马丁·路德（Martin Luther）成功将《圣经》翻译成德语。这不仅促进了德语的标准化和德国文学的发展，也对德语熟语产生了重要影响。例如，"Wer eine Grube macht, der wird hineinfallen.（害人如害己。）"出自《圣经·旧约·传道书》，"Auge um Auge, Zahn und Zahn.（以眼还眼，以牙还牙。）"出自《圣经·旧约·申命记》。《圣经》中的一些宗教用语也经常出现在德语熟语中，例如"Kreuz（十字架）"："Das Kreuz auf der Brust, den Teufel im Herzen.（表面装虔诚，心里怀鬼胎。）"，"Wer kein Kreuz hat, schnitzt sich eins.（自讨苦吃。）"。例如"Hölle（地狱）"："jm. die Hölle heiß machen（恐吓某人）"，"Aus der Hölle gibt es keinen Rückweg.（进入地狱后没有回头路。）"，等等。

2.2.2 风俗习惯

语言和文化的产生与发展受到多种因素影响。风俗习惯也是熟语的重要来源。每个民族在各自的发展历程中逐渐形成了不同的风俗和生活习惯。人们对这些日常生活中的习俗中进行抽象和总结，最终形成了许多众所周知的熟语。这些熟语通常能够体现出国家的文化背景和风土人情。例如，在古代，德国人迷信地认为，"左边"是不吉利的。如果人们在起床时左脚先着地，这就预示着今天要有不好的事情发生。骑马外出时，如果马先迈出左腿，那就意味着今天出门会遭遇不幸。熟语"Man soll nicht mit dem linken Bein aus dem Bett steigen.（下床不要左脚先着地。）"就由此产生。"den Teufel an die Wand malen（招来不幸）"也来源于民间迷信。德国人相信，魔鬼的名字具有魔力，只要人们说出它们的名字，它们就会立即出现。因此，人们一般用"Kuckuck"等词来替代魔鬼一词。"unter die Haube kommen"直译为"位于兜帽之下"，这是因为根据欧洲的传统习俗，女人在结婚之前通常会披散着头发。直到她们结婚时，才会把头发高高盘起，并戴上一顶很大的兜帽，象征着女人的尊严和正派。久而久之，"位于兜帽之下"就演变成了"结婚、出嫁"的意思。

2.2.3 神话传说

古希腊和罗马神话是西方文明的两大源头之一，是欧洲最早的文学形式，对欧洲语言产生了重要影响。来自古希腊和罗马神话的故事已经融入欧洲人民的日常生活中，从中也衍生出了许多脍炙人口的熟语。例如，"Muse braucht Muße."

这句熟语的意思是，从事艺术要有闲情逸致。在古希腊神话中，众神之王宙斯（Zeus）和记忆女神谟涅摩叙涅（Mnemosyne）生下了九个女儿，她们被统称为缪斯（Muse）。缪斯主司艺术与科学，是艺术之神，因此，古时候的人们常常将出色的艺术作品供奉在缪斯女神的神庙中，博物馆（Museum）一词正是由此而来。在艺术界中，缪斯也是灵感的象征。"Wo Mars das Wetter macht, verdirbt das Glück."马尔斯（Mars）是古罗马神话中的战争之神。罗马征服希腊后，继承了古希腊神话的框架。古罗马神话的内容大致不变，只是一些主要人物被赋予了拉丁文姓名。马尔斯其实就是古希腊神话中的战神阿瑞斯（Ares），是众神之王宙斯和众神之后赫拉（Hera）的长子。作为战争之神，阿瑞斯残酷且好战，是冷血战争的象征，其所到之处，无不掀起腥风血雨。是以，产生了"哪里马尔斯呼风唤雨，哪里幸福就遭到毁灭"的熟语。"den Faden verlieren（思路中断或离题）"则来源于古希腊罗马神话中的一个英雄传说。克里特岛的国王米诺斯（Minos）曾命人修建了一所迷宫，迷宫中囚禁着他的妻子出轨生下的一个怪物。这个怪物名叫米诺陶（Minotaur），它有人类的身体，却长着牛头和牛尾巴。国王米诺斯在征服了雅典之后，命令雅典每九年向他供奉童男童女各七名，以供米诺陶食用。为了使自己的人民摆脱这种悲惨的命运，雅典王子忒修斯（Theseus）决定去除掉这个怪物。在忒修斯到达克里特后，米诺斯的女儿阿里阿德涅（Ariadne）公主对他一见钟情，她深信忒修斯能够除掉米诺陶，但又担心他不能走出迷宫。于是，阿里阿德涅公主交给忒修斯一个线团，让他把线的一头系在迷宫入口的大门上，一边前进一边放线。当忒修斯回来时，他只要跟着这条线，就能走出迷宫。

丢失（verlieren）了这条线（Faden），就是偏离了回来的路线，是为"离题"。

2.2.4 文学著作

文学著作是民族文化的瑰宝,对民族文化的发展起着重要作用,是语言的艺术表达。德国是诗人和哲人的国度,孕育了歌德、席勒、莱辛、海涅、黑塞等众多举世闻名的文学家以及康德、黑格尔、尼采、叔本华等著名思想家,经典之作也是不胜枚举。文学著作中的一些经典语句也历经凝练和演变,最终成为家喻户晓的熟语。"Es irrt der Mensch, solang' er strebt."意为"人只要追求,就会有错",出自歌德(J. W. Goethe)的代表作《浮士德》(Faust)。"Wo wir uns bilden, da ist unser Vaterland."意为"吾等成长之处,即吾等之祖国",出自歌德的诗歌《我们带来什么》(Was wir bringen)。"Was soll der fürchten, der den Tod nicht fürchtet?"意为"人不畏死,有何所惧?",源于席勒(F. Schiller)的名剧《强盗》(Die Räuber)。"Perlen bedeuten Tränen."意为"珍珠意味着眼泪",取自莱辛(G. E. Lessing)的著名剧本《爱米丽雅·迦洛蒂》(Emilia Galotti)。

3. 汉德熟语所折射出的文化内涵

胡文仲先生曾指出:"文化是人类区别于其它动物的独特创造,包括人类所创造的一切成果——物质成果和精神成果。"[①]而语言就是精神文化中的重要组成部分。语言和文化的关系密切,二者相辅相成。语言是一种特殊的文化现象,是文化的载体。而文化又会对语言产生深远影响,不同的民族文化滋生出不同的语言。语言能够体现一个民族的文化渊源,而熟语作为语言的精华,更能折射出一个民族在经济生产方式、宗教信仰以及价值观念等方面的文化内涵。

3.1 经济生产方式

自古以来,中国都是一个农业大国,小农经济盛行不衰。德国是老牌资本主义强国,商业、手工业以及航海业较为繁荣。

黄河是中国的母亲河,孕育了古老而灿烂的中华文明。黄河一泻千里,

[①] 胡文仲. 跨文化交际学概论[M]. 外语教学与研究出版社, 1999:28.

携带着大量的泥沙顺流而下,在入海口处形成土质肥沃的冲积平原,古老的华夏族人民就在这片丰美土地上耕种繁衍。在这种情况下,农业逐渐成为历代王朝的立国之本,小农经济最终占据了我国封建社会生产方式中的主导地位。在汉语中,与农耕生活相关的熟语层出不穷,如"千方百计,不如种地""七十二行,庄稼为王""瑞雪兆丰年""岁稔年丰""耕耘树艺""五谷丰登"等等。

德国大部分地区受湿润的西风影响,属于温带海洋性气候,终年温和多雨,农业并不发达。但德国位于大西洋沿岸,濒临北海和波罗的海,海岸线漫长,拥有汉堡、不莱梅等优良港口,加之德国境内河流众多,河海联运便利,航海业发达。"Man muss sein Segel nach dem Winde aufspannen.(必须要趁风扬帆。)""Neben dem Schiff ist gut schwimmen.(靠近行船好游水。)""ans Ruder kommen(掌权,上台)""mit Mann und Maus untergehen(全船沉没)"等熟语都与航海生活有关。与此同时,便利的交通位置带动了手工业和商业的蓬勃发展。从德语熟语"wie ein Schneider frieren(冷得发抖)""ein Mann von echtem Schrot und Korn(一个正直的人)""gang und gäbe sein(通行,常见)""Kauf bedarf hundert Augen, Verkauf hat an einem genug.(买货需要百只眼,卖货一只就够用。)"中能够体现出商业和手工业对语言的影响。

3.2 宗教信仰

宗教信仰是人类精神文化的特殊表现形式。不同的宗教信仰反映出不同的文化背景,体现着不同的民族文化。正是由于民族文化的多样性致使宗教信仰呈现多元化。通过探究汉德熟语所反映出的宗教思想,我们能够更好地理解两国的民族文化。

中国的宗教信仰并不是统一的,而是多种宗教并行。对我国文化产生较大影响的是儒、释、道三教。儒教的创始人孔子是我国春秋时期的思想家和教育家,自汉武帝"罢黜百家,独尊儒术"后,儒家思想备受历代统治者推崇,孔子被尊称为"天纵之圣""至圣"。佛教的创始人释迦牟尼本是古印度的迦毗罗卫国净饭王的太子,后在菩提树下打坐七天七夜,顿悟成佛。道教的创始人老子又称李耳,是我国春秋时期的哲学家和思想家。相传,老子在函谷关留下《道德经》后便修炼成仙，成为"三清"之一的"太上老君"。由此可见，中国三大宗教中的神仙大都是由肉体凡胎修炼成仙的。因此，我国宗教充斥着世俗主义思想，更强调人在现世生活中的行为，具有鲜明的人本主义特征。熟语"修身治国齐家平天下""未知生，焉知死""天无绝人之路"等体现了这种观点。

与中国宗教的多元性倾向不同，在德国，基督教独占鳌头。根据基督教的教义，人是有原罪的，即人类的始祖亚当和夏娃违背了神的命令，偷食禁果而犯下的罪恶。因此，人的一生必须行善积德，去恶向善，谨遵天主的教导，来消除自己的罪孽，以求在死后进入天堂。熟语"zu Kreuze kriechen（屈服，求饶）"、"jm. die Hölle heiß machen（恐吓某人）"就显示出这种虔诚赎罪，以谋求彼岸世界幸福的思想。

3.3 价值观念

1980年，荷兰学者霍夫施泰德（Geert Hofstede）根据来自50多个国家的117000位IBM员工的问卷调查结果提出了著名的文化五维度理论，其内容包括个人主义与集体主义（Individualismus versus Kollektivismus）、权力距离（Machtdistanz）、不确定性规避（Vermeidung von Unsicherheit）、男性度与女性度（Maskulinität versus Feminität）以及长期导向性与短期导向性（langfristige versus kurzfristige Orientierung）。在这里，主要就个人主义与集体主义这一维度来比较中德之间价值观念的区别。

中国的集体主义价值观有深厚的历史渊源。中国传统的经济生产方式是小农经济，其特点是以家庭为单位进行生产实践。集体主义思想就在人们共同耕作、相互团结的过程中逐渐产生了。而中国传统的宗法制度以血缘为纽带维护统治秩序，即家是最小国，国是千万家，这就形成了家国同构的观念。家国同构的思想使人们具有强烈的社会责任感，极大地促进了集体主义的形成。熟语"人心齐，泰山移""二人同心，其利断金""先天下之忧而忧，后天下之乐而乐""众人拾柴火焰高"等均反映出了我国的集体主义价值观。

个人主义是西方价值观念的核心，西方素来有个人主义传统。古希腊时期著名的哲学家普罗泰戈拉（Protagoras）曾提出："人是世间万物的尺度。"这里的"人"便指代的是"个人"。文艺复兴时期的思想家们提出了人文主义思想，倡导个人的尊严、个人的价值、个人的发展与个性的自由。启蒙运动时期的著名思想家卢梭、约翰·洛克、孟德斯鸠、亚当·斯密等人也从不同的方面阐述了自己对个人主义的理解。个人主义崇尚个人独立于社会之外，强调个人隐私，注重个人利益。德语熟语"Selbst getan ist bald getan.（自己动手，办事不愁。）"，"Jeder fege vor seiner Tür.（每个人要管好自家的事，少管闲事。）"，"Selbst essen macht fett.（一人独吞，肥了自己。）"生动地表现出了德国人的个人主义观念。

4. 结语

熟语承载着一个民族文化的积淀，具有极为重要的文化价值。通过探究汉德熟语不同的来源，分析其所折射出的文化内涵，有助于我们进一步了解两国不同的民族文化，充分理解两国之间迥然不同的价值观念、思维方式、社会国情等方面的情况。只有准确掌握中德两国熟语所体现出的不同的文化信息，才能在跨文化交际过程中运用更为精准的语言和更为地道的表达。只有充分了解两国熟语所折射出的文化内涵，才能在跨文化交际时做到游刃有余，不断提高我们的跨文化交际能力。

参考文献

[1] Drosdowski, Gunther. Duden Bd. 11, Redewendungen und sprichwörtliche Redensarten[W]. Mannheim:Bibliographisches Institut & FA Brockhaus AG 1992.

[2] Röhrich, Lutz. Das große Lexikon der sprichwörtlichen Redensarten[W]. Freiburg im Breisgau:Herder Verlag 1992.

[3] Neue-Welt-übersetzung der Heiligen Schrift[M]. Selters/Ts.: Wachtturm Bibel-und Traktat-Gesellschaft Verlag 2018.

[4] Bulfinch, Thomas. The Age of Fable:Or, Stories of Gods and Heros[M]. übersetzt aus dem Englischen von Qu Bo. Tianjin:Neue Knospen Presse 2005.（托马斯·布尔凡奇. 希腊罗马神话故事[M]，曲波译，新蕾出版社，2005年.）

[5] 胡文仲. 跨文化交际学概论[M]. 外语教学与研究出版社，1999.

[6]贾慧蝶.德语成语典故词典[W].同济大学出版社,2006.

[7]任洪舜.关于集体主义的中华民族优秀传统文化研究[J].牡丹江大学学报,2009(01):6-8.

[8]王薇.汉德成语的形式及其来源比较[J].佳木斯教育学院学报,2011(8):168-168.

[9]许震民.德语谚语词典[W].外语教学与研究出版社,2014.

[10]姚锡远.熟语学纲要[M].中国传媒大学出版社,2005.

中德两国各阶层女性领导者的跨文化分析

陆美含

摘　要：由于世界上日益普遍的网络全球化和教育水平的提高，越来越多的中德两国女性拥有她们自己的职位。今天，中德两国的大多数女性都拥有自己的工作。近年来，两国妇女始终能够在劳动力市场上成功地站稳脚跟。但是在两国的最高国家领导机构中，女性仍占少数。鉴于未来专业人员方面的短缺，为男女在劳动世界中争取到平等的机会，这对中德两国来说很重要。

因此，本论文的主题是比较分析中德两国的女性领导者们。比较分析中德两国之间的女性劳动力市场情况。从经济学的角度看，如果不利用收入，继续投资在提高女性的教育和专业技能方面投资，这将是没有潜力且不划算的。中德两国的政府和企业都已意识到这一问题，并在过去几十年中制定并成功实施了许多措施。

关键词：女性　女领导　领导模式　中国　德国

1. 引言

虽然女人约占世界人口总数的一半，她们至少和男人一样也受到了良好的教育，但在管理层和监督层中，很少见到女性在其中担任职位，她们所占的比例仍然不足。许多实证研究表明，职位越高，女性所占的比例越少，只有极少数的女性才能成为最高国家领导机构中的一员（Kleinert，2007：13）。为了解决这个问题，德国联邦政府于 2016 年初出台了"女性配额"这一规定。

该规定要求，上市股份制以及合资企业在确立新的监事会成员时，女性的固定占比为30%。然而该规定实施后，仍有一些公司不遵守规定，将其视为儿戏。在这些公司中，监事会的成员依旧没有女性的身影。尽管女性和男性一样拥有相同的潜力，也都是社会劳动力，但那些最重要的决策职位仍然被男人们紧紧地抓在手里。很快你就会发现，这种发展现象不仅存在于社会政治领域，在经济领域中也是值得思考的。因为继续在提高女性的教育水平和学历方面投资，却不充分利用其潜力，从经济学的角度看是不划算的。因此，必须要为广大女同胞们在劳动力市场上继续创造平等的工作机会，这一点至关重要。

同德国一样，越来越多的中国女性也开始追求自己的事业。由于受到了高质量的教育，越来越多的女性在具有决定性的管理岗位上获得一席之地。然而，由于中国信奉儒家思想，现在的社会和就业环境对女性来说仍然是不利的。尽管女性在就业方面不占优势，但不容忽视的是，中国政府一贯致力于妇女平等，自20世纪90年代以来，越来越多的女性出现在领导岗位上，这明显是取得了重大进展（Zinzius，2007：53-55）。这些改变在中层管理岗位和个体经营方面特别明显。为了能在以男性为主导的商业领域中站稳脚跟，拥有一席之地，中国女性往往比男性更努力、更高效地工作（Zinzius，2007：171）。因此，毫不奇怪，女人们为中国的经济奇迹做出了重大贡献，没有女性劳动力，中国的经济将停滞不前。

在中德两国的决策岗位上具体有多少女性站稳了脚跟，这一点很难说清，也不易进行比较，不仅仅是因为研究数据具有波动性和不确定性，还因为不同的调查研究对"领导者"的定义也不尽相同。虽然这些问题在许多科学论文中已经讨论了几十年，但也只给出了部分解释。比较中德两国担任领导职务的女性是一个巨大的挑战，因为两国女性处于不同的社会地位。比较德国和中国妇女在管理职位上的工作是一个巨大的挑战，因为两国妇女的社会地位不同。德国呈现出的是非常积极的女性形象，女性在劳动力市场上获得了社会认可。但在中国却不是普遍现象，不仅是因为儒家的传统思想和思维方式，还和巨大的城乡差异有关。

此外，在迄今为止的文献中很少对中德两国的女性领导人进行比较分析，多数都是以不同的、孤立的形式进行介绍。因此，本论文的主题是比较分析中德两国的女性领导者们。首先，在论文的第一部分建立理论框架，要先解释"领导"一词的定义。然后比较分析中德两国之间的女性劳动力市场情况。最后总结本论文的主要成果。

2. 理论基础

在调查女性领导人的性格时，一般会出现的问题是"领导"是什么意思以及到目前为止对这一主题都有哪些具体研究？所以要先解释"领导"一词的普遍含义。此外，"领导"一词在理论或实践上都没有统一界定，其含义千差万别，因此必须从一开始就加以区分。

2.1 "领导"的定义

在现有文献，比如在 Gabler Wirtschaftslexikon 一书中以及在 Kleinert 和 Hahn 的著作中，"领导"这个词有许多定义，它们可以相互补充，研究并解释这个复杂进程的各个方面。因此，应该先缩小定义的范围。因为所找文献中没有对此定义的统一解释，那么下面选取了几个定义进行介绍。

在 Gabler Wirtschaftslexikon 一书中，"领导"是指在一定的环境下，为实现既定目标，对被领导的个人和团体进行统御和指引的行为过程。而且这个词通常被看作是一个人在处理与他人的人际关系时所反映出的心理和社会能力。所以一位成功的领导，除了他本人的能力（例如执行力和沟通力）外，还要考虑其他因素，比如专业权威性、情境条件、对领导技巧的使用以及社会关系（Kleinert，2007：27）。就企业管理而言，"领导"可以集中于整个公司或仅管辖其所在的子系统。另外，就企业家而言，"领导"指的是日常工作生活中的任务或人员。确切地说，任务的"领导"是指包括确立目标、计划、组织和控制等管理功能，而人员的"领导"是指法律或组织当局对有义务遵守指示的某些人员或团体发布指示（Hahn，1996：40）。通过采用适当的管理方式，一方面可以满足员工的需求，另一方面可以完成所设定的任务。其目的是带领员工实现既定目标，这些目标通常是由公司设定的，为的是增加公司销售营业额或改善工作环境。

接下来，介绍女性领导模式的基本特征，然后与男性领导模式进行比较，从而更加详细地列举并解释差异。

2.2 女性领导模式

没有哪种理想的女性领导模式可以保证高管们取得最大的成功。但她们中有些人在日常管理中使用了许多不同的领导方式，基本上可以说，这些人工作得比其他人更好。值得一提的是，女领导与当员工的女性之间存在差异。"女主管与女员工不同，特别是在领导动机、灵活性、团队定位、自信与自我意识、设计动机和执行力方面有所差别"（Henn，2009：107）。

Wilen-Daugenti 等人（2013：20）认为女性领导风格是独一无二的，因为它包含了传统领导模式的特点，比如直接性和战略思维。同样，在他们的研究中，选取 1965—1980 年间的 X 代人和 1980—2000 年间的 Y 代人作为研究对象，同时评估他们身上所具有的某些特征，例如自信、果敢和跳出固有思维的能力，这些是有实际效果的领导模式中最重要的特征之一（Wilen-Daugenti，2013：15 – 17）。此外，女性更可能被称为道德领袖，她们尽最大努力将所有参与者及利益攸关方聚集在一起，让所有相关人员能够平衡好工作与生活。除此之外，女性具有更强的人际交往和同理心能力，她们不仅能够理解自己的员工，而且还能认真倾听并对待员工的问题，这对整个工作团队非常重要。Henn 和 Wilen-Daugenti 等人的研究（2012：65；2013：20）还指出担任领导职务的女性倾向于转换型领导模式，鼓励员工有效地追求自己的目标。因为"……转换型领导者是……通过影响员工的价值观和态度，增加员工的积极性并以此提高绩效而取得成功"。员工的成绩、满意度和超越自身雇佣合同的参与意愿都是判断领导模式成功与否的传统标准（Pundt & Nerdinger，2012：32 – 34）。

而且女性领导人也经常会采用协商式领导模式，这种模式可以在变革到来时使员工尽早了解预期决策。此外，这种方式使员工可以在上级主管做出最终决定之前，通过提出自己的建议和想法来影响经理（Schölmerichand & Schermuly，2013：98）。不仅如此，越来越多的女性领导者们使用参与式领导模式,它侧重于组织内部员工的参与和协作。这种模式"……得到目标管理模型的支持,使主管能够定期与员工就可验证的目标达成一致……,以便定期评估其员工的绩效和潜力"(Thom & Zaugg,2002:54)。女性主管们采用这种管理模式来实现目标,在这个过程中员工和同事们也不会将她们的权威性当作男性化。

研究结果表明,前几段所描述的通常由女性主导的转换型领导模式和参与型领导模式正变得越来越重要(Wilen-Daugenti,2013:2)。因为通过让员工参与决策过程,他们往往能够成功地发挥积极和激励作用。而那些严厉的具有领导能力的女性高管们却遭到同行们的负面评价。这是因为一提到女性的社会形象就会想到"交际","温柔"和"善解人意"这些词语,因此,在领导机构中表现严厉的女性就会得到负面评价,甚至是受到谴责,因为她们所表现出来的个性被认为是"不女性化的"或是"渐男性化的"。因此,具有这种领导行为的女性将不会成为公司正面形象的代表。然而,在只有少数女性从事的行业(例如数学、计算机科学、自然科学和与应用技术相关的职业)中,尽管存在偏见,女性领导者仍然采用典型的权威型男性领导模式去进行管理。她们这样做的目的是希望获得更多男人们的尊重,虽然可能会适得其反(Henn,2012:64-66)。

因此,担任女性领导者们不断逼问自己,她们如何能够更好地向外部世界传达自己的权威,而又不会在日常工作生活中表现出专制的行为。

3. 研究价值

由于世界上日益普遍的网络全球化和教育水平的提高,越来越多的两国女性拥有她们自己的职位。今天,中德两国的大多数女性都拥有自己的工作。尽管取得了积极的进展,但两国的女性在领导岗位所占的比例并没有她们在劳动力市场中所占的比例大。因为在这两个国家,女性的比例随着职位的升高而下降。尽管她们具备专业素质,也很少有女性能成为最高国家领导机构中的一员。同时,女性能进入世界某些领域(例如技术和自然科学领域)内工作的机会也有限。

值得一提的是，在实行几十年集体制的中国，女性就业率达到90%，已经达到了高潮。德意志民主共和国也表现出类似的发展趋势。因为1989年，德意志民主共和国实行共产主义，当时的女性就业率为78.1%，也达到了顶峰。两国女性的就业比例很高，这是由于当时的政府有系统地让以男性为主的工作岗位吸纳女性劳动力。如此，女性在劳动力市场上的高度参与使女性享有更高的社会地位和更易于被接受。因此，女性在社会工作生活中的高参与度使得她们的形象越来越积极。尽管民主德国的女性能够过上相对自给自足的生活，例如采取多种激励女性的措施。虽然中国的女性形象更为积极，但由于根深蒂固的重男轻女的思想中国女性仍备受歧视，在中国的农村地区这种现象尤为明显。尽管如此，研究结果表明，两国的共产主义专政制度带来了更高的女性就业率，从而促进了劳动力市场上女性的平等权利。

值得注意的是，中国经济的快速增长为国内创造了许多高层次的就业机会，因此越来越多的中国女性能够成功地担任重要的管理职务。所以，与德国女性相比，中国女性在两国高层管理岗位上所占的比例更高也就不足为奇了。虽然全球平均水平约为24%的女性在高级管理岗位任职，但在中国这个比例大约占38%。因此，中国女性在领导机构中所占的比例最高，位于全世界前十名，远优于德国。此外，研究表明，有60%的中国女性在底层的管理岗位任职，而只有30%的女性能就职于最高国家领导机构。这种发展状况也可以在德国的管理层中看到，尽管与中国相比，德国担任管理职务的女性明显减少。

在中德两国，中小企业的领导人都以女性为主。这一方面是因为扁平结构，另一方面也因为中小企业的平均的成立年限更短，女性在这里的就业机会更大。此外，在中国许多中小公司的创始人都是女性，因此，这些公司的创始人还会担任监事会和董事会方面的职务。通常，这些公司创始人的女儿也会接任公司内的最高职位。根据现有的研究结果，可以假设在这两个国家中，随着公司规模的扩大，女性的比例持续下降，并且在晋升时会面临着更多的不利条件和偏见。因此，不足为奇的是，在中德两国的大型企业中，女性担任管理岗位的比例非常低。虽然中国的政治参与是大公司任职人数不足的一个关键因素，但在德国，其他因素也是造成这种情况的原因。

尽管与其他国家相比，中国妇女在个体经营和中低层管理职位上占主导地位，但中国妇女在政治上的代表性仍然不足，特别是在中央机构任职的女性很少。代表人数不足的原因一方面是由于社会的封建思想行为，另一方面是女性缺乏政治利益。在德国，与男子相比妇女在政治中的代表性同样不足。德国的妇女代表人数不足可归因于一些类似的因素。一方面是由于德国女性的政治利益较低，另一方面是由于德国女性要照顾家庭，使得她们无法保障从事政治生涯所需的工作量和灵活性。

尽管在过去的 30 年里，中国女性在地位上取得了非常积极的发展，并接纳了西方的价值观。但中国仍然以集体主义文化为特征，因此，隐私和自由在中国不仅具有完全不同的含义，而且同在德国的意义也不相同。

近年来，两国妇女始终能够在劳动力市场上成功地站稳脚跟。但是在两国的最高国家领导机构中，女性仍占少数。鉴于未来专业人员方面的短缺，为男女在劳动世界中争取到平等的机会，这对中德两国来说很重要。从经济学的角度看，如果不利用收入，继续投资在提高女性的教育和专业技能方面投资，这将是没有潜力且不划算的。中德两国的政府和企业都已意识到这一问题，并在过去几十年中制定并成功实施了许多措施。

参考文献

[1] Beckermann, B., Broekmate, L., Fischer, T., Möltgen, K., Pippke, W., Reichwein, A., Schilling, E., & Paulic, R. (Hrsg.). Verwaltungsmanagement und Organisation. Verlag für Verwaltungswissenschaft. Frankfurt am Main, Deutschland, 2013.

[2] Bergemann, N., & Sourisseaux, A. L. (Hrsg.). Interkulturelles Management (3. Auflage Ausg.). Springer Verlag. Heidelberg, Deutschland, 2003.

[3] Blom, H., & Meier, H.. Interkulturelles Management. nwb Verlag. Herne, Deutschland, 2002.

[4] Bühner, R.. Personalwirtschaft. De Gruyter Oldenbourg. Berlin, Deutschland, 2004.

[5] Frohn, U.. Sind die Frauen in der DDR gleichberechtigt. Vierteljahreshefte für Zeitgeschichte. De Gruyter Oldenbourg. Berlin, Deutschland, 1972.

[6] Fröse, M. W. , & SZEBEL-HABIG, A. (Hrsg.). Mixed Leadership: Mit Frauen in die Führung. Haupt Verlag. Bern, Deutschland,2009.

[7] Henn, M. . Frauen und Führung. Was kennzeichnet Frauen in Führungspositionen? 2008.

[8] Henn, M. . Die Kunst des Aufstiegs:Was Frauen in Führungspositionen kennzeichnet. Campus Verlag. Frankfurt am Main, Deutschland,2012.

[9] Holtbrügge, D. . Personalmanagement. Springer Science + Business. Nürnberg, Deutschland, 2010.

[10] Kleinert, C. . Frauen an der Spitze: Arbeitsbedingungen und Lebenslagen weiblicher Führungskräfte. Campus Verlag. Frankfurt am Main, Deutschland,2007.

[11] Kommunale Gemeinschafsstelle für Verwaltungsmanagement (KGSt). Der demografische Wandel in Kommunalverwaltungen: Strategische Ausrichtung und Handlungsansätze. Köln, Deutschland,2010.

[12] Kommunale Gemeinschafsstelle für Verwaltungsmanagement (KGSt). Interkulturelles Personalmanagement. Köln, Deutschland,2011.

[13] Korabik, K. : Managerial women in the People's Republic of China. The long march continues. International Studies of Management & Organization,1993.

[14] Kotler, P. , Amstrong, G. , Wong, V. , & Sauders, J. : Grundlagen des Marketing. Pearson Education Deutschland GmbH. München, Deutschland,2011.

[15] Leader, S. G. . The emancipation of Chinese women. World Politics,1973.

[16] Mecheril, P. . Präkere Verhältnisse. Waxmann. Münster, Deutschland,2003.

[17] Naisbitt, J. , & Megatrends Asia. The eight Asian megatrends that are changing the world,1996.

[18] Pundt, A. , & Nerdinger, F. W. . Transformationale Führung-Führung für den Wandel? In: Die Zukunft der Führung. Springer Verlag. Heidelberg, Deutschland,2012.

[19] Reichwein, A. , & Rashid, K. . Interkulturelle öffnung in Kommunen und Verbänden. (A. W. -u. Friedrich-Ebert-Stiftung, Hrsg.) Friedrich-Ebert-Stiftung,2012.

[20] Robert Bosch Stiftung. Demographieorientierte Personalpolitik in der öffentlichen Verwaltung. Robert Bosch Stiftung GmbH. Stuttgart, Deutschland,2009.

[21] Scherm, E. , & Süß, S. Personalmanagement. Vahlen. Hagen u. Düsseldorf, Deutschland, 2010.

［22］Seelmann-Holzmann, H. , & Hegele-Raih, C. . Asiatinnen auf dem Vormarsch-Essay. Harvard Business Manager,2008.

［23］Sieren, F. . Business Know-how China. So wird Ihre Geschäftsreise zum Erfolg. Redline Wirtschaft. München, Deutschland,2007.

［24］Stüdlein, Y. . Management von Kulturunterschieden: Phasenkonzept für internationale strategische Allianzen. Gabler GmbH. Wiesbaden, Deutschland,1997.

［25］Thom, N. , & Zaugg, R. J. . Das Prinzip Nachhaltigkeit im Personalmanagement. In: Personalführung,2002.

［26］Thomas, A. . Handbuch Interkulturelle Kommunikation und (Bd. 1). Vandenhoeck & Ruprecht. Göttingen, Deutschland,2005.

［27］Wilen-Daugenti, T. , Vien, C. L. , & Molina-Ray, C. (Hrsg.). Women Lead: Career Perspectives from Workplace Leaders. Peter Lang. New York, USA,2013.

［28］Yu-Dembski, D. . Frauen in China Transformation und sozialer Wandel. PROKLA 119 Chinesischer Kapitalismus, 2000.

［29］ZENG, Benxiang. Women's political participation in China: improved or not? Journal of International Women's Studies, 2014.

［30］Zinzius, B. , & China-Handbuch für Manager. Kultur, Verhalten und Arbeiten im Reich der Mitte. Springer Verlag. Heidelberg, Deutschland,2007.

［31］Bundesministerium für Familien, Senioren, Frauen und Jugend, Frauen, Berufliche Selbständigkeit, https://www. bmfsfj. de/bmfsfj/themen/gleichstellung/frauen-und-arbeitswelt/berufliche-selbststaendigkeit/80460.

［32］Die Bundesregierung, Mehr Frauen in Führungspositionen, https://www. bundesregierung. de/breg-de/aktuelles/mehr-frauen-in-fuehrungspositionen-397442.

［33］Bundeszentrale für politische Bildung, Globalisierung und Arbeit, http://www. bpb. de/gesellschaft/gender/frauen-in-deutschland/49397/globalisierung-und-arbeit.

［34］DAAD, China. Daten & Analysen zum Hochschul-und Wissenschaftsstandort, https://www. daad. de/medien/der-daad/analysenstudien/bildungssystemanalyse/china_daad_bsa. pdf.

［35］Economist, The sky's the limit, http://www. economist. com/node/21539931.

［36］Gabler Wirtschaftslexikon, Führung, http://wirtschaftslexikon. gabler. de/Archiv/78154/fuehrung-v7. html.

[37] Konrad Adenauer Stiftung, Arbeitswelt und Berufstätigkeit der Frau, http://www.kas.de/wf/de/71.6586/.

[38] Manager Magazin, Milliardär Dank Buffett, http://www.manager-magazin.de/unternehmen/karriere/a-652280.html.

[39] The Global Economy, China Erwerbsbeteiligung Frauen, http://de.theglobaleconomy.com/China/Female_labor_force_participation/.

[40] Wirtschaftswoche, Millionärsranking: Das sind die reichsten Frauen Deutschlands, http://www.wiwo.de/erfolg/trends/millionaersranking-das-sind-die-reichsten-frauen-deutschlands/11104402.html.

跨文化交际视角下中德酒文化对比

余 丽

摘要：显性的文化现象能反映人类行为背后的价值观。酒是人类生活不可缺少的饮品，每个民族都有其独特的酒文化。通过了解不同国家的酒文化可以了解不同国家人民的价值观。中国和德国酒文化历史悠久，本文将基于跨文化交际视角，通过对中国和德国的酒文化从物质文化、行为文化、制度文化角度进行对比，分析差异，使用 Hofstede 文化维度理论解读两个民族酒文化现象背后的价值观，以此增进对双方民族文化的了解，帮助跨文化交际人员更加有效地交际和沟通。

关键词：跨文化 酒文化 中德对比 差异

1. 引言

文化是人们通过长时间的努力所创造出来的物质财富和精神财富的总和，是社会的遗产；文化既包括信念、价值观念、习俗、知识等，也包括实物和器具(胡文仲，1995)。酒是以粮或水果为原料经发酵制成的酒精饮品。酒的历史悠久，自古以来，酒都是人类日常生活中不可缺少的饮品。人们喜欢饮酒，关于酒的典故佳话数不胜数。"酒文化"一词由我国著名经济学家于光远于 1985 年首次提出。1994 年，萧家成补充了酒文化的定义，他提出，酒文化是围着酒为中心所产生的一系列物质的、技艺的、精神的、习俗的、心理的、行为的现象的总和。广义上认为，酒文化包括物质层面和精神层面的内容。物质层面是指酿酒技术的起源和发展、不同类型的酒、酒具的发展演变等物质文化；精神层面包括饮酒礼仪、饮酒习俗以及酒在宗教、伦理、政治、法律、文学、艺术等领域的文化现象。

近年来，中德两国交往联系日益频繁紧密。为帮助两国人员更好地了解对方的文化，更加有效地进行跨文化交流，两国学者都在积极进行跨文化对比研究。跨文化对比研究中最常用的理论之一是 Hofstede 的五个文化维度理论，该理论主要用于比较和衡量文化现象背后的价值观。其内容包括五个维度：权力距离、个体主义与集体主义、男性气质和女性气质、不确定性规避、长期导向和短期导向。本文将立足于跨文化交际视角，分析中国和德国酒文化物质层面和精神层面的差异。因这两个层面包含内容广泛，本文将主要从以酒文化起源和种类为主的物质文化层面及以行为文化和制度文化为主的精神文化层面，对中德两国酒文化现象进行对比，并以 Hofstede 文化维度理论为指导，探讨中德两国酒文化现象背后国民的性格和社会价值观差异，以期能丰富跨文化交际领域中德文化对比研究范围，帮助跨文化交流人员减少跨文化交际过程中的文化误解、文化冲突以及文化休克现象。

2. 物质文化对比

2.1 中国酒的起源和种类

关于酒的起源有许多不同的传说，一说是神农氏造酒说，在距今约五六千年前的新石器时期，炎帝神农氏亲尝百草，将自己的经历篆刻记载下来，后世将其编为《神农本草经》，其中就有关于酒的记载，这是对酒最早的记载。另一种说法是仪狄酿酒说，见于西汉时期的《战国策》："昔者，帝女令仪狄作酒而美，进之禹，禹饮而甘之。"这句话说明，夏禹时期仪狄会酿酒。还有一种说法是杜康造酒说，这是最广为人知的传说。曹操曾歌曰："何以解忧，唯有杜康。"这句著名的愁言使得后世大多都以为中国酿酒的鼻祖是杜康。关于杜康造酒的民间传说也有很多，其中一种说法是杜康偶然将剩饭放于一个树洞中，数日后剩饭发酵，树洞散发出芳香气味，流出液体，于是杜康发现了酒，掌握了酿酒技术。可以看出，中国的酒由来已久。在历史发展的长河中，智慧的先民酿造出了各种类型的佳酿，如以谷物粮食为原料的各式香型的高度白酒和黄酒，以及用水果酿造的果酒。近代以来，受国际影响，啤酒和葡萄酒传入我国，在我国得到迅速发展。目前，在中国消耗量最大的酒主要是白酒和啤酒。白酒多见于宴席等正式场合。在娱乐休闲场所，中国人大多饮啤酒。

2.2 德国酒的起源和种类

德国是享誉世界的啤酒王国，德国的啤酒品质纯正，味道鲜美。啤酒的酿造技术不是源于德国本土，而是由罗马帝国传入德国。中世纪时期，修道院修士改良了啤酒的酿造方法，使得啤酒的口感和品质大大改善，由此啤酒越来越受人们欢迎，成为德国人的"液体面包"。后来，啤酒生产商越来越多，为赚取利润，市场上出现掺假啤酒等劣质啤酒，引得人民纷纷抱怨。1516年，巴伐利亚公国颁布《纯正啤酒法》(Reinheitsgebot)，明令要求啤酒的生产只能以大麦芽、啤酒花、酵母和水为原料制作。一百年后，此项法律被全德国接受，成为当时德国啤酒质量的保障。如今的德国依然遵守这一法规，生产的啤酒品质纯正。德国啤酒种类繁多，大致分为六大类：白啤酒(Weißbier)、黑啤酒(Schwarzbier)、清啤(Pils)、科什啤酒(Kölsch)、出口啤酒(Export)和无酒精啤酒(Alkoholfreies Bier)。

相传罗马帝国传入啤酒酿造技术的同时，也为德国人带来了葡萄酒。关于葡萄酒的起源还有其他传说，这些传说大多与古希腊、古罗马神话和《圣经》里的宗教故事相关。古希腊神话称酒神狄奥尼索斯创造了酒，《圣经》里记载酒是耶稣的化身。德国的葡萄酒虽然没有啤酒的名气大，但与西方其他国家相似，德国人的餐桌离不开葡萄酒。德国也是葡萄酒生产大国，每年约产葡萄酒一亿公升，主要生产白葡萄酒。

通过对比可以看出，中德两国酒文化都源远流长，但关于酒文化的起源两国都没有清晰准确的记载。中国的造酒传说有一个共同的主题，就是酒是由人创造的；德国人的造酒传说更具神话色彩，神造酒的说法广为流传。究其背后的原因，可以认为，中华文明发源于农耕文明，古人虽然崇拜上天，但是人们更相信勤劳肯干才会有收获，因此更看重人的劳动。德国人信仰宗教的传统已久，他们信仰上帝，认为是上帝创造世界万物，因此认为酒是神造的。两国人民对于酒的饮用偏好也有差异，这与两国人民的传统农作物有关。古代，我国大多种植大米小麦等粮食谷物，因此盛产粮食酿的白酒。德国地理位置偏北，纬度高，气温低，只适宜种植耐寒的农作物，因此人们主要种植以大麦为主的粮食和以葡萄为主的水果，所以德国人主要喝啤酒和葡萄酒。

3. 行为文化对比

3.1 饮酒礼仪

中国酒文化的饮酒礼仪首先体现在座次安排上。中国人遵守长幼尊卑的伦理秩序，酒席入座时，要让长辈、领导以及身份尊贵的人坐在桌子中间或上席，年轻人和下属坐在两侧或下席。主人或晚辈要先为客人或长辈倒酒，再给自己倒酒，倒酒要倒满，以示尊敬。敬酒也有礼仪，主人先敬客人，晚辈先敬长辈，下属先敬领导。敬酒人要起身敬酒，而且要先干为敬，把酒喝光，表达尊重之意，被敬酒人也要喝光回敬。中国人热情好客，酒桌上还有劝酒的礼仪，喜欢劝对方多喝，尽兴地喝，喝得越多越好。"感情深，一口闷"，饮酒量还被用来衡量感情的深浅。为了使饮酒双方喝得尽兴，人们还会在酒桌上玩行酒令、划拳等花样繁多的趣味游戏。因此，中国人的酒桌总是热热闹闹，人声鼎沸。

德国人饮酒专注于酒本身。为更好地享受酒的美味，他们讲究食物与酒的特定搭配以及饮酒的先后顺序。简单来说，德国人用餐遵从"白葡萄酒配白肉，红葡萄酒配红肉"的规则，在餐前要喝开胃酒，餐时搭配佐餐酒，餐后再饮甜酒。为了方便品鉴葡萄酒的品质，倒酒也不可倒满，只需倒满酒杯的三分之一即可。德国人在酒桌上对于座次安排没有严格的顺序，也很少相互敬酒，即使敬酒也只是坐在座位向他人举杯示意，然后浅饮一口，不会把酒喝光。德国人也不劝酒，席间也少有娱乐游戏，因此饮酒氛围安静轻松，人们更多的是专注于享受美酒美味。

可以看出，两国的饮酒礼仪有很大的差别。中国是礼仪之邦。自古以来，中国人尊崇儒家文化，遵从长幼之序、尊卑之别的伦理秩序，等级顺序分明，阶级观念明显，是一个权力距离大的国家。权力距离指权力地位低的人对权力不公平分配的接受程度。接受程度高，权力距离就大，社会层级分明。酒桌上的座次安排、敬酒倒酒礼仪，无不体现中国人遵守长幼尊卑的伦理价值观和较大的权力距离。中国人饮酒并不重视酒的自然功能，更重视的是喝酒的人和饮酒的气氛。酒在酒桌上成为交际的工具，人们饮酒或是因职场应酬需要，或是为宣泄情感，或是为求人办事，人们更多的是借助酒来达到其他目的。所以中国人饮酒喜欢劝酒，喜欢劝人多喝，将饮酒气氛营造得热情欢乐，酒喝得越是热闹高兴，背后的交际目的就越能达到。这一点也体现了中国社会的男性气质。偏向男性气质的社会强调竞争，更关注物质上的成功。在职场的酒桌上，人们饮酒大多都是为了与对方达成商务合作，实现商业利益和自我成功。可以看出，职场酒桌男性气质明显。

与中国不同，德国人饮酒更多的是为了享受美酒。餐桌上的饮酒搭配与上酒顺序都体现了德国人对酒的欣赏和尊重。德国社会追求人人平等，是一个权力距离小的国家。对于像中国人那样遵从伦理秩序的座次礼仪、倒酒敬酒礼仪，德国人并不在意。德国的社会结构松散，人们相互依靠程度弱，更倾向于关心自己的感受，是典型的个体主义倾向型国家。因此，德国人"因酒而酒"，在酒桌上着重于追求美酒给予自我的感官感受和精神感受，他们并不在意酒的其他社会功能，更不需要用酒来达到酒之外的目的。

3.2 饮酒民俗

中国人有祭祀的传统。祭祀是古代最重要的文化活动。古人祭拜天地神灵，祈求风调雨顺，粮食丰收，社稷稳定。酒被看作一种神圣的祭祀用品，祭祀时，要将最好的酒和祭品一起敬献给祭拜对象，以此表明祭祀者心之诚。以往，人们会在传统节日举行祭祀活动，如今随着社会发展，人们不像以往那般信奉天地，祭祀活动也早已取消，保留下来的习俗却还是与酒有关。清明节是悼念死去的亲人的节日，人们往往会带上酒前去扫墓，将酒泼洒于坟前，以此纪念亡人先祖。端午节时，人们有喝雄黄酒辟邪的说法。重阳节除了登高望远，遍插茱萸，人们还会喝菊花酒来驱疫延年。

中国民间有各种各样的酒席。遇婚丧嫁娶，待客祝寿，接风饯行，人们都会摆酒设宴,与亲朋相聚。结婚设婚宴,又称"喝喜酒";刚出生的孩子满月要摆"满月酒";年长的老人过生日也要设寿宴摆寿酒,与亲人一同庆祝。在这些场合中,喝酒不是目的,目的是与亲朋团聚,联络感情。酒在这种背景下再次彰显了自身的社会功能,成为维持关系、增进情感的纽带。

德国作为啤酒大国,与酒相关的最著名的民俗活动便是慕尼黑十月啤酒节。十月啤酒节由来已久,起源于1810年10月巴伐利亚王储路德维西与萨克森王国的特蕾泽公主的婚礼。国王约瑟夫为了庆贺儿子新婚,在城门前的田野邀请全国人民一起举行了为期五天的庆祝活动。后来人们还把那片田野命名为特蕾泽广场(Theresienwiese),以此纪念王储的新婚妻子。这场庆典给人印象深刻,于是人们每年都举办一次这样的全民性活动。久而久之,这个活动逐渐演变成了一个传统民间节日。现在的慕尼黑十月啤酒节一般在9月下旬至10月上旬举办,共持续两周,每年都会吸引超过600万世界各地的游客前往慕尼黑参加这场盛大的活动。为了接待众多的游客,慕尼黑八大啤酒厂会在广场上搭起巨大的啤酒帐篷(Bierzelte),为人们提供饮酒场所,每个帐篷可容纳三四千人。啤酒节上,男女服务员会身着颇具特色风情的巴伐利亚州传统服饰,为顾客送酒。游客们无论男女老少,都会在节日上载歌载舞,开怀畅饮。

德国人酷爱喝啤酒。除了有盛大的节日以外,在德国,到处都可以看见一些座无虚席的露天酒吧,也就是啤酒花园(Biergarten)。啤酒花园起源于慕尼黑,后来风靡全国。最初的啤酒花园只是单纯的饮酒场所,并不提供食物,现在的啤酒花园除了啤酒也提供小吃和肉食,人们也可以自带食物。这里是德国人常去的休闲场所,每逢周末休息或是天气晴好,德国人就会到啤酒花园与朋友聊天畅饮。德国人不追求喝多喝醉,而是有节制地饮用,小酌即可。酒在这种情况下成为德国人享受生活的见证。

两个国家对于酒在民俗活动中的功能作用有不同的认识。祭祀活动中,人们认为酒是与天地神灵沟通的媒介,通过敬献美酒来祭拜祈福。过去,中国受封建制度统治两千余年,群体意识根深蒂固,影响着今天的中国社会。如今的中国社会结构紧密,人们爱好团结,重视集体,追求个体目标和集体利益的共同实现，倾向于关心族群，关心大家庭，是一个集体主义倾向型国家。在对酒的功能认识上时，中国人将酒看作联系社会关系的纽带。德国人在酒文化上表现得偏向女性气质。女性气质文化强调宽容、温柔，关心生活质量。德国无论男女老少都爱喝啤酒，啤酒节上人们欢聚一堂，狂欢酣饮，日常生活中他们会去啤酒花园，为享受生活之美而喝酒。虽也借酒交际，但德国人更多的还是把酒当作物质生活的酒，用酒来满足人们个人喜好、放松休闲、享受生活的精神需要和生活品质需要。

4. 制度文化对比

酒属于食品范畴，为保证酒的品质安全，中国和德国都有各自的生产标准规定，但在立法方面，中国还没有专门的法律，而德国早在500年前就出现过相关法律。1516年在巴伐利亚诞生的《纯净啤酒法》规定啤酒只能由四种原料酿造，这是世界上最古老的一条食品法。时至今日，此项法案早已被废除，但德国至今仍有许多酒厂墨守这一规定。

酒是酒精饮品，长期或大量饮用都有害身体健康。中国和德国都重视国民的身体健康和安全，宣传引导人民适度饮酒。两国都有禁酒的相关措施和法律，但比较起来略有不同。在禁止未成年人饮酒方面，中国主要靠道德教化和家庭监督，尚未针对未成年人禁酒出台明确的法律法规。德国明文规定18岁以下青少年禁止购买烈酒，16岁以上可以购买啤酒、啤酒调制酒、葡萄酒和气泡酒等低度酒。在禁止酒后驾驶方面，两个国家都有明确的法律规定禁止醉驾，对醉驾追究刑事责任，处罚都相当严厉。但德国对于饮酒驾驶的判定标准与中国相比略微宽松，德国的驾驶人员如果饮酒后血液中的酒精含量低于50mg/100ml，那么他不会受到处罚，而中国的标准是血液中的酒精含量大于或等于20mg/100ml就属于酒驾，将收到处罚。德国还针对年轻司机有禁酒规定，刚拿到驾照的21岁以下的驾驶人员在两年内不得饮酒后驾驶。

中国五千年文化中，儒家思想占主流地位。儒家主张人治，重道德教化而轻法律。对于个人的饮酒行为人们主要靠道德约束。儒家讲究中庸之道，提倡酒德，孔子言："唯酒无量，不及乱。"正是劝人饮酒要有度，不可放纵。德国重法治，其法治历史悠久，法制系统完善，执法严格，人们都恪守法律和规则，遵守法制秩序。醉驾是饮酒后极具危险性的行为。醉驾不仅可能危害个人健康，更有可能危害社会安全。中国和德国对于酒后驾驶都有法律明文禁止，从这个角度来看，两个国家都属于不确定性规避高的国家。不确定性规避是指某一社会对于不确定性事件和模棱两可的环境感受到的威胁程度和是否通过规则等手段进行规避。德国除了禁止醉驾，对于未成年人饮酒、司机饮酒等社会现象都进行了法律规范，而中国在这些方面还缺乏法规制约。因此，德国社会的不确定性规避程度要比中国高。

5. 结语

中国和德国酒文化历史悠久又各有特点。由于两国文明的差异，关于酒的起源两国有不同的说法，中国人认为是人造酒，德国人认为是神造酒。两国地处不用的自然环境和拥有不同的历史发展，饮酒偏好也有差异，中国人喜欢喝白酒和啤酒，德国人喜欢喝啤酒和葡萄酒。基于跨文化交际视角，本文分析了中德两国在饮酒礼仪、饮酒习俗和饮酒制度方面在 Hofstede 文化维度理论中权力距离、个体主义与集体主义、男性气质和女性气质、不确定性规避维度的差异，得出中国人深受儒家文化影响，饮酒遵从长幼尊卑秩序，看重酒的社会功能，而德国人追求平等，关心自我，饮酒只为享受美酒的两种不同的酒文化特征。中国人历来重道德轻法律，德国法治严格，人们恪守规则和秩序，因此中国关于酒的现代法律较之德国尚不完善。中国与德国酒文化博大精深，本文仅选取了部分具有代表性的文化现象进行对比解读，希望能为增进中德双方酒文化的了解贡献微薄之力。

参考文献

[1]胡文仲. 跨文化交际学概论[M]. 外语教学与研究出版社，1999.

[2]严明主编. 跨文化交际理论研究[M]. 黑龙江大学出版社，2009.

[3]萧家成. 论中华酒文化及其民族性[J]. 民族研究，1992(5).

[4]侯红萍主编.酒文化学[M].中国农业大学出版社,2012.

[5]周美华.论德国啤酒文化与德国国民性格的关系[J].产业与科技论坛,2019,18(18):101-102.

[6]王泳钦.从中西方价值观探析酒文化差异.才智,2011(13):229-230.

[7]郑侠,宫国华,许丽芹.论中西方酒文化中的隐蔽文化[J].科技资讯,2008(34):247.

[8]万晓艳.从跨文化交际的角度解读中西方酒文化[J].甘肃科技纵横,2009(3):160-167.

[9]冀思妤.中法酒文化对比及对外汉语教学.河南大学学报.2015(07).

[10]于博,李安琪.德国啤酒文化发展研究[J].文化学刊,2019(06):71-73.

[11]孙霖琳.德国的啤酒文化[J].科技视界,2018(06):177+158.

浅析跨文化交际中的文化标准理论

徐铃玲

摘要：随着经济的飞速发展，中国同德国的交流愈发密切。然而，如果不了解当地的文化就会发生碰撞和摩擦。本文阐述了跨文化交际研究中的文化标准理论，对中德两国的核心文化标准进行了详细阐述，以期用该理论指导中德两国的跨文化交流。

关键词：文化标准　中国文化标准　德国文化标准

1. 导论

文化，是一个由来已久的概念。在西方，"文化"这一词来源于拉丁语单词"cultura"，它指的是农业活动和耕地，是与人类息息相关的活动。随着社会的发展，文化的范畴不断扩大。如今，随着"一带一路"的发展，中德两国之间的交流越来越频繁，为了避免由于文化差异造成的矛盾和冲突，研究跨文化交际变得越来越重要，人们也为此提供了各种跨文化培训。这些跨文化培训以跨文化理论为基础，如文化维度理论和文化标准理论等，让人们了解文化的差异。对于霍夫斯泰德文化维度理论，自其诞生起就广受我国学者的关注，其文化维度理论的应用也非常普遍。所以本文主要致力于亚历山大·托马斯创立的文化标准理论的研究，目的是通过对中德两国文化标准的分析，更好地了解中德文化之间的差异。

本文主要分为四个部分。首先，简要分析了文化标准理论的研究状况。然后介绍了文中所涉及的主要概念，如文化、跨文化交际，对术语的解释为后续分析奠定基础。复次,本文对跨文化交流中的文化标准理论进行了梳理,为中德文化交流提供借鉴。最后进行总结,与此同时,可以认识中德文化的特点,以及了解在进行文化交流时应该考虑哪些因素,为中德各方面交流活动顺利展开提供借鉴。

2. 研究现状

吉尔特·霍夫斯泰德的文化维度理论自诞生起就广受各国学者关注,国内外有关这一理论的研究性论文以及将该理论作为理论基础的论文数不胜数。而亚历山大·托马斯的文化标准理论在国外也受到广泛的关注。但是,在国内,相比文化维度理论,文化标准理论受到的关注较少,仅有几篇论文有所提及,如梁杰的《在华德国留学生文化适应策略与主观幸福感的关系研究》和尹佳的《中德外语学习文化的跨文化协同研究》,望路的论文《核心文化标准在中德大学生跨文化交流中的影响及其对策》以文化标准理论为基础研究中德两国大学生的交流实践。有关该理论的期刊也如凤毛麟角。因此本文对文化标准理论进行简要的分析。

3. 基本概念阐述

3.1 文化的定义

从"文化"的词源拉丁语单词"cultura"的含义,即农业活动和耕地来看,文化涉及人类的活动,是人类自己创造的,最初涉及农业活动,随着社会的发展,人类活动范围越来越广,文化的含义也就不断扩充,而对于"文化"的定义,早在1952年,克鲁伯和克拉克洪(Kroeber and Kluckhohn)查阅了众多人类学文献,收集到164个对"文化"的定义[①]。由此可见,对于"文化",还没有一个统一的定义。《新牛津英语词典》中对于文化总的解释是:"艺术和其他人类智力成果的表现形式。有关某个特定国家、民族或其他社会群体的

---

① [美]拉里·A. 萨默瓦,理查德·E. 波特. 跨文化传播:Communication Between Cultures(第四版). 闵惠泉,王纬等译. 2010:26.

习俗、艺术、社会制度和成就；是特定社会群体的态度和行为特征。"《朗文当代英语大辞典》中对"文化"一词的定义是："一个社会中人们所认同和接受的思想、信仰和风俗习惯。"《现代汉语大词典》中以"人类在社会历史发展进程中所创造的物质财富和精神财富的总和，特指精神财富，如文学、艺术、教育、科学等"作为文化的解释。

许多研究者也对文化下了定义，迈克尔·库奇克(Michael Kutschker)和斯特凡·施密德(Stefan Schmid)认为，文化是一个社会群体的基本假设、价值、规范、态度和信仰的总和，通过人类的各种行为和所制造的物品展现出来。霍夫斯泰德将文化视作一种"共同的心理程序"，它能够将人类的某一群体成员同其他群体成员区分开来，而且文化并非基因遗传，而是后天习得的[1]。在亚历山大·托马斯看来，文化具有普遍性，对于某一社会、组织或群体来说，它是一种特殊的导向系统，它影响着所有成员的观念、思维、价值观和行为[2]。从上述定义可以看出，文化首先是属于人类社会的，它与自然相对立，文化是由人类所创造，包括精神层面和物质层面。文化定义繁多，本文着重分析亚历山大·托马斯的文化标准理论，因此本文以托马斯的文化定义为核心，来区分不同民族的文化。

3.2 跨文化交流

首先，"跨文化"指的是"来自文化 A 的人和来自文化 B 的人互动，在聚合的理想情况下生成了一种第三文化，这种第三文化是一种新的文化，既不能在文化 A 中被找到，也不能在文化 B 中被找到"[3]。也就是说，"跨文化"所在的区间位于文化 A 和文化 B 交叉的地方，在这里不同文化的人能够交流沟通，并且在沟通过程中还会受到文化 A 和 B 的影响。而跨文化交流，即不同文化之间的接触产生的交流活动，美国人类学家爱德华·霍尔被认为是跨

---

[1] Geert Hofstede. Interkulturelle Zusammenarbeit. Kulturen-Organisationen-Management. Wiesbaden, 2013:19.

[2] Alexander Thomas. Psychologie interkulturellen Lernens und Handelns, 1993:380.

[3] 韩丁.中德跨文化交流中的尊重互动——交互性视角下动态的多层面分析[D].北京外国语大学，2017:33.

文化交流的开山鼻祖,"跨文化交流"一词最初出现在他1959年发表的著作《无声的语言》中,由此,跨文化交际学问世。这本书在当时引起了不小的轰动,随后诸多学者开始从事跨文化交流的研究,经过研究者七八十年代的钻研,"跨文化交流"已经成为一门独立的学科并且有了发展。美国学者拉里·A.萨默瓦和理查德·E.波特认为,"跨文化交流"指"拥有不同文化感知和符号系统的人们之间进行的交流"[1],这种交流活动包括语言层面的,也包括非语言层面的互动。

3.3 文化标准的概念

跨文化行为心理学家亚历山大·托马斯通过对不同群体的研究,即企业领导人、学生、教师等,总结了不同文化之间的交流问题,最终制定了不同地区和国家的文化标准。托马斯认为,文化是一种对于一个民族、语言或文化单位的成员有效的、有意义的导向系统[2]。那么,当两种不同文化的人交流时,他们会受到这种导向系统的驱使来思考和行动,思维方式、行为习惯等会受其影响。托马斯认为两种不同文化的人所做出的"不同的行为并非偶然,而是由不同文化特有的取向所导致的",而这种引导人们行为的取向就是"文化标准","文化标准如同一套隐性理论,在社会化过程中内化"[3],他列举了文化标准的五个特征[4]:

a. 文化标准是一种认识、思考、评价和处理问题的方式。某一特定文化的大多数成员认为这些方式对自己和他人来说都是正常的、典型的、具有约束力的;

b. 根据这些文化标准对自己和他人的行为进行控制、调整和评判;

---

[1] [美]拉里·A.萨默瓦,理查德·E.波特.跨文化传播:Communication Between Culture(第四版).闵惠泉,王纬等译.2010:34.

[2] Thomas, Alexander; Kinast, Eva-Ulrike; Schroll-Machl, Sylvia. Handbook of Intercultural Volume 1: Basics and Areas of Application. Vandenhoeck & Ruprecht GmbH, 2010:21.

[3] Thomas, A., (1999). Kultur als Orientierungssystem und Kulturstandards als Bauteile. IMIS-Beitrage H. 10:114.

[4] Thomas, Alexander; Kinast, Eva-Ulrike; Schroll-Machl, Sylvia. Handbook of Intercultural Volume 1: Basics and Areas of Application. Vandenhoeck & Ruprecht GmbH, 2010:21 - 22.

c. 文化标准在应对情境、与人相处的各种方式中具有调节功能；

d. 个人和特定群体利用文化标准来规范行为的方式，在一定的容忍范围内可以有所不同；

e. 超出特定范围界限的行为会为社会环境所排斥以及受到惩罚。

托马斯指出，文化标准由中心规范和容忍度构成；一种文化的文化标准是交织在一起的，一种文化的文化标准可能在另一种文化中完全找不到，也可能两种不同的文化有相似的文化标准。相似的文化标准在两种不同的文化中可能处于不同的层次，并且容忍度也有不同①。

比如，在中德企业合作过程中，面对产品的质量问题双方会有不同的见解，德国企业面对质量略微欠缺的产品时选择将产品回收，而中方企业选择降价处理，面对质量的严谨程度、对次品的包容程度都受中德文化标准的影响。日常生活中，文化标准内化在人们的言行举止、行为处事中，对每个个体产生潜移默化的影响。

4. 中国和德国的核心文化标准

跨文化行为心理学家亚历山大·托马斯对研究了许多区域的文化，如美国、法国、韩国、中国、德国等，并总结出了各自的核心文化标准。在对中德两国的文化进行了研究后，他在《Beruflich in China 5. Auflage》一书中把中国的核心文化标准概括为：维护面子、社会和谐、等级制度、官僚主义、关系、策略和技巧(Strategie und Taktik)、规则相对主义(Regelrelativismus)。随着改革开放的发展，他在这一版本中对中国的核心文化标准做了改变。比如，国家所推行的生产单位实际上已经不存在了，所以他将"单位"剔除了。在"策略和技巧"中，此前提出的中国核心文化标准"诡计(die List)"也被删去，他认为中国在谈判过程中同其他国家一样，是从各自的利益出发的。"礼仪(Etikette)"也不再那么重要，而中国文化亘古不变的则是讲求"社会和

---

① Thomas, A., (1999). Kultur als Orientierungssystem und Kulturstandards als Bauteile. IMIS-Beitrage H. 10:115.

谐"。

他将德国的文化标准①概括为：事情取向（Sachorientierung）、规则取向（Regelorietierung）、重视结构和规则（Wertschätzung von Strukturen und Regeln）、时间计划（Zeitplanung）、个人和公共领域的分离（Trennung von Persönlichkeits-und Lebensbereichen）、保持距离、低语境（schwacher Kontext）。本节将详细阐述中德两国的核心文化标准。

4.1 中国核心文化标准

4.1.1. 维护面子

首先，中国人讲究维护"脸面"，即"面子"，"面子"无处不在，深受儒家传统价值观念的影响。我国早有学者对"面子"做出了解释，比如中国人类学家胡先缙"把脸定义为'社会对个人道德品格的信心'，把面子定义为'人从社会成就而拥有的声望，是社会对人看得见的成就的承认'"②。亚历山大·托马斯认为，"面子概念"在实际运用中包含许多不同方面，对于人与人之间的相处至关重要。他认为，从传统意义上看，面子概念代表的是遵循孔子所倡导的伦理道德，如忠诚、遵守阶级秩序或孝顺等价值观念。如果一个人有意违背或公开反对道德准则，那么人们会说这个人"不要脸"，这个人在社会上会受到排挤，甚至等同于不是人了。而且"面子"不仅针对单个人，而是针对整个家族而言，就连人们所在的工作单位、居住的城市，乃至党和国家都涉及面子概念。③诚然，面子对于每一位中国人而言，都是极其重要的，它不仅对个人在社会上的生存产生影响，而且会影响个体所在的家庭。在日常生活中，维护面子、挽回面子、给面子这些行为都十分常见，而且面子也是维护人际关系的手段。比如中国的餐桌文化就将"面子"概念体现得淋漓尽致。酒席上，晚辈要给长辈、下属要给上级敬酒，主人要劝酒，这些都是给

---

① Alexander Thomas, Eva-Ulrike Kinast, Sylvia Schroll-Machl. Handbook of Intercultural Volume 1：Basics and Areas of Application, 2010：23.

② 吴铁钧."面子"的定义及其功能的研究综述[J].心理科学，2004(7)：927.

③ Thomas, Alexander. Beruflich in China：Trainingsprogramm für Manager, Fach-und Führungskräfte, Vandenhoeck + Ruprecht, 2015：76.

面子、维护面子的体现。客人喝得越多越尽兴，表示主人招待得越热情，主人能从中得到认可，主客双方都有面子，而人际关系在觥筹交错中也得以升华。跨文化领域著名培训师斯特凡·卡姆胡贝尔（Stefan Kammhuber）教授及特里尔大学汉学系教授梁镛（Yong Liang）将面子工作看作"投资品"，因为"投资的脸面会在以后的时间里得到相应的回报"[1]。在社交场合中，如果丢面子，当事者会觉得非常难为情甚至无法立足，因此，在交际中要注意中国这一核心文化标准，避免"不给别人面子""丢面子"以及冲突的情况出现。

4.1.2 关系

"关系"在中国的地位举足轻重，它代表着交际网络，"找关系"意思是在遇到困难时寻求别人的帮助或行使便利。托马斯经过研究列举了以下六条："关系是指与每位成员都融入在内的关系网络；通过关系走'后门'被认为是合法的，但利用关系总是要需要做出回报；关系有不同的基础，从而忠诚度不同，功能也不同；第三方调解意义重大；关系的建立必须有前提条件；关系需要维护。"[2]其中，"第三方"指的是，当某人 A 想要同 B 建立关系但又没有适合建立关系的基础（如金钱、权力等）时，就需要一个第三方 C，通过 C 与 B 的关系与 B 进行交际，此时 C 就相当于一个中介人，这种中介人可以是 A 的朋友、亲戚或者其他熟人。中国人讲求人情礼节，在礼尚往来中关系便得以巩固。如果同有权力、社会地位高的人搭上关系，这便很有面子，因此，需要不断扩大关系网，维护关系。

4.1.3 社会和谐

中国是礼仪之邦，强调"以和为贵"，这种理念由来已久，是儒家文化的核心。"社会和谐"的核心是"和"，不仅在乎人与人之间的和谐，也在乎人与自然的和谐共生。托马斯将该文化标准总结为："和谐代表着社会秩序；自然界或宇宙被当作典范；一旦破坏和谐，就会出现混乱，而这要通过施加

---

[1] Alexander Thomas, Stefan Kammhuber, Sylvia Schroll-Mach. Handbuch Interkulturelle Kommunikation und Kooperation Band 2：Länder, Kulturen und interkulturelle Berufstätigkeit, 2007：179.

[2] Thomas, Alexander. Beruflich in China：Trainingsprogramm für Manager, Fach-und Führungskräfte, Vandenhoeck + Ruprecht, 2015：153.

外力来制止。"①自然界有自己的规律，如昼夜更替、季节变换，遵循规律便能秩序井然、保证和谐。社会像自然一样，有自己的秩序，让一切井然有序是和谐的基础。梁镛和斯特凡教授认为"和谐意味着个体融入社会秩序和社会结构中。只有当个体处在关系结构中，始终按照自己的社会角色行事，才能建立和维持这种和谐；为了建立和维护和谐的伙伴关系，避免冲突意义重大"②。可见，中国文化中的"和谐"讲求遵守规律和秩序，避免冲突。

4.1.4 等级制度

"礼"是儒家思想的核心，它约束着人们的行为方式，使人们的行为符合道德规范，能够维持社会的和谐。此外，尊卑有序也是礼的要求之一，尊卑有序是为了维护社会等级秩序。可见，等级制度也由来已久，《孟子》有云："教以人伦：父子有亲，君臣有义，夫妇有别，长幼有序，朋友有信。"这种伦理观念对现代社会仍有影响。比如，中国人在称呼前往往加上能够体现对方身份地位的头衔；在餐桌上会按照身份地位、资历、年龄来安排座位，地位高、资历深、年长或德高望重的人往往上座；长辈或地位高的人先动筷，其他人才能动筷；在家庭中对父母长辈不能直呼其名，而应称呼"爸爸妈妈、叔叔、老师"等。在日常交际中应注意这种"礼"的要求，按礼行事。

4.1.5 策略和技巧、规则相对主义

"策略与技巧"的意思是在人际交往过程中，中国人善于使用策略以避免冲突，维护和谐的环境。中国古代擅长谋略的人数不胜数，尤其在战争纷杂的战国时期的诸子百家，各种思想交错纵横，还有谋士群体纵横家，这时期诞生了著名的《孙子兵法》；三国时期的诸葛亮更是善于使用谋略，因此"策略和技巧"被认为是"智力的挑战"③，使用上策而不是下策。这一文化标准

---

①Thomas, Alexander. Beruflich in China: Trainingsprogramm für Manager, Fach-und Führungskräfte, Vandenhoeck + Ruprecht, 2015:153.

②Alexander Thomas, Stefan Kammhuber, Sylvia Schroll-Mach. Handbuch Interkulturelle Kommunikation und Kooperation Band 2: Länder, Kulturen und interkulturelle Berufstätigkeit, 2007:173.

③Thomas, Alexander. Beruflich in China: Trainingsprogramm für Manager, Fach-und Führungskräfte, Vandenhoeck + Ruprecht, 2015:55.

的目的是"避免战争式的对抗"①。与上文所提到的"维护面子"和"社会和谐"相关联，巧妙地运用策略能够避免冲突，进而维护面子，保持人际交往的和谐。

"规则相对主义"这一文化标准意思是，规则在中国的重要性是相对的，而不是绝对的。在处理事情时，规定的条条框框有时还得让位于人际关系，即需要"给面子"或者要考虑"关系网络"。"规则必须根据情境进行解释，并根据情况的变化而灵活调整"②，在这一点上，中国人更倾向于灵活，如果过于刻板的遵守规则，有时候意味着"不给面子"，不利于人际关系的建立。

4.2 德国核心文化标准

4.2.1 事情取向

托马斯将"事情取向"概括为：事件/任务比人重要。在工作场合如此，在日常生活中也同样以事情为导向。施罗-马赫解释道，在德国的职场合作中，所涉及的事件、参与者的角色、专业技能至关重要。共同处理事件的动力源于实际情况或实际困难。在商业会议中，德国人直奔事情主题、就事论事。以目标为导向或者以事实为论据都会被认为十分专业。与对方相识或者对对方有好感是次要的，这只会让合作更舒服罢了，而事件则是核心，占据主导地位。在日常生活中，比起谈论私事及描述个人情况，人们更倾向于以事件为主题的谈论。③

4.2.2 重视结构和规则

德国人重视、遵守、期望结构和规则。德国的法律、规则、准则数量繁多，并有详细的解释，如交通规则等，对于违反规则的惩罚措施也很严苛。他们一方面高度重视规则，另一方面对违反规则、破坏秩序的行为深恶痛

---

①Thomas, Alexander. Beruflich in China: Trainingsprogramm für Manager, Fach-und Führungskräfte, Vandenhoeck + Ruprecht, 2015:55.

②Alexander Thomas, Stefan Kammhuber, Sylvia Schroll-Mach. Handbuch Interkulturelle Kommunikation und Kooperation Band 2: Länder, Kulturen und interkulturelle Berufstätigkeit, 2007:181.

③Alexander Thomas, Stefan Kammhuber, Sylvia Schroll-Mach. Handbuch Interkulturelle Kommunikation und Kooperation Band 2: Länder, Kulturen und interkulturelle Berufstätigkeit, 2007:74-75.

绝。不仅有明文规定的准则，有些规则却是含蓄的，比如德国人的守时是出了名的。施罗-马赫用"结构（Struktur）"这个概念来概括那些规章准则，这些准则在日常生活中发挥着作用，但却很少有人对其究根问底，因为他们喜欢这种规则，认为遵守规则是理所当然的事情。

4.2.3 规则取向，自我约束[①]

德国人对于自己的职业有非常强烈的认同感，他们会非常严肃地对待工作、所扮演的角色、任务和需要承担的责任，希望自己能够做好并将注意力集中在事件上。一旦他们计划、安排、组织好一项工作后，他们就会尽全力做好，而不会以消遣的态度对待它。"规则取向，自我约束"意思是：信赖所有的合作伙伴。事情被安排好后，所有人都期望能够履行自己的任务，做好自己的工作。只有所有人都配合好，之前组织好的系统才会发挥作用，也就是说，每个人都要遵循各自情境中的规则、制度和结构。这要求做到以下几点：坚持在职业的权限和角色；遵守协议、约定和诺言，执行决定；准确遵守规范；守时、可以信赖；将自己的工作范围视为责任范围，并积极采取必要措施。德国人认为，能够做到这些的员工就是值得信赖、有责任感的员工。

4.2.4 时间计划

对于德国人来说，时间是极为宝贵的财富，"时间只用于重要的事和重要的人，它表明了一件事和一个人的重要性"[②]。他们会有效地利用时间而不愿意浪费时间，德国人热衷于计划时间，往往会将所有的事情事无巨细地计划好，安排在日程表上，他们会在日程表上计划未来几天甚至几个月的安排或行程，并且会按照事先的计划一项一项完成，而且会将精力集中在主要的事情上，不为琐事分心。他们对待时间通常极不灵活，正因为一切都已经计划好，所以在德国几乎所有的事情都需要预约才能处理，哪怕是休闲

[①]Alexander Thomas, Stefan Kammhuber, Sylvia Schroll-Mach. Handbuch Interkulturelle Kommunikation und Kooperation Band 2：Länder, Kulturen und interkulturelle Berufstätigkeit, 2007:77-28.

[②]Alexander Thomas, Stefan Kammhuber, Sylvia Schroll-Mach. Handbuch Interkulturelle Kommunikation und Kooperation Band 2：Länder, Kulturen und interkulturelle Berufstätigkeit, 2007:77.

活动也需要事先约定。他们认为"时间管理是行为高效的前提,是专业精神的重要组成部分"①。如果不了解德国的这一文化标准,在临时邀约德国人时,会因为经常被拒绝而苦恼,但如果事先约定好,那么德国人就会非常可靠了。

4.2.5 个人和公共领域的分离、保持距离②

德国人将生活中的不同领域严格地划分开来,他们会根据与他人打交道的范围以及与他人的亲密程度明确区分自己的行为。在德国,职场人会明确区分职业生活和私人生活:

德国人在工作时间工作,在业余时间也就是下班后,周末或假期"生活"。在工作时间,工作被放在首位,其他都是次要的。在私人生活中则是人际关系、家庭、朋友、个人的喜好和兴趣。

在工作中德国人以事情为导向,业余时间以关系为导向对待家人和朋友。

在工作中德国人追求目标,业余时间放松。

在工作中全身心地投入到相关事务中;私人生活里可能会沉迷于自己的兴趣(如爱好),并在自己的心灵中创造平衡。

只有在特定的条件下才会在业余生活中交流工作;在工作中交流个人生活必须有选择性,把握分寸,甚至不谈及这方面。

受上司支配的时间仅限于工作时间,员工会禁止上司干涉私人事务,公司不存在超越劳动合同的照管扶助义务,公司也不可能履行。

此外,亲密程度也影响着交流方式。德国人对待陌生人、熟人、同事还是知己的行为方式是不同的,这种距离的差异在称呼"您(Sie)"和"你(Du)"中就能体现出来。对于陌生人或初次见面的人,他们认为保持距离是礼貌的行为。因此,在这一文化标准的指导下,就应避免在业余时间同德国人交流

---

①Alexander Thomas, Stefan Kammhuber, Sylvia Schroll-Mach. Handbuch Interkulturelle Kommunikation und Kooperation Band 2: Länder, Kulturen und interkulturelle Berufstätigkeit, 2007:77.

②Alexander Thomas, Stefan Kammhuber, Sylvia Schroll-Mach. Handbuch Interkulturelle Kommunikation und Kooperation Band 2: Länder, Kulturen und interkulturelle Berufstätigkeit, 2007:79 - 80.

工作,以及在同他们交流时要把握分寸、注意场合。

4.2.6 低语境

美国人类学家爱德华·霍尔首次提出了高低语境文化理论。他认为低语境文化"大部分信息处在传递的信息中,以便补充语境中丢失的部分(内在语境及外在语境)"①。低语境文化的特点是,交流时会直接表达观点,会把自己的想法直接说出来,德国属于典型的低语境文化的国家。

德国人的交流方式非常直接、不含蓄,"他们用语言表述对他们来说很重要的东西,并以一种不加修饰和公开的方式陈述事实"②,他们所说的就是想表达的,而不会"话中有话",不会拐弯抹角的表达自己的想法。这与中国人委婉、含蓄的交流方式大不相同,德国人直率,而中国作为典型的高语境文化的国家就要含蓄得多了。因此,在沟通时要理解德国文化的低语境,接纳他们的表达方式。

5. 总结

综上所述,研究各个国家核心文化标准对跨文化交际大有裨益。由于各个国家有不同的历史发展阶段和不同的思维方式,不同文化之间存在着根本的差异,但也正是这些差异赋予了文化的多样性。不同国家和文化之间的交流日趋密切时当今社会的一个重要特征。中国是德国在亚洲最重要的贸易伙伴,中德往来密切,由于中德文化差异巨大,两国人民在文化交流中不可避免地会遇到许多问题。而文化标准理论为了解两种文化奠定了基础,这有利于提高两国人民的跨文化意识和能力,将理论运用于实践,能够解决文化冲突问题,进而避免交际中产生误会。

参考文献

[1] Geert, Hofstede. Interkulturelle Zusammenarbeit. Kulturen-Organisationen-Management.

---

①Hall Edward T. 超越文化[M]. 居延安等译. 上海文化出版社,1988:96.
②Alexander Thomas, Stefan Kammhuber, Sylvia Schroll-Mach. Handbuch Interkulturelle Kommunikation und Kooperation Band 2: Länder, Kulturen und interkulturelle Berufstätigkeit, 2007:81.

Wiesbaden, 2013.

[2] Thomas, A., (1999). Kultur als Orientierungssystem und Kulturstandards als Bauteile. IMIS-Beitrage, 1999.

[3] Thomas, Alexander. Beruflich in China. Trainingsprogramm für Manager, Fach-und Führungskräfte, Vandenhoeck + Ruprecht, 2015.

[4] Thomas, Alexander. Psychologie interkulturellen Lernens und Handelns, Hogrefe Verlag. 1993.

[5] Thomas, Alexander; Kinast, Eva-Ulrike; Schroll-Machl, Sylvia. Handbook of Intercultural Volume 1: Basics and Areas of Application. Vandenhoeck & Ruprecht GmbH, 2010.

[6] Thomas, Alexander; Kinast, Eva-Ulrike; Schroll-Machl, Sylvia. Handbuch Interkulturelle Kommunikation und Kooperation Band 2: Länder, Kulturen und interkulturelle Berufstätigkeit, Vandenhoeck & Ruprecht GmbH, 2007.

[7][美]拉里·A. 萨默瓦, 理查德·E. 波特. 跨文化传播: Communication Between Cultures(第四版)[M]. 闵惠泉, 王纬等译. 中国人民大学出版社, 2010.

[8] Hall Edward T. 超越文化[M]. 居延安等译. 上海文化出版社, 1988.

[9] 吴铁钧. "面子"的定义及其功能的研究综述[J]. 心理科学, 2004(7).

[10] 韩丁. 中德跨文化交流中的尊重互动——交互性视角下动态的多层面分析[D]. 北京外国语大学, 2017.

跨文化能力培养在外语教学中的应用

刘雪婷

简介：跨文化能力在全球化的大环境下越来越重要。本文阐述了需要在外语课堂中进行跨文化能力培养的原因以及做法。一些人因缺乏跨文化能力，在对外交流中明显缺乏应对对策，而我们究竟该怎样针对这些问题，在外语教学中有的放矢进行教育？这将是本文所探讨的内容。

1. 文化冲击

在我们与外国文化接触时，不可避免会遭到文化冲击。我们会逐渐注意到，一种熟悉的标准和行为模式不再适用，我们应对平时生活状况的日常策略不再起作用，在外国文化中早已存在一种完全不同的价值体系。这时，认知体系中原有的认知模式就会和陌生的行为模式之间产生冲突，形成一种文化冲击。①

现如今，不仅是语言专业的学生，许多非语言专业的学生也选择出国留学。更多的年轻人独自一人来到国外，同时，一些陌生的行为模式和习俗也等待着为他们的思想"加点料"。这时，必要的跨文化能力不仅能够帮助他们有效地辨别异国文化和本国文化之间的不同，更能帮助他们辩证、客观地看待、思考问题，找出最有效的解决方案。

---

①Der Begriff des Kulturschocks. geht auf Beobachtungen des amerikanischen Anthropologen OBERG (1960) zurück.

如今，中国经济发展迅速，人们在生活逐渐富裕后试图开始探索不同的生活环境，领略不同的文化。出国留学，准备学习领略一个国家的文化，然而遇到的问题也是数不胜数。除了最大的语言障碍外，您是否还有过其他的疑虑或者困惑呢？老师在课堂上讲了一个"笑话"，当所有的同学都在捧腹大笑时，你却百思不得其解。即使听明白了内容，也搞不懂"笑点"在哪里。除此之外，老师变成了课堂的附属品，目不暇接的同学发言以及各种小组讨论是否也让你觉得不知从何入手？除了学习方面，生活在异国他乡，不仅需要独自面对各种合同，还要不停与外国人打交道。与家人方面，地域和时差限制了沟通，让你不得不一个人开始面对生活。面对这种"孤立无援"的境地，你是否感到过孤单？所想的生活是否与预期相差甚远？你想真正融入另一种文化，而不想成为"临时客人"。

除此之外，还有一些人乐于收拾行装，怀有极大的好奇心和期待来到国外旅行。但是，当真正身处异国他乡时，又突然会觉得一切都变得不一样了。不会说任何外语，不知道为什么陌生人之间可以相互亲吻或拥抱，为什么习以为常的"OK"手势突然有了这么多含义，一个友好的答案可能会招来谩骂。当然这些只是短期问题。[①]

又或者你因为工作原因需要稍后出国，或者你的工作就是必须和外国人打交道。你每次对此都会感到非常紧张，因为你不知道"来宾"是否喜欢中国式待客之道。又或者客人干脆对你大力筹备的欢迎仪式完全不感冒，当国外"来宾"做出比你想象中更加直接的表态后，会不会因此在公众场合丢失颜面？

跨文化能力的培养是非常必要的。文化冲击下，具备跨文化能力可以帮助我们有效应对各种情况。

"文化冲击"一词于1960年由Kalvero Oberg提出。如果在日常生活中没有自觉地意识到自己的文化以及与其相关的思维和行为方式，那么当处在另一种文化中时，就会产生文化冲击。奥伯格总结出文化适应的几个阶段。以

---

① 陈国明. 跨文化交际学. 华东师范大学出版社，2009:45.

六个层次递进区分：欣喜若狂、迷失方向、危机、学习差异性、适应和双（跨）文化能力。这个过程不是线性的，而是有波动的。①

为了应对文化冲击带来的负面影响，首先需要在产生负面情绪之前学习文化之间的差异性。因此，在外语教学课堂上进行跨文化能力训练就很有必要了。可以像在母语文化中一样在外国文化中进行大胆探索，坚定前进。文化冲击被视为学习的机会，而不是一件令人讨厌的事情。②

2. 跨文化交流

跨文化交流被定义为来自不同文化背景的人们之间的一系列交往活动，是一种通过语言或非语言手段进行交流、协商和传达文化差异的过程。

跨文化交流的重点是要能够理解在文化差异影响下的交流过程及其结果。通过这种能力，我们认识到了来自不同文化背景之间人们的差异。③ 我们将这种能力称为跨文化能力。1995 年 Brake 和 Walker 的跨文化"冰山模型"，就向我们展示了不同层面的文化内容。他们将冰山分为不同的层次：冰山上是最容易被人感知的部分：语言、外表、行为……除此之外就是隐藏在冰山下面的部分了，这是最大的一部分：习俗、价值观、信仰、传统、经验……人们通过这种无意识行为进而构建自己的跨文化能力。可以将其定义为：以适合其价值体系和沟通方式的方式与外国文化进行沟通和理解的一种能力。这些概念不能够被直接感知，但它们同时又影响着冰山的"上部分"，这是一个人进行跨文化交往时遭遇文化冲突的原因。只有真正意识到并了解到冰山的下半部分，才能有效地减缓人们在跨文化交际时所遇到的冲突和不适感。

跨文化能力可以分为：

——行为能力。

——交流能力。除了狭义内容上的外语知识外，还包括手势、面部表

---

① https：//www.kalaidos-fh.ch/de-CH/Blogs/Posts/2015/05/die-6-phasen-eines-kulturschocks.
② https：//www.kalaidos-fh.ch/de-CH/Blogs/Posts/2015/05/die-6-phasen-eines-kulturschocks.
③ LINK-Inc. Projekt，2015-1-ES01-KA202-015962，Europäische Kommission.

情和空间关系（空间运动）等非语言交流内容，以及诸如语调和说话节奏等。

——理解能力。涉及阅读、理解和解释其他文化的象征符号的能力，从文学到日常规范再到着装习惯和媒体。①

在全球化加深，各国交往日趋紧密的国际环境下，我们需要具备能够和具有不同文化背景、习俗的人进行交往的能力。本文主要针对怎样对外语类学生的跨文化能力培养进行探讨，并提出可行建议。上文中已经阐述了一些在跨文化交流中可能会遇到的问题和原因。但对于教育者们来说，究竟该怎样在传统课堂中针对这些问题对学生的跨文化交流能力进行培养呢？

现阶段的传统课堂存在着某些弊端，有的学生在接触不同价值观念时产生文化冲击，概括为三点：

——根据理解能力：其中，在中国最常见的课堂模式就是一名老师在讲台上授课，下面的学生全神贯注地听讲，认真做笔记。这种模式无疑是最有效率，且老师最能把控课堂进度的一种授课方式。但基于当下对学生越来越迫切的跨文化能力需求，传统的教学方式已经逐渐不能满足学生的认知需要了。尤其是我国从基础教育阶段起就开设的外语课堂，不应该只将课程重点单纯地放在知识的传授上，而应该注重学生们各种能力的培养。当然，其中就包括跨文化能力的培养。这就对授课教师的见识和素养有着更高的要求。

——根据交流技巧：教材的编写和教辅设备相互补充，充满趣味的课堂设计，无疑会对学生们的交流技巧提升大有裨益。传统的教材中大多为语言知识的学习，然而随着时代的更替，一些国情时事不能被及时编写到教材中，这就需要授课老师及时补充给学生们，一堂充满互动交流的课堂也会提升学生们的跨文化能力。

---

① Hans-Jürgen Lüsebrink. Interkulturelle Kommunikation Interaktion, Fremdwahrnehmung, Kulturtransfer, 4. Auflage, J. B. Metzler, Stuttgart. 2016:8 – 9.

——根据行为能力：行为能力属于认知范畴，不仅包括一般的文化知识，还包括特定文化知识（例如关于文化价值和沟通方式）。[1] 正如"跨文化冰山模型"外部所显的：文化传统、个人价值观、信念和设想都属于这一范畴。行为能力的培养是一个长期范畴，不仅需要课堂中教师潜移默化的培养，社会、家庭都是其中必不可少的一环。但现实情况下，家庭和社会对于跨文化能力的认识往往知之甚少，不能够很好地和学校进行合作，以达到长期培养的目的。

3. 跨文化能力

跨文化能力的基本前提是敏感度和自信，能够理解其他行为和思维方式，明确地表达自己的观点，使自己得到理解和尊重，以及在应对各种情况下表现出一定的灵活性。因此，人们可以根据情况感知自己的跨文化能力：

——有关其他文化、民族、人口、行为等的知识和经验；

——好奇、开放并对融入其他文化、人民和国家保持兴趣；

——同理心，能够站在他人的角度思考问题以及对他人的感受和需求的认识和正确解释；

——安全、自信，了解自己的优点、缺点和需求，保持情绪稳定；

——批判性地处理和反映自己对其他文化、民族、人民、行为等的偏见/成见。[2]

从以上几点来看，跨文化能力不仅包含着知识上的积累和理解，更是一种能力上的掌握，学习者要具有认知上的敏感度和感受力。由此，对于将跨文化能力培训应用在外语教学中提出以下几点建议：

3.1 对教师/教材的建议

德国人在教科书的内容选择和结构设计上就有许多值得借鉴的部分。他们的外语类教科书只包含一些必要的语言知识，除此之外，则更多的是外国

---

[1] Hans-Jürgen Lüsebrink. Interkulturelle Kommunikation Interaktion, Fremdwahrnehmung, Kulturtransfer, 4. Auflage, J. B. Metzler, Stuttgart. 2016:9.

[2] https：//www.jewiki.net/wiki/Interkulturelle_Kompetenz#Voraussetzungen.

国情相关的各类信息，并搭配各种视听教材辅助，此类国情信息分为以下三部分：

·事实文化研究。在事实文化研究中，重点是传达信息(事实、数据、数字)。

·交际文化研究。交际文化研究方法的首要目标是交流能力的培养，即"目的为促进语言行为的成功以及对(不同)日常文化现象的理解"。

·跨文化研究。它是交际法的延伸，跨文化研究的目的之一是使学习者清楚地意识到他们的观念、思想和态度是由他们自己的文化所决定的。[1]

这三种国情信息结构很值得中文教科书借鉴。首先，国家习俗、传统节日、风俗习惯等信息应该作为事实文化被编入教科书中或作为补充材料向同学们展示，在日常的教学中渗透。其次，对于交际文化研究方面，教师应根据授课内容采用适当教法组织课堂。角色扮演、小组讨论、任务模式等都是能够促进学生进行交际、提升能力的课堂教学模式。最后，从跨文化研究的角度来说，进行不同文化之间的对比也很重要。学生们会认识到对异国文化的认识总是会从原有文化角度出发，因此总是存在不公正现象。学习不同的文化可以激发他们的好奇心和兴趣，同时也无形中巩固对本国文化的自信和安全感。在跨文化的学习中，学习者必须认识到自己的优点、缺点和需求，并始终努力保持以辩证的观点去认识问题。

3.2 对学校的建议

学校应努力为学生们提供对外交流机会，不管是开展各种对外交流项目还是聘请外教。同时，积极接纳各国来的交换生，并为他们和中国学生创造更多的活动和交流机会，能帮助不同国家的学生们在活动交流中增进互信，提升自己跨文化能力。

3.3 对课程组织的建议

上面解释了对学校和老师的要求，但是，教师究竟应该怎样组织并上好一堂课呢？怎样将跨文化能力的培养渗透到课堂教学中来？根据

---

[1] Dietmar Rösler, Nicola Würffel. Lernmaterialien und Medien 5, Klett-Langenscheidt, München. 2017:95.

Chen&Starosta 的理论，共有六种跨文化培训模型：课堂模型、模拟模型、自我意识模型、文化意识模型、行为模型和国际模型。这里我只强调课堂模型、文化意识模型和行为模型，这三种模型对于老师在课堂上开展跨文化能力培训能够提供帮助：

——课堂模型是最正常的培训形式。教师首先准备有关另一种文化的信息。然后，该课程就像传统的课程流程一样运行。该模型的目的是发展学习者的认知知识。老师站在前面，他为学生播放有关另一种文化的视频，向学生解释角色的行为以达到跨文化能力培养的目的。

——文化意识模型侧重于文化的投入。通过这种方式，学习者首先对自己的文化和外国文化有足够的了解。然后，师生在这两种文化之间进行交流。学习者比较两种文化，从而提高自身的理解能力以及同理心和宽容能力。不同文化越来越被视为具有同等价值。这种方式也可以避免极端的民族中心主义。

——行为模型，教师应着重角色扮演。通过场景模拟，教师在不同的场景中设置不同的问题和挑战，学习者做出正确的反应。培训后，学习者将掌握如何应对某些外国情况。这样可以减少文化冲击带来的负面影响，使学习者建立自信。

3.4 对个人行为的建议

最后一点，不论是针对外语教学中的老师还是每一名学生，更或者说对于每一位生活在当下的人，在跨文化交流时提出的一些建议：

掌握不同有关文化价值体系的知识、社会规则等。（例如进行跨文化交流或者通过阅读等。）

考虑到文化在多大程度上影响了他人和自己的思维和行为方式。（自省）

意识到个人不是一种文化的代表，同时每个人又都保留着自己的文化影响力和自我个性。

不要用"文化"来解释每种行为，还要考虑个人和当下情景。

不要仓促做出判断，首先尝试找出有关行为可能原因。

在跨文化环境中寻找解决方案时，请调整自己的行为以达到双方之间更好地理解。①

　　跨文化能力要经历终身学习，为此需要许多的子能力培养。跨文化能力的训练不仅满足全球化的需求，而且还被视为一种个人在现实中与能够与他人妥善交往的技能。通过在课堂上加入对学生跨文化技能的素质教育，可以有效避免或者减缓学生们在双向文化交流时遇到的文化冲击，能够更加自如地应对各种状况。当然，跨文化能力也不仅仅体现在文化交流中，它也会在各种交流中展现，帮助人们能够更加和谐流畅地交流。

参考文献

[1] Dietmar Rösler, Nicola Würffel. Lernmaterialien und Medien 5, Klett-Langenscheidt, München, 2107.

[2] Hans-Jürgen Lüsebrink. Interkulturelle Kommunikation-Interaktion, Fremdwahrnehmung, Kulturtransfer, 4. Auflage, J. B. Metzler, Stuttgart, 2016.

[3] Jutta Berninghause; Beatric H. E. Minshawi. Interkulturelle Kompetenz-Managing Cultural Diversity-Das Trainingsbuch, 2. Auflage, Kellner-Verlag, Bremen, 2009.

[4] 陈国明. 跨文化交际学. 华东师范大学出版社, 2009.

---

①M. Schwarzenthal & A. Handrick. ZEIF, Interkulturelle Kompetenz in der Schule-Berücksichtigung kultureller Variation vs. Stereotypisierung, 2017:8.

浅析文化身份认同及其对在德、奥华人所产生的影响

苟小雨

摘要：随着全球化进程的不断推进，各地区的文化融合以及文化身份认同问题也逐渐受到了关注和重视。如何在不同的文化背景下定义自我，如何以自我出发与他人进行交往，这些问题不断地反映在有着跨文化经历背景的人身上。本文以在德国、奥地利旅居的华人为例，探讨中德跨文化背景下的文化身份认同问题，以及它所带来的影响。

关键词：文化身份　跨文化　德奥华人

1. 导论

当人们谈论所谓"身份"时，经常会有这样的问题："我是谁？""我究竟是怎么样的人？""我想成为谁？"等等，这样的问题常常会伴随着人的一生，且不可否认的是，这些问题的本源"身份"，始终都会对人的行为、思想甚至是自我的实现产生不可忽视的影响。

而"身份"作为一种广义的概念，又被细分成不同的狭义的"身份"，例如"文化身份""种族身份""民族身份""性别身份""地域身份"等等，同一个人处在同样的文化、地理区域内，也会延伸出不同的"身份"，也就是说，任何一种"身份"都是环境的产物，而这些狭义的"身份"彼此协同，共同构成了这个人复杂的广义的"身份"，并随时随地地影响着这个人的思想以及行为。这也延伸出对"身份"这一概念的许多研究，例如身份的连续性，身份的解构与重构等等。这些研究在诸如社会学，心理学，文化研究和跨文化传播

研究等领域已经发展了多年,一个人对自己"身份"的认知理解问题,对他的思维方式以及行为方式都会产生巨大的影响,这其中包括正面影响,也包括负面影响。也就是说,"身份"所带来的的问题是广泛且持久的,因此对"身份"的研究在众多领域中都有着重要的意义。尤其是在全球化时代,来自世界各地带着不同文化背景的人们都能够在一个区域内共同生活,那么不同的"身份"带来的问题也会变得更加突出,对"身份"的研究也显得更加重要。

据统计,2004年至2013年间,在德国的中国人从不到40000人增加到14万人左右。在2001年至2012年期间,在奥地利的中国人从不到6000人增加到14000多人。一些政治避难者或仅在德国、奥地利短暂逗留的人不算在内。从这些数据也可以看出,越来越多的中国人选择居住在与传统文化不同的区域。在日常生活中或者工作中,与不同文化背景的人打交道,这其中不同的"身份"认同,例如文化身份认同,宗教身份认同等等,势必会对这些人的思维方式、行为方式带来正面或者负面的影响,或者可以将之理解为"身份"的解构与重构问题。本文以在德国奥地利旅居的华人为例,探讨中德跨文化背景下的文化身份认同问题,以及它所带来的影响。

2. 身份理论的历史发展

在许多专业领域,如教育、哲学、跨文化研究等,关于"身份"究竟是什么以及"身份"是如何形成的讨论从未停歇。无论从什么领域着手,都需要考虑"身份"的形成与发展同一个人的成长,从童年至青春期到成年,都有着密不可分的联系。也就是说一个人在他小时候是如何被培养教育的、在一个特定的社会环境和社会系统中是如何生存、与他人交往的,在他的"身份"形成的过程中都起到了至关重要的作用。这些最深层次的和无意识的部分开始形成身份认同的基础,而这种发展从人的童年起始,伴随着人的一生不断地进行发展变化。

因此可以认为,关于"身份"的研究与人生存的环境以及他的经历都是密切相关的。而人类对于"身份"这一概念的认知与探索,也随着时间的推移,不断地发展。

2.1 "身份"概念的起源

德语中"身份"一词"Identität"起源于拉丁语的"idem"，本意为"相同"。这里的相同可以理解为一个人或者一个事物，与他/它本身是什么或者被描述为什么的一致性。从心理学的角度可理解为对自我形象的含义的理解，从哲学角度可理解为自我与其他的相关性，从社会学的角度可将其理解为自我构建的前提，或者从文化研究的角度出发，对"身份"的理解同时也可以定义自我与生活之间的相关性。

"身份"究竟是什么？

柏拉图和亚里士多德是第一批对此产生疑问的科学家。一棵树在冬天和夏天看起来是非常不一样的，而人在他的童年时代和中年时代看起来也有着很大的区别。这种可观察到的变化成为对"身份"这一概念理解的前提：这棵树在不同时节究竟是否是同一棵树？这个人在不同年龄段究竟是否还是同一个人？

16世纪，新时代随着地理大发现的到来，以哥白尼为代表的科学家提出了"日心说"，这不仅仅是对教会权威的挑战，以此为开始，人们开始逐渐意识到了独立思考的重要性。紧接着的17世纪，笛卡儿提出了著名的"我思故我在"(Je pense, donc je suis)，更加强调了自我思考与自我存在。《牛津英语词典》首先在心理意义上提到了"身份"这一概念，这与约翰·洛克(John Locke)的《人类理解论》(1690)和大卫·休谟(David Hume)的《人性论》(1740)有关。约翰·洛克(John Locke，1632—1704)在哲学中以笛卡尔的理论为基础，首次使用了个人身份的概念，并在他的论文《关于身份与差异》中专门论述了这一章，因为意识总是伴随着思考并使每个人认识到自我的存在及与其他任何有意识的生物的不同之处，这才能被称为一个人的"身份"。正是这种意识代表了一个人过去生活的不同阶段或者未来生活的可能性，而这些意识的集合代表了一个统一的身份。也就是说，个人身份并非基于思维物质(身体)，而是基于非物质意识。

从这一理论出发，莱布尼兹(G. W. Leibniz)提出，灵魂或精神决定了身份。灵魂应该被理解为实质的统一,一种生活原则。与洛克和笛卡儿相反,他还赋予了事物、植物和动物以灵魂,因为它们也有能力感知,无论是无意识的感知还是有意识的感知。但是,只有人具有道德或个人身份,因为只有人拥有自我反省和自我感知的能力。

作为18世纪启蒙运动的代表,哲学家让·雅克·卢梭(Jean Jacques Rousseau)将注意力从理性的意识转向个人的感觉和感知。他认为一个人的身份反映了他的真实自我,表现了对这个人的"真实"自我的感觉。理想的个体应按照"内心的声音"行事,按照自己的本性安排自己的生活。18世纪末的浪漫主义时代更加强调卢梭的主张。通过培养人格,一个人可以更容易地将自己与他人区分开,并通过自己的人格特征来表达自己。而这种表达形式可以是非常多样的,例如以自己的意愿选择自己的服装风格,并以此作为其社会地位或教育水平的象征。"身份"这一概念在人的生活中显得越来越重要。

随着时间的推移,通过个性化来表达自我,表明个人"身份"或者社会群体"身份"在"现代化"进程中显得越来越重要,而对于"身份"这一概念的理解也逐渐丰富起来。

"身份"概念的多样性可以追溯到威廉·詹姆斯(William James)和乔治·赫伯特·米德(George Herbert Mead)。社会和个人身份的定义被认为与社会团体的成员(例如国家、文化团体、宗教团体等)相关。相比最初对于"身份"的定义也有了更全面的发展,"身份"不仅仅体现在诸如身高、外表、服饰等表层特征上,而更加被视为他人对这个人的一种期待或者一种理解,也就是说,人们依靠着对彼此"身份"的理解与期待进行着沟通与交流。而这种对于"身份"的期待与理解不仅局限于具体的个人,往往也代表着这个人背后的社会条件如家庭条件、社会地位等。

然而,由于社会结构的变化和所谓的"后现代主义"的"世界的逐步多元化",个人与社会之间的稳定关系不再存在。许多人文学科的学者提出了"主体的偏心化和碎片化"(Hall,2000)(Dezentrierung und Fragmentierung des Subjekts),"灵活的人"(Sennett,1998)(der flexible Mensch),"后现代生活策略"(Bauman,1997)(postmoderne Lebensstrategien),"过饱和与人口"(Gergen,1996)(übersättigung und Bevölkerung)等概念。之所以关于身份的研究逐渐增多,以下的原因是不可忽视的:一、不论从心理学还是社会学的角度,由"身份"所产生的问题是普遍且多样的;二、随着各个国家与世界的发展,以固定的国家或者群体来定义人或群体的"身份"显得过于老旧了,许多学者已经开始尝试从文化的角度来定义"身份";三、社会逐渐趋向于多元化,而为了获得他人的认可或者达到他人的期待,人们也更加重视"身份"这个概念,试图回答例如"我是谁"或者"我想成为谁"这样的疑问。

随着社会以及社会结构多样性的发展,个人的"身份"不再被视为单一、有限的,而是伴随着不同的群体划分,同一个人同时拥有不同的"身份"。

2.2 对于"文化身份"的研究

随着全球化时代的到来,全世界的人都有可能在共同的区域内生活,而这种情况下,对于"身份"的理解的不同所造成的各种问题也显得尤为突出,尤其是文化身份问题,这涉及属于不同文化类别的特定群体,例如国籍、种族、种族、性别和宗教等等。但是,由于文化这一概念本身就非常复杂且难以定义,所以很难用文化的定义来解释"文化身份"。

格里斯(Griese,2006)指出,文化代码是构建文化身份的重要部分,这其中包括语言、图像等等元素。而语言是最重要的特征之一,通过语言,人们可以完成彼此之间的信息交流、相互的沟通与理解,也就是说传受双方都能够从语言这种符号中比较一致地理解社会文化规定。那么语言也可以理解为与他人之间的一种边界,将自己与他人分开来的边界,一种定义自我、构建自我的方式。其他文化代码例如图像、习俗、社交礼仪等等,都和语言一样,承载着构建文化身份的职责。从这个角度出发,同时也可以得出文化身份与集体身份密不可分的结论,因为文化不能脱离于一个集体而独立产生和存在,文化和集体身份是相互依存的。任何语言、任何习俗都不是由一个人发现并固定下来的,文化的传承以时间为单位,由一代又一代的人共同完成。那么对于集体身份也可以理解为,是由多种身份的特征共同构建而成的,且"随着历史进程而不断发展,随着情境的变化而发展,随着文化的发展而发展的"。一个集体之所以被定义为集体，正是因为在这个集体内有着共同共通的一些特征特点，例如对同一段历史的立场、对语言的使用、对文化的理解等等。这些特征特点共同对集体内的人产生同样的归属感，使这些人形成共同的集体身份。从这个角度出发可以认为，文化身份的构建与集体身份的构建是相辅相成的，是互相影响互相作用的。当我们讨论文化身份，讨论文化的时候，承载这个文化的集体也必须纳入讨论之中。

随着全球化和后现代主义的发展，一个集体、一种文化不再像以往一样受到地域的限制，现在不同的人种、不同的语言以及不同的习俗都可以在同一片区域内共同发展与存在。

斯图尔特·霍尔(Stuart Hall)以此为基础得出结论，身份的传统定义不再适用于全球化和后现代主义主导着的世界，因为在传统社会中的例如阶级、性别和国籍等身份已经和现在的世界存在很大差异，传统的身份概念被解构并重构，比如现在的人已无法通过其着装来定义他的阶层或者社会地位。霍尔称这种解构重构状态下的身份发展为"错位"(Dislokation)或者是"离心"(Dezentrierung)。(Hall, 1995)但是不可否认的是，文化元素诸如语言、习俗等等仍然在人类的生活中、人的不同的身份发展中起到了至关重要的作用，我们在沟通时使用到的词语会在不知不觉中影响我们的思维和行为方式，无论是几千年前就已经存在的词语，还是最近刚被发明出来的词语。任何人都无法脱离于一个集体或者一种文化而独立产生自己的文化身份，那么也就是说，如果一个人长期在相对固定的环境里生活，使用相对固定的同一种语言，按照相对固定的同一种习俗生活，那么他就会和在同样环境同样背景里的其他人一样，形成以集体为单位的相对固定的文化身份。而如果一个人在相对动荡的环境中，例如在不同的国家，不同的文化集体中生活，那么他的文化身份首先会受到最初的集体与文化的影响，但是同时也会受到其他影响他生活的集体与文化的影响，那么这个人的文化身份在面临不同的集体与文化时，有意无意地都会发生解构与重构，也就是霍尔提到的"错位"与"离心"。

霍尔的文化认同概念也可以追溯到雅克·德里达(Jacques Derrida)的"差

异"概念。身份的形成主要是基于自己与他人之间的差异,这主要是一种无意识的行为,在日常生活、与人交往中都是不可避免的一种行为。如果将其视为是一种无意识且始终存在的、开放的行为,那么文化身份相对于其他的身份,重要的特点之一就是,文化身份也可以被理解为一种时间上的概念。而这个与时间密不可分的概念的形成,时时都受到周边环境的影响。例如当一个人的语言环境、生活环境发生了改变,而这种改变持续了一段时间,那么我们就可以认为,他的文化身份在这个过程中,或多或少地都会受到影响,或者发生变化。因此,霍尔将身份解释为一种"形成"(werden),而不是一种"存在"(sein)。这种身份是过去,也是现在的结果,并且时时受到地点、时间、历史和文化的影响。

1984年,塞西尔·赫尔曼(Cecil Helman)将文化定义为指导人们共存和行为的规则和习惯体系。Winfried Effelsberg 更将文化具体为音乐、语言、道德、宗教、法律等元素的集合。也就是说,任何一个人所学习和掌握的,都是一个集体在很长一段时间内的共同完成的传承下来的知识,而这些知识的传承,记忆与回忆起着不可忽视的作用。

哈布瓦赫(Maurice Halbwachs)指出,每一种形式的回忆都受到了社会的影响。哈布瓦赫举出一个单独出行的旅行者穿过伦敦的例子。即使这个人不询问其他任何人,不与其他人分享这种经验,该旅行者也将始终使用从他人(家长、同伴、学校教师、书籍作者、设计城市地图的制图人员等)那里获得的知识。因为这种知识很有必要,能帮助其理解在漫步经过这座城市时所看到的一切。

扬·阿斯曼(Jan Assmann)提到了与哈布瓦赫有关的类似论据。对于阿斯曼来说,个人对集体活动的记忆是日常实践的一种模式,而对社会的创立时刻的回忆是制度记忆的问题。前者是指与其他同时代人一起获得的个人的过往经验,这些人是这个记忆的载体,在社交互动中传达这一往事。相比之下,后者就是杰弗里·奥利克(Jeffrey Olick)所说的"真正的社会相关记忆",它是指一个社会的创始时刻。如扬·阿斯曼所言,这些是文化标记,即过去的客观存在,如神话、符号或仪式,这些被记忆或被庆祝的符号证明了社会现实存在的合理性。

虽然扬·阿斯曼在界定集体记忆时谈到两种不同的类型，但他意识到其概念的单维性。扬·阿斯曼承认，交往记忆与文化记忆明显分离的社会可能很少。他假设我们通常被限制在代表一个层面的尺度内，而两个类型是该尺度的端点。扬·阿斯曼以两种回忆、文化和交流之间的差异，为集体记忆的理论基础提供了基本依据。奥利克将阿斯曼的分类放在更广泛的理论背景之下，将交往记忆称为收集的记忆。在奥利克看来，集体只能通过汇总个人的历史知识以及个人态度及其对过去的评价来实证记录。也就是说，个人对一些具体的文化元素的理解的集合，都会对集体记忆、身份产生不可忽视的影响。

3. 文化身份认同在德国、奥地利及中国的发展

文化身份认同作为身份认同的重要方面，是一个人的自我概念及自我认知。这种认同感的对象往往与国籍、民族、宗教、社会阶层或者任何具有其独特文化的社会群体有关。并且随着全球化及文化多元性的发展，这些标志也变得更加的多元：性别、种族、语言、性取向、族群甚至食物。这种影响有时是"具有破坏性的，但他们也可以是具有创造力及正面的"。当一个人从固定的文化环境中转换到另一个全新的文化环境里，自身的文化身份认同也会受到影响。

本文从语言、风俗习惯和饮食文化这些构成"文化身份"的元素出发，进行中国与德国、奥地利的文化层面上的对比。

德奥两国以德语为官方语言。德语是欧盟内使用最广的母语，有9000万至9800万的使用者；根据2018年BMEL营养报告，德、奥的居民非常重视本地区的产品。此外，健康饮食与食物之间的平衡也非常值得注意的一点，乳制品和咖啡非常受到欢迎，以肉食为主；风俗习惯方面，尤其是在社交礼仪方面，见面时亲友之间的拥抱和亲吻是非常常见的行为，工作场合中则是握手和目光交流受到了相当的重视。

在中国，官方语言中文约有15亿的使用人数，是世界使用人数最多的

语言；中国人的饮食习惯以纤维性食物为主，制作菜肴讲究色、香、味的和谐统一，并且重视食疗养生；在风俗习惯方面，更加重视长幼尊卑的阶级观念，待人接物内敛含蓄，对话时长时间的目光交流甚至会被视为是不礼貌的行为。

两种文化的对比可以看出，中国与德奥两国的文化差异非常之大，而这种巨大的文化差异对所有在德奥生活的中国人都不可避免地带来许多的问题。从霍尔理论的角度出发，这些"差异"势必会对人的文化身份带来影响，进而影响到人的思维方式和行为方式。也就是说，对于文化身份认同的实证研究具有一定的价值和意义。

4. 在德、奥华人的文化身份认同问题

对于在德国和奥地利工作生活的华人，面临两种文化的不同，基于自身的文化身份认同，所产生的应对也是不尽相同。本文采访了五位在德、奥生活过的华人，以这五位的采访为例，分析中国人的文化身份认同在德语文化区所面临的问题与可能的解决办法。

按照在德、奥生活的时间长短，受访人可分为短时间（少于五年）和长时间（多于五年）。短时间生活的华人，相比长时间在德、奥生活的华人，所受文化影响更小，更愿意坚持固有的、传统的文化身份，例如"制作中餐""参与华人圈子""过华人传统文化节日"等，在与其他国家的人接触时，主观上更愿意接受传统的中国式的相处模式，但同时也遇到了更多的"文化冲击"问题，所产生的负面影响也是不容忽视的；而长时间生活在德、奥文化区的华人，相比之下更容易接受"西方文化"里的饮食、相处模式以及生活模式，例如对奶制品和咖啡的食用饮用习惯，或是在与其他国家人相处时，更容易接受目光交流或者拥抱亲吻等习惯，"文化冲击"的问题相对不如短期逗留的华人突出，因秉持着开放的态度，在工作生活中所面临的负面影响相比短期逗留的华人更少。面对这样的问题，一部分华人在主动了解、接触德语区文化后选择接受不同，积极适应，并且出于工作或者生活上的理由留在了德语区；另一部分对德语区文化接受程度不高、坚持自己传统的文化身份的华

人，在短期的逗留后，则选择了回到中国。

5. 结语

从霍尔的角度出发，文化身份相对于其他的身份，重要的特点之一就是，文化身份也可以被理解为一种时间上的概念。而这个与时间密不可分的概念的形成，时时都受到周边环境的影响。而在德奥生活的中国人，面临着周边环境改变的影响，他们的文化身份不可避免地受到不同文化冲击的影响，有意或无意发生解构并且重构。从本文角度出发，可以理解为在例如语言、风俗习惯和饮食文化等文化具体变现中有意无意受到德奥文化影响，改变了部分的思维方式或者行为方式。

随着全球化进程的不断加剧，各地区的文化融合也在不断地深入。如何适应不同文化间的碰撞，是当今时代永恒的主题之一。

参考文献

[1] ASSMANN, Jan. Das kulturelle Gedächtnis. Schrift, Erinnerung undpolitische Identität in frühen Hochkulturen, München: C. H. Beck, 1992.

[2] HALL, Stuart. Rassismus und kulturelle Identität (Ausgewählte Schriften, Bd. 2, hrsg. und übersetzt von Ulrich Mehlem, Dorothee Bohle, Joachim Gutsche u. a.), Hamburg: Argument Verlag, 1994.

[3] 何成洲主编. 跨学科视野下的文化身份认同. 北京大学出版社, 2011.

[4] 祁进玉. 群体身份与多元认同. 社会科学文献出版社, 2008.

[5] 赵静蓉. 文化记忆与身份认同. 生活·读书·新知三联书店, 2015.

[6] 张平功. 全球化与文化身份认同. 暨南大学出版社, 2013.

德国护发产品施华蔻在中国广告策略的跨文化对比和分析
——以微博和脸书广告为例

刘思佳

提要： 随着全球化的发展，市场对于企业的要求已经不单单局限于产品质量、科学技术以及售后服务，企业在跨文化背景下的广告宣传也越来越成为跨国企业能否进入目标国市场以及被目标国受众接受的一个越来越重要的因素之一。随着中国和德国经济往来的日益密切，越来越多的德国企业以其高质量的特色进入中国市场并受到广大中国消费者的青睐，但是在经济全球化的背景下单单是高质量已不能取胜于民，所以在目标国内的宣传也显示出德国企业为了适应中国文化而做出的一系列调整，并且受到了广大消费者的认可。故而从跨文化角度对广告交际进行研究对于跨国企业的发展具有很强的现实意义。本文通过对比施华蔻在德国脸书以及中国微博上投放的广告进而探讨其在中国市场进行的广告宣传所进行的一系列调整，并对比中德广告区别，以及对在华德企或其他在德华企提出借鉴意义。

关键词： 施华蔻广告　跨文化分析　广告策略

1. 研究问题

作为日常必需品的护发产品几乎占据了中国市场的一半，其中包括本地和国际公司的商品。在实行和深化开放政策之后，中国已成为世界上最大且增长最快的消费品市场之一。巨大的经济潜力促使许多外国公司在中国投资大量资金。智研[https://m.chyxx.com/view/485109.html]2015 年的统计数据表明，市场对护发产品的需求正在不断增加。其中大部分产品属于国际公司"宝洁"（Procter&Gamble）且占比重41.2%，"联合利华"（Unilever）拥有15.5%，而最小的5.5%归德国公司"Beiersdorf AG"。尽管竞争加剧，根据AC Niesen①的报告，2015年"Schwarzkopf"专业美发产品市场的增长率为18%，而专业美发产品市场的增长率为30%。现有数据不仅显示施华蔻的快速发展，而且还显示了外国公司在中国消费市场上的激烈竞争。外国公司在中国市场发展的趋势有两个原因：首先，高质量和技术产品的供应以及加强营销活动可以保护公司免于衰败。其次，公司采取以个人特征为特征的广告策略，以抵消产品和服务趋于同质化的趋势。因此本文鉴于施华蔻在中国消费者市场上的快速发展，因此根据内容和形式对这家德国公司在中国和德国的广告进行了比较和分析。此外，该工作旨在不仅为国内公司而且为其他外国公司提供有用的建议。本工作基于以下问题：

1. 施华蔻为中国市场的跨文化广告选择了哪种国际营销策略？

2. 中德之间的广告设计是否有差异？根据以下三个维度可以发现哪些差异，即广告语言、国际营销策略和文化维度？

3. 在互联网迅猛发展的基础上，通过对两国商业广告的对比分析，可以提供哪些提示和建议？

2. 理论综述

本文主要运用了Janich Nina的广告结构分析以及Geert Hofstede的五大文化维度分析。根据Janich Nina的观点，广告结构主要由四部分构成，即标题、正文、广告标语以及产品名称或者品牌标志。广告的标题是中心文本元素，当人们看到时它时应该引起人们的关注并且引起阅读的进一步兴趣。在广告宣传中它是较大且在印刷上醒目的文字，可以位于图像和正文之间，分布在广告空间中或集成到图像中。为此，标题理想地将信息传达给正在看广告的人，该信息以引人注目的方式突出了商品中吸引人的一面，因此具有特殊的信息质量。此外，标题还包含将用于引起注意的语言策略，例如问题、

---

①https：//m.chyxx.com/view/485109.html.

感叹号、要求、修辞格、互文玩法、文字游戏、醒目的标点符号等。广告的实际内容也就是广告正文的功能是将标题的主题作为文本主题并以在样式和语义上一致的形式或图像主题来实现。无论如何，在正文中对产品的说明要多于标题或口号。Janich 认为，由于现实中有多种形式的广告正文，因此广告的正文仅在极少数情况下才被（完整）读取，因此其内容通常并不十分丰富。广告标语的主要特征是其功能，该功能可以增强并强调产品、品牌或公司的知名度，从而创造形象。就像耐克的口号 Just do it！通过简洁明了的广告口号，消费者应该记住它并使其得到认可。广告标语的正式特征是其相对简短，通常包括产品，品牌或公司名称。在解释术语产品名称之前，应先比较产品名称 7a、品牌 7b 和公司名称之间的差异。例如，公司名称为汉高，品牌名称为施华蔻，产品名称为施华蔻 gt2b。产品名称在区别于其他产品的意义上标识一种产品，它们还可以用来传达有关该产品的某些信息。对于接收者，专有名称有助于使正面形象和某个概念形象与该名字相关联。产品名称不仅应使接收者能够识别它们，而且还应通过它们与公司的关系来保证质量和明确的来源。产品名称在收件人中起着重要作用，而品牌的代表对公司也很重要。

  另一个重要的文化理论就是 Geehrt Hofstede 的四大文化维度理论即权力距离、个人主义与集体主义、男性主义与女性主义和不确定性回避。在霍夫斯泰德（Hofstede）的研究中发现的第一个维度是权力距离。这被理解为是指"一个国家中实力较弱的机构或组织的成员期望并接受权力分布不均的程度"。此维度表示社会中权力的处理方式以及社会弱势群体在权力、地位、声望和财富方面的不平等分配的接受程度。霍夫斯泰德（Hofstede）研究的第二个文化层面涉及个人主义社会和集体社会之间的区别。在集体主义文化中，群体的利益优先于个人的利益，强调对群体的忠诚。相反，在个人主义社会中，个人利益优先于群体利益。从家庭情况也可以看出一种文化是集体主义还是个人主义。大家庭是集体主义社会的典型代表，而小家庭在个人主义社会中占主导地位。此外，典型的个人主义价值观包括表现和认可，反之，家庭、安全性和责任感等价值通常被视为集体。第三个维度是女性主义与男性主义阳刚之气的双重维度,女性气质是指社会中普遍存在的性别角色。某些行为更可能归因于男性,而某些特征则归因于女性。男人下定决心,有竞争力和坚强;职业和金钱对他们很重要。另一方面,女性则更加以家庭和家庭为导向;她们被赋予柔和而感性的角色。霍夫斯泰德确定的第四个维度是避免不确定性,可以定义为"文化成员感到模棱两可或未知情况威胁的程度"。对未来的不确定性可能引起恐惧。为了解决这个问题,每种文化都发展了自己的方式。这可以通过技术、法律或宗教来完成。此外,在不确定性回避指数(UVI)较高的文化中,有全面的规定和严格的行为准则。另一方面,避免不确定性的程度越低,意味着正式规则越少。

3. 数据分析

本文分析了施华蔻在中国和德国在市场上各投放的50条互联网广告形式进行分析,中国广告是在微博平台由用户"施华蔻官方微博"发布。德国商业广告由Facebook用户以"Schwarzkopf"的名称发短信并发布在Facebook网站上。该账户由汉高股份公司(Henkel AG&Co. KGaA)经营。通过手机屏幕截图收集了总共100则广告,涵盖了从2018年4月到2018年6月的时间。根据笔者所掌握的100条数据,主要进行了以下三方面的对比分析。

3.1 中德广告结构异同

随着广告载体由传统的纸制品如报纸杂志变为现代的无形产品如互联网广告,不仅是其内容而且广告的结构也为了适应载体而进行了相应的调整。在笔者所研究的100则中德互联网广告中,发生了三个共同变化,其一就是广告标题与正文之间的区别逐渐模糊。不像之前报纸杂志的广告需要注重产品及其相关信息的完整度,互联网信息更注重时效性,他所发出的广告有可能是一天一条,更有可能一天五条,并且在微博或者脸书这样平台下,发一条动态会有字数限制,那么在这种情况下,商家必须对广告字数或者信息进行控制,这样就导致了广告标题与正文之间的模糊性。其二就是出现了新的标志以引起人们注意的#号标志。但这与传统的口号作用类似,但其还有一个额外的作用,那就标识最近的热门话题。比如在母亲节中德两方的广告都会通过"#"字标识来点明这个特殊节日并加入相应的热点话题作为补充。第三个变化是出现新的附加信息。之前的附件信息只是一张图片，但由于网络的发展，现在多数互联网广告的附件信息不再是单单的一张图片，还有可能是一个链接，一篇文章抑或是一个短片视频，这样即便是正文内容较少，或者是字数限制，这些附加信息也可以无限扩展产品性能或者用户反馈。

尽管如此，中德两方的广告也体现出各自的特点。其一是中方施华蔻的网络广告里每一条都会运用到"@"这个符号，有时甚至会在一条广告中会使用一连串这个符号。而此符号在微博中的意思是提及某个用户，可能是明星、某平台微博账号或者是私人用户。而按照霍夫斯泰德的文化维度分析，中国属于集体主义，注重大部分人的利益关系，而中国的文化注重关系，而此符号的使用可以更好地理解中国的集体主义。最具有代表性的一则广告就是在电视剧《上海女子图鉴》播出时，施华蔻官方微博使用电视剧台词"他们不要你，还有我养你"进而引出自己的广告语"养你的不只李现，还有施华蔻TR19"，并在其后使用了"@"符号提及了优酷官方微博以及电视剧官方微博。其二是每条广告语中都会使用不止一次"#"字符号。一方面会带上施华蔻官方宣传口号#施华蔻格型由我#，这样可以让用户再一次记住施华蔻的特色；而另一方面此符号的意义是引起热度并引发广大用户的积极讨论，中方施华蔻在发布广告时会在"#"字符号中添加发型师或者明星的名字，这样就会在明星或者专业领域人士的影响下进而影响消费者的心理。

而与中方广告不同的是，德国广告侧重点不同。一方面在德国脸书的施华蔻官方广告中每一条都会出现一个或者一个以上的表情符号。查尔斯·桑德斯·皮尔斯(Charles Sanders Peirce)将字符分为不同的类别，即索引，图标和符号。索引符号可以描述为顺序关系或因果关系。图标表示标志与指定内容之间的相似性。象征性标志具有惯例特征。而在德国广告中最常用的就是符号的图标和符号意义。比如复活节时德国广告不会直接表明复活节而是会用彩色鸡蛋符号以及兔子头符号来表明节日的到来，而在表达衷心时，也并不会说herzlich，而会使用红色的心符号再加上德语形容词词缀-lich 表达感谢，这样生动形象的表达，既增加的读者的阅读兴趣，又拉进了广告商与接收者的距离。此外，在德国的广告中也体现出了德国的版权意识。在德国施华蔻发布的广告中只要带有图片或者视频的信息，那么在其左下角会带有一个小小的黑白色施华蔻标志。这样既可以增强品牌的影响也间接显示了德国广告注重版权的特点。

3.2 中德广告策略异同

中德广告差异主要依据霍夫斯泰德（Geehrt Hofstede）的文化维度理论进行分析，并且依据理查德·波利（Richaed W. Polly）的广告内容所体现出文化呼吁进行划分。根据中德广告内容所体现出的文化价值进行了如下归类。

文化维度	价值	中国广告	德国广告
个人主义	独立，特色	3	14
集体主义	流行，隶属关系，家庭，社区，幸福感	19	10
高风险规避	安全，柔韧性，耐用性	5	7
低风险规避	冒险，坦荡，魔术，青春	2	2
高权力距离	装饰，虚荣，亲爱，状态	12	3
低权力距离	便宜，朴素，谦虚，养育	3	8
男性主义	效率，便利性，生产力	5	2
女性主义	自然，脆弱，谦虚	3	5

根据以上分析，可以说中国在第一维度上属于集体主义，而德国则倾向于个人主义。中文广告中出现四种类型的单词，如家庭成员："老朋友""妈妈""孩子"；社会关系："友情"；一种类型："职业女性""都市女性""明星"；社交活动："音乐节""马术比赛"和"美妆节"。这些话的背后有一种特殊的文化，即集体主义。在集体主义社会中，人们属于某些群体或社区，这些群体和社区在相互忠诚的基础上关心其他成员。相反，德国的广告则更具个性化。以下两种价值诉求多次出现，分别是个人："特殊""个性""个人""酷""时尚"和特殊化："显眼""出众""吸引眼球"。在这个社会中，个人成就感比考虑社区需求更为重要。尽管在德国的广告中也提到了许多集体主义的诉求，但大多数诉求都与公众假期相关，例如"世界冠军""母亲节""父亲

节""复活节"。因为人们生活在社会中,所以他们无法避免参加社会活动或国家活动。

从上表可以看出,在第二类维度中,德国和中国都是努力避免不确定性的国家。人们感到模棱两可,不安全局势威胁的程度的一个指标是,他们已经建立了避免这种情况的信念和体制。在美发产品的广告中,重点始终是保护头发免受太阳辐射和干燥。避免不确定性通常在保护头发方面很明显。如德国广告:*Genießt die sonnige Seite des Lebens mit Gliss Kur Summer Repair*!(*Emoji*)*Es stärkt euer Haar und schützt es vor Sonneneinstrahlung. Wer von euch hat die Pflegeseie bereits getest?*(和施华蔻一起享受生活中阳光明媚的一面!它可以增强您的头发并保护其免受日晒。你们谁已经测试过护理产品?)而在中国广告中如:隔热修复,减少吹风机等造型仪器带来的热伤害。

实际上,公司中的高低距离指示器表明了接受不平等权力分配的趋势。但是根据波利(Polly)的说法,在产品广告中,高价格,豪华和地位导致距离遥远。因为在这种情况下,您需要花很多钱购买产品,甚至无法支付。相比之下,"免费""折扣"是短距离的符号。在德国广告中,商家明确标出的商品价格与消费者的接近程度,并且可以通过转发或者点击超链接免费获得商品。而在中国的广告中,通过使用"奢侈品""珍贵"和流行语"女神"这些词语,使得消费者与产品之间的距离越来越长,或者商家想通过这些词汇体现出产品的价值,但却在文化维度上属于高权力距离。

在第四层文化维度里,中德广告在体现男性主义和女性主义方面并没有太大差异。一方面,中国和德国都聘请了男性和女性媒体明星,另一方面,这种文化层面很少出现在广告中。在广告中,该术语应理解为表示"自然"和"成熟思维"属于女性主义,而"有效性"和"生产能力"属于男性主义。除此以外,德国广告只涉及男性气质一次,而涉及女性气质五次。所有这些表明,产品是天然的,没有任何副产品,并且头发保持天然。根据霍夫斯泰德(Hofstede)的观点,德国实际上根据其文化是属于男性社会的。但是在广告方面,中德之间的关系是相反的。这证明了文化是动态呈现的。今天,文化受到某种动态的影响,这源于我们环境的不断变化。因此,文化随着时间的推移而变化，并不会保持不变。

4. 结论

本章讨论从施华蔻公司的中德广告的分析得出的结论，该结论分为三个方面，第一方面是在霍夫斯泰德的文化维度中，中德之间的差异可以从广告在不同文化层面上的不同价值诉求中看出。德国通过强调特殊功能和个性以及通过折价的低权力距离，在广告中表现出较高的个人主义。在中国广告中，集体主义在广告中提到的许多家庭成员和朋友中扮演着重要而重要的角色。但是，两国属于强烈的不确定性回避国家。但是，与霍夫斯泰德（Hofstede）的研究是德国是一个以权力、成功和速度为重要价值观的男性社会相比，德国的广告显示出女性社会的特征。因为在宣传护发产品时，这家德国公司专注于产品性质（例如自然），而中国的广告则强调该产品的有效性。这种现象恰好证实了文化的特征之一，即文化是动态的。文化不是一成不变的，而是永久的，但会受到其他文化的影响。在中国，技术的发展晚于西方国家，因此公司仅在广告中采用技术。

在第二方面，通过比较传统广告和网络广告结构之间的区别和相似性。在互联网广告中，标题和正文之间的界限不清楚，通常没有过渡。作为补充，它不仅涉及图片，还涉及文章、链接和视频。借助互联网，广告非常丰富多彩，不仅限于书面交流水平，还使用声音和视觉渠道。尽管德语和中文广告包含在线应用程序的特征，但它们在广告上也显示出一些差异。在德国广告中，显示施华蔻产品的图像中通常使用施华蔻的表情符号和小徽标，而中文广告中没有徽标。最重要的是，表情符号使广告变得生动而形象。由于通信伙伴是通过媒体连接的，无法看到对方的面部表情，因此表情符号可以促进通信情况，并在一定程度上使消费者满意。其次，德国公司对专利有很强的意识。图片中的小徽标是由施华蔻创建的标记，可以在其中使用。如果传递成功，则可以通过小徽标识别发起者。

通过分析上述各个方面，可以看出文化在广告中起着非常重要的作用。但是由于不同国家不同文化之间的交流越来越密切，国际公司必须适应目标国家。通过对施华蔻中德广告的对比分析可以看出其在中国市场上采用的营销策略。通过其在中德广告策略中的共同点可以看出，它根据中国本土文化的特色进行了相应的调整，但又并无完全抛弃其全球化的营销策略，由于标准化和差异化的结合，产品在中国非常成功。公司通过其产品政策和沟通政策，成功实现了产品在中国市场的定位。尽管施华蔻品牌已被更改，但这表明了中国消费者的特殊意识，这通过选择优质的中文译文得到了加强。在当前工作的基础上，人们可以对中国的在线广告设计提出思路。一方面，中国广告缺乏可以通过表情符号创建的轻松交流环境，另一方面，中国广告缺乏专利意识，这是通过在图像上使用小徽标来支持的。

参考文献

［1］Behrens, Gerold. Werbung. Entscheidung-Erklärung-Gestaltung. Vahlen, München 1996. Bolten, Jürgen：Interkulturelle Wirtschaftskommunikation. In Walter, Rolf （Hg.）Wirtschaftswissenschaften. Eine Einführung. Paderbor, 1997.

［2］Broszinsky-Schwabe, Edith. Interkulturelle Kommunikation, Missverständnisse-Verständigung. VS Verlage, Heidelberg, 2011. Etymologisches Wörterbuch des Deutschen. Erarbeitet unter der Leitung von.

［3］Wolfgang Pfeifer. Ungekürtze. durchgesehene Ausgabe. 3. Auflage. DTV, München, 1997.

［4］Gudykunst, William B. / Kim, Young Yun. communicating with strangers. An Approach to Intercultural Communication. McGraw-Hill, New York, 2003.

［5］Heringer, Hans Jürgen. Interkulturelle Kommunikation, Grundlagen und Konzepte, 4. Auf. Franker, Tübingen, 2014.

［6］Hofstede Geert. Lokales Denken, globales Handeln. Interkulturelle Zusammensarbeit und globales Managment, 3. Aufl. Deutscher Taschenbuch Verlag, München, 2006.

［7］Hofstede, Geert. Cultures and Organizations, Software of the mind, 2 Aufl. McGraw-Hill, New York, 2005：60.

［8］Janich, Nina. Werbesprache. Ein Arbeitsbuch. Narr Verlage, Tübingen, 2013.

［9］Kallmeyer,Werner. Kristische Momente. Zur Konversationsanalyse von Interaktionsstörung. In：Frier, Wolfgang/Labroisse, Gerd （Hg.）. Grundfragen der Textwissenschaft. Lingstische und literarische Aspekt. Radopi, Amsterdam, 1979.

[10] Kolter, P. /Bliemel, F.. Markting-Managment. 2001. Kroeber-Riel, Werner: Bildkommunikation. Imagerystrategien für die Werbung. Vahlen, München, 1993.

[11] Linder, Doris. Interkulturelle Marketing: Grundlage, Strategien, Chance, Risiken. Düsseldorf,2004.

[12] Martins, Roth / Jean, Romeo. Matsching Product Categorz And Country Image Perception: A Framework for Managing Country of Origin Effects, Journal of International Bussiness Studies. , 1992, Vol. 23 (3):447 -497.

跨文化背景下中德中小企业质量管理比较分析

摘要：不论在哪个国家，中小企业都在解决就业问题上起着关键作用，并且是国民经济的重要增长点。2019 年中国连续第四年成为德国在全球最大的贸易伙伴，中国中小企业对德贸易额约占对德贸易总额的 70%，中德中小企业成为这场贸易中的主力军。随着两国贸易的愈加频繁，出现了中国中小企业在对德贸易中产品质量不能一次性达标的问题。德国作为传统的工业强国，对于产品质量有着高标准，严要求。中国多年来也致力于从"中国制造"到"中国质造"的转变，但是在质量管理方面依然存在着改进空间。并且，中国中小企业"寿命"短的问题也与质量管理有着密切关系。过程决定结果，本文将从跨文化角度对中德中小企业质量管理的一般过程进行比较、分析，阐述中国中小企业在质量管理过程中所存在的对产品结果产生影响的问题，最后提出改善意见。

关键词：质量管理　跨文化分析　中小企业

1. 中德质量管理发展历程

1.1 中国质量管理发展历程

一般而言，从中华人民共和国成立到 1970 年代末，中国的质量管理基本上处于质量检验阶段。直到 1980 年初，中国才逐渐进入统计质量管理阶段。从 1979 年到 1989 年，中国开始实施和推广全面质量管理。从 1989 年到 1999 年，中国处于全面质量管理的深化阶段。1992 年，GB/T19000 系列标准发布,意味着中国已开始采用国际标准进行质量管理。1993年通过的《中华人民共和国产品质量法》使中国质量工作走上合法化的道路。自1999年以来,中国进入了全面质量的发展和创新阶段。其间,一些企业确定了质量在企业发展中的战略地位,并通过质量管理提高了产品质量。2001年中国国家认证认可监督管理委员会成立。2004年9月,国家质量监督检验检疫总局发布了国家标准GB/T19580—2004、GB/T19579—2004等。这些都极大地推动了中国质量管理的发展,并提高了产品质量。尽管从企业的角度来看,总体质量一直在稳步提高,但是产品质量的状况和实施质量管理的总体效果并不乐观。因此,对全面质量管理的理解必须进一步加强。

尽管中国目前大力提倡全面质量管理,但只有大约40%的中小企业采用全面质量管理,大约9%的中小企业既不执行产品检查,也不进行质量管理,大约31%的中小企业处于质量检查阶段,大约20%的中小企业处于质量控制阶段。[1]

1.2 德国质量管理发展历程

如今,"德国制造"已享誉全球,而谁又会想到"德国制造"曾经却代表劣质产品。早在19世纪,为了进入国际市场,德国制造业模仿英国机床产品,并生产了大量劣质的机床和设备。于是在1887年,英国议会出台了《商品法》。根据该法,向英国出口的德国产品都贴有"德国制造"的标签,用来和英国的优质产品进行区别。德国人深感羞辱,从那时起,德国开始重视技术和科学研究水平,加大了职业培训的支出,增加了培训学校的数量,为产品高质量发展奠定了基础。

1914年,德国完成了工业化,制造业成为国民经济的支柱。但两次世界大战严重阻碍了工业的发展。战后联邦德国继承精密生产的概念,并根据客户需求对其进行了量身定制。民主德国则主要以重工业为基础,在机床制造、炼钢等领域取得了许多成就。1990年,两德统一,生产模式合二为一,使"德国制造"更加辉煌。

---

[1]王正.质量管理与中国中小企业发展关系研究[D].对外经济贸易大学,2010.

早在 1900 年德国企业就开始进行质量管理。这个时期，企业主要将质量管理的重点放在产品的终检上。约从 1930 年开始，德国企业开始致力于质量管理，并开始制订质量计划，监督制造过程并采取一系列预防措施。1970 年，企业开始引入全面质量管理。

2. 中德中小企业质量管理

2.1 质量计划

质量计划是企业进行质量管理的第一步，谁能制订质量计划以及如何制订质量计划，或者员工是否参与质量计划决策过程则成为需要首先思考的问题。如果要回答这个问题，必须回归到企业结构和企业管理之上。企业结构是公司发展的基石，而企业管理代表着公司的发展方向，两者在制订公司的质量计划中都起着至关重要的作用。

2.1.1 中德企业结构和企业管理

在中国最常用的企业组织结构是直线职能式组织结构，这种组织结构呈金字塔形。[1] 在大多数中国中小企业，尽管机会相对有限，员工仍能对企业决策表达其想法或观点。但由于等级制度，有时很难将其传递给高层管理人员。

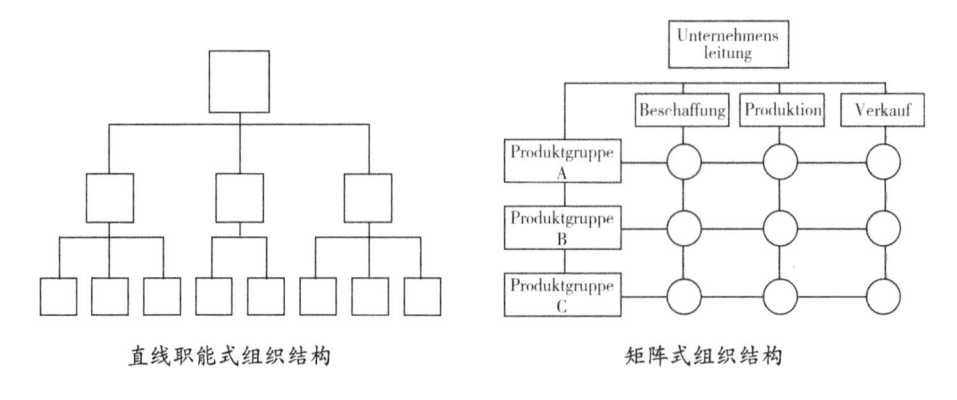

直线职能式组织结构　　　　　　矩阵式组织结构

来源：Google. de

---

[1] 韩晓红. 中国中小企业组织结构创新研究. 2005.

在德国，矩阵式组织是最常见的组织结构，这种结构由许多职能部门和许多为了完成临时任务的项目团队组成。在大多数德国的中小企业中，最高管理者仍然拥有最高的决策权，但是下游职能部门享有充分的自治权，并非所有事情都需要最高管理者的决定。其次，员工可以直接与高管对话，以表达他们对某些事情的想法。

2.1.2 短期和长期质量计划

于力、滕丽美在其文章中提到，许多中国中小企业缺乏长期的、以质量为导向的企业战略，出现盲目追求短期效率，或者仅仅追求利润最大化和扩大业务规模的现象。[①] 有些公司即使具有质量导向的策略，也经常会根据市场情况的变化进行更改。

在德国90%的中小企业是家族企业，这些企业在传递产品功能、制定长期计划以及确保客户稳定等方面具有优势。此外，只有少数德国中小企业计划上市，因为诸如季度利润之类的财务指标对上市公司而言非常重要，而这对于有长期计划的企业来说不是最重要的。

2.1.3 企业结构与企业管理分析

企业结构分析

在当今人类社会中，不平等现象是普遍存在的，也是不可避免的。但是，来自不同国家、民族和地区的人们对不平等现象的看法和态度不同。例如，在诸如中国、马来西亚和新加坡这样的高权力国家中，人们普遍接受权力的不平等。在低权力距离国家（例如德国，丹麦和英国），人们对不平等权力的认可则相对较低。

中国属于高权力国家。高权力距离在企业中表现为：等级制度、权力集中化趋势、员工对上级的期望等。[②] 大多数中国企业的员工认可或尊重这种严格的等级制度。在权力距离相对较小的德国，企业的等级制度相对宽松，

---

① 于力，滕丽美.我国中小企业质量管理中领导问题与对策研究——基于全面质量与新兴领导理论的视角[J].中小企业管理与科技（下旬刊），2012.

② Jutta Berninghausen, Béatrice Hecht-El Minshawi. Interkulturelle Kompetnz-Managing Cultural Diversity, Trainings-Handnuch (2. Auflage). Bremen · Boston：Kellner-Verlag, 2009：34.

下属与其上级之间的关系更加灵活。由于大多德国中小企业采用矩阵式组织结构，员工之间可以有更多的横向交流。

企业管理分析

根据跨文化专家卢森斯和霍杰茨的观点，管理风格主要有三种类型，即专制管理风格、家长式管理风格和参与式管理风格。专制管理风格主要表现为高层和员工之间实行单向沟通，不断推进工作进度、工作流程，实现目标。家长式的管理风格可以概括为"努力工作，公司将照顾您"。参与式管理风格则以工作为导向，以人为本。①

中国大多数中小企业的管理风格是家长式管理风格。企业被视为一个大家庭，而领导者则是这个家庭的"家长"。员工有一定的机会表达自己的建议或意见，但是，面对领导者时，员工通常会有所保留，并不一定表达他们的真实想法。他们可以在领导者做出决定后很好地执行所负责的任务。这不仅是受高权力距离的影响，也受到传统儒家思想的影响。儒家思想认为，家庭是所有社会组织的原型，家庭的和谐基于不平等的人际关系。

由此，中国企业的员工有时可能会认为领导者的决策是不合适的，但通常不会公开反对领导者的决策。大多数员工喜欢隐藏在一个小组或群体中，不想要获得过多的关注。此外，员工希望他们的领导者具有多种美德：正直、和谐、忠诚等。因此，大多数中国中小企业的领导者对下属采取家长式的态度，这有助于领导者获得声望和权威。另外，大部分员工几乎也没有机会参与公司的每个决定或计划。一旦领导者做出决定或计划，直接将其传递给下属，下属则按照指示完成任务。

大多数德国中小企业的管理风格是参与式管理风格。员工重视自己职业道路的发展，而企业相应地会在员工个人成长上赋予更多的关注。因此，管理只是协调同一组织内的成员以实现组织的共同目标的简单过程。每个人都

---

①Saee John. Managing Organizations in a Global Econofmy: An Intercultural Perspective. United States: South-Western, Part of Thomson Corporation, 1993:162.

是一样的，可以参与任何决策或计划。在这种情况下，决策时间可能会更长，并且每个员工都必须对公司的决策或计划负责。

对质量计划的影响

根据以上对中德企业结构和管理的分析，可以了解到，当中国中小企业制定质量计划时，由于受到等级制度和家长式管理风格的影响，员工很难或不愿表达自己的想法。质量计划通常由领导者决定，缺乏一线实践经验作为基础。这样可能会导致企业的实力与质量计划不匹配，从而难以确保最终的产品质量。在德国的中小企业中，虽然参与式管理风格延长了决策的持续时间，但是员工能参与质量计划决策，可以根据当前企业的实际情况更好地进行质量计划。

短期和长期质量计划分析

尽管社会环境和经济因素都会影响企业长短期计划，但以下分析主要从文化角度对此进行阐述。

GLOBE 维度模型中德文化数值与排名

文化维度	中国				德国			
	维度值 As ls	排名	维度值 Should be	排名	维度值 As ls	排名	维度值 Should be	排名
不确定性规避	4.94	10	5.28	9	5.22	5	3.32	59
权力距离	5.04	41	3.1	12	5.25	29	2.54	44
组织集体主义	4.77	7	4.56	9	3.79	54	4.82	28
内团体集体主义	5.8	9	5.09	58	4.02	54	5.18	55
两性平等	3.05	48	3.68	58	3.1	44	4.89	15
贯彻执行力	3.76	51	5.44	2	4.55	10	3.09	55
未来导向	3.75	34	4.73	60	3.95	13	4.85	57
绩效导向	4.45	13	5.67	50	4.25	22	6.01	29
友善导向	4.36	17	5.32	39	3.18	61	5.46	30

来源：http://www.botulw.com/bslw/856.html

以未来为导向的国家希望并有能力更好地为未来制订长期计划，相反则会更加关注眼前利益。根据 GLOBE 研究（*GLOBE* 英文全称 *Global Leadership and Organizational Behavior Effectiveness Research Program*，即全球领导和组织行为有效性调查，是自霍夫斯泰德和琼潘纳斯以来调研范围最广的一次跨文化实证研究），中国的未来导向值低于德国的未来导向值。这意味着德国中小企业通常能更好地制订包括质量计划在内的长期计划，中国的中小企业则倾向于制订短期计划，并且计划是可变的，例如：公司经常谈论的"季度目标"则属于短期计划。由于客户对产品质量的要求不断提高，产品生命周期缩短，国际竞争加剧等原因，企业长期计划必须以质量为基础，否则企业将难以长期发展。因此，与中国中小企业相比，德国中小企业的长期质量计划往往有助于确保产品质量。

2.2 质量控制

质量控制在全面质量管理中也称为过程控制。根据全面质量管理，企业必须对产品质量进行过程控制，而不再是依靠早期的终检。通常，过程控制成功与否取决于两个方面：一个是员工的技能水平，另一个则是技术，即在生产过程中通过测量、分析和其他方法来提高产品质量。

2.2.1 入职前工人技能水平

钟幼茶曾对浙江省 276 家中小企业进行了一项问卷调查。接受调查的员工总人数为 162945 人，具有专业资格的工人为 23414 人，仅占总人数的 14.37%。[①] 另外，根据国家统计局的数据，中国目前约有 7000 万技术工人，高级技工仅为 5%。而在日本，这一比例为 40%，在德国为 50%。另外，在德国，约三分之二的工人曾以学徒的身份进行过技能学习，75% 的德国中学生毕业后选择接受职业教育，并且此数据总体呈上升趋势。德国的职业教育体系为企业提供了足够的工人，因此企业通常不必太担心技术工人的招聘问题。

---

①钟幼茶. 中小企业技能型人才现状调查[J]. 经济纵横，2008.

2.2.2 入职后企业培训

近年来,随着全球就业市场的不断变化,培训变得越来越重要。在质量领域,培训重点放在技能发展上。技能发展不仅可以确保工人顺利地开展各种质量活动、解决问题、进行分析并取得成果,而且还可以成为构建质量文化的主要动力。如图,根据 2013 年《全球质量状况研究报告》提供的数据,目前中德企业都非常重视质量培训。

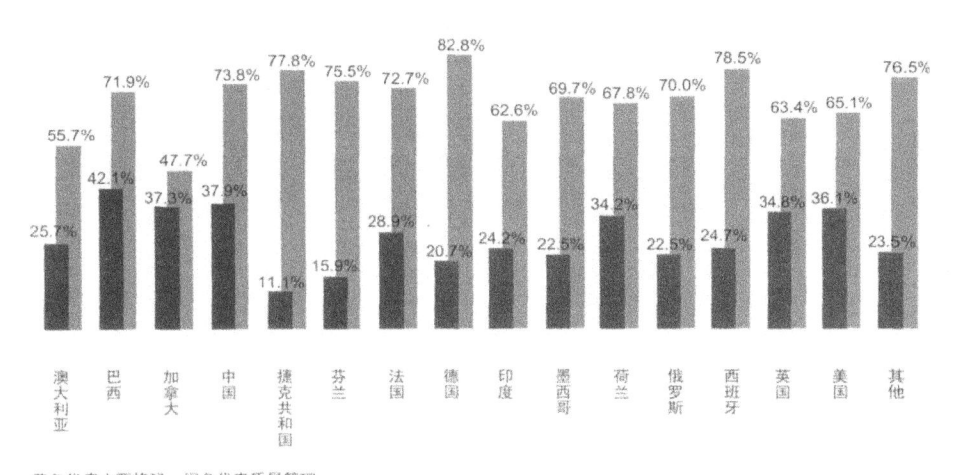

蓝色代表六西格玛,绿色代表质量管理

来源:袁进编译. 全球质量的发展趋势与机遇——2013《全球质量状况研究报告》阶段成果第二部分解读[J]. 上海质量,2014

2.2.3 职业教育分析

职业教育与普通高等教育

职业教育体系的发展不仅受到商业和政治的影响,而且还受到文化的影响。中国拥有深厚的农耕文明和悠久的封建社会历史,在教育方面,受传统"道器观"的影响,出现了重视普通教育而不重视技术教育的尴尬局面。迄今为止,这种思维方式和价值取向已经影响了职业教育发展的社会环境,并且是导致职业教育缺乏吸引力的历史和文化原因。另外,"学而优则仕"这一传统观念也已根深蒂固,这样的观念可能导致人们对职业教育有片面的理解,也阻碍了职业教育的发展。

与职业教育相比，在中国大多学生更愿意选择普通高等教育。从社会的角度来看，公众对职业教育的认可度和关注度一直很低。造成这种情况的原因很简单：一方面，父母不愿让孩子上职业学校学习，因为他们认为工人就业后的社会地位不高。另一方面，毕业后工作机会大多存在于低技能劳动力市场中。尽管近年来职业教育的范围有所扩大，但由于文化传统，职业教育其教育价值仍未被认可。

职业教育自身缺陷

中国古代建立了学徒制，工匠们建立了严格的生产规章制度，以确保产品的高质量。① 在传统的学徒制中，工匠们反复检查和比较生产过程中的每个环节，并十分注意细节。后来，随着生产力和科学技术的飞速发展，特别是近40年来中国的飞速发展，职业教育不可避免地遇到了技术革命的影响，教育标准往往也是单方面的，而且是物化的。中国传统学徒制所倡导的扎实基本功、品味培养等被许多职业学校所忽视。这导致学校很难培养足够数量的优秀技术工人。

与中国相比，在德国想要进入大学学习的学生人数比例较低。除了经济因素以外，德国学生在选择教育方式以及考虑未来发展时还会受到特定的职业文化的影响。② 对于德国人来说，"职业"一词的含义比通常所理解的"职业"或"工作"更丰富。在德国，职业是获得社会认同的重要基础，是实现个人意义的一种方式。职业不仅是判断一个人一生的准绳，还是个人实现自己价值的最重要途径。这种职业认同感可以追溯到中世纪。当时的行业协会，也就是现目前双元制度的前身，主导了学徒培训领域。该协会认为，对经济利益的衡量不是最重要的，对职业的尊重和认可才是重点。学徒培训不仅仅

---

①梅红霞. 中国传统学徒制文化意蕴与传承研究[D]. 广西师范学院，2015.
②李俊. 德国职业教育发展之社会结构及文化传统探原[J]. 清华大学教育研究，2011.

只是专业技能的获得,更是一个道德化的过程。①

迄今为止,大多数中国人对职业教育仍然存在刻板印象,而这在德国是不存在的。每年,在德国有许多人因为接受了多年的职业培训而具备较高的技能水平。对于雇主来说,这无疑是一件好事。

2.3 质量检查

2.3.1 合格率

前段时间,网络上出现中国游客到日本旅行时购买智能马桶盖的新闻。后来中国质量监督检验检疫总局组织了一次智能马桶产品质量抽样调查。抽调结果表明,产品抽查合格率仅为60%,大部分劣质产品是中小企业生产的。根据相关统计,生产标准低于行业标准的中国中小企业约占所有中小企业的34%。② 与日本、美国和德国相比,中国企业(尤其是中小企业)的抽样调查合格率仍然较低。最显著的问题在于,在产品上市前,中国中小企业在质量检查方面的制度并不十分健全。如前文所述,只有大约40%的中小企业采用全面质量管理,大约9%的中小企业既不执行产品检查,也不进行质量管理,大约31%的中小企业处于质量检查阶段,大约20%的中小企业处于质量控制阶段。换句话说,多数企业仅在最后阶段进行产品质量检查,这给产品的缺陷留下隐患。另外,企业通常会将一些产品检测设备投入到质量检测过程中。但是,在检测过程中,许多中小企业的质检人员在将测量结果与指定的质量标准进行比较时,并未按照指定的合格参数对产品进行检查。这都会导致产品质量得不到保证,缺陷产品流入市场。

有关调查表明,在德国接受调查的中小企业中,有近80%的企业已实施了全面质量管理,这意味着大多数中小企业已实施了过程控制。在生产过程中,如果测量和分析结果或数据不符合预期,则会及时对生产进行调整。这样一来,虽然在质量控制过程中投入了更多的成本,但最终的合格率提高

---

① Laske, Gabriele. Profession and occupation as medium of socialization and identity formation. In Project papers: Vocational Identity, Flexibility and Mobility in the European Labour Market. http://www.itb.uni-bremen.de/projekte/fame/download/Literature%20Research%20Text, pdf, 2001-12-13.

② 刘利粉. 中小企业融资中的银企博弈分[D]. 北方工业大学, 2008.

了，这也减少了承担更大损失的风险。此外，几乎所有技术工人都接受了相应的职业培训，不仅具有更高的技能水平，而且对于产品的质量意识也更高。另外，在质检过程中，质检人员通常按照规定的资格标准进行质检，筛选出劣质产品。这些劣质产品或被改进，或被直接废弃，以上都为良好的产品质量奠定了基础。

2.3.2 分析

中国传统文化提倡"中庸"，给中国人民带来了和平与宽容的处世态度。另一方面，这种文化也造就了中国人"几乎"或"差不多"的思维习惯。这种心态对于质量检测而言是无益的。另外，由于中小企业没有足够的资金，劣质产品造成的成本损失对企业的利益来说，也无疑是一种损害。因此出现产品质量略高或略低于及格线的产品流入市场，此类产品进入市场将不可避免地导致产品抽样合格率降低。

根据跨文化专家特朗皮纳斯的文化维度理论，德国更具普遍性。在普遍主义文化中，规则和对法规的遵守有着难以撼动的地位。普遍主义强调使用法律和法规作为行为指南，并且法规是具有约束力的。此外，从威廉一世开始形成的秩序观念已经深深地烙在德国人的血液之中。受此想法影响，德国人也表现出对法规的遵守以及对工作细节的追求。对法规、秩序的遵守，让德国人能够在质量检测过程中确定产品是否符合预期或标准，这样可以减少投放到市场的劣质产品的比例。

3. 质量管理建议

3.1 企业结构与管理风格

由于企业的不断发展以及企业内外部因素的变化，企业原有的组织结构正逐渐与企业的质量管理计划不相适应。中国的中小企业需要在组织结构上进行适当的改变和创新，以实现对诸如人力、财力、物力、信息、知识等各种资源的合理利用。在中国，大多数中小企业目前采用的直线职能组织可以确保统一的指挥、良好的分工和明确的职责划分，但是，这是典型的"集中式"结构。权力集中在领导者身上，不能保证企业中人力资源的最佳利用，下属缺乏必要的自主权和参与权。另外，信息传输路径长、响应速度慢等问题并不少见。领导者可以适当地削弱严格的等级制度，与一线员工建立直接的沟通渠道。不同部门之间应当有横向沟通，并且制定恰当的信息传递规则。管理人员应当充分发挥家长式领导风格的长处，即作为"一家之首"，照顾好员工，这有助于缩短彼此之间的距离，并提高员工忠诚度。

3.2 长期质量计划

长期质量计划的目标是什么？总的来说就是：生产出优质的产品，赢得客户的喜爱，创造可持续的竞争优势并利益最大化。长期质量计划可以帮助企业确定最佳的生产规模，尽可能降低生产成本，提高生产效率。

中国中小企业应着眼于未来的发展，避免陷入"短命"的尴尬境地。企业应当仔细考虑长期质量计划的内容和细节。至少应考虑以下几个基本方面：1. 产品计划：当前有多少种产品？以及占领市场的有多少种？还需要开发多少种？2. 品牌策划：市场对产品的影响是什么？如何提高品牌知名度？3. 合格率：去年产品的合格率有多高？今年，明年和五年内的合格率将提高多少？产品还需要做哪些改进？4. 技术改进：每年投资于技术改进的费用是多少？5. 人员计划：每年应该招聘多少人？缺少哪种类型员工？如何培训他们？以上甚至更多需要考虑的因素都会影响长期质量计划的可靠性。

3.3 与技术工人的相处

在过去的五年，中国的高等职业学校数量以及职业学校的学生人数有所增加，中等职业学校的数量以及学生人数减少了。中国政府已经意识到，中国目前缺少高技能工人，高等职业教育亟须发展。在2019年的《政府工作报告》中提出：计划扩大职业学校的招生规模，并采取一些支持性措施，以鼓励职业教育的发展，例如，将增加对高等职业学校的奖学金和补贴的覆盖范围，中央政府将增加对高等职业学校的投资。

那企业又可以怎么做呢？首先，应平等对待所有技术工人，给予充分尊重，不应该将他们仅仅视为工厂流水线上的工人。其次应支付合理的薪水。在中国的中小企业中，存在着技术工人的薪水与其劳动付出不成比例的情况。最后，企业应当为工人创造一个良好的发展空间和良好的工作环境，保护工人的合法权益，明确工人的发展途径，支持他们进行职业规划。

3.4 改变思维方式

当质检部门进行质检工作时，应该改变"差不多"这种思维方式，严格按照资格标准检测产品。领导者必须进一步增强他们的质量意识，进行有效的质量培训。同时，企业可以积极运用政府针对中小企业出台的优惠措施，例如：减税和财政补贴，增加预防成本，改变其当前的成本控制思维方式。相反，不合格产品进入市场，反而会造成更为严重的后果，比如产品召回、企业形象受损等等。

4. 结语

文章从质量计划、质量控制和质量检测这三方面对中德中小企业质量管理进行了比较和分析。通过分析，可以看出文化在质量管理中起着非常重要的作用。由于中德之间的文化差异，企业在质量管理中的态度和方法不同，必然导致产品质量的差异。中国的质量管理整体水平已大大提高，在质量管理方面取得了一些成果，如：在一定程度上提高了质量意识，制定了应对风险的措施，培训了更高素质的技术工人。但必须意识到，中国中小企业的寿命还相对较短，改善质量管理并实现长期发展绝非易事。

根据比较分析的内容，文章提出了改善中国中小企业质量管理的一些建议，包括改进组织结构，搭建信息交流渠道，加强质量意识教育，发展技能培训，认识到技术工人的重要性，坚持检验标准，积极应用有益中小企业的政府政策。希望促进中国中小企业的长远发展，提高产品质量，树立中国产品在国际舞台上的优质形象。

隐形冠军和儒商文化

——从跨文化角度对比分析中德企业文化和管理经营理念

张雯倩

摘要： 在经济全球化的背景下，世界各个国家之间的经济交流与合作越来越频繁，各个国家进行着密切的跨文化交流与合作。在国际贸易往来的过程中，不同国家在企业管理和经营上的差异也显现出来。对于企业来说，吸收和借鉴其他国家在企业发展和管理上的优势和经验是十分必要的。近年来，随着儒学热潮的兴起，越来越多的中国企业家将中国传统儒家文化中的优秀品质运用在企业管理上，也有越来越多的中国企业跻身儒商企业的行列，儒商企业也成了代表中国特色的企业类型。德国长久以来都因为其高质量的产品和制造业享誉于全球，这与德国数量众多的隐形冠军企业有着密切的关系。文化在企业文化和管理理念的构建的过程中起着很重要的作用，由于文化背景的不同，儒商企业和隐形冠军具有很多共性，也有着很大的差别，对于这两种企业进行跨文化分析，对于中国和德国中小企业发展都有着重要的意义。本文将对中国具有代表性的企业类型，儒商企业与德国代表性的企业类型隐形冠军进行分析，并从跨文化角度对两者的企业文化和管理经营理念进行对比，由此得出这两种企业的优势以及其对中国和德国企业的借鉴意义。

关键词： 隐形冠军　儒商企业　跨文化分析　企业文化

1. 引言

1.1 选题背景和目的

在经济全球化的背景下，世界各国之间的经济交流与合作也越来越密切，作为世界上的两个经济大国，德国和中国也同样展开了积极的交流与合作。德国高质量的产品和制造业一直以来都享誉世界，但是许多中国产品却常常给人留下质量低劣的印象。对于中国企业来说，学习德国企业的管理经营理念是很有必要的。这篇论文将以德国的隐形冠军和中国的儒商为例对中德企业的企业文化和管理经营理念进行对比和分析。隐形冠军企业和儒商企业是德国和中国具有代表性的企业类型。隐形冠军这一概念是由德国经济学家赫尔曼·西蒙于1990年首次提出的。隐形冠军在世界市场上占据着领导地位，并且对国家出口份额的提高起着至关重要的作用。按照赫尔曼·西蒙的定义，隐形冠军应该具备以下三个标准：1. 世界前三强的公司或者某一大陆上名列第一的公司。2. 营业额低于50亿欧元。3. 不是众所周知的。德国是世界上拥有最多隐形冠军企业的国家。但是在中国，隐形冠军企业的数量远远不足，并且许多人对隐形冠军这个概念仍然非常陌生。一些中国企业甚至为了降低生产成本来获得更高的利润而使用劣质的原材料来生产产品。但是从实际上来看，这些企业的生存周期往往都很短。

与此相反，仍然有许多中国企业将中国传统儒家文化与企业的管理结合起来，这些企业就是儒商企业。他们将儒家文化中的优良品质例如仁、义、礼、智、信与企业管理结合起来并且运用到企业的管理之中。明清时代，中国的儒商例如晋商、徽商等都取得了很大的成功。但是随着时代的发展，曾经辉煌的晋商、徽商等儒商逐渐没落，这也让很多人认为中国的儒商在如今已不复存在。但实际上如上仍然对中国企业产生着深远的影响。通过对儒商以及隐形冠军的对比和分析可以确定，隐形冠军和儒商企业在企业文化以及管理经营理念上也有着许多相似之处。通过对两者进行对比和分析中国企业也可以吸取隐形冠军的优点，并且将其与中国传统儒家文化进行结合，以此来推动企业的发展。

1.2 研究现状

目前，隐形冠军和儒商在中德经济领域都是广受关注的话题，也有许多书籍和论文都对隐形冠军和儒商企业进行了研究。

德国对于隐形冠军和儒商的研究：

隐形冠军这一概念是由赫尔曼·西蒙提出来并且在他的作品去《隐形冠军：未来全球化的先锋》一书中对这一概念进行了详细的阐述。在此书中赫尔曼·西蒙详细地介绍了隐形冠军的情况并且对隐形冠军的特点以及他获得成功的原因进行了分析。

除此之外，Werner Schwanfelder 也对儒商进行了研究并且出版了《管理中的孔子——21 世纪的价值观与智慧》一书。在此书中作者介绍了儒家文化的内容以及它在企业管理中起到的重要作用。

中国对于隐形冠军和儒商的研究：

在中国也有许多关于儒商文化的书籍，例如周北辰的《儒商管理学》，张桂平、林锋、王作言的《21 世纪儒商文化》。在《儒商管理学》一书中作者对儒商精神的内容进行了介绍并且分析了儒商的管理模式和管理方法。在《21 世纪儒商文化》一书中作者对儒商的内容进行了分析并阐述了儒商在 21 世纪的发展。

除此之外还有许多论文都对隐形冠军和儒商进行了研究，例如《社会主义市场经济条件下的新儒商再探究》《儒商文化下初创企业创业网络构建研究》以及《隐形冠军企业成功经验实证研究》等论文。但是这些论文都是从经济学角度对隐形冠军及儒商进行研究的。本篇论文将从跨文化角度对儒商以及隐形冠军的企业文化及管理经营理念进行对比和分析。

2. 理论基础

2.1 企业文化

企业文化是一个企业组成中不可缺少的部分，并且对企业发展起着至关重要的作用。艾德佳·沙因将企业文化划分为人工制品，信仰与价值以及基本假设与价值三个层次，并从这三个层次对企业文化进行了解读。

第一层为人工制品，即为可以观察到的组织结构和组织过程，通常指能够被看到的外部的物品，如制服等。

第二层为信仰与价值，也可以理解为行为标准。这些标准包括一种文化或组织的所有成员共同接受并且自觉遵循的行为准则，禁令，但这些大部分都是无意识的。

第三层为基本假设与价值，这一层次中包括取向和行为的基本模式，这些模式会影响人们的感知，并最终影响文化中人们的行为，这也可以理解为一种世界观。这些潜在的影响通常不会被察觉，并且大多是无意识的。这些基本标准包括：环境，人的行为，人际关系等方面。[①]

2.2 隐形冠军

众所周知，德国制造是全球制造标准的巅峰，德国制造往往是优良质量的代名词，但是很多人并不知道德国制造背后的支柱是大量的隐形冠军。按照赫尔曼·西蒙的定义，隐形冠军应该具备以下三个标准：1. 世界前三强的公司或者某一大陆上名列第一的公司。2. 营业额低于50亿欧元。3. 不是众所周知的。[②] 根据赫尔曼·西蒙2016年的调查，全世界范围内共有2734家隐形冠军企业，而德国以1307个隐形冠军企业位列第一，而中国的隐形冠军企业仅有68个。

2.3 儒商

儒商按照字面意思来理解，就是"儒"与"商"的结合，就是将中国传统儒家文化与经商结合起来，将儒家文化中的优秀品德如仁、义、礼、智、信等运用于经商之中。学术界对于儒商的定义也有许多不同理解，大致有三种观点：1. 从文化角度理解，儒商可以被理解为从事商业活动的文人。2. 从道德的角度理解，儒商可以被定义为拥有高尚道德的商人。3. 从文化与道德结合的角度来理解，儒商可以被定义为拥有较高文化素养以及强烈人文关怀精神的企业家。[③]

[①] https://organisationsberatung.net/unternehmenskultur-kulturwandel-in-unternehmen-organisationen/.

[②] 赫尔曼·西蒙. 隐形冠军——未来全球化的先锋. 2019.

[③] 葛荣晋. 儒商与儒学. 2004.

3. 隐形冠军的特点

3.1 隐形冠军的企业文化

赫尔曼·西蒙在对隐形冠军企业进行调查后对隐形冠军企业的企业文化进行了总结，大致将其概括为：个人责任感，自由，团队合作，相互信任，家庭般的工作氛围，对话与沟通，坦诚相待，工作乐趣，员工的独立思考等。[1] 由此可以看出来，隐形冠军大多给员工提供了较为轻松的工作氛围，让员工能在工作中获得更多的乐趣，也有助于员工更加投入工作之中。除此之外，隐形冠军企业在强调员工团队合作的同时，也要求员工要有独立思考的能力，并且给员工足够的自由空间让他们能够充分地发挥自己的作用。也正是由于隐形冠军这样的企业文化，隐形冠军企业的员工相比于其他公司的员工有更高的忠诚度，员工离职率也明显低于其他企业。由此可以看出，好的企业文化能够凝聚人心，使企业员工对企业更加忠诚，也更有利于企业的发展。

3.2 隐形冠军的管理经营理念

一个企业的管理经营理念对于企业确定发展方向，制定发展策略起着至关重要的作用。根据赫尔曼·西蒙的研究，每个隐形冠军企业的管理理念都不相同，但他们的管理理念都在两个极端之间波动，一端是权威式管理，另一端是独立的自我管理。如果一个企业的管理过于强调领导的权威性，那么这个企业的管理会变得专政，领导者在制定决策时也有极大可能会变得独断专行，也更容易做出不正确的决定，从而不利于企业的发展。在这种企业管理模式下，员工几乎没有主动权，也没有机会去参与企业的管理，从而也减少了他们工作的热情。但是如果在企业管理中授予员工过多的权力和自由度，那么这个企业的管理系统将形同虚设，企业高管无法发挥作用，企业的管理也将陷入混乱之中。[2] 因此，对于隐形冠军来说，选择一种合适当的管

---

[1] 赫尔曼·西蒙. 隐形冠军——未来全球化的先锋. 2019.
[2] 赫尔曼·西蒙. 隐形冠军——未来全球化的先锋. 2019.

理标准非常重要,这样才能确保领导者保持一定的管理权限,与此同时员工也可以发挥自己的主观能动性,为公司的发展贡献力量。

4. 对中粮集团员工的采访

中粮集团成立于 1949 年,经过 70 年的发展,从单一的粮油进出口公司,成为集农产品贸易、物流、加工和粮油食品生产销售为一体的国际一流粮食企业。而中粮集团也是中国比较具有代表性的儒商企业之一,为了了解中粮集团的企业文化以及管理经营理念,本文对中粮集团江苏镇江分公司的三位员工进行了采访,就中粮集团的企业文化和管理经营理念等问题对员工进行了询问。

受访者:中粮集团江苏镇江分公司的三位员工

受访者 1:工厂前线的机械工人

受访者 2:行政部门的员工

受访者 3:某一部门的部长

采访主题:中粮集团的企业文化和管理经营理念

采访的问题:

1. 你们在公司的职务是什么?

2. 你们企业的企业文化是什么?

3. 你们公司中上下级之间的关系如何?

4. 你认为你们公司在管理方面有哪些优点,又有哪些方面是需要改进的?

5. 你认为你们公司的管理经营理念是什么?

6. 你们公司的工作环境和工作氛围如何?

7. 你们公司的员工福利如何?

4.1 采访的内容及目的

本次采访共有七个问题。

问题 1:你在公司中的职位是什么?

受访者 1:我是一名前线的机械工人。

受访者 2：我是行政部门的员工。

受访者 3：我是一个部门的部长。

这个问题可以了解到受访者在公司的职务如何，位于不同职位的员工也会对企业的管理理念拥有不同的理解，更有助于全面地了解这个企业的管理理念。这三位受访者的职位、级别都不相同，所处的部门也不相同，对他们进行采访也能够更好地对企业不同部门的管理模式进行了解。

问题 2：中粮集团的企业文化是什么？

受访者 1.2.3：忠诚、创造、梦想。

这个问题能够直观地了解到该企业的企业文化，也能够了解到员工是否熟悉企业的企业文化。一个企业的企业文化应该被所有员工彻底理解并且在日常工作中贯彻落实，企业文化才能发挥作用，而不只是理论或者口号。

问题 3：你们公司的上下级关系如何？

受访者 1：管理人员在日常工作中坚持公平原则，不在工作中混入个人情绪，能够做到将个人生活与工作区分开，上下级可以互相理解。在工作之中下级必须服从上级的管理。

受访者 2：上下级之间可以做到互相帮助，相互理解。

受访者 3：在工作中，下级应该及时向上级报告公司内部的工作情况，并向员工传达上级的意图和工作指示。除此之外，下级要根据部门的实际情况完成工作。通过这个问题可以了解到中粮集团内部的阶级关系如何，一个企业的阶级关系如何也可以在一定程度上反映出来这个企业的企业文化以及管理经营理念。

从上述回答中可以看出来，中粮集团企业内部的上下级关系相对和谐，上下级之间可以相互理解。此外，中粮集团也较为重视管理层的权威性以及员工对管理者的服从。

问题 4：你认为你们公司在管理方面有哪些优点，又有哪些方面需要改进？

受访者 1：公司在员工的日常工作生活中非常民主，并且拥有标准的管理体系，员工可以按照这个体系行事。另外，员工也有较大的自由度。但是企业内部的官僚主义较为严重，公司的管理应该简化，职责分工应该更加清晰，更加详细。

受访者2：公司的管理系统已相对完善，并且该系统的实施也较为到位。但是公司的一些工作流程和程序较为烦琐，增加了工作上的难度，工作程序应当相对简化。

受访者3：公司的管理系统较为完善，但是公司的职责分工不够明确，分工应该更加具体。

问题5：你认为你们公司管理经营理念是什么？

受访者1、2：以人为本。

受访者3：公司在努力为员工创造和谐的工作环境，并努力使公司成为一个强大的团队。

以人为本的管理理念也体现了企业重视员工，充分认识到员工对于公司发展的重要性。

问题6：你们公司的工作环境和工作氛围如何？

受访者1：公司员工之间能够互相帮助，互相理解，工作氛围也相对轻松。

受访者2：公司的工作氛围较为和谐，同事之间相处也较融洽。

受访者3：公司的工作氛围相对宽松，员工工作效率较高。

从上述回答中可以看出来，中粮集团内的工作氛围较为轻松，员工之间的相处也较为融洽，这也有利于员工在工作中发挥自己的主观能动性，积极参与公司事务。

问题7：你们公司的员工福利如何？

受访者1：我对公司的福利相对满意，公司的福利制度也较为人性化。

受访者2：公司不断完善员工的福利，更加重视员工的实际需求并且努力满足员工的需求。

受访者3：公司目前正在不断完善员工福利制度，并积极与员工沟通了解他们的实际需求，为员工提供他们需要的东西并且提高员工满意度。

5. 儒商的特点

5.1 海尔及中粮集团的企业文化

海尔的企业文化主要包括：以人为本，诚信，顾客至上，服务第一等。而中粮集团的企业文化为：忠诚，创造，梦想。虽然这两个企业的企业文化不太相同，但是这也体现了不同企业不同的精神内涵，海尔的企业文化主要体现了他们对于一些优良品德和品质的重视，以人为本，诚信，顾客至上等都体现了这一点。海尔在注重顾客的利益的同时，也将员工的利益放在重要地位，努力满足员工的需求，为员工创造舒适的工作环境。中粮集团在企业文化方面更加注重员工的精神层面，要求员工对企业有足够的忠诚度，同时也要求员工要有创造性，能够积极地发挥主观能动性。

5.2 海尔及中粮集团的管理经营理念

5.2.1 海尔的管理经营理念

在管理经营理念方面，海尔使用符合中国国情的管理模式，而不是一味地模仿西方国家的管理经验。海尔根据自身的实际情况，制定适合本公司情况的管理制度。除此之外，海尔还使用了 OEC 管理法。OEC 是日事日毕，日清日高的意思，也就是说每天的工作应该要在当天完成并且有所提高。[①]海尔将企业的工作大目标划分成许多个小目标，并且将这些小目标分配到每一个员工。这样有利于督促员工完成自己的工作，将责任划分到个人，能更好地完成工作目标。

5.2.2 中粮集团的管理经营理念

中粮集团在管理上采用以人为本的管理理念。中粮集团充分地认识到了员工对于企业发展的重要性。从上述的采访中可以看出来，中粮集团不断地完善企业的福利制度，了解员工的实际需求，为员工提供真正实用、需要的福利。此外，在管理中，中粮集团也重视建造强大有力的团队，强调员工的团队合作。团队合作能够突出团队成员的技能，并且成员之间可以互相弥补

---

① 张兴龙. 张瑞敏的儒商智慧. 2011.

自身的不足，并且最大限度地发挥团队合作的有效性。因此中粮集团强调企业应建立一个强大有力的队伍，凝聚个人的力量，更好地完成工作，解决工作中的困难。

6. 隐形冠军和儒商的异同

6.1 文化维度方面的不同

根据霍夫斯泰德的研究，德国属于低权力距离国家，而中国属于高权力距离国家。相较于低权力距离国家，高权力距离国家更加注重社会的阶级性，也更加强调领导阶级在企业内的地位和作用。从上文中也可以看出来，儒商企业内的阶级制度更加严格，上下级员工之间的距离也相对较远。此外，德国属于个人主义的国家，而中国属于集体主义的社会，这也造成了中国和德国企业的不同。在德国这样的个人主义国家中，企业中员工与上级的关系基于互惠互利的合同，而在像中国这样的集体主义国家中，这种关系是通过道德标准来衡量的，类似家庭纽带。作为集体主义国家，中国强调员工对企业的忠诚度和集体意识，而隐形冠军在企业文化中则更加强调个人的独立思考以及独立思想。

6.2 企业文化及管理经营理念的异同

在企业文化上，隐形冠军和儒商企业都认识到了团队合作的重要性，并且重视团队建设。除此之外，他们也都将顾客的利益放在重要地位，并努力为顾客提供更好的服务。由于德国是一个低权力距离的国家，隐形冠军的阶级制度比中国儒商企业要宽松许多，上下级之间的阶级差异也较小。因此隐形冠军的企业文化更加强调家庭般的工作氛围，工作乐趣以及员工的自由。而儒商企业的企业文化则更加注重其他内容，例如中国传统儒家文化的优良品德，例如诚信，忠诚。此外，隐形冠军强调员工的独立思考，拓展个人的能力。而儒商企业更加强调员工之间的团队合作，建造强大的队伍。

在管理经营理念方面，隐形冠军和儒商企业都充分认识到了员工的重要性，在管理中强调以人为本，重视员工的利益。但是在管理中隐形冠军企业给了员工更大的空间，让员工能够参与公司管理事务。儒商企业在管理中更加强调管理阶级的作用，企业内部的阶级制度也更加严格，管理阶级的权威性也更强。

7. 结论

本文从霍夫斯泰德文化维度理论入手，从跨文化角度对隐形冠军和儒商企业的企业文化和管理经营理念进行了分析，两国的文化差异造成了儒商企业和隐形冠军企业文化和管理理念的不同，将两者进行对比，也更有利于中国企业学习和借鉴隐形冠军的成功经验。儒商企业在学习隐形冠军成功经验的同时，也应该保持自己的特色，将儒家文化中的优秀品德与企业管理结合起来，使儒商企业能够更进一步发展，更具市场竞争力。与此同时，儒商对于德国隐形冠军也有着一定的借鉴意义，儒家文化中的优良品质，如仁、义、礼、智、信等对于企业构建优良的企业精神文化有着极大的帮助，可以使企业在商业活动中更具道德性和良好的口碑和声誉，对于一个企业获得客户的信任至关重要。

总体而言，公司应保持对其他文化和其他类型企业的开放态度，积极学习其优势，并将其应用到公司的管理中，以使其更好地发展。

参考文献

[1] Hofstede, Geert. Lokales Denken, globales Handeln. Interkulturelle Zusammenarbeit und globales Management. 5. Aufl. Deutscher Taschenbuch Verlag, München, 2011.

[2] Simon, Hermann. Die Wirtschaftstrends der Zukunft, Campus Verlag, Frankfurt am Main, 2011.

[3] Simon, Hermann. Hidden Champions. Aufbruch nach Globalia die Erfolgsstrategien unbekannter Weltmarktführer. Campus Verlag, Frankfurt am Main, 2012.

[4] Simon, Hermann. 隐形冠军——未来全球化的先锋. 机械工业出版社，2019.

[5] Weissman, Werner: Unternehmenskultur, Ein Weg zum tieferen Verständnis von Prozesse in Unternehmen. WUV Universitätsverlag, Wien, 2004.

[6] 葛荣晋. 儒学与儒商. 河北大学学报，2004.

[7] 张桂平，林锋，王作言. 21 世纪儒商文化. 光明日报出版社，2016.

[8]张兴龙.张瑞敏的儒商智慧.浙江大学出版社,2011.

[9]周北辰.儒商管理学.中国发展出版社,2014.

[10]https://organisationsberatung.net/unternehmenskultur-kulturwandel-in-unternehmen-organisationen/.

论跨文化对中德品牌要素的影响

韩颜竹

摘要： 随着全球化进程的加快，中国和德国的经贸往来日益频繁，许多德国品牌经过多年品牌建设和经营，已经受到了中国消费者的欢迎，德国品牌的名称、标志和口号在中国深入人心，"德国制造"常被看作是品质保障；与之相对，中国品牌在德国的认可度并不高，仅有个别成功案例，中国品牌形象仍有待提高。要解决这一问题不仅要从经济层面寻找原因，更要关注中德的文化核心标准差异对跨国建设跨国品牌要素时的影响。故而本文以品牌价值较高的中国和德国品牌为研究对象，从跨文化的角度对比分析在中国的德国品牌要素建设和在德国的中国品牌要素建设情况，以期为打算和刚刚在德国发展的中国品牌提供一些可借鉴经验，通过研究可发现，德国消费者难以理解和误解中国品牌名称及其他品牌要素的问题较严重，中国品牌各要素未能很好地体现和传递出中国文化价值标准，这是中国品牌亟待解决的问题。

关键词： 品牌要素　跨文化交际

中国作为世界第二大经济体已成为跨国品牌的激战区。诸多来自欧美的跨国品牌扎根在中国市场，占据着庞大的市场份额，无形中给中国国产品牌带来了巨大压力。同时，中国品牌全球化进程与欧美品牌相比，仍处在初期冒头阶段，正如2016年由华为公司发表的数据表明，目前德国产品在中国得到广泛认可。在中国消费者心中，"德国制造（Made in Germany）"意味着高品质和耐用，符合德国人在中国人心中的严谨、负责任的印象，甚至中国消费者在购买使用德国品牌产品的过程中也受到了一定德国文化的影响。而中国产品在德国市场知名度并不高，与此同时，德国人对中国和中国人的了解也并不多，中国文化没能做到通过中国品牌成功正向输入到德国消费者心中。本文将通过概念整理、案例对比研究来分析跨文化对中德品牌要素的影响。

1. 品牌跨国传播是一种跨文化交际活动

从不同研究角度出发，可以得到关于跨文化交际的不同定义和理解。这些定义几乎都将交际双方的共性和可交流性作为交际活动发生的前提。来自不同文化背景的交际双方之间具有较大文化差异性，这种跨文化的交际意义在于，双方通过互通有无，传递新信息。跨文化交际活动比比皆是，但它被确立为一门学科却只有几十年的历史。1959年霍尔(Edward Hall)发表的《无声的语言》是跨文化交际学的奠基之作。而后荷兰心理学家霍夫斯泰德(Geert Hofstede)针对美国跨国公司IBM在世界各分支机构的11.6万员工做了文化问卷调查，从而得出了"民族文化五维度"。其中包括权力距离、不确定性规避、长期/短期取向、男性化/女性化和个人主义/集体主义。在德语学术圈内较负盛名的学者亚历山大·托马斯(Alexander Thomas)认为，在特定文化空间中经历过社会化的个体成员，会在受到该文化空间价值取向体系(Orientierungssystem)的影响，如其感受方式、思考方式、价值判断和行为等，而这一文化成员共有的文化标准(Kulturstandards)即这些成员的社会化标杆。跨文化交际的过程与同一主流文化内人们之间的交流过程大相径庭，二者所涉及的变量也基本一致。跨文化交际的特殊之处在于，交际双方来自不同的文化背景，交际作为个编码和译码的过程，信息交流便是编码和译码的一种心理活动。

当跨国品牌走出国门，在其他国家市场进行品牌宣传和产品销售时，实际上是蕴含着本国和本公司文化内涵的。跨国品牌指的是，受某种特定文化环境影响的品牌走向国际，试图在其他文化中提高自身品牌影响力，占据更大市场。品牌各要素在品牌推广过程中很可能由于文化差异而不能达到应有效果。许多跨文化研究基于品牌全球化过程中真实存在的问题案例,描述了跨文化交际的过程,并通过解构整个跨文化交际过程,试图分析出影响跨文化交际活动的各个因素,以此作为跨文化培训和交际指导的理论依据,使得跨文化品牌能够得到国际市场的肯定。跨国品牌在全球化过程中作为生产者和异国消费者的一个沟通桥梁,一方面带着国家文化的烙印和公司文化的印记,另一方面将这些信息传递给异国消费者,让消费者在心中产生对该品牌产品和公司的印象,即品牌身份(Markenidentität)。为了迎合消费者的内心预设和期待,跨国品牌也会做出本土化改变,这便是跨国品牌的中介作用和功能。因此,品牌国际化实质上是一种跨文化交际活动。

2. 跨国品牌与品牌要素

跨国品牌作为跨文化交际的一种媒介,是通过不同品牌要素来呈现自身特色并影响消费者的。品牌这一概念最早可追溯到18世纪。当时某些产品在外包装上被印上的红色烙铁或密封蜡即是品牌的雏形,目的便是为了去同质化,在消费者心中建立独特的印象。自工业革命以来,品牌在国际化和全球化进程中起到了越来越重要的作用。品牌在心理学范畴内是存在于消费者记忆中根深蒂固的信号,可以激发消费者对产品的想象和联想。Bentele 从交际的角度将品牌定义为一种符号,这种符号的形式是多样的,例如人名、缩写、数字、字母、外包装、颜色及其搭配等,并应当能将某个公司的服务或产品和竞争公司及竞品区分开来。各个公司为了更好地传递商品价值、提高知名度,将品牌价值最大化的过程即品牌化(Markierung)。学者 Gotta 认为品牌化过程即品牌命名过程,仅仅着眼于品牌名称这一个要素。而 Esch 认为品牌要素的塑造和维护过程都应纳入品牌化过程中。按照 Langner 的观点,品牌要素一方面应包括品牌化过程中对消费者产生的语言刺激即品牌名称,另一方面涉及视觉要素,即品牌商标和品牌标识语。跨国品牌的品牌各要素背后所蕴含的文化信息能否在新的文化环境获得认可,是品牌国际化的制胜关键。跨国品牌既可以更换或更改自己的品牌三要素,来适应目标市场的消费者文化预设,即品牌本土化;也可以保持原有品牌内涵和品牌要素,在各个国家市场推行同样的品牌要素，推进品牌国际化进程。本文选择了来自汽车、化妆品、服饰和饮品和电子产品行业的中国和德国跨国品牌，这些品牌既具有行业代表性，同时又与消费者生活息息相关。德国跨国品牌有保时捷、奥迪、奔驰、宝马、大众、阿迪达斯、妮维雅、施华蔻。中国品牌包括联想、华为、小米和海尔。这些品牌均出现在 2019 年全球最有价值跨国品牌榜单上，榜单上的 77 个中国品牌中，四分之一来自银行和房地产行业，多数中国品牌并未走向国际，走近德国市场。与之相对，德国虽仅有 21 个品牌在列，这其中却有很多已经在中国市场占有一席之地。本文将从品牌三要素角度来分析跨文化对这些品牌的影响。

3. 品牌名称

跨国品牌的品牌名称不仅要展示和宣传自身品牌特色，同时也要考虑到，现有的品牌名称是否能被目标国消费者接受并记住，以及这些受众是否能够适应和接受品牌名称背后的文化信息。由于中德语言和文化的巨大差异，中德品牌要面临的问题不容小觑。新的品牌名称能否被记住主要取决于两点。即这些品牌名称在发音和深层文化两方面有多大程度可以被目标国消费者接受。

德国品牌的中文名称从发音角度来说，多数采取音译的方法，将原本由德语字母组成、用德语发音的品牌名称音译为由拼音组成的、以中文汉字形式出现的品牌，做出一些本土化的处理。音译而来的中文版品牌名称会尽量符合中文发音习惯，将中文中不存在的德语发音替换成相近的中文发音，但与此同时保持德语发音的一些特点。这种既本土化又国际化的处理方式既能使得该品牌在境外更容易被接受，又可以在不同国家都能留有自身独一无二的特色，更有利于提高品牌在全球市场的推广，提高全球影响力。例如中国品牌华为，在德国保持中文拼音的拼写，写作 HUAWEI，可以用德语拼读它，比较容易被德国消费者接受，与之相类似的还有中国家电品牌海尔（Haier）。再例如德国化妆品品牌 NIVEA，中文译名为妮维雅（ní wéi yǎ），中文版和德语版的品牌名称发音几乎相同。德国汽车品牌 Audi 由于它的德语发音也比较符合中文发音规律，其中文品牌名也直接音译为"奥迪(ào dí)"，其尾音上扬，也比较容易让人记住。但如果一个品牌名称本身在新的语言环境中很难被拼读，比如中国品牌小米(xiǎo mǐ)，会给消费者带来一种陌生感，直接结果便是，消费者更接受自己熟悉的品牌。但值得注意的是，许多德国知名品牌都是以创始人的名字命名的，并且带有强烈的个人主义色彩，对于并不熟知其品牌发展过程的中国消费者而言，这样的品牌名称即便音译成适合中文语言习惯的版本，也不能够马上引发中国消费者对该品牌的良性联想，这一品牌背后的文化内涵和中国消费者背后的文化之间就会有一个较长的交际磨合过程。但面对发达国家的品牌时，发展中国家的消费者总是有足够的耐心和好奇心去了解这种品牌的品牌发展史和创始人的个人成长史，进而对该品牌留下深刻的印象，间接地促进了品牌宣传。例如德国运动品牌 Adidas，与 Puma 不同，这几个字母取自创始人 Adolf Adi Dassler 的名字，它的中文版品牌名称是按照直译原则直接被音译为阿迪达斯(ā dí dá sī)，这样直接将含义毫无瓜葛的四个汉字串联起来，对于中国人来说是没有任何文化信息可供其联想和理解的。而事实却是，阿迪达斯在中国市场的销量连续增长了 23 个季度，2019 年营收 236 亿欧元，阿迪达斯这个名字已经在中国年轻消费者的心中根深蒂固。再比如在中国负有盛名的德国汽车品牌保时捷和奔驰，其德语品牌名称分别为 Porsche 和 Benz，正是两个品牌创始人 Ferdinand Porsche 和 Karl Benz 的姓。

事实上，保时捷和奔驰这两个品牌能够在中国广受好评，其中文品牌名称也起到了很重要的作用。从文化内涵方面来说，这两个品牌做到了翻译的"信达雅"，从词义角度来说，保时捷和奔驰作为汽车品牌的名字，保时捷和奔驰中的"捷"和"驰"都表明了速度，而德国汽车品牌 BMW，其全名是 Bayerische Motoren Werke，即巴伐利亚发动机制造厂。起初 BMW 是以巴依尔(bā yī ěr)这一名字进入中国市场的，其发音和 BMW 的原产地 Bayern(巴伐利亚)相接近，但当时并未引起中国消费者的兴趣。如今它在中国被译成宝马，既体现汽车实用性，又意指良将得宝马，宝马赠英雄的美意。按照法国社会学家 Bourdieu 的观点，人们选择的物质和文化产品就体现了人们的品位和社会地位。中国自 90 年代起开始流传一句惯用语"坐奔驰，开宝马"，自此，奔驰、宝马、保时捷等德系车在中国消费者心中便是身份的象征。而另一德国汽车品牌 VW 则重点向中国消费者传达了德国产品的高品质、耐用、和性价比高的特点。这一品牌的德语名称为 Volkswagen，译为人民的汽车，这一品牌定位到了中国更加具体，品牌名称意译为"大众"，言简意赅，使得这四个汽车品牌的中文名称对中国消费者而言既有亲近感又有高贵感。同样致力于给消费者带来精神满足的还有德国美发化妆品品牌 Schwarzkopf，它的中文译名施华蔻(shī huá kòu)在德语发音基础上做了一些贴近中文发音的变化，更好发音的同时用"华""蔻"二字表明了产品性能，即施之以华美、青春，让消费者对这一品牌产生了期待和好奇心。

4. 品牌标志

品牌标志是通过图标的形式，展示独特的品牌文化信息内涵，直观地将该品牌与其他品牌区分开，并能让消费者成功地记住该品牌。从形式上来说，品牌商标分为三种，分别是纯文字、纯图形和图形 + 文字。对于跨国品牌来说，品牌商标不仅要有品牌独特性，还要能够被目标国文化接纳和理解。

按照霍尔的研究结果，中国属于高语境文化为主、德国属于低语境文化为主。跨文化品牌若以纯文字的形式出现，就必须保证这一文字能够被受众国的大部分消费者理解，许多中国品牌正是面临着这样的难题。例如小米公司是直接将中国区的标志投放到德国市场上的。这一标志首先是"米"的拼音，其次将标志旋转 180 度后将得到一个少一点的汉字"心"，旨在让消费者省心一点、放心一点。但这些与德国文化背景不相同的、但又丰富的文化信息对于德国消费者来说很难产生即时共鸣，在低语境环境中成长的德国消费者需要有更多语言和文化的解释。同为使用纯文字的中国品牌，联想和海尔公司，由于品牌名称直接能带给德国消费者一定的积极联想(Lenovo 中 le 来自"传奇"legend 一词，novo 译为德语单词"新的"neu；Haier 可联想到 higher)，对德国消费者便不需要更多的文化阐释。

mi	lenovo	Haier
小米在德国	联想在德国	海尔在德国

多数跨国品牌的纯图形标志和图形＋文字标志在走向全球化道路，设计呈现扁平化趋势，使品牌标志可以被运用到各个场景。同时在对方国家文化环境中仍保持大部分独特元素，如颜色、字体、图形样式等，用以表达自身品牌个性，给消费者留下更深的印象。某些德国品牌在中国市场本土化过程中会在品牌标志中增加中文，这样更容易被中国消费者接纳，例如施华蔻。

奥迪在中国	大众在中国	华为在德国
阿迪达斯在中国	奔驰在中国	宝马在中国
保时捷在中国	施华蔻在中国	妮维雅在中国

五、品牌标语

不同于广告标语，品牌标语可以在所有的媒体形式中为品牌做宣传，在消费者心中树立良好品牌形象。而跨国公司的品牌标语既可选择在全球市场投放同一个品牌标语，如妮维雅在中国和德国的标语皆为"Beauty is…"，强调美可以由消费者自己定义。跨国品牌也可以在不同国家市场做出相应调整。很多品牌选择直接翻译本国品牌标语，例如德国品牌施华蔻在中国的标语"你的沙龙美发专家"(Professional Haircare for you)；保时捷在中国的标语为"没有替代品"(There ist no substitute.);奥迪的标语"突破科技,启迪未来""领导时代,驾驭未来"(Die Zukunft des Automobils);宝马的标语"纯粹驾驶乐趣"(Sheer Driving Pleasure)。在德国品牌标语的文化输出方面做得比较成功的还有阿迪达斯的标语"没有不可能",这些标语在呼吁或宣传时一方面强调了产品的优秀性能和不可替代性,另一方面也突出了个性,这虽然与中国文化背景下的集体主义并不契合,但这正为中国消费者带来了不同的价值取向,这正是交流的意义。中国品牌的品牌标语也在致力于提高品牌竞争力的同时展现其文化内涵,例如有愚公移山精神的华为品牌标语"Make it possible(以行践言)"和联想品牌标语"Never stand still(永不止步)"。此外,跨国品牌标语还可以揭示人类共同的追求目标,这是在任何一个文化环境中都适用的,例如海尔的"Good things für life(以美好致生活)"。

六、总结

由于中德品牌在国际化道路上具有行业差异,基于此实际情况本文未完全从行业角度将中德跨国品牌一一进行对比。但由于中德两国的文化标准和价值取向体系存在着巨大差异,这些差异同样体现在现有跨国品牌的各要素上。跨国品牌在一方面要采取全球化战略,另一方面也在相应国家市场采取了一些本土化适应措施。但从结果来看,文化和跨国品牌要素的差异也在一定程度上促进了中国消费者对德国文化的了解和接纳。由于中国品牌在德国的知名度和接受度都不尽人意,对中国品牌来说,如何调整品牌三要素、配合经济措施在德国提高品牌影响力和文化竞争力是一个亟待解决的问题。

浅析在中国的德国跨文化广告的策略选择

陈思甜

摘要：广告作为文化的一部分，不仅具备宣传商品的功能，更是一种交流活动和文化载体。而不同国家之间的文化梯度，往往让一些自身文化处于优势的文化输出国达成文化扩张。本文以一些在华的德国跨文化广告为例进行分析，探究其所采用的广告策略，如本土化与可视化策略。不仅广告策略十分重要，广告商们对文化维度的理解、跨文化翻译能力的高低以及对商品目标国历史文化的研究也是广告投放环节中不可缺失的环节。

关键词：跨文化　广告策略　文化维度　文化扩张

1. 引言

1.1 广告与社会文化

根据跨文化学者霍夫斯泰德的观点，文化是头脑的集体编程，它可以将一个群体或一类人与另一个群体或人区分开来。[①] 广告也是一种文化。在说服观众并实现其经济目标的同时，广告还必须与它们所倡导的文化因素（例如生活方式和价值观）的传播相适应。总体上而言，鉴于大众媒体在公共空间传播的广泛性和持久性，广告的文化功能显得尤为重要。广告不仅具有文化功能，同时也是社会和文化体系的一部分。就广告作品而言，它是人类智

[①] Beatrice Hecht-El Minshawi und Jutta Berninghausen. Interkulturelle Kompetenz. Managing Cultural Diversiy-Trainingshandbuch; Klaus Kellner Verlag, 2009:52.

慧的创造物，属于文化体系中的精神文化层面。它作为一种交流活动和商业领域，与物质文化和传统文化密不可分。作为社会和文化体系的一部分，广告必然受到文化体系（尤其是精神文化）的影响，同时也反映出文化体系的基本特征。这就是为什么在不同国家和不同时期广告都展示出不同特征的原因，也是跨文化广告文化异质性的根源。

1.2 跨文化广告中的文化扩张

文化输出国与输入国的文化之间具有文化梯度。这是由于跨文化广告的输出国文化和输入国文化同不同国家的综合实力密不可分。如果输入国的文化比较强势，那么跨文化广告便很难达到说服购买的目的，更不用说改变输入国的文化了。根据塞缪尔·菲利普斯·亨廷顿(Samuel Phillips Huntington)的说法，"软实力只能在硬实力的基础上才能成为权力。西方的价值观和制度吸引了身处其他文化中的人们，正是因为它们被视为西方力量和财富的来源"[①]。成功的跨文化广告将充分利用母国的硬实力，并选择代表输出国实力的文化符号创建宣传文本，发挥强大的文化作用，并进入输入国的文化体系。跨文化广告还说服了买家，并创造了无形的文化扩张。

2. 研究现状

2.1 广告策略

在广告方面，广告商和公众之间有着千丝万缕的联系。在经济全球化的背景下，跨文化广告已成为一种越来越重要的文化传播形式。另外，在经济全球化的过程中，新媒体技术不断发展，全球广告市场也在不断向融合发展。目前，中国的跨文化广告商主要由外国公司和代理商组成。随着中国国际化的深入和中国人民生活水平的提高，购买力的提高也是外国商品普及的原因。中德经济合作的深化让施华蔻、大众汽车和凌美钢笔等德国产品进入了中国人民的视野。很多人都对大众汽车广告结束时的那声深沉的"Volkswagen"印象深刻，其实这也是跨文化广告的策略之一。2007年，伊倩

---

① 萨缪尔·亨廷顿. 文明的冲突与世界秩序的重建. 新华出版社, 2002:88-89.

在《异文化中的广告宣传——德国在华企业跨文化广告(杂志广告)分析》一文中具体分析了在华的德国广告宣传。之后刘思佳进一步从语言、非语言、副词使用和言外之意四个层面分析了妮维雅和大众品牌的广告。① 此外，魏笑阳还在《德语广告中的"文字游戏"》一文中从语言学的视角对在华的德语广告特点进行了深入分析。

2.2 价值体系与冲突

语言和价值观的差异可能会导致跨文化广告的失败。跨文化语用学作为跨文化交际和语言学的跨学科交叉领域，将语言分为实用语言和社用语言。霍夫斯泰德的文化维度理论主要包括五大领域，即权力距离、个人主义与集体主义、男性化与女性化、不确定性的规避以及长期取向与短期取向。这些文化维度理论让广告主意识到，了解目标国家的文化价值和社会习俗也非常重要。一方面，广告主应尊重不同国家之间价值观念的差异。另一方面，他们还必须研究不同文化所共有的价值理论。只有这样，广告商才能成功地设计和投放跨文化广告。② 此外，跨文化翻译在此类广告中的作用也不能忽视。优质的翻译不仅意味着广告主投放的跨文化广告会拥有更大的市场，甚至会享有更高的声誉。

3. 跨文化广告策略

3.1 品牌效应

大多数中国人都认可"德国制造"。这一概念的起源与德国人的某些品质密切相关，例如专心，规范和精确。对于大多数想要在中国开发市场的德国公司来说，这不仅是他们特别引以为傲的一点，也是他们想要建立和维护的最有价值之物。如上所述，大众广告的末尾通常都会有一个德国人用德语说"Volkswagen"，这种现象也与上述"文化扩张"理论密切相关。不仅在近代，时至今日，中国制造的商品的质量和声誉还不如德国。根据"文化扩张"的理

---

①刘思佳. 德国护发产品施华蔻在中国广告策略的跨文化对比和分析——以微博和脸书为例. 西安外国语大学硕士毕业论文，2019:5.

②贡向飞. 文化价值观对跨文化广告传播的影响和启示. 广告大观，2014:49.

论，德国广告代表"更强大的文化"，这就是德国跨文化广告对中国更具吸引力的原因，例如在德国公司"GLAUOUS"网站上最显眼的位置便写着"来自德国，品质卓越"的标语。在网站的简介中，"来自德国"和"质量"也都是关键词。

对于广告商而言，将购买者的注意力吸引到"源自德国"是最重要的。可以看出，跨文化广告中通过强调商品的来源，展现出商品"西方公民"的身份，是引导商品走向成功的一项重要技能。①

3.2 本土化

文化维度层面的差异不容忽视。这些理论甚至是跨文化广告客户的必修课。如果对这些理论不了解，D&G 事件便可能会再次重演。良好的本土化策略可以是多种多样，例如，结合传统的中国元素、结合中国习俗或结合目前的中国热点时事。当然，跨文化翻译的作用在这个过程中是不可替代的。好的翻译不仅意味着客户更好的理解，甚至可以影响广告想要传达的思想。

几千年来，传统文化元素被深深印刻在中国人的心中，是人们的精神家园。它为依附于它的任何文化产品赋予了强烈的民族特色。一些跨文化广告已经掌握并巧妙地使用了它。例如大众汽车的广告。下例中共有三个简单的标题：

a. 忠诚，心为本（德语：Das Herz ist die Grundlage der Treue）
b. 立志，先立心（德语：Das Herz ist die Grundlage des Ehrgeizes）
c. 智慧，心境界（德语：Das Herz ist der Horizont der Weisheit）

标语使用最简单的表达方式来吸引观众的注意力。口号中提到的"忠诚"、"雄心"和"智慧"在中国有着深厚的历史渊源。这种表达向潜在买家展示了品牌的文化底蕴和实力。这意味着该策略将中国传统价值的文化含义整合到广告文字中，并丰富了商品的品牌内涵。

一些跨文化广告商还密切关注中国的时事，例如节日和庆祝活动。例如

---

① 庞菊爱. 跨文化广告与市民文化的变迁. 上海交通大学出版社，2011:76.

参加了双十一狂欢节活动的德国品牌施华蔻。了解中国的习俗和文化就是在了解潜在的购物需求。

3.3 理性因素与感性因素

跨文化广告已从最初的简单广告变为充分了解和利用消费者心理的广告。当前的跨文化广告结合了理性因素和感性因素的特点，广告中的文字大多是流畅且富含深意的，而带有广告的图像则相当精致。这些使得广告风格大多清晰而明快。理性因素是指在消费者购买产品时考虑产品本身的质量和价值。例如，德国品牌水过滤器"BRITA"。在广告图像中，观众可以清楚地了解此过滤器中使用的技术以及机器每一步过滤混合物的方式。

这种方式被称作究因法，它同广告所具体采用的方式没有任何联系。但这种方式绝对给了消费者客观的购买理由，并促使他们进行逻辑思考。

文字游戏也是一种策略，可通过夸张，幽默，隐喻和其他不同的叙事方法使广告看起来特别。这一方法的目标是吸引潜在的买家不经意间喜欢该广告和该广告中的产品，很受欢迎。例如，宝马的广告：

BMW 之悦，英雄所见悦同。

"英雄所见悦同"一词类似一个非常古老的汉语谚语"英雄所见略同"。有趣的是悦(yue)和略(lue)的发音相似。这句话的意思是，决定购买宝马汽车的消费者是所谓的英雄，并且他们与其他宝马购买者一样志趣相投。

值得注意的是，宝马广告商很清楚地了解中国的文化底蕴。根据霍夫斯泰德的理论，中国是一个男性化社会。购买和驾驶汽车的人群众大多是男性。在这种情况下，使用"英雄"一词十分符合消费者的心理。

3.4 可视化

随着现代技术的发展，越来越多的广告以不同的图像形式出现。有趣的是，品牌的位置通常非常引人注目。这也与3.1部分提到的品牌效应有一定联系。消费者应该在第一眼就能看到产品的品牌名称。如果买主觉得自己被吸引了，他将进一步调查产品的实际功能和其他功能。在某些情况下，德国在中国的跨文化广告使用的文字很少或根本没有文字。简单清晰的图像和醒目的品牌名称是这些产品所具备的真正吸引力和核心竞争力。

除品牌名称和产品图片外，小雏菊的广告商还强调产品的悠久历史背景，这也同3.2中提到的要点，即广告客户使用理性因素来鼓励买家理性地思考和完成购买活动密不可分。

3.5 赠礼与联名

跨文化广告商在促进商品销售方面投入了大量精力。在广告中添加一些其他信息，例如购买商品时会附赠一些小商品，是他们经常使用的一种策略。此外，新的不同年龄段和消费阶层的消费者的出现，也促使跨文化广告商与时俱进。这也意味着了解客户的需求和新群体的利益很重要。例如，施华蔻品牌也参加了双十一购物狂欢节，并打出了这样的广告：

愿望11实现，狂送100,000+正装礼。

在这种情况下，真正重要的不是赠礼的价值，而是消费者的满意度。

当今市场中有很多公司之间市场协作的案例。广告商将结合两家公司特点的产品推向市场。这一策略被称之为联名。例如优衣库（UNIQLO）和卡沃斯（Kaws）的联名产品在中国大受欢迎，商品价值成倍增长，甚至引发了实体店的哄抢。在这方面，德国产品并非毫无涉足。例如凌美产品的网络广告：该公司与韩国流行文化公司 Line Friends 合作，将色彩鲜艳、引人注目的新产品引入市场。这也符合凌美公司的企业精神，"不仅仅是一支笔"（Not just a pen）。

4. 结语

广告是文化的重要组成部分。跨文化广告作为两种文化之间的一种媒介，不仅为文化输出国的公司带来经济利润，也将输出国的文化原汁原味地带到目标国家消费者的面前。这一交流过程如果成功进行，那么输出国也将顺利地完成文化扩张。但是，如果外国公司不了解进口国的文化背景和价值观，这很可能会导致产品销售的失利甚至文化冲突。因此，德国公司有必要了解中国的文化背景并采取合适的广告策略。对于德国公司而言，其产品的最大优势无疑是"德国制造"的品牌效应。本文仅粗略分析了成功的德国跨文化的广告策略，却忽略了跨文化翻译问题以及一些德国商品在中国未能取得成功的原因。如果能对此领域再进行深入研究，笔者相信绝对是值得的。

参考文献

［1］Barbara Müller. International Advertising：Communicating Across Culture. 东北财经大学出版社，1998.

［2］Beatrice Hecht-El Minshawi und Jutta Berninghausen. Interkulturelle Kompetenz. Managing Cultural Diversiy-Trainingshandbuch；Klaus Kellner Verlag，2009.

［3］Jürgen Bolten，Claus Ehrhart. Interkulturelle Kommunikation. Texte und übungen zum interkulturellen Handeln in der Wirtschaft；Veralg Wirtschaft und Praxis，2003.

［4］Samuel P. Huntington. The Clash of Civilizations and the Remaking of World Order；Simon & Schuster Press，1998.

［5］贺雪飞．全球话语境下的跨文化广告传播研究．中国社会科学出版社，2007.

［6］李建力．广告文化学．北京广播学院出版社，1998.

［7］刘思佳．德国护发产品在中国广告策略的跨文化对比和分析——以微博和脸书为例．西安外国语大学硕士毕业论文．2021.

［8］索峥超．跨文化传播对广告投放策略的影响——以德国为例．商业文化，2011(10).

［9］唐娟．德国汽车企业在华广告策略跨文化研究．湘潭大学硕士毕业论文．2021.

［10］铁翠香．中西文化在广告传播中的体现．当代传播，2003(1).

中德工会制度跨文化对比

王 哲

摘要：工会自从诞生之日起就肩负了维护劳动者权益的使命。不同国家的工会制度也打上了不同的文化烙印，例如中国和德国工会就存在比较明显的差异：结构上，前者强调一体化和一元化，工会结构自上而下，完整统一，而后者则表现得更加多元，强调不同的个体的自下而上的作用；政治上，前者的行政力量比较稳定，是"准政府机构"，而后者则会随着国家政策与执政党的变化而出现力量波动；功能上，前者在维护工人利益的同时更强调维护国家和社会的稳定，后者则不需要承担这样的责任。究其原因，除了法律和政治制度上的差异，还可以从文化的角度进行解读。由此可以发现，两国工会制度虽然有差异，但是并没有好坏之分，都是符合各国国情的选择，存在自己的文化根源。

关键词：中德 工会 跨文化

1. 引言

工会是劳动者的代表。其起源可以追溯到18世纪的英国。在当时，工业革命带来了社会的变革，越来越多的人卷入工业生产的大潮中。他们之中的大多数是社会底层民众，面对资本，他们势单力薄，无法单打独斗，因此逐渐结成团体，成为工会的雏形。当然，也有学者认为，工会起源于中世纪的欧洲行会。不过，不论工会的起源到底为何，其发展都经历了从非法再到抗争并且最终合法化的过程，其本质也都是"随着生产的集中和资本力量的出现而产生的一种以维护工人利益为主要职责的组织形式"①。

而在不同的国家,工会在不断发展的过程中也逐渐体现出了各自的特点,产生了国别差异,例如,中国共产党领导下的中国特色社会主义工会就与德国工会有很大的不同。究其原因,不能简单地从社会主义与资本主义这一个角度进行简单的比较,而是应该从更多不同的文化角度进行比对,一探究竟。目前,学界不乏针对中国工会特殊性问题的讨论和阐述,也有很多学者对德国的工会制度进行了研究和思考,然而,很少有论著将两国的工会特点进行比较,并从文化的角度进行解读。因此,本文从这一角度出发,综述当下中德工会的特点,再对中德工会制度进行对比,并尝试挖掘其中的文化根源。

2. 中德工会的不同特征

2.1 中国当代工会的特点

2.1.1 自上而下的统一结构

《中华人民共和国工会法》(以下简称《工会法》)规定:"工会是职工自愿结合的工人阶级的群众组织,中华全国总工会及其各工会组织代表职工的利益,依法维护职工的合法权益。"②这一规定不仅点明了工会的本质,也体现出了中华全国总工会的地位以及中国工会体制的结构,即自上而下的统一结构。也就是说,中国的工会是以中华全国总工会为首,下设地方和企业工会等基层工会,并且"上级工会组织领导下级工会组织""基层工会、地方各级总工会、全国或者地方产业工会组织的建立,必须报上一级工会批准"。③ 未经上级工会批准建立的工会以及不属于中华全国总工会的工会,都是非法的工会。邵仕彬将其概括为"一元化的结构特征"④。这与中国自古以来自上

---

①颜江伟. 行政化与回归社会:中国工会体制的弊病与改革[J]. 中共浙江省委党校学报,2007(3):29-34.

②《中华人民共和国工会法》总则第二条。

③《中华人民共和国工会法》第二章第十一条。

④邵仕彬. 中西方民营企业工会体制建设对比研究[D]. 江西师范大学,2011.

下的政治体制十分相似。这样的结构让中国工会体制比较完整,不支离破碎,便于管理;但与此同时,机构庞大也容易造成运转不灵活。

2.1.2 身份的多重性

根据《中国工会章程》(以下简称《章程》),"中国工会是中国共产党领导的职工自愿结合的工人阶级群众组织,是党联系职工群众的桥梁和纽带,是国家政权的重要社会支柱,是会员和职工利益的代表"[①]。从《章程》的规定来看,中国工会的身份就具有多样性,即"党的桥梁和纽带""政权的支柱"和"职工的代表"。

(1)党的桥梁和纽带

"中国共产党是中国工人阶级的先锋队"[②],代表了广大工人阶级的利益,因此,在中国,党领导工会是理所应当的事情,"是马克思主义的一条基本原则,也是工会做好各项工作的根本保证"[③]。在《中国工会章程》当中,也有非常明确的规定,例如"中国工会坚持自觉接受中国共产党的领导,承担团结引导职工群众听党话、跟党走的政治责任,巩固和扩大党执政的阶级基础和群众基础",以及"中国工会落实新时代党的建设总要求,以党的政治建设为统领,全面加强党的建设,增强政治意识、大局意识、核心意识、看齐意识,坚定道路自信、理论自信、制度自信、文化自信,坚决维护习近平总书记党中央的核心、全党的核心地位,坚决维护党中央权威和集中统一领导,在思想上政治上行动上同以习近平同志为核心的党中央保持高度一致"。这些规定,无一不体现了中国工会以党为中心。由此,一些学者认为,中国工会实际上是党组织的一部分。例如徐小洪就提出"工会是党的体系内分工管理、协调职工群众的一个部门"[④]。

(2)政权的支柱

政权的支柱主要体现了工会和国家与政府之间的关系。目前,大多数学

[①] http://www.acftu.org/template/10041/file.jsp?cid=61&aid=4262《中国工会章程》总则.
[②] 《中国共产党章程》.
[③] 邵仕彬. 中西方民营企业工会体制建设对比研究[D]. 江西师范大学,2011,第29页.
[④] 徐小洪. 中国工会的双重角色定位[J]. 人文杂志,2010(6):151-160.

者认为我国工会和政府之间有千丝万缕的联系。例如，王天林在其文章中就引用孙立文和黄志雄的观点，认为我国的工会是一种"准政府机构，同时也承担了安抚或动员工人，以实现党和国家的特定经济、政治目标的责任，负担了许多本应由政府承担的任务"①；颜江伟则把这种现象称为"行政化"，认为目前我国各级工会"往往主要承担由各级政府自上而下传递、落实下来的任务，成为政府的服务机构，而不是社会的服务机构"②；而徐小洪的观点是"工会与政府机关的关系实质上是政府内部'主角、配角'，部门之间'合作''协调'的关系，是政府内的'非政府性组织'"，因为工会与政府机关的关系是合作的关系，即中国工会不是'非政府性组织'，而另一方面，工会又是法律意义上的群众团体，③ 因此，才有了这样的对立统一。而许晓军和吴清军也持类似的观点，认为"目前工会已完全整合进了政府机构，工会首要的任务是履行作为政府机构的职责"④。据此，可以说，中国工会不仅仅是劳动者的代表，同时，也身兼维护国家政权稳定的重任，和政府之间联系密切，甚至是我国政府当中不可缺少的一部分。这样的特点让中国工会的行政权力加强，并且获得了稳定的政府财政支持。

(3)职工的代表

代表职工是工会最基本的任务，也是工会的本质特征。"工会代表权是工会其他权能的基础。"⑤《工会法》总则第六条就有规定："维护职工合法权益是工会的基本职责。工会在维护全国人民总体利益的同时，代表和维护职工的合法权益。"

---

① 王天林. 社会转型与工会使命——全球化背景下中国工会的艰难困局及其瓶颈突破[J]. 清华大学学报：哲学社会科学版，2010(3):129-140.

② 颜江伟. 行政化与回归社会：中国工会体制的弊病与改革[J]. 中共浙江省委党校学报，2007(3):29-34.

③ 徐小洪. 中国工会的双重角色定位[J]. 人文杂志，2010(6):151-160.

④ 许晓军，吴清军. 对中国工会性质特征与核心职能的学术辨析——基于国家体制框架内工会社会行为的视角[J]. 人文杂志，2011(5):165-172.

⑤ 徐小洪. 中国工会的双重角色定位[J]. 人文杂志，2010(6):151-160.

2.2 德国当代工会的特点
2.2.1 以行业为划分

同我国自上而下的工会结构不同,德国当代的工会主要是以行业划分的,这和德国早在中世纪就出现的行会制度密切相关。行会是指中世纪时期从事相同行业的人的联合。这些人大多是独立的手工业者和商人,其联合的目的是为了保护共同的利益,以及对培训进行规范等。① 这种行会不断发展,形成了当今的德国工会。德国目前最大的行业总工会是德国工业联合会(Deutscher Gewerkschaftsbund,以下简称德工联),目前有8个成员,这8个成员也是以行业进行划分,例如 IG Metall(冶金工业工会)和 IG Bauen-Agrar-Umwelt(建筑、农业、环境工会)等。这些工会也可以不断进行合并和拆分。德工联是自下而上建成的②,它和其成员之间的关系为"大厦的屋顶和8根支撑屋顶的柱子"③,也就是说,是其成员共同组成了德工联,而不是以德工联为中心,派生出了其下辖的成员;目前的八大成员也是由其他许多工会合并而来,例如建筑、农业、环境工会就是在1996年通过园艺、农业和林业工会(Gewerkschaf Gartenbau, Land-und Forstwirtschaft)和建筑、采石和土壤工会(IG Bau-Steine-Erden)合并而来的。这是德国工会体制的一大特点。

2.2.2 与政治和政党的关系

德国的工会虽然不隶属于任何一个党派,但是并不能做到政治上完全中立,更不可能完全脱离政治生活。工会如果想为工人争取更多利益,研究并出台更多能够改善工人生产生活条件的经济政策,仍旧需要在政治生活中发声。然而,由于国家政策的改变以及工会会员流失严重,目前德国工会在德国政治生活中的地位每况愈下。不少德国学者认为,工会参与政治和党派系统的制度越来越松动,而这种制度在过去是非常典型且非常普遍的;工会参与政治决策过程的次数也逐渐减少;工会也越来越缺乏国家政治和经济方面

---

① https://www.duden.de/rechtschreibung/Zunft.
② https://www.dgb.de/über-uns.
③ 马丙丽. 德国工会协调劳动关系机制借鉴及启示[J]. 北京市工会干部学院学报,2009,24(1):25-29.

的精英人才。①

另一方面,德国是一个多党制国家,因此,德国工会与政党之间的关系要复杂得多,和每一个政党的关系也不尽相同。有些政党就和工会"水火不容",例如自由民主党(FDP)就认为工会"让国家感到烦恼"②;而在过去,社会民主党(SPD)和工会目标相同,因此工会和社民党联系密切,经常并肩战斗,但是由于之后二者出现了利益上的分歧,工会认为社民党越来越忽视工人的利益,因此二者渐行渐远。而且"在德国联邦议会中没有工会的席位,立法中工会不能以合法、独立的身份发表观点和主张,而只能依靠在政党或议会中的会员来代表工人的利益影响立法"③,所以工会也必须依靠政党,并且进行游说,才能满足工人的利益,这也是德国工会必须和政党有关联的原因。

2.2.3 劳资集体谈判

德国企业中不设立工会组织,劳资谈判是由行业工会代表雇员,雇主组织代表雇主进行的。这种由行业工会同雇主组织之间的劳资谈判模式是德工会发挥作用的一大特点。④ 集体谈判可以分为三个层面,包括:

(1)国家层面

国家层级的谈判是德国展开劳资对话的最高层次。劳资对话的主体分别是德国工会联合会和德国雇主联邦联合会。雇主联邦联合会也是德国工会制度的一个特点。Wolfgang Schroeder 和 Samuel Greef 在其文章当中对此进行了

---

① https://www.bpb.de/apuz/32851/die-gewerkschaften-im-fuenf-parteien-system-der-bundesrepublik Anne Seibring. Die Gewerkschaft im Fünf-Parteien-System. Aus Politik und Zeitgeschichte. Gewerkschaft. März, 2010.

② https://www.bpb.de/apuz/32851/die-gewerkschaften-im-fuenf-parteien-system-der-bundesrepublik Anne Seibring. Die Gewerkschaft im Fünf-Parteien-System. Aus Politik und Zeitgeschichte. Gewerkschaft. März, 2010.

③ 马丙丽.德国工会协调劳动关系机制借鉴及启示[J].北京市工会干部学院学报,2009,24(1):25-29.

④ 马丙丽.德国工会协调劳动关系机制借鉴及启示[J].北京市工会干部学院学报,2009,24(1):25-29

解释，他们认为德国的工会模式是德国产业关系模式的基础，而产业关系模式是一个多层次系统，这个系统要进行很多不同的决策，而这些决策的核心就是跨企业的劳资问题和企业的共同决策机制。这两个方面都需要雇员和雇主共同积极参与进来，因此，对于德国的工会模式来说，雇主联合会和雇员联合会缺一不可。① 德工联与德雇联并不直接介入劳资谈判，而是通过实施法律帮助、谈判质量的研究、信息提供与业务培训等举措，架起劳资谈判的桥梁，使下设的各级机构在制度透明、信息对称的情况下广泛进行协商，维护稳定的劳动关系。②

(2)行业层面

行业层面的谈判是集体谈判的主要构成部分。德国有统一的行业级劳资集体谈判制度，行业层级的集体谈判主要通过集体谈判区域的划分，由产业工会与对应层级的雇主联合会进行协商、谈判，且谈判具有法律效力。集体谈判的内容包括三种：工资协议、框架协议与总括协议。分别确定工资的等级及收入分配的变化、工资支付体系与其他的雇佣工作条件（比如工时、休息休假、加班等）。③ 进行行业劳资谈判的流程是：在之前的劳资协定(Tarifvertrag)到期或者一方希望改变协定内容的时候，要召集劳资双方，也就是工会和雇主或者雇主联合会，进行谈判。在谈判的过程中工会会组织一些警告性罢工来给资方施压。如果双方能够互相妥协并达成一致，那么就会签订新的劳资协定；然而，现实中，很多情况下谈判过程并不十分顺利，甚至很有可能失败，这种情况下工会可以通过组织无限期罢工来继续向资方施压。无限期罢工是工会最具杀伤力的武器，因此，需要75%以上的会员同意

---

① Schroeder W.. Struktur und Entwicklung des deutschen Gewerkschaftsmodells. Herausforderung durch Sparten-und Berufsgewerkschaften[M]//Handbuch gewerkschaften in Deutschland. Springer VS, Wiesbaden, 2014:121 – 145.

② 李岩，张桂梅. 德国集体谈判对完善我国行业性工资集体协商制度的启示[J]. 山东社会科学, 2014(9):189 – 192.

③ 李岩，张桂梅. 德国集体谈判对完善我国行业性工资集体协商制度的启示[J]. 山东社会科学, 2014(9)： 189 – 192.

才能使用。此外，双方还可以进行调解谈判，直到达成新的劳资协定。① 这一过程能体现出德国产业界"劳资自定"(Tarifautonomie)的特点，也说明德国行业工会可以根据需求和能力灵活选择维权的武器。

(3)企业层面

除了国家和行业层面，在企业内部也可以进行劳资谈判。不过，企业层面谈判的主体不是德国法律意义上的工会(Gewerkschaft)，而是职工委员会(也称企业委员会)和监事会。职工委员会(Betriebsrat)是企业职工通过选举产生的代表员工利益的组织②，而监事会(Aufsichtsrat)则是对企业的运营管理进行监督的机构。③ 企业委员会享有知情权、监督权、咨询和建议权、共决权、签订企业协议权五项权利，在保证雇员利益上发挥着很大的作用，劳资协议只是规定了劳资双方权利义务的大框架，具体如何执行是企业委员会决定的。而监事会则可以监督企业决策及其执行情况的机构，法律规定的权力包括批准企业的经营政策，监督企业的经营管理，任免董事会成员，审查企业的财务，批准投资计划，决定工厂的关闭和迁移等。上述两种形式的工人参与，对稳定劳资关系、维护职工权益、促进企业发展起了重要作用。但也有明显的局限性，如企业委员会的参与面太窄，在企业经营发展的核心问题上缺乏主动权，尤其是在关键性问题上，即使较高层次的监事会参与，也不能完全掌控局面。所以，企业大权仍然操在资方手里。④

3. 中德工会特征比较

通过上文对于中德工会不同特点的介绍，可以从以下几方面来对中德工会进行比较和区分。

3.1 结构上的差异

很明显，在工会结构方面，中德工会差异显著。如上文所言，中国工会

---

①https://www.gew.de/tarif/streik/wie-funktionieren-tarifverhandlungen/.
②https://www.duden.de/rechtschreibung/Betriebsrat.
③https://www.duden.de/rechtschreibung/Aufsichtsrat.
④马丙丽. 德国工会协调劳动关系机制借鉴及启示[J]. 北京市工会干部学院学报, 2009, 24(1):25-29.

是统一的、一体化的工会体系，由以中华全国总工会为首向下延伸，全国所有的工会都是中华全国总工会的下属结构，整个结构非常完整。而德国则没有像中华全国总工会这样的总工会，虽然德工联在德国工会当中占比最大，但是也有其他的行业总工会，比如德意志联邦公务员联合会（DBB）和德国基督教工会联合会（CGB）。它们虽然不能和德工联平分秋色，但是也能从侧面说明，德国的工会是以行业为划分，且没有一个像中国这么统一的工会体制，其工会体制较中国而言更加多元。总的来讲，如果说中国的工会体制是不断纵深，那德国的工会就是向横向发展。

除此之外，我们还发现，中国的工会是自上而下的结构，即"上级工会组织领导下级工会组织"，下层工会组织要服从上级工会组织的安排；而德国的工会是自下而上的，以德工联为例，德工联是在1949年由16个行业工会共同组成的，直到今天，虽然工会之间经过不断合并变成了八大行业，但是这八大行业工会"支柱"的本质依旧没有改变，可以说，没有这些行业工会的支撑，就不会由德工联的发展，因为如果没有八大行业工会，德工联既没有人力，也缺乏财力；另一方面，德工联和其成员的任务也有所不同，其成员主要负责进行劳资谈判和协调劳资政策，而德工联则是工会之间在政治利益上面的协调者，主要在联邦以及州的层面发挥作用，尤其是在社会政治问题上代表了工人的共同利益，另外，它还有调解不同工会间冲突的任务。[1]这些都是中德工会在结构上的不同。

3.2 和政府以及党派之间的关系

由上文可以看出，不论是中国工会还是德国工会，都和政府以及党派之间联系密切，不过，二者还是有很大的区别。中国工会坚持中国共产党的领导，是党连接群众的纽带和桥梁，这不仅仅是因为中国本身就是一党制，更因为中国共产党就是代表了工人阶级的利益。可以说，工会"拥有来自于国

---

[1]Schroeder W. . Struktur und Entwicklung des deutschen Gewerkschaftsmodells: Herausforderung durch Sparten-und Berufsgewerkschaften[M]//Handbuch gewerkschaften in Deutschland. Springer VS, Wiesbaden, 2014:121 – 145.

家和政府赋予的组织力量"①。因此，在中国，工会的政治地位和行政权力都比较稳定，并且"享受国家政策的支持"②。而在德国，工会虽然也积极参与政治生活，但是其权力和声音会随着国家经济政策的改变而出现起伏，其与党派之间的关系也会由于利益的变化而变幻莫测，这些现象相较于中国工会来说十分独特。

3.3 维稳与维权

中德工会之间的差别还体现在各自的主要功能方面，即维稳还是维权。虽然不论中德，其工会的主要目的都是为了维护劳动者的权益，但是相较于德国，中国的工会还有"维稳"的任务在身。如上文所言，中国的工会对政府的依赖程度较高，是一个"准政府机构"，甚至有学者认为它就是一个政府机构或者说政府部门，既然如此，那么工会就要承担政府的职责，其中之一就是维护国家和社会的共同利益，也就是我们通常说的"维护国家稳定"。

德国工会因为并不是"准政府机构"，也没有分担政府的职责，因此，在发生劳资利益冲突的时候，不需要承担维稳的责任，只需要考虑工人的利益并且进行多样化的维权。从上文的介绍中也可以看出，相较中国工会，德国工会维权的手段比较多样，既可以进行谈判，也可以组织罢工，在维权方面具有更多的灵活性和自主性。

4. 中德工会体制差异的原因

中德工会体制之间存在着比较大的差异，其原因有很多，且角度各异。本文着重于从历史和文化角度对这种差异进行解释。

4.1 历史原因

历史上，中国在大部分时间都是处于一种"大一统"的状态，国家机关处

---

①王天林. 社会转型与工会使命——全球化背景下中国工会的艰难困局及其瓶颈突破[J]. 清华大学学报：哲学社会科学版，2010(3):129 – 140.

②王天林. 社会转型与工会使命——全球化背景下中国工会的艰难困局及其瓶颈突破[J]. 清华大学学报：哲学社会科学版，2010(3):129 – 140.

于顶部，由国家机关设立其下属的机构，并且进行统一的管理；而各个下属以及基层机构要对其上级机构负责。这样一个从上至下，完整统一的结构自西周开始一直延续至今，其间虽然也有"分而治之"，但是其结果都是带来混乱和动荡；另外，儒家思想占据主流地位，其"君君""臣臣"以及"礼"的概念赋予了上层机关较大的权力，也要求下层机关必须听命于上层机关，这也是"向上负责"这一思想的来源之一。正是由于这样的历史根源，当代的中国工会依然采取了这样的结构。可以说，这种一元化的结构既由牢固的历史基础，也非常符合中国国情。

而德国历史上处于分裂的时候较多，直到19世纪70年代才有了"德意志帝国"这个概念，因此，人们并没有根深蒂固的"一体化"和"自上而下"的思想，这也能解释为什么德国当代没有出现类似"中华全国总工会"这样工会，以及为什么在工会结构中总工会的成员支撑总工会，而不是总工会管理并控制其会员；另外，德国历史上受教会的影响比较大，在某些历史时期，教会的权力甚至超过王权，导致当时的"政府"被架空，因此，人们并不认为"政府机构"或者"准政府机构"就一定是"高高在上"的，所以在德国，以德工联为代表的工会也没有必要变成政府的一部分。

4.2 文化原因

GLOBE研究是1993年由Robert House发起的一项跨文化研究。这项研究的结果与荷兰学者Geert Hofstede的文化维度研究既有一些共同之处，也有补充，同时还对一些文化维度进行了细化，例如GLOBE研究就将Hofstede提出的"集体主义"细化为了制度性集体主义(Institutioneller Kollektivismus)和团体内集体主义(Gruppen-Kollektivismus)，前者是指"社会以及某个组织鼓励共同分配资源和共同行动的程度"[1]，简单来说就是社会制度鼓励个人尽量融入社会群体，后者的意思是"个体对他们所属的组织或者家庭表现出来的自

---

[1] Brewer P., Venaik S.. Individualism-collectivism in Hofstede and GLOBE[J]. Journal of International Business Studies, 2011, 42(3):436-445.

豪、忠诚度以及凝聚力"①。不论是制度性集体主义还是团体内集体主义,集体主体文化都强调和谐与合作,与此相反,在个体主义文化当中,人们更看重自主性和自由。②

很明显,中国和德国分别属于集体主义文化和个体主义文化,这也能很好的解释为什么中德工会制度在结构和功能方面存在比较明显的差别。

在结构上,由于中国文化更加强调整体的和谐和统一,强调个体融入集体,因此,建立一个统一的工会制度势在必行;而德国文化更加强调个体本身及其功能,虽然也出现了德工联这样的工会联盟,但是在德工联等工会联盟出现之前,各个工会都处于"单打独斗"的局面,德工联的出现也是为了协调个体,更好地发挥每一个个体的作用,因此,工会联盟的建立与德国的个体主义文化并没有冲突,因为即便是建立了工会联盟,联盟和其成员之间的功能也有着很明显的区别,并不存在德工联"包办"所有工作的情况,因此,这仍旧符合德国个体主义文化的特征。

5. 结语

中德两国的工会初心都是为了维护劳动者的利益,但是由于诞生于不同的文化背景之下,中德的工会制度各自的特征都十分明显,且存在较大的差异。中国的工会是党联系群众的桥梁和纽带,与政府联系密切,甚至可以说是一个政府部门,同时也承担了代表职工利益,帮助职工维护权益的职责;而德国的工会以行业为划分,虽然也是德国政治生活中的一部分,但是和政党的联系相对而言并不十分稳定,而是需要不断争取政党的支持,以达成自己维护工人利益的目的,但是德国的工会自主性比较强,可以自主进行谈判并组织罢工,可以和雇主联盟进行劳资共决,这也是"德国模式"的一大特点。

---

①Brewer P., Venaik S.. Individualism-collectivism in Hofstede and GLOBE[J]. Journal of International Business Studies, 2011, 42(3):436–445.

②Alt E., Gelbrich K.. Beschwerdebehandlung und Nachbeschwerdeverhalten im interkulturellen Kontext [M]. Ilmenau: Verl. proWiWi, 2009.

中德工会制度都是两国政治体制、法律、历史和文化等众多要素共同发挥作用的产物，都体现了各自不同的文化特征，如中国的工会制度就体现出了中国的集体主义文化，而德国的工会则有非常明显的个体主义文化的痕迹。两国的工会制度各有利弊，造就了不同的工会文化。我们也并不需要踩一捧一，而是应该不断挖掘其中的原因，尤其是文化原因，挖掘其中的特色和优势，不断促进两国工会文化相互借鉴，共同发展。

参考文献

[1]马丙丽. 德国工会协调劳动关系机制借鉴及启示[J]. 北京市工会干部学院学报，2009，24(1):25-29.

[2]邵仕彬. 中西方民营企业工会体制建设对比研究[D]. 江西师范大学，2011.

[3]颜江伟. 行政化与回归社会：中国工会体制的弊病与改革[J]. 中共浙江省委党校学报，2007(3):29-34.

[4]王天林. 社会转型与工会使命——全球化背景下中国工会的艰难困局及其瓶颈突破[J]. 清华大学学报：哲学社会科学版，2010(3):129-140.

[5]徐小洪. 中国工会的双重角色定位[J]. 人文杂志，2010(6):151-160.

[6]许晓军，吴清军. 对中国工会性质特征与核心职能的学术辨析——基于国家体制框架内工会社会行为的视角[J]. 人文杂志，2011(5):165-172.

[7]《中华人民共和国工会法》。

[8]《中国工会章程》。

[9]《中国共产党章程》。

[10] Anne Seibring. Die Gewerkschaft im Fünf-Parteien-System. Aus Politik und Zeitgeschichte. Gewerkschaft. März, 2010.

[11] Alt E., Gelbrich K.. Beschwerdebehandlung und Nachbeschwerdeverhalten im interkulturellen Kontext[M]. Ilmenau：Verl. proWiWi, 2009.

[12] Brewer P., Venaik S.. Individualism-collectivism in Hofstede and GLOBE[J]. Journal of International Business Studies, 2011, 42(3):436-445.

[13] Schroeder W.. Struktur und Entwicklung des deutschen Gewerkschaftsmodells：Herausforderung durch Sparten-und Berufsgewerkschaften [M]//Handbuch gewerkschaften in Deutschland. Springer VS, Wiesbaden, 2014:121-145.

［14］ https：//www.bpb.de/apuz/32851/die-gewerkschaften-im-fuenf-parteien-system-der-bundesrepublik.

［15］https：//www.dgb.de/über-uns.

［16］https：//www.duden.de/rechtschreibung/Zunft.

中德中小企业人力资源管理对比研究

张丽萍

摘要： 本文以德国和中国中小企业人力资源管理差异化比较为研究对象，在研究探索国内外人力资源管理模型的基础上，比较中德两国中小企业人力资源管理具体措施方面，诸如招聘甄选、培训与开发、绩效管理、薪酬管理，从而找出德国方面的亮点与中国方面的差距，为中国中小企业人力资源管理实践提供参考。

总体上来看，德国中小企业人力资源管理体系已经形成了一个相互促进相互融合的有机的良性循环。中国人力资源管理处在从西方发达国家的移植引进阶段，外部影响因素并不完善，人力资源管理政策与措施有很多需要完善的地方。德国人力资源管理政策与措施对中国中小企业的确有一些可以借鉴和学习之处。

我们得出结论，中国需要完善外部制度环境，健全企业职业培训立法体系，在政府扶持下，政府、企业、学校及其他机构共同培育并建立法制化、职业化、多元化的职业培训体系。企业要从战略角度引进先进的管理模式；创建和谐的企业文化；增强甄选的科学性；加大投资力度、重视培训效用；强化绩效与战略结合，用绩效管理来完善企业内部管理；加强员工参与和沟通。

关键词： 中德中小企业　人力资源管理　对比研究

1. 研究背景

世界经济全球化日益深化，企业业务跨越国界。企业面临着前所未有的挑战，市场竞争的边界已经扩展到全球。现代经济本质上是知识经济，企业竞争归根到底是人才的竞争。目前不仅是跨国公司甚至中小企业也必须努力提高员工能力及发掘员工潜能，努力获取并维持竞争优势。有效管理与开发人力资源关乎企业未来成败。这种变化同时要求企业人力资源管理必须在一个新的视野角度重新思考企业人力资源的作用价值和价值问题。

知识经济将知识作为企业竞争优势的源头，知识管理能力成为企业核心竞争力的关键之一。企业必须重视员工及其技能与知识。另一方面，尽管人力是最升值的资产，但是如果员工能力与工作态度不能与企业的需求保持一致，也可能成为一种负担。在全球与本土市场面临激烈竞争的情况下，为配合企业实施发展战略找到并培育合适的人力资源成为一个重要的成功因素。尤其对于中小企业来说，当国际业务开拓对其有效的资源，特别是人力资源形成额外的压力的时候，有效人力资源管理显得尤其必要。

中国人力资源管理经由国外跨国公司在华分支机构传播、学术界研究扩散，产业界试验，逐步发展而来。人力资源管理发展过程中深受美日模式影响。目前中国企业，尤其是中小企业人力资源管理水平与西方发达国家仍有很大的差距，已严重影响和制约了中国企业的发展。

2. 研究意义

人力资源是努力寻求未来繁荣的企业的支撑点。企业不得不关注识别、挑选合适的人力，对其加以培训教育改善提高技能，提升其知识水平，经由开发项目加强其灵活性与适应性。这意味着员工招聘、培训、教育、开发是一个企业成功与长远持久的关键性因素。

中国与德国一样，中小企业成为经济的主要组成部分。通过中德人力资源管理比较研究，能更好地把握中国人力资源管理实践，有助于理解诸如经济政策、技术发展、文化及劳动法律等影响因素相对重要性，为中小企业实施更好的人力资源管理提供有益的参考。

中国的中小企业，不论是对人力资源管理理论的认知程度，或在人力资源管理实践的实现程度都与德国中小企业有较大的差距。通过中德中小企业人力资源管理比较分析，分析差异，找出德国企业人力资源管理措施中的亮点，为中国中小企业人力资源管理提供有益的参考。通过比较分析，找出中国中小企业人力资源管理现状中存在的问题，对比德国中小企业人力资源管理，提供改善中国中小企业人力资源管理的有益参考。

3. 人力资源和人力资源管理的概念

3.1 人力资源的概念

人力资源是一种以人为载体的资源，是存在于人体中以体能、知识、技能、能力、个性、行为特征倾向等具体表现的经济资源。人力资源构成要素包括身体、劳动能力、劳动态度。人力资源特点包括时效性、能动性、智力性、连续性、社会性等。人力资源能够创造出新价值，人力资源的价值就大于其取得成本，我们只能用人力资源创造的新价值来衡量人力资源的价值。[①]

在当今科技时代，经济发展主要依靠人口素质的提高，随着现代科学技术的广泛应用，人力资源质量对于经济发展将起着越来越重要的作用。人力资源有三个层次的含义：一是指一个国家或地区内，具有劳动能力人口的总和；二是指在一个组织中发挥生产力作用的全体人员；三是指一个人具有的劳动能力。人力资源的微观定义是指特定社会组织所拥有的能推动其持续发展、达成其组织目标的成员能力的总和。这个定义局限于在社会组织的层面讨论人力资源。本文讨论中采纳这个定义。

3.2 人力资源管理的概念

斯东在其《人力资源管理》一书中认为，人力资源管理是管理工作中直接对接与员工之间关系的部分。在此基础上，密西根大学进一步提出人力资源管理的概念，认为人力资源管理包括四类过程或者功能，亦即评选、评估、

[①] 郑晓明．人力资源管理导论（第3版）．中国工业机械出版社．

奖励与开发。这个定义意味着人力资源功能必须与一线工作组织整合起来，这种整合是通过给业务部门提供数据，并且确保高层经理把人力资源提到与其他管理工作同等的高度。①

哈佛大学的比尔等人提出了人力资源管理框架，南克尔维斯在其的一份研究报告中采纳并发展了这一分析框架。他指出，与人事管理相比，一般来说，人力资源管理理论的基本原则很宽泛，与经理人更有关。人力资源管理首要的、最为重要的目标是为工作组织的利益，综合发掘员工的能力（包括潜能）。这意味着人力资源的不断开发，是利用了员工自身的所有资源，包括体力的、创造力的、生产率的、员工之间的资源以确保达成工作组织的目标。②

4. 中德中小企业人力资源管理比较分析

4.1 招聘甄选差异

重视程度与专业程度的差异。德国中小企业充分认识到招聘的重要性，把招聘作为人力资源中最为重要的一个前沿环节，设立专门的人力资源管理部门，而且很多企业还细化到设立专门的负责招聘的部门，提高招聘环节的专业度。与此相比，中国的中小企业的重视程度不足，很多企业不但不能设立专业的招聘部门，甚至连独立的人力资源部门都不设立，将人力资源作为一个与行政部门一样的事务性部分来设立。

招聘渠道丰富性方面的差异。为了获得更多的能够支撑企业发展的人力资源，在招聘渠道方面，德国中小企业充分运用了各种内部和外部的招聘渠道，比如，注重内部推荐，内部选拔，积极留用优秀员工；外部渠道上通过网络招聘、学校招聘、行业协会推荐、猎头招聘等方式获取资源。同时，企业自身营造雇主品牌效应，用来吸引优秀的人员。中国中小企业的招聘渠道相对比较单一，聘用专业猎头公司为其服务的概率不高，由于内部管理不健

---

① 约翰·布里顿，杰佛里·高德.人力资源管理——理论与实践.经济出版社，2005.
② 约翰·布里顿，杰佛里·高德.人力资源管理——理论与实践.经济出版社，2005.

全，文化缺失，内部优秀员工的流失率较高，留任优秀员工能力不足。其他企业自身特有的吸引雇员的优势不足。

招聘应用的技术手段的差异，反映在对求职者基本素质测试上存在差距。在招聘和选拔过程的实践研究中，德国公司注重严格的专业知识、人格、求职者的逻辑思维能力的测试。此外，一些德国公司也相应进行完整性测试。德国的研究者发现，求职者可能是在掩盖真相、干扰诚实和正直的测试，但仍侧重于对申请人有较强的预测作用，特别是在一些员工消极行为方面具有较强的预测作用。德国公司的完整性测试，在招聘合适的员工方面能够发挥更好的作用。在中国，虽然企业对求职者的基本素质提出了测试方法，但中国企业很少提供完整性测试，公司往往会忽视完整性测试候选人的必要性。企业招聘方往往认为，在简历上掩盖真相的人，在面试时会弄虚作假。因此，完整的测试将不会收到预期效果。然而，对求职者的诚信测试的缺乏也导致了一些问题，如最终的员工跳槽等问题。

4.2 培训与开发差异

与德国企业的完善的职业培训体系相比，中国初始职业培训与在职专业培训等方面存在很大差异。德国培训体系最大的特点，也是最为成功的一点，是双轨教育制度。大约从十几岁开始，学生在接受职业教育同时需要做出选择，要么在企业和职业学校进行两倍长时间的教育，要么纯粹在职业学校进行职业培训。这个职业培训持续两至三年时间，占大约整个学习时间的三分之一。他们有两个学习的地点，每周天在企业里进行培训，其余时间在职业学校进行学习。课程的内容围绕所选职业的知识系统，同时也统一培训德语和社会政治课。参加培训与拟订培训的企业签订一份合约。在企业中需要培训学习培训的内容，加以明确。在企业中将使培训的内容具体化。学校、企业各自负有明确的责任，双方共同负责培训，学徒工生活费由企业支付。企业十分重视实习生的培训，投入了大量的人力、物力和财力。实习生实习期满后准予毕业，但需要通过严格的统一考试。考试合格者准予毕业并颁发相应的学历证书和资格证书。实习生也可以选择留在实习的企业中工作。德国这种"双轨制"培训体制和模式，之所以备受推崇，主要源于它将理论与实践进行了很好的结合,在培训与就业之间架起了一座桥梁。德国青年人的低失业率也受益于"双轨制"的技能和知识的培训。另外,企业主更是欢迎这些有实际操作经验的新生力量的加入。

对比之下,中国职业教育弱化,素质文凭教育为主,缺乏企业培训。中国实行素质教育,学生从小学、初中、高中到大学,其间极少接受职业方面的培训,使自己的专业与今后所做的工作不相匹配。目前中国初始职业培训,主要是中等职业学校,包括中专、技校、职高、成人中专等四种职业办学形式。但是由于中国的初始教育强调素质教育,这四类中等职业学校的培养目标逐步趋同。职业学校招生形势更为严峻,很多职业学校报名人数不及计划招生的一半。近年来职业学校录取的学生中考分数不断降低,从学生入校后的学习实际情况考察,学生整体素质有待提高。劳动力市场的要求不断提高,而职业学校毕业生自身素质不高,缺乏市场竞争力,就业观念保守,就业逐渐存在困难,导致我国职业教育处于恶性循环。

员工培训的主要目的应该满足企业的长远发展需要,根据企业的规模,策略性地选择培训方式。德国企业培训的成功经验也表明,企业培训与企业的长期发展相结合是必不可少的。然而,多数中国中小企业管理者对企业发展缺乏考虑,这更不利于企业开展符合其长期发展的培训工作。尤其当企业资金在遇到问题时,首先考虑的是削减培训经费。这样短期的行为,也必将导致员工认为培训是没有必要的。中国中小企业自上而下都缺乏培训,这与企业不能长远发展有一定关系。

4.3 绩效管理差异

绩效管理认识差异。绩效管理能否在企业有效开展,很大程度上取决于管理者对绩效管理理念的认同与否。德国企业管理者是在多年成熟的体系中培养出来,对绩效管理体系、过程及对企业长远发展的优势等非常了解。中国中小企业领导者大多对绩效管理认识不足。将企业管理层的认识提升到绩效管理的层面是首要的前提。必须充分认识到绩效管理是为了持续不断地提高组织的绩效,使员工和企业不断得到共同的提高,实现企业和员工的共同发展,而绩效考核只是绩效结果的应用,比如应用在薪酬福利上和职位升降上等。

绩效管理体系成熟度差异。绩效管理是以完成企业的战略目标为导向的体系，包括绩效计划、绩效实施、绩效反馈以及绩效改进等环节的闭合循环系统。一个完善的绩效管理体系必须以这四个环节为基础，结合中小企业的组织架构和业务流程，建立立体的绩效管理体系。德国企业使用绩效管理体系已经将其作为探究企业培训的需求，形成了一个完善的良性循环的体系，用以改善员工的业绩，从评价中发现不足之处，给予针对性的及时性的培训，以提升员工的不足，发展相关能力，促进良好的业绩的再次提升。目前，中国的绩效体系不完善，主要注重业绩考核、提高企业效益的层面上，许多中小企业还错误地将绩效考核来简单地代替绩效管理，将单一的考核结果作为决定员工的薪酬福利和职位升降依据，而并未充分认识到绩效管理的重要性。

员工参与及沟通差异。绩效沟通是绩效管理中一个重要环节，对员工的绩效水平给予真实反馈，用于改善和增强企业与员工之间的关系，同时认真分析总结员工的强弱项，帮助员工发展优势；明确员工培训的需要，以便更好地完成本职工作。德国企业将绩效沟通作为绩效管理的一个有益的媒介，企业希望通过这个媒介听到员工的声音，以利于问题的解决，使员工和决策者之间建立一种相互信赖的友好关系。目前，中国中小企业在员工参与和绩效沟通方面不到位。员工对绩效管理制度最大的不满就是制度的不透明。这种不透明导致员工对自己在工作中存在的问题及原因无从了解。缺乏绩效沟通与反馈使得上下级员工之间绩效的有效沟通不足，导致上级与下级对实现工作目标的要求在理解上产生偏差，以致企业工作无法按照预期完成，企业目标无法保证。

绩效指标设置科学性差异。绩效管理体系是以战略绩效、经营绩效、部门绩效和员工绩效为一体的"四维绩效"有效衔接，引导并培养中小企业员工所需的核心的专业技能，保障公司战略目标的有效分解与实现。德国企业多采用平衡记分卡连接着企业战略和绩效目标，再进行分解到部门和员工，使四维绩效有效连接。通过对企业战略的有效性分解，将目标合理有效地传递给企业中的每一个成员。同时，企业根据考核结果设立薪酬调整和职位升迁等福利待遇以激发员工完成指标的动力。科学的绩效指标的设定是绩效考核中的重点也是难点部分。中国中小企业常见的问题有指标设置过于简单，缺乏量化。这主要由于在实践中中小企业由于没有科学的分解绩效指标，导致设置的指标与企业战略目标不匹配。与之相反的现象是有些中小企业追求指标的全面性，所涉及的指标包括了德、能、勤、绩各方面所包含的诸多附属项目的子目标，有时不同专业的管理线都设立有一套独立的考核指标，指标确实反映了工作的各个层面，面面俱到。然而面面俱到的考核指标只能分散管理人员的注意力，加大管理成本。绩效管理，应该针对不同部门的业务特点抓住几个关键业绩指标来引导员工朝着组织战略目标方向发展，过多的指标在增加管理成本的同时，也会降低员工满意度。[①]

4.4 薪酬管理差异

德国企业的薪酬体系是依据企业发展战略建立完善的人力资源战略，其中包括薪酬战略和薪酬制度，并使之与企业发展战略相匹配。同时，也为员工提供一个公平的竞争环境，促进企业整体发展。不少中国中小企业缺乏一个合理且有效的薪酬制度，这也无助于为企业员工建立一个公平的竞争环境。企业反而把员工薪酬看作是最大的成本，想尽一切办法降低这个成本，更使得薪酬体系不完善，薪酬分配不均衡，导致企业内部的不公平增加，造成人才大量流失，不利于企业整体和谐发展，不利于企业长久发展。

监督沟通管理差异。德国要求企业达到规模以上就要建立工会。工会在沟通管理、监督企业、提高员工福利方面的作用举足轻重。德国企业强调员工参与经营，因此，企业与员工之间保持顺畅的沟通，这些沟通在文化方面、绩效方面和薪资方面等无一不在体现。我国中小企业大部分管理模式多实行一人独权的形式，各部门管理者实行的都是自行管理，企业内部缺乏一套合理的整体管理规范，对管理者在薪酬管理方面缺乏有效的监督制度，造

---

①张一弛. 我国企业人力资源管理模式与所有制类型之间的关系研究[J]. 中国工业经济, 2004(9).

成管理者滥用职权去决定企业员工的薪酬。

4.5 人力资源规划差异

人力资源规划认识程度差异。理论上来说，要做好人力资源管理，需要三部曲：明确企业战略规划—人力资源规划制定—人力资源管理体系与具体措施制定与执行。企业的发展战略为人力资源规划提供了方向，人力资源体系对于人才制定的各项选、用、育、留的计划才有了开展的方向和依据。德国企业对于人力资源的规划非常重视，企业聘请的人力资源专业人士根据企业的发展战略制定人力资源规划。

目前，经济本质上是知识经济，企业的竞争是人才竞争，人力资源关乎企业生存与发展。越来越多的中小企业主、企业管理层逐渐认识到人力资源管理对企业发展的重要性，但是对于是否需要制定人力资源规划存在困惑。中小企业的人力资源管理人员本身也对人力资源规划缺乏认识，在具体制定和实施过程中缺乏足够重视，各级部门主管和直线经理也未能有效配合。

市场环境影响差异。德国企业受商业背景和经济环境影响，整个市场体系形成了一种长久雇用的稳定环境，而且政治、经济、法律环境相对成熟稳定。德国企业中有很多是百年老店。这些企业具有清晰的战略目标与以之匹配的人力资源规划，各模块相互促进，提高企业的竞争力。企业外部的政治、经济、法律、技术、文化等一系列因素一直处于动态的变化中，相应地就会引起企业战略目标不断地变化，又会导致人力资源规划随之变化。在中国，尽管已有一些企业根据市场变化做规划，但是市场发展变化很快，目标达成率也不高。如某公司，年初公司人力资源部根据公司发展战略制定出了本年度的人力资源规划。但是不到三个月的时间，行业结构趋势发生重大变化。作为供应链上的一个环节，公司战略调整势在必行，整个公司的人力资源规划随之调整，根据要求重新进行人员设置与编制，重新制订与之相关的一系列培训计划等。

5. 对中国企业人力资源管理的建议

基于本文的比较分析，德国中小企业人力资源管理面临的环境是相对有利的。企业竞争本质上是人才竞争，为人力资源管理在企业发展中发挥更大作用，中国企业人力资源管理的外部环境也需要做出改善。德国市场经济发展久远，相对比较发达，人力资源管理发源于欧美，德国企业学习采纳相对较早，在人力资源管理具体实践中，就目前情况而言，有些经验是值得中国中小企业学习的。

5.1 公司制度角度

从外部影响因素角度着眼，完善各项外部制度环境，为人力资源管理体系的良性循环培植土壤。从德国企业在各项完善人力资源外部的制度环境上可以看到，宽松自由的经济体制，一定范围内灵活的金融体制伴随着严格的监管措施，完善的职业技能教育，在完善的社保法律的基础上，将社会福利落到实处以及在企业中充分给予员工参与权，这些因素都将为人力资源体系的良性发展奠定坚实的基础。

从战略角度引进先进的管理模式，提高企业人力资源的管理水平。企业的发展视野需要从高到低，从远处着眼。对于中国的中小企业的人力资源管理也需要从战略高度着眼，将人力资源战略与企业发展战略紧密结合。在实践中，通过聘请专业丰富的人力资源总监，诊断人力资源管理的六大模块，投资人力资源信息管理系统，提升人力资源管理部门的专业能力。

创建和谐的企业文化，提高企业成熟度。企业文化是企业人力资源管理的灵魂，这个观点得到了人力资源管理者同行的认同。人力资源管理通过企业文化这个媒介，可以在经营管理、产品服务与创新形成良好的环境氛围，有利于企业的持续稳定发展。也就是说，员工认同了企业的核心价值、经营理念、企业精神等，能够激发员工积极向上的主人翁精神，从而提高企业人力资源整体的管理水平和效率，实现企业的长久良性发展。

5.2 人力资源管理实践角度

增强甄选的科学性，挖掘优秀人才。德国企业在招聘员工的过程中，几乎所有的企业都要面试候选人，并使用统一的招聘标准在招聘过程中进行考核，但对于外聘员工筛选的主要方法，仍然是基于经验知识的考核，公开评估、心理测试等现代选拔方式的企业，中国中小企业在这些方面上予以加强，从而挖掘留住优秀的人才。

　　培育并建立法制化、职业化、多元化的职业培训体系，健全企业职业培训立法体系。德国社会完整的职业教育立法体系表明，对于职业培训，健全的法律法规是其发展的必要条件。由于历史的原因，长期以来教育立法在中国非常薄弱，有关职业培训的具体法律法规是非常罕见的。到目前为止，虽然有一些相关法律法规，比如《职业教育法》，但却没有得到人们的认可和重视。因此，职业培训方面加强立法体系建设迫在眉睫。从目前的实际情况看，主要从两点开始入手。第一，建立和完善职业培训体系，应尽快立法，各部门、各单位、各行业和各地区应制定相关职业培训制度和实施计划，通过一系列法律法规，建立和完善职业培训制度，使之得以有效实施。第二，在职业培训体系中应明确社会群体和个人的责任和义务，制定培训经费投入比例；制定国家职业技能标准，统一培训标准和建立培训考核、监督及评价标准，规范职业资格证书和职业技能鉴定制度；实行劳动准入制度，促使企业优选接受过职业培训的人员就业。

　　在政府扶持下构建多元化的职业培训体系。许多实证研究表明，人力资源的开发是中小企业能够成功的一个关键因素。德国多元化办学的成功经验为我们提供借鉴。社会化、多元化的职业培训体系，离不开政府的大力支持和指导。政府应该通过行政鼓励，法律支持和宣传等手段，鼓励更多的社会群体或个人成立职业培训机构，一方面，确保企业和职业培训机构在市场利益共同点紧密结合；另一方面可以使培训概念深入人心，有利于企业积极参与。这样能整体提升劳动力资源质量。德国的经验告诉我们，建立社会化、多元化的职业培训体系，仅仅依靠企业的力量是不够的，我们必须积极发挥社会力量，建立良好的职业培训机制。依靠社会各方力量，诸如企事业单位、国家政府、社会机构等在行业协会协调下进行企业、学校办学或联合办学；培训对象可以分散和多样化，如更切合实际的高等职业教育；提供就业前培训、在职培训，在培训机构等举行研讨会，观察其形态；社区再就业培训等形式。

6. 结语

本文构建分析框架对中德中小企业人力资源管理外部影响因素及人力资源实践各方面比较分析，对两者差异进行尝试性的对比研究。我们得出结论，中国需要完善外部制度环境，健全企业职业培训立法体系，在政府扶持下，政府、企业、学校及其他机构共同培育并建立法制化、职业化、多元化的职业培训体系。企业要从战略角度引进先进的管理模式；创建和谐的企业文化；增强甄选的科学性；加大投资力度、重视培训效用；强化绩效与战略结合，用绩效管理来完善企业内部管理；加强员工参与和沟通。然而，人力资源管理体系是个复杂综合的体系，发掘并总结一套适合中国中小企业发展的人力资源管理体系并非易事，需要长期坚持不懈的努力。

参考文献

[1] 约翰·布里顿，杰佛里·高德. 人力资源管理——理论与实践. 经济出版社，2005.

[2] 张一弛. 我国企业人力资源管理模式与所有制类型之间的关系研究[J]. 中国工业经济，2004(9).

[3] 郑晓明. 人力资源管理导论(第3版)，中国工业机械出版社，2005.

中国企业跨国并购中的文化整合研究

李 丹

摘要：为了更好地适应经济全球化的趋势，许多中国企业走出国门寻求国际化发展，越来越多的中国企业选择通过海外并购不断的壮大自身，但是跨国并购是一项高收益与高风险并存的活动，在并购界存在着一个"七七定律"，即70%的并购，并没有实现预期期望的商业价值，其中70%的并购失败于并购后的文化整合。而德勤中国也曾对中国企业的跨国并购做过调查，调查结果显示：在中国企业并购失败的案例中，有84%的原因都是并购后的文化整合不到位。由此可知，文化整合不到位是造成并购失败的重要原因。

中国企业在海外跨国并购中面临着多重的困难与障碍，除了国家和企业层面的文化差异外，还存在着"文化弱势"的特殊困难以及不得不面对的"负面舆论形象"问题，因此中国企业的海外并购之路困难重重，本文从文化整合的角度，分析了中国企业跨国并购中的主要问题，研究了五种经典的文化整合模式，并按照跨国并购的发展进程，将文化整合过程按照"并购前—并购中—并购后"划分为三个阶段，针对每个发展阶段给出具体的整合举措，希望能够对中国企业的跨国并购行动提供理论借鉴和帮助。

关键词：跨国并购　文化整合　文化整合模式　文化弱势　文化整合举措

1. 绪论

1.1 研究背景与意义

自 2000 年以来，越来越多的中国企业将跨国并购作为企业国际化转型的重要方式。如：TCL 收购 Thomson 公司的消费电视业务，联想并购 IBM 的 PC 事业部，吉利并购沃尔沃，等等。这一系列并购活动表明，中国企业逐步成为世界跨国并购浪潮中的重要角色。

跨国并购是快速积累企业价值和资产并迅速获利的快捷通道，同时还能提升企业的国际化程度，通过并购目标国家的企业，顺利打破进入海外市场的壁垒。

从企业发展历程看，一个企业的发展壮大一般有两种路径：第一种路径是通过自身积累，把自己创造的利润投入到再生产中，以扩大规模；第二种路径则是通过并购、重组和联合其他企业，实现企业的强大。这两种路径各有利弊，前一种路径可以保证企业在做大做强过程中其原有的管理方式、组织结构、企业文化等方面保持连续性以及与其他企业较少发生剧烈的冲突，但企业做大做强的过程比较缓慢，易错失发展机遇。后一种路径也就是通过并购其他企业的方式，可以在很大程度上弥补前者的不足，企业之间通过并购重组，优势互补，能够迅速地做大做强，大幅度地节约发展时间、较快地获得 1+1>2 的协同效应等。如联想集团，它并购了 IBM 的 PC 事业部后，国际化进程大大加速。

与企业并购在短时间内能给企业带来诸多利好形成鲜明对比的是，企业并购同时也是一项高风险、高失败率的经营战略。Pfeffer 的研究结果表明，20 世纪 20 年代到 70 年代美国发生的并购案成功率不到 50%。Philip H. Mirvis 等人的研究也指出，全世界并购活动约有 75% 以失败而告终。如 TCL 在并购 Thomson 公司的消费电视业务后，连续两年亏损，最后不得不放弃并购所得的最宝贵的资源——欧洲彩电业务；明基在收购西门子手机后一年亏损 8.4 亿欧元，最终放弃西门子手机业务，原西门子手机业务由德国法院接管。麦肯锡公司对这些并购失败的活动进行了调查研究，结果显示：并购后的整合不到位是造成并购失败的重要原因。其中，文化整合是实现并购整合的最重要方式。显而易见，在跨国并购中，并购企业与被并购企业面临着国家和企业两个层面的文化差异。文化差异不仅会带来并购方与被并购方的文化冲突，还会影响并购后企业的财务效果与协同效应。因此，实施文化整合是促进并购成功的关键因素，文化整合的成败是导致整个并购失败的主要原因之一。本文着重阐述文化整合在跨国企业的并购中的必要性，从中国的实际出发，总结了国内外一些具有参考性的经验。为中国企业在跨国并购时整合企业文化方面提供一些策略和借鉴。

1.2 国内外研究现状

1.2.1 国外研究

面对越来越多的跨国并购案例，以及随之产生的跨文化冲突问题，西方学者们对企业在并购中如何更好地解决文化冲突，从而成功地实现企业并购，在跨文化整合过程及文化整合模式方面进行了深入研究。

文化整合过程

首先是并购中的跨文化整合过程研究。"接触、冲突、适应"是 Berry（1983）提出的并购双方在文化适应上所经历的三个阶段。在接触阶段，双方企业会对对方企业的文化感到好奇并且这种好奇往往伴随着戒备。这一阶段过后，便进入冲突阶段，这时双方企业都无法适应对方的价值观和行为体系。最终，在这种冲突中双方逐渐认可了一种新的行为体系和价值观，进入了适应阶段。

而 Marks 和 Mirvis（1992）研究理论认为文化整合过程包含着四个阶段，其中，第一阶段叫作感知差异，这种差异包括两个企业的领导人关系、做事风格、企业的行为体系、价值观等各个方面。第二阶段叫作放大差异，这一阶段会放大第一阶段所感知的各种差异，矛盾会持续地扩大和尖锐。第三阶段是典型化，一方企业员工内心逐渐接受了另一方的企业文化，把另一方企业员工的同一性的行为方式、工作外表作为典型。最后一个阶段叫作压制阶段，一方企业的文化被另一方企业文化压制。

文化整合模式

对于文化整合模式的研究，Berry 是较早提出企业并购文化整合模式的学者，他认为并购双方共有四种文化整合模式，即文化融合（Cultural integration）、文化同化（Cultural assimilation）、文化分离（Cultural separation）、文化消亡（Cultural deculturation）。Berry 将企业文化整合称为"文化融合"（Acculturation），他认为在文化整合过程中，适应对方文化是比较关键的。基于 Berry 的文化整合概念，国外许多研究者继续细化了对于文化整合模式的理解。如 Afsaneh Nahavandi 等人认为，在企业并购时，根据并购方与被并购方对于自身及对方企业文化的认知程度，存在着四种文化整合模式，即同化、渗透、隔离、去文化模式。Cartwright Susan 等人认为，企业文化整合是一个动态的过程，其整合模式和方法是随时间等因素的变化而变化的。Haspeslagh 和 Jemison 根据并购企业与被并购企业对组织自治性要求的高低以及双方企业战略的相互依赖程度的两个维度，将企业跨国并购后的整合模式划分为保持型、吸收型、共生型三类。

不难发现，众多学者提出的整合模式类型在内容和形式上其实并没有超出以 Berry 的四种文化整合模式，基本上是在 Berry 提出的四种模式基础上对其略作适当改进而形成的。

1.2.2 国内研究

中国学者关于跨国并购文化整合的研究起源于 20 世纪 90 年代末。由于此时的西方学者关于跨国并购文化整合的研究相对全面、完善，中国学者关于并购中文化整合概念基本一致，大多数沿用了 Berry 的概念。因此，中国学者将研究的关注点放在了跨国并购文化整合模式和举措等方面。

文化整合过程

在国内，学者潘爱玲（2004）也对跨国并购的文化整合过程进行了研究，她也同样将此过程分为四个阶段，分别为解读探索阶段、碰撞阶段、适应阶段、创新阶段。每一阶段的具体内容与 C. Gancel 等对文化整合的各个阶段的内容相似。陈静、衣长军（2014）基于并购的过程将全球供应链文化整合分为三个阶段，即计划阶段、实施阶段和评估阶段，同时指出并购企业可以根据供应链整合的目标创建文化融合的模式,并根据双方的文化特点决定投入的力度与方向。苏敬勤、孙华鹏(2013)以联想并购 IBM PC 为案例,对联想的跨国并购文化整合过程进行分析,建立了中国企业跨国并购文化整合的四阶段模型,即规避文化整合、准备文化整合、职业经理人文化整合、二元文化整合。齐善鸿、张党珠、邢宝学将文化整合过程形象地比喻成"求偶—结婚—生子"三个阶段,解释为:"求偶"阶段包括中外企业并购之前互相了解和确立相互需求;"结婚"阶段是指确定双方企业文化的优质部分,形成新的企业文化的文字范本;"生子"阶段则是形成规章制度,落地新企业文化文字范本。

文化整合模式

李天博、齐二石等(2017)根据企业并购后两种文化群体文化改变程度的大小将文化整合模式总结为吸收式整合(文化一体化),融合式整合(文化创新),保留式整合(文化多元化)三种模式。张德茗、董炉宝(2009)将文化整合模式总结为吸纳式、渗透式、消亡式等模式。中村(2003)在 Haspeslagh 和 Jemison(1991)的基础上分析指出,保持型整合模式是指双方业务维持各自的特色和独立性的同时,企业战略方向、组织管理体系、企业战略性资产的构筑与宏观总体计划的培养等方面交流融合;吸收型整合模式是指从双方企业文化、战略方向、组织管理体系到业务活动的方方面面进行全面的融合重组,更大程度地追求相互融合的协同效果;共生型整合模式是指在维持双方企业战略、企业文化、组织管理体系独立共存的同时,促进研究开发、生产制造、市场营销等业务方面的融合生长。

其实,可以看得出,中国学者关于跨国并购文化整合模式及过程的研究本质上是沿袭了西方学术界的观点。尽管中国学者提出的分类标准与西方学者有所差别,但其提出的文化整合模式分类结果却大多与西方学者相同,基本可以分为融合、同化、分离和消亡四种模式。文化整合阶段的划分也大都是按照"三段论"去划分的。

以上国内外学者关于企业并购中的文化整合研究为企业提供了很好的理论指导。有的甚至还给出了举措建议。但是,如果专门针对"中国企业海外并购"来说的话，这些理论还不够有针对性。因为中国企业海外并购具有独特性，除了常见的文化和国籍不同因素外，中国作为一个发展中国家，并购的对象都是欧美发达国家的老牌品牌公司，因此，就存在一个"文化弱势"的问题，此外，中国在西方的国际舆论形象也是文化整合中的一大困扰。

2. 中国企业跨国并购的困难和特殊性

中国企业跨国并购难关重重，遭遇的阻力是全方位的，有地缘政治因素、市场竞争因素，还有"非市场竞争"的文化舆论因素。与国内企业之间并购相比，跨国企业的并购在文化整合上面临着更大的挑战。中国企业在跨国并购时，面临的除了企业层面的文化差异及冲突，还包括国家层面的民族文化差异及冲突。此外，作为发展中国家的企业，中国企业海外并购的对象往往却是欧美发达国家的老牌公司，因此，对于中国企业的出海并购来说，还经常会伴随着"文化弱势"的标签，以及亘古以来存在的"负面舆论"形象问题。

2.1 民族文化差异

民族文化是某一具体国家所特有的主要价值观和实践活动，它影响和塑造着本国人民的态度和行为。不同的国家有不同的民族文化，特别是东西方的民族文化差异巨大，人们的语言文字、价值观念、风俗习惯等都有显著的不同。比如，欧洲文化强调集体主义和团队协作，而美国企业相对注重个人主义；在欧洲，特别是法国和德国，员工们不喜欢不确定性，他们需要知道并购对他们的企业和个人带来什么样的影响。再比如，美国人会较快推出新产品，德国人重视质量；以 TCL 并购法国汤姆逊公司为例，TCL 员工经常加班，而汤姆逊员工重视休闲和生活品质。因此企业并购之后，原来处于不同国家的企业文化都会发生一些冲突与不适，这就是民族文化之间的差异。

中国的传统文化与西方的资本主义文化的差异主要体现在四个方面：第一，中国文化深受儒、道文化的渲染，主张适度和对自然的和谐共存的态度，把天人合一作为人的最高精神境界；而西方自工业革命以来，强调改造自然、征服自然，把自身的发展与存在当作做任何事情的出发点和最高目标；第二，中国文化赞同集体高于个人，个人依附于集体，集体的利益高于个人的利益，所以中国文化在对个人的行为给集体带来利益时是给予积极评价的，而西方深受资本主义文化的影响，重视个人轻视集体，奉行个人本位主义；第三，中国文化更倾向于经验方面的总结，西方文化则注重理性的思维分析；第四，中国文化强调人际关系，讲究人情大于法制，而西方深受古罗马帝国的影响，更加注重法制和理智。这些差异和价值观的不同必然会对跨国并购中的文化整合带来影响，给整合过程带来冲突和碰撞。

中国文化的特点必然给企业管理带来了重要的影响，这体现在中国企业的集权化管理、集体主义、对社会的责任、企业内部的人际关系和人治重于法治等特点。而西方企业在西方文化的影响和熏陶下，西方企业在管理上更注重制度的规范作用、效率至上、个人英雄主义、任务导向和理性主义等特点。这就导致了中国企业在并购整合西方企业时要面对巨大的民族文化差异和冲突。

2.2 企业文化差异

企业文化与创业者的经营思想、工作风格、价值取向等密切相关，不同企业由于所处的行业、经营领域、成立方式及成长轨迹不同，会形成不同的价值观念和行为规范。两个在不同文化背景下成长起来的企业在合并到一起时，必然会产生价值观、人事制度等方面的差异，给员工带来巨大的心理压力，由于组织惯性还可能导致部分员工的抵制。如：中国深受儒家文化的影响，使得民族文化中有一股重义轻利的思想，所以，在这种思想的影响下，中国企业的所有制形式一般是公有制，它是不以营利为目的，而是为了增加全社会的福利。而在西方重商主义的民族文化影响下，西方企业更看重利润，所以它们的企业所有制形式一般为私有制，它们的股东是个人，即股东利益最大化。此外，中国企业在华夏五千年历史文化的影响下，企业内部员工更加注重和谐，员工依附于企业，企业往往愿意倡导团结、有爱，而对于西方企业来说，由于欧洲国家自古就处在一种高度竞争的状态，使得它们企业内部的员工更加注重效率、竞争，企业也更喜欢倡导锐意进取。

文化整合是解决文化冲突的根本，整合的结果将会影响到企业并购战略的成败。要使并购双方较快地融合为一体，就需要通过文化整合淡化企业文化之间的差异，在员工之间建立相互的信任，营造一种良好的氛围，创建共同认可的企业文化。

2.3 文化弱势

中国企业跨国并购的目标多是欧美的成熟企业，这些企业对自己的民族文化和企业文化有着很高的认同度和自豪感。相比之下，由于社会经济环境、历史沿革以及企业文化建设滞后等多种原因，中国企业文化发展不成熟，企业文化相对处于弱势，海外被并购企业对中国企业文化的认可度和包容度低。中国本土企业与海外成熟企业之间存在着巨大的企业文化鸿沟，如何吸收西方企业文化的积极因素，保留本土企业的文化优势，成为考验中国海外并购企业家智慧和能力的难题。因此，中国企业跨国并购的企业文化整合将更是个动态学习、融合、创新的过程。

2.4 负面舆论形象

除了这些内部自身因素，中国企业还面临着短期内无法一时化解的"非市场因素"的困难——负面舆论形象。"Made in China"的长期标签，让中国总是与"价格低廉""效率低下""劳动力廉价"等印象挂钩。在这样的印象下，被并购企业的普通员工担心自己的就业问题、待遇问题；管理人员则担心自己的职位与公司的市场未来。

此外，由于意识形态不同的原因，西方媒体对中国的报道中总是充满了"妖魔化"的误解和偏见。这种误解和偏见会给企业文化整合带来不可忽视的负面影响，企业必须花费额外的精力去获得对方的信任和理解，所以在跨国文化整合方面，中国企业会承担更大的整合风险，付出更多的整合成本。

3. 文化整合模式的选择

企业文化整合是将不同特质的文化通过相互接触、交流进而相互分拆、合并等所形成的一种全新文化。它不是将原有文化简单拼凑，而是将其优秀部分融合升华，在共性认识的基础上建立具有连续性和一致性的新文化。文化整合模式则是根据并购双方企业文化变化程度及并购方获得的企业控制权深度。选择什么类型的文化整合模式，是企业并购后进行文化整合首先要面对的问题，因为不同类型的文化整合模式，意味着不同程度的文化冲突，决定了企业并购整合后不同的控制范围和经营模式，进而会影响并购成功的可能性。

Berry 为并购双方提出了四种文化整合模式，即文化融合模式（Cultural integration）、文化同化模式（Cultural assimilation）、文化分离模式（Cultural separation）、文化消亡模式（Cultural deculturation）。这四种文化整合模式也是学界目前最公认的文化整合模式。此外，"反向同化型"文化整合模式是近几年新提出的模式，主要针对发展中国家的弱势文化企业并购发达国家的强势文化企业，很适合为中国企业的跨国并购活动提供借鉴。

3.1 融合式文化整合模式

融合式文化整合模式，即并购双方组成新企业后，在不改变各自文化标准的前提下，平等地进行交流，有目地吸纳对方企业文化中的精华，相互融合，取长补短。目标是汲取双方文化的优点，以寻求新企业的文化生长共同点，从而形成一种双方认同的新型文化。这样，运用融合式文化整合模式而新产生的企业文化，由于吸收了两种文化的优点，因而具有其中任何一方企业文化所无法比拟的优势。

融合式文化整合模式适合于并购双方的企业文化强度相似，且彼此都欣赏对方的企业文化，并愿意调整原有文化中的一些弊端的情况。如，强势文化企业并购了强势文化企业，弱势文化企业并购了弱势文化企业。因为并购双方的诞生时间相似，企业取得的成就或遭受过的失败都相似，因此双方的管理层和员工都不愿意全盘否定自己或全盘接受对方的企业文化。理想的融合式文化整合模式中，双方都保留了自己的优势文化，摒弃了自己的劣势文化，同时学习了对方的优势文化，相互融合，取长补短，从而强强联手，弱弱提升，共同携手前进，诞生出了一种更加优秀的全新文化。

3.2 同化式文化整合模式

同化式文化整合模式，又称注入式整合模式。在这种模式中，并购方将自己企业的文化注入被并购企业，被并购方完全放弃原有的价值理念和行为假设，把并购企业自身的先进文化——新的经营哲学、管理理念等嫁接进去，以并购企业的企业文化代替被并购企业的企业文化，从而使被并购企业成功地被完全吸收、融入并购企业的文化中去，使并购方获得完全的企业控制权。

同化式文化整合模式适合于强势文化企业并购弱势文化的企业。在这种并购情境里，并购方的文化强大优秀，赢得了被并购方的认可和崇拜，同时被并购一方的企业在文化上处于弱势地位，因此很容易认同并购方的文化，并接受其文化整合。这样的并购使得文化冲突处理起来较为容易，被并购企业对并购企业的文化的敬畏和仰慕，并购企业处理文化冲突的时候可以强调自身文化的优越性，引导被并购企业的员工接受其企业文化。在这种情况下，被并购企业放弃自身的文化，完全接受了并购企业的文化。这样的文化冲突往往比较小。例如，许多墨西哥企业在被美国企业收购后，放弃其以往的文化，接受了美国的企业文化。

此外，这种文化整合模式主导的整合过程中，始终有一个强有力的核心文化起主导和推动的作用，整合速度较快，效果明显。但此模式由于是一种自上而下的文化整合，且完全是以一种文化取代另一种文化，所以可以想象这种整合模式的难度很大。当然，文化整合并不是一个强制的过程，而是要以互相尊重对方文化，以及心甘情愿接受对方文化为前提条件。

3.3 分离式文化整合模式

分离式文化整合模式，即并购双方的企业文化基本不变，相互尊重对方文化，保持两种文化的独立性，被并购方通常有较大的经营自主权。

这种模式通常是并购双方都具有较强的优质文化，但两种文化存在较大差异，并购双方的员工既不愿意改变自己的文化也不接受对方的文化。如果并购双方业务处于不同的市场，彼此员工接触机会不是很多，因而不会因为文化差异而产生明显的文化冲突，或者由于行业文化的差异性，并购方文化不能成功植入被并购企业，而并购方又很看重目标公司所在行业的战略业务，期望以此获得多元化经营的收益，并购方将允许被并购方保留较大的经营自治权和文化独立性。还有一种情况是，目标企业的价值创造来源就在于拥有优良的人力资源和优秀的企业文化，因此并购方将允许对方文化独立，以免造成这部分并购价值的减损。

3.4 消亡式文化整合模式

消亡式文化整合模式，即被并购方既不接纳并购企业的文化，又放弃了自己原有的文化，员工之间的文化纽带和心理契约破裂，价值观和行为也变得混乱无序，从而处于文化迷茫状态的整合情况。这种模式有时是并购方有意选择的，目的是将目标企业揉成一盘散沙以便于控制，有时却是文化整合失败导致的结果，表现为激烈的文化冲突、管理混乱和市场份额缩小，并购所期望达到的预期价值化为泡影。在消亡式文化整合模式中，文化风险几乎全部由被并购企业承担，其前提是被并购企业拥有很弱的劣质文化，并购方能够掌控局面，否则文化整合将彻底失败。

3.5 反向同化型文化整合模式

反向同化型文化整合是一种比较特殊的文化整合模式，当兼并企业拥有资金实力，被兼并企业拥有文化实力时，在资产归属上尽管实现了兼并，但在文化上可能会被反同化。如纯粹的投资公司在投资实业以后，必须接受实业的运作模式和文化特质，否则运用资本运作的模式来管理或经营实业，肯定会出现问题。以及，像中国这种发展中国家的弱势文化企业并购了发达国家的老牌企业时，就会优先采取反向同化型文化整合模式。

弱势文化企业并购强势文化的企业，所带来的并购文化冲突程度是最大的。具有强势文化的企业，如欧美老牌企业，一般都会有较为长远的历史，并曾经取得过辉煌的成就，但在时代变化面前出现停滞甚至倒退破产，企业自身的文化凝聚力强，并深得员工的信仰。而弱势文化企业一般历史较短，并在时代的变革中取得出色的成就，是时代的弄潮儿。因此一旦被弱势文化企业并购，就会产生激烈的文化冲突。如 TCL 收购德国施耐特的案例中，由于施耐特拥有 150 多年的历史，同时曾经是彩色电视机的龙头老大，因此其企业文化里带有很强的自豪感和自我中心的思想。在这次并购中，施耐特始终对 TCL 能否管理和带领企业走出困境抱有强烈的疑心，因此对 TCL 提出的各种并购整合方案置之不理，拒绝接受 TCL 的任何改动措施。结果这场并购以失败告终。又如民营的家族式企业运用自己的资金实力兼并了比较正规的现代公司，就必须接受非家族式的管理模式和经营文化，按照现代企业的经营管理模式和运作思路进行经营管理，如果继续沿用家族式管理，最终可能就会以失败而告终。所以弱势企业文化的企业，运用资金实力兼并了强势企业文化的企业，无论这个强势企业文化是健康的还是病态的，都可能被强势企业文化同化。

因此，那种运用资金实力进行兼并的资金实力型企业在进行兼并时，一定要考虑企业文化的因素，在准备好资金的同时，一定要有文化整合方案，要注重文化的融合性和文化的强大力量，必要时优先采用反向同化型文化整合模式。

以上就是五种最基本和典型的文化整合模式。虽然企业文化整合模式很多，但不管企业选择其中的哪种模式，都要遵循这样的原则：企业文化整合的目的是寻找双方企业文化的相同之处，并不排斥包容差异性；企业跨国并购过程中的文化整合要循序渐进，在符合双方利益的前提下稳步推进，而不是单打独斗。在实际应用中，这五种文化整合模式不是单独被使用的，而是经常会根据实际情况，被结合起来搭配使用。

中国企业在跨国并购中短期之内会一直处于文化弱势的地位，因此，在文化整合时一定要在尊重被并购方文化的基础之上，谨慎地选择合适的文化整合模式，如优先考虑反向同化型文化整合模式和融合式文化整合模式，同时不断地向对方文化学习，吸收不同文化的精髓部分，真正达到多元统合的境界，才能构筑跨文化优势，实现跨国并购的战略目标。

4. 跨国并购文化整合阶段及举措

企业文化整合的流程分为三个阶段：并购前阶段、并购进行阶段和并购后阶段。可以借鉴齐善鸿、张党珠、邢宝学这三位学者的观点，将其形象地比喻成"求偶—结婚—生子"三个阶段。"求偶"阶段包括中外企业并购之前互相了解为确立相互需求;"结婚"阶段是指确定双方企业文化的优质部分,形成新的企业文化的文字范本;"生子"阶段则是指形成规章制度,落地新企业文化文字范本。对于中国企业跨国文化整合过程中的举措,针对整合过程中的每个阶段采取对应有效的整合举措。

4.1 "求偶"阶段

"求偶"阶段,也就是并购前的阶段。可以形象地理解为中外企业正式合作产生之前的"谈恋爱阶段",在这个阶段最重要的目的是互相了解和确立相互需求。

求偶阶段的具体事项包括:并购前进行文化接触、确立合作基础及形成彼此的印象,涉及自身的文化整合经验与能力,以及借助中介机构的辅助作用。在此阶段,中国企业应充分了解合作企业的困难和依然存在的优势以及所在国的文化与企业文化,为消解双方文化冲突、提取彼此优秀文化因子做准备。如果并购方没有足够的国际并购经验,则要借助中介机构做详尽的尽职调查。在做完企业文化尽职调查后,要考虑双方国家文化,尤其是企业文化的匹配性或互补性。比如,以并购企业成功率高而著称的爱默生电气坚持"只并购企业文化相似的企业"的原则。基本的整合举措如下:

4.1.1 文化审慎调查

文化审慎调查是由安盛咨询公司提出的,指的是:对并购双方企业文化的价值观和行为方式进行调查和比较,分析可能存在的文化差异的性质和程度,进而了解这些文化差异的影响。跨国并购的中国企业在开展文化审查时,首先要从自身的企业文化审慎调查开始,之后再对被并购方进行审慎调查。调查的重点在企业的核心价值观、主要规则和做法、共同接受的行为规范和主要领导者的管理风格上。

在文化审查方式选择上,文化整合小组可以通过访谈、焦点小组、问卷调查、第二手资料研究等方式获得主要文化信息,访谈对象包括公司高层、员工、客户、供应商等企业相关利益者。

通过开展文化审查，中国企业一方面可以找到企业文化之间主要的差异性和互补性，另一方面能够发现对协同效应的实现影响最大的关键因素，让中国企业更有准备地应对可能发生的文化差异与冲突。

4.1.2 成立文化整合团队

文化整合团队是公司决定采取并购行动后所建立的文化整合研究与执行团队、文化整合领导小组，其主要任务是：由专业的跨文化研究人员探讨出一套行之有效的文化整合程序和方法，并负责解决并购前、中和后期的文化冲突问题。通过"专业的人做专业的事情"，使得跨文化并购行动能够取得成功。

4.1.3 采取恰当的文化整合模式

上文已知，跨文化整合模式是多种多样的，包括文化融合模式（Cultural integration）、文化同化模式（Cultural assimilation）、文化分离模式（Cultural separation）、文化消亡模式（Cultural deculturation）以及反向同化型文化整合模式。采取哪种模式要慎重考虑。需要根据并购双方不同的文化类型采取不同的融合方法。因此，企业要具体问题具体分析，收购公司不同，采取的方法也要妥当，这样才可以实现成功的并购。

4.2 "结婚"阶段

中国企业与西方企业并购后，双方就进入"结婚阶段"，双方的员工开始正式接触，双方文化也开始正面碰撞。在这个阶段，并购方需要尊重对方文化，消除对方困惑，以学习者、合作者、"另一半"的角色与被并购方平等相处互相尊重，而不是以征服者、占有者的身份对待文化整合。要挖掘双方文化的共同点，寻找对方文化的优点。在并购进行的这个阶段，并购方要始终怀有包容性，能够接受磨合期的各种小摩擦，主动体谅对方。只有这样，双方才可能建设一个幸福的"家庭"。在这一阶段主要有以下几个整合举措：

4.2.1 开展跨文化培训

跨文化培训是实现跨文化整合的一项基本手段，它主要包括对文化的敏感性训练、对文化的认知、语言学习、跨文化沟通及冲突处理、地区环境模拟等。通过跨文化培训，并购方和被并购方之间都能够对对方的国家文化、社会文化、企业文化和饮食习惯等有所了解，可以打破在不同背景和不同文化地区工作的经理和职员心中的文化障碍和角色束缚，更好地找出不同文化的共同之处，加强每个人对不同文化环境的适应性，加强不同文化间的合作意识和联系。还可以快速认识对方，促进双方对同一件事情看法上趋向一致。这样可以增加双方员工和领导层的跨文化沟通理解能力，使双方产生默契，使员工能够快速融入新的企业文化中，为企业的成功并购奠定文化基础。

4.2.2 建立有效的沟通机制

文化整合的关键是团队成员的沟通和理解，而中西人员的思维差异制约着企业内双方员工的沟通交流。因此，跨国并购的中国企业要尽快建立沟通机制，充分理解和尊重双方员工的文化传统和感情因素，平等相处，相互尊重。保持沟通渠道的畅通，促进企业和员工之间、员工和领导之间、员工和员工之间的沟通，促进价值观、管理、信息、情感等多层面、多角度的沟通，促进企业目标的有效传递，在企业内部努力营造和谐氛围，从而达到增进了解、相互信任，切实增强并购后企业的凝聚力。

4.3 "生子"阶段

"生子"阶段也就是——并购后阶段，这是文化整合过程中的最后一个阶段。在这个阶段之前，新的制度和管理层的调整已经完成，在这一阶段，双方企业文化经历了文化冲突、文化振荡和合作，文化整合已经从显性的、有意识的外部推动，逐步过渡到潜移默化的自然整体化和统一阶段。这一阶段的主要目标是调整新制度、深化共同价值观，树立崇高目标，增强凝聚力，促进文化整合的不断创新和发展。

在这一阶段，并购企业需要一方面积极弘扬引导新的优秀企业文化，摒弃平庸和低下的企业文化，深化共有的价值观；另一方面，继续积极促进文化的深度全方位融合，增强员工的向心力和凝聚力。因此主要有以下举措：

4.3.1 构建共同的组织愿景

由于双方对彼此文化理解的增进，双方都有寻求缓和，以促进企业发展的意愿，中国企业应当在这一阶段建立完善的发展计划，确立能够得到被并购企业认同的发展愿景。共同愿景有利于减少文化冲突，使得每个员工都能够把自己的思想与行为，同公司的经营业务和宗旨结合起来，也使并购后公司更为紧密团结，增加并购后企业的文化变迁能力。跨国并购后的中国企业应在对文化共性认识的基础上，建立起共同的组织愿景，明确实现这个愿景的计划和步骤，同时通过各种方式在双方员工中不断宣传和沟通这一方案，并得到大家的认同。

4.3.2 内化企业文化机制

文化整合应该从转变观念入手。在新的企业文化导入过程中，应采取"由内及外，自上而下"模式，即先从观念入手，然后改变企业制度，改变企业的形象、职工的风貌，最后形成新的统一的企业文化。企业新文化的巩固和发展要做到"四化"：内化，即把具有本企业特色的精神财富，内化为企业员工的品质，铭刻在员工心上。如组织文化俱乐部以及文化宣传活动，使得员工在潜移默化中认同企业的文化。外化，即要把无形的企业文化，生动、形象地体现到员工的日常行为、企业产品、服务等企业的有形物中。如办公室的布置装扮可以做到随处可见企业价值观的标语、口号等。制度化即把企业文化转变成全体员工自觉遵守的制度、规章、习惯、仪式和舆论等。如使企业的奖惩机制与企业文化所匹配。社会化即企业通过向社会提供体现企业精神文化的优良产品和优质服务，向社会展示并扩散本企业良好的文化面貌，树立全社会认同和赞美的企业形象。如进行公益捐款，资助公益项目等。

结语

21世纪以来，中国企业跨国并购数量和规模不断增长，但并购成功率却不高。并购中的企业文化整合问题，始终是影响着企业并购能否成功的最关键问题之一。因此，文化整合是中国企业实现跨国并购协同效应的基本对策。但由于中国企业跨国并购过程中除了面对"企业文化差异"和"国家文化差异"外，还存在着"文化弱势"以及"负面舆论形象"的特有问题。因此，中国企业的跨国并购路程困难重重。

本文除过对中国企业在跨国并购中遇到的困难和特殊性进行列举解释后,还重点分析了五种最常见的跨文化整合模式,对其适应的并购双方特点也进行了解释。最后,笔者借鉴齐善鸿、张党珠、邢宝学这三位学者的观点,将跨文化整合过程分为了"求偶—结婚—生子"三个阶段。针对每个阶段给出了具体的几个重要整合举措。希望能够对中国企业的海外并购活动提供理论借鉴和帮助,也希望中国企业能够更好地"走出去"。

参考文献

[1]齐善鸿,张党珠,邢宝学. 中国企业跨国并购文化逆势整合模式研究——以中联重科并购 CIFA 为例[J]. 天津商业大学学报,2013(1):3-8.

[2]唐炎钊,张丽明,陈志斌. 中国企业跨国并购文化整合解决方案探究[M]. 中国经济出版社,2012:54-197.

[3][7] G. Hofstede. Cultures and Organizations: Software of the Mind: Intercultural Cooperation and its Importance for Survival [M]. Cambridge, England: McGraw-Hill, 1991.

[4]顾卫平,薛求知. 论跨国并购中的文化整合[J]. 外国经济与管理,2004,26(4):2-7.

[5]庄恩平,唐文文. 跨国收购失败教训何在——明基并购西门子案例剖析[J]. 商业研究,2008(12):201-203.

[6]苏敬勤,孙华鹏. 中国企业跨国并购的文化整合路径——以联想并购迅 IBM PC 为例[J]. 技术经济,2013,32(9):15-21.

[7]孙华平,黄茗玉. 企业跨国并购中的文化整合模式研究[J]. 求索,2012(11):236-238.

[8]Hall, E. T.. Beyond Culture [M]. New York: Anchor Press, 1976.

[9] Kluckhohn, F. R. & Strodtbeck, F. L.. Variations in Value Orientations [M]. Evanston, Ill.: Row, Peterson, 1961.

[10]Rokeach, M.. The Nature of Human Values [M]. New York: Free Press, 1973.

[11]J. Cullen. 多国管理:战略要径 [M]. 邱立成译. 机械工业出版社,2000.

[12]陈晓萍. 跨文化管理[M]. 清华大学出版社,2005:14.

[13]文风. 企业并购与文化整合的理论与实证研究[M]. 武汉大学出版社,2009.

[14]德勤中国. 跨越鸿沟——中国企业并购后文化整合调查报告[R]. 德勤中国, 2009.

[15] Buono, Bowditch, Lewis. When Cultures Collide: The Anatomy of a Merger [J]. Human Relations, 1985(38).

德国厨具品牌在中国市场推广的跨文化策略分析

陈吾宜

摘要：本文阐述了德国厨具品牌在中国的发展情况，重点选择双立人品牌为研究对象。从跨文化交际的角度发析了品牌进入中国市场时所面临的机遇与困境、实施的策略与转变。

关键词：厨具品牌　跨文化　市场

1. 引语

中国是一个对食物充满热情与智慧的国家，在每一个重要的节日里，人们习惯于聚集在餐桌上，用食物表达爱意。而在千里之外的欧洲，对待食物和烹饪也有极致的追求。德国人将厨房表达为精致的厨具，在厨房的方寸之间实现烹饪的无尽享受。

今天，随着德国厨具进入中国市场，传统理念和西方工艺的融合给许多中国家庭带来了新的体验。越来越多的中国人对于厨具的消费观念也在悄然发生变化。本文探讨了德国厨具在中国的发展情况，包括品牌进入中国市场时遇到了哪些困难和挑战？造成这些问题的原因是什么？如何克服困难？本文从跨文化交际的角度分析了上述问题。

1.1 德国厨具品牌——双立人

1731 年，德国人 Peter Henckels 以星座中的双子座为原型，在欧洲不锈钢技术的发源地索林根小镇创立了厨具品牌——双立人。其品牌是世界上现存最古老的商标之一。双立人第一家精品店于 1818 年在柏林成立；于 1867

年开始，双立人成立了专属的钢材铸造车间，在那里由专家研究制造刀具的最佳钢材；1915 年，双立人在旧金山世界博览会上一举获得四枚奖牌，是德国知名的刀具品牌。目前，双立人拥有超过 2000 种的不锈钢刀剪餐具、锅具、厨房炊具和个人护理用品。[①] 近 300 年来以独特的刀具钢材配方和刀具工艺闻名，已成为全球厨用刀具品牌中的佼佼者。

在中国上海太古汇已建成"双立人之家"（Zwilling House）全球旗舰店。超过 900 平方米的旗舰店内呈现了购物、餐厅、美食学院、服务中心四种文化集合，为厨艺爱好者提供了一个集购物、体验、社交于一体的多元空间。[②]

1.2 中国的厨房文化

中国饮食器具文化源远流长。早在古代，由于等级差异，在饮食上就有礼仪制度。在《周礼·天官·膳夫》记："凡王之馈，食用六谷，膳用六牲，饮用六清，馐用品百二十品。珍用八物，酱用百有二十瓮。王日一举，鼎十有二，物皆有俎，以乐侑食。"这句话描述的是王公贵族们吃的用"六谷"也就是水稻、黄米、谷子、高粱、小麦及茭白；"六牲"是指牛、羊、猪、狗、鹅、鱼；而"六清"又包含了水、浓汁、甜酒、水酒、梅浆及稀粥。其中，佐馐有 120 品，珍馐有 8 种，酱醋品有 120 瓮。天子每天三餐，不管是鼎具还是用来盛菜品的俎具各 12 个，同时在吃饭时要配备音乐，以此用来帮助天子增加食欲。[③] 现在随着生活水平的不断提升，人们对美的享受以及对饮食的追求变得越来越细节化。以前的中国人总喜欢下馆子请客，而现在的年轻人甚至会专门租用场地，一起做饭聚餐，享受亲自动手、共同做饭的乐趣。

2. 中国厨房用品的市场现状

中国厨具从近代到现代经历了四大发展阶段：第一阶段是砖石灶具时期，由于生产力低下，人口聚集，砖石灶具成本低廉，炊具体积大，造型方面也相对厚重。第二阶段由于蜂窝煤的兴起，固体燃料开始产品化，对此市

[①] https://www.zwilling.com.cn/brand-story [引用日期：2021-05-24].
[②] https://www.zwilling.com.cn/cms/article/dh-zixun-3 [引用日期：2021-05-24].
[③] 隗静秋. 中外饮食文化（修订版）. 经济管理出版社，2015.

面上出现了蜂窝煤炉、烧水壶等。第三阶段改革后，对厨房的需求着重在燃气灶的稳定性上，厨房的主要能源转变为液化气。厨具产品开始小型化。①第四阶段，主要由铝锅和铁锅组成的厨具产品已经不能满足大多数人的生活需要了，90年代后，随着改革开放的深入，国外先进技术的引进和人们生活水平的提高，炊具市场的产品品种变得越来越广泛。2000年以后，各种高科技产品应用于厨房，高压锅、电饭煲、电磁炉、不粘锅等新产品不断问世，炊具行业逐渐发展为技术水平较高的劳动密集型产业。时代在变化，厨具也在不断革新。

3. 双立人在中国的销售情况

从品牌网统计结果来看，2021年最受欢迎的厨具十大品牌前三名分别是苏泊尔、爱仕达和双立人。②自1995年进入中国市场以来，双立人在北京、上海等地设立专卖店，店面单月销售额最高峰时就超过了150万元。双立人不单单追求销售额和市场占有率，更为了服务客户而不断优化经营方式，以期达成品牌目标③，坚定品牌愿景——倡导快乐、轻松、时尚的厨艺生活。

4. 挑战和解决方案

4.1 挑战

"全球最关注中国的市场"，这句话适用于很多行业，当然也包括厨具行业。近年来，国内厨具市场不断发展。在国内厨具品牌如张小泉、爱仕达、苏泊尔崛起的同时，国外厨具品牌如福腾宝、菲仕乐也纷纷进入中国市场。双立人面临的是国内外同类品牌商品的竞争。

双立人面对欧洲与中国不同的市场，如何取得显著成绩？需要克服哪些困难？从跨文化交际的角度来看，当双立人进入中国厨具市场时，也面临着文化方面的挑战。这与跨文化交际理论中的冰山理论所描述的情况相同。冰

---

①刘文嘉. 厨具产品分析及设计研究. 西安理工大学(硕士学位论文)，2019.
②https：//www.chinapp.com/paihang/chuju[引用日期：2021-05-24].
③朱东梅. 中国炊具品牌要向双立人们学什么. 现代家电，2014(3).

山模型在文化研究中被用来形象地描述立即可感知的文化和隐藏的文化之间的关系，且被用来解释跨文化交流冲突的相关原因。

4.2 冰山理论的发展

1932 年，海明威在他的纪实性作品《午夜之死》中，提出著名的"冰山原则"。他用这一理论来说明文学风格。海明威以冰山为喻，指出作者不需要透露关于主角的所有细节。仅仅展示出冰山的一角，大约八分之一，就足够了。他说："冰山运动之雄伟壮观，是因为它只有八分之一在水面上。"

这个比喻后来被应用于弗洛伊德的意识理论。弗洛伊德提出了人类行动只在很小的程度上由意识决定，并在此背景下设计了心理的结构模型。在这里，"自我"对应于人格的有意识区域；"本我"对应无意识区域；"超我"对应前意识区域。与冰山模型类比，有意识的"自我"只占据了较小的、可见的部分，即水面上的冰山一角。无意识领域的"本我"和"超我"构成了隐藏在水面下的较大部分。

在弗洛伊德的实例模型之后，E. Schein 进一步发展构建了文化有关的冰山模型。冰山较小的部分，也就是它的顶端，代表着可见和可闻的部分，也就是文化中可以被快速识别的部分，例如：语言、外表、行为等，另一方面，文化中更大的部分则隐藏在"水面下"，例如：价值、信仰、理想、传统、经验等，因此无法立即感知。然而，它对可感知的小部分却影响深远。"水面下"这些隐蔽的文化因素往往造成了跨文化交流冲突。对隐藏的文化因素的了解和对它们的敏感处理可以及时避免误解，减少利益损耗。

就双立人而言，厨具的锻造方式只是消费者可以直观感受到的冰山一角，而公司治理和消费者偏好更像是隐藏在水下的冰山。了解这些隐藏在背后的因素，才有利于双立人打开中国市场。

4.3 挑战与解决方案

当德国厨具品牌双立人进入中国厨具市场时，它将面临不同的市场要求。从表面上看，这只是饮食习惯上的简单差异。事实上，正如冰山理论一样，除却表面的厨具差异之外，品牌宣传方式的差异，还是人力资源管理的差异都会影响双立人的业绩。深究其背后的原因，是中国和德国之间的文化差异问题。

4.3.1 开发新产品

双立人进入了新的厨具市场,自然会有新的客户。随着新客户的出现,对新产品的需求也随之而来。西方厨具给国内的烹饪、用餐方式注入了新的活力。但是在引入西方厨具的同时也应该兼顾中国市场的日常需求。在饮食文化方面,中西方存在明显差异。在餐桌上,中国人使用的筷子是典型案例。2006年,中国销售的筷子超过600亿双。然而,在德国,刀、叉和勺子的使用更为普遍。在烹调方法上,"炒"是中国烹饪技术中最基础的一种。有关"炒"的书面记载最早出现在北魏的《齐民要术》,直到唐宋,这种烹饪方式已经得到全面普及。[①] 双立人针对中国市场专门开发了一系列的新产品,其中的中式炒锅位列双立人的畅销榜单。

因此,根据不同的饮食文化,生产更适合中国厨房的产品可以使品牌吸引更多的客户。

4.3.2 革新宣传手段

双立人作为舶来品,如何讲好品牌故事?如果只是单纯地描述索林根小镇是欧洲不锈钢技术的发源地,双立人品牌的古老,获得过多项世界大奖等信息,难以令中国消费者产生共鸣。面对不了解欧洲技术与历史的中国消费者而言,这些只是名词堆砌。双立人做出了改变,选择了在影视剧中带入品牌。诚然,在影视剧作品中插入广告,已经是观众屡见不鲜的手段了。但是双立人的巧妙之处在于选择了合适的作品,而不是机械的广告植入。双立人选取电视剧《好先生》。《好先生》这部电视剧,从情感角度而言,是容易令大众产生共鸣的,剧中人的喜怒哀乐,与他手中的厨刀、锅具有着千丝万缕的关联,此类沉浸式植入远远优于硬性的广告。[②] 与此同时双立人还根据剧中情节,推出官方微店,增加双立人美食学院线上教学等。《好先生》中的中国籍男厨手握一套双立人刀具演绎了跌宕起伏,悲欢离合的故事。此次双立

[①] 隗静秋. 中外饮食文化(修订版). 经济管理出版社, 2015.
[②] 杨慧芝.《好先生》里面的双立人. 中国广告, 2016(7).

人赞助影视剧的结果是，双立人的网络主动搜索量激增，观众会主动盘点电视剧中的合作品牌，在社交媒体上留言，或弹幕上发好评，极大调动了观众的热情，提高了品牌影响力。①

4.3.3 改良公司管理制度

所谓沟通的差异，也可以理解为中国人和德国人在语言、手势、表情和日常行为活动方面的差异。主要原因是中国和德国有不同的文化背景，即使运用相同的表达方式很可能会理解为不同的含义。或者由于工作习惯不同，导致在双方磨合的过程中产生误解，影响进度。两个国家的价值观不同，企业之间的管理模式也会有一些差异。对于中国企业来说，总体情况是相对保守的，但也可以理解为缺乏冒险精神，进而导致在经济市场上失去了很多机会。相反，德国企业善于不断进入新市场，敢于开拓。此外，中国员工在员工待遇方面一直处于被动地位，而德国员工在不满意的地方会主动出击，这有利于企业更好地发展。

在两国的人力资源管理中，中国企业普遍注重员工的学历和资历。员工的工资往往与工作时间成正比，而大部分德国公司则更看着员工的工作能力，严格控制上班时间，根据当时的工资水平等综合情况制定工资体系。在上下层同事关系方面，中国的员工"等级"比较森明，德国公司的人际关系相对比较扁平化。在企业选拔人才方面，中国注重员工的个人表现、人际关系和工作经验，这导致在选拔管理人员会过多提倡文凭和人脉。此外，部分中国企业管理人员认为员工流失不仅带走了企业的秘密，而且浪费了企业的培训投入，因此企业限制员工的外流。然而，德国企业认为，保持员工的流动性会给员工带来紧迫感，也能保持企业的活力。中国和德国在人力资源管理方面的差异可能会导致冲突并影响品牌的发展。

此外，中德人员执行工作任务上的做事风格也有所不同。德国人习惯于在做任何事情之前制订一个完整的计划。如果中间有一个小错误，他们会停下来，讨论并制订一个新的计划。然而，这种方法在中国并不适用。在中

---

① 杨慧芝.《好先生》里面的双立人. 中国广告, 2016(7).

国，人们的工作节奏更快。中国人不会因为一丁点错误而停止工作。大多数人设定一个最终目标，然后为之奋斗。相较于过程，中国员工更关心的是最终有没有达到目标。因此在工作过程中相对更加灵活。为了更好地适应以上种种不同，双立人在中国上海建立了子公司。中国员工在工作的过程中，根据客户和自身情况，更好地处理工作事宜。

5. 结论

双立人秉承"出售的不仅是产品，更是生活"①的品牌理念，在看似普通的刀具、炊具上面，给顾客一种独立的生活方式。国外厨具品牌营销、推广模式给中国品牌带来了借鉴作用，对国内市场的钻研程度相较部分国内品牌要更加细致。本文从跨文化交际的角度浅析双立人在入驻中国市场的过程中遇到的挑战与解决方式。以此为鉴，中国本土的厨具品牌在硬件上要不断提升技术实力，在软件上要提高对消费者和市场的理解，做出能够引领市场的好产品好品牌。相信在未来，中国的厨房可以看到更多国产的炊具品牌，高端市场不再只是外国品牌的天下。

参考文献

[1]金晶. 双立人:8800元一套的刀具. 经济察报,2007 - 7 - 7.

[2]黄锴. 刀锋上的舞蹈——双立人另辟蹊径. 21世纪经济报道,2011 - 5 - 31.

[3]石章强. 新坐商:坐着卖货不再难. 北京理工大学出版社,2011.

[4]杨浩. 国际奢侈品在中国的营销策略及启示. 商业研究,2008(2).

[5]隗静秋. 中外饮食文化(修订版). 经济管理出版社, 2015.7.

[6]刘文嘉. 厨具产品分析及设计研究. 西安理工大学(硕士学位论文),2019.

[7]朱东梅. 中国炊具品牌要向双立人们学什么. 现代家电,2014(3).

[8]杨慧芝.《好先生》里面的双立人. 中国广告,2016(7).

[9]何煜雪. 双立人品牌浅议. 现代商业,2012(7).

---

①何煜雪. 双立人品牌浅议. 现代商业，2012(7).

从案例分析看文化差异中的企业跨文化管理

余 丽

摘要： 在经济全球化的影响下，越来越多的企业开始拓展跨国业务。企业在跨国经营管理过程中，必然会遇到文化差异和文化冲突。本文将企业在跨国管理活动中面临的文化差异作为研究角度，结合案例分析探讨了文化差异对跨国企业跨文化管理活动的影响、文化差异和文化冲突的表现以及文化差异下的文化融合，为跨国企业提供了一些有效避免文化差异和文化冲突、促进企业成功经营的跨文化管理对策。

关键词： 文化差异　跨文化管理　案例分析　跨文化管理对策

伴随世界经济的不断发展以及全球化趋势的不断加强，各国企业愈加积极地拓展跨国业务，跨国经营成为越来越普遍的经营方式，跨国企业的数量也不断增多。跨国企业是运作跨地区、跨国界、跨民族的世界性经营活动的企业，其经营和管理活动不可避免地会与东道国的文化产生接触。由于各国文化存在差异，企业在与他国文化交流接触中会产生一定程度的冲突。本文从文化差异的角度出发，借助案例分析探讨文化差异在跨国企业经营管理活动中产生的影响、导致的文化冲突的表现以及文化融合的策略，进一步阐述帮助企业在跨国经营管理活动中有效应对文化差异和冲突，进行有效跨文化管理的对策。

1. 跨文化管理

跨文化管理(Interkulturelles Management)又称交叉文化管理，是跨国管理的重要内容之一。跨国管理涉及企业经营的总体环境,而跨文化管理只针对跨国企业管理中的文化环境。具体来说,跨文化管理是对不同文化背景的人、事、物的管理,是跨国企业在全球化经营中对子公司所在国的文化采取包容的管理方法,并针对不同的文化设计出合理的组织结构和管理机制,通过提供有效的跨文化管理方案,来处理文化差异所产生的冲突,从而形成卓有成效的管理并成功解决管理中的文化问题的过程。跨文化管理是在两种或两种以上的文化背景下的管理,相较于过去企业仅对一种文化的管理,跨文化管理扩大了管理的范围和难度,增加了复杂性。

国外经验表明,70%的跨国合作因文化差异和文化冲突而失败。成功的跨文化管理能够帮助跨国企业建立成功的业务关系,有效提高与他国合作伙伴团队的交流效率,真正了解来自世界各地的客户和供应商的需求和反馈,更加熟练地把控跨国会议与谈判,提高企业对国际业务的把控能力和自信心。

2. 文化和文化差异

2.1 文化

文化是一个包容广泛的概念,关于文化的定义众多学者各有见解,百家争鸣。英国人类学家 Edward Tylor 提出的文化定义是涵盖面最广的定义之一,他在《原始文化》(1988)中解释道,"文化或文明是一个复杂的整体,它包括知识、信仰、艺术、道德、法律、风俗以及作为社会成员的个人所具有的其它一切能力和习惯"。荷兰学者 Geert Hofstede 认为,文化是在同一个环境中的人民所具有的"共同的心理程序"。在管理学家的眼中,文化是人们的生活方式和认识世界的方式,文化代表了人们在处理日常事务时属于某一群体的约定俗成的思想行为以及感想的模式。总的来说,文化是人类社会的特有现象,是人类社会发展历史中累积下来的共同的社会习惯和精神信仰的总和。

2.2 文化差异

由于世界各国在其发展历程中受地理环境、历史传统、教育方式、法律制度、宗教信仰等多种因素的影响,不同国家或地区的人民都有着各自独特的文化。经营管理是文化的产物，文化会对管理产生巨大影响。文化存在差异，企业在进行跨国经营时必然会遇到与母国文化不一样的思维方式、价值观念和行为习惯。文化差异复杂多元，一般来说，企业跨国管理中经常出现的文化差异主要表现为：国家（民族）文化差异、企业文化差异和个体文化差异。这些文化差异对企业的经营和管理的影响是全方位和全过程的，它们会在企业管理的多个领域和管理过程中影响甚至决定着管理的模式、目的、效率乃至成败。

不同的文化差异应采取不同的措施来应对。跨国企业如果不能正确发现和处理文化差异，将会给管理造成一定程度的困难，甚至会出现文化冲突。文化冲突是指不同文化或者不同文化要素之间相互对立、相互排斥的过程。它既指跨国企业在跨国经营管理时带有的母国文化特征与东道国文化差异所引发的冲突，又指企业内部由于员工来自不同文化背景的国家而导致的冲突。文化冲突会带来很多消极的后果，严重时会导致企业遭受巨大损失和经营失败。

3. 文化差异下的跨文化管理案例分析

3.1 文化差异引起的管理冲突：沃尔玛入驻德国市场失败

（1）文化差异对管理的影响

文化差异会对企业的管理文化产生影响。美国管理学家彼得·德鲁克认为，管理不只是一门学科，还是一种文化，它有价值观、信仰、工具和语言。管理伴随文化的发展而发展，又通过文化的发展而表现出来。管理受文化所制约，因文化而异，不同的文化会孕育出不同的管理文化。一个企业的管理指导思想、管理风格和管理策略都会受到特定国家或民族文化的渗透和影响，形成其特有的管理文化。

文化差异会对企业的管理模式产生影响。不同的文化会产生不同的管理模式。具有跨文化意识的跨国企业在不同文化背景的国家或地区进行管理活动时，会就文化差异对其管理模式进行合理恰当的优化调整，以此尽量避免由文化差异导致的低效管理和错误决策。

(2）案例分析

1997年12月，美国连锁超市沃尔玛（Wal Mart）进入德国市场。当时，沃尔玛是该行业的全球领先者。但是这位实力雄厚的佼佼者在德国的经营状况却不如人意，长年出现亏损局面。大约十年后，因沃尔玛的经营状况不见好转，沃尔玛决定退出德国市场，其在德开设的85家分店由德国本土企业麦迪龙集团（Metro AG）接收。

总的来说，沃尔玛在德国的水土不服主要是因为沃尔玛管理者跨文化意识淡薄，识别文化差异的能力弱，没有实施符合实际的跨文化管理策略。沃尔玛是一家美国企业，其管理文化也深受美国自由、自信的文化影响。在对德国分店经营管理时，沃尔玛没有考虑德国与美国的文化差异，没有就德国民族文化实施适应德国社会的管理方案，而是将其母公司的经营管理策略直接复制到德国分店上，导致了其在德经营以失败告终。具体来看，其由文化差异引起的管理冲突主要表现在以下方面：

第一，没有聘请合适的管理人才。沃尔玛集团领导没有聘请德国本地的专业管理人员对德国分店进行管理，而是将管理权交给美国员工。这使得德国分店的管理风格和服务风格都是美式的，员工们必须服从母公司文化的"顾客就是上帝"的服务观念，热情服务顾客。而德国顾客习惯于在超市自助解决服务性问题，因此他们不习惯沃尔玛售货员持久的服务性微笑和时不时过于贴心的服务行为，德国雇员也不习惯这种过分热情的礼貌性服务。

第二，没有实行本地化的市场经营策略。沃尔玛管理者没有认识到德国市场的竞争形势与美国不同，没有根据市场调整其在德的经营战略，导致在很多环节花费了大量成本，最后造成经营失败。例如，沃尔玛的商品是由美国采购商组货，根据德国市场的需求发配过来，运输成本巨大。而其在德国的竞争对手平价超市阿尔迪（ALDI）设有自有品牌，自己生产自己销售，节省物流成本的同时也节省了从别处采购的差价成本。

第三，不合适的人事管理制度。沃尔玛将母公司对于员工的管理策略照搬至德国。美国人的绩效报酬制度、举报监督制度以及老板和员工间灵活的雇佣关系都与德国雇员长期以来的文化习惯不符。德国雇员在沃尔玛遭遇了文化冲突，他们无法接受美国式的人事制度，因此许多员工都选择辞职，离开沃尔玛，这间接导致了沃尔玛经营失败。

3.2 文化差异引起的文化冲突：中石油哈萨克斯坦油气项目中的跨文化冲突

(1)文化冲突

各国企业管理文化存在相似之处，但也会带有政治制度、法律法规、宗教信仰以及文化背景的差异，这会导致企业在跨国经营中产生文化冲突。文化冲突的表现形式多样，在跨国企业中主要表现为：跨国企业文化与本土文化的冲突；企业内部不同文化背景员工之间的冲突；企业中管理者与员工之间的冲突。

(2)案例分析

中国石油天然气股份有限公司(简称"中石油")是中国油气行业最大的油气生产商和销售商，是世界上最大的石油公司之一。一直以来，中石油致力于发展成为具有较强竞争力的国际能源公司，积极拓展海外石油业务。哈萨克斯坦油气资源丰富，中石油在该国阿克纠宾州建设了油田和油气处理厂。在建设过程中，中方团队遇到了一些文化差异和文化冲突。

第一，语言差异。语言是最能体现文化差异的一个存在。中石油外派人员的母语为中文，哈萨克斯坦官方语言是哈萨克语，两国语言不一，中石油因此遭遇了文化冲突。哈萨克斯坦方人员几乎都不懂中文，而中方也缺少通晓石油领域哈萨克语的专业人员，采用由项目专业人员搭配翻译组成的项目团队。由于对油气工程技术行业的不了解，加上油气生产中含有大量专业术语，还有信息传递过程中的遗漏、翻译水平等问题，双方经常发生翻译人员没有起到沟通作用，反而导致企业内部和外部沟通误解的情况。

第二，风俗差异。各民族都有其特别的社会风俗，在项目建设中中石油遭遇了当地风俗与母国风俗不一样所产生的文化冲突。中石油因实施天然气管道项目需要对地标旁的一所坟墓进行搬迁，在搬迁过程中，一些当地人突然冲进施工现场阻止推土机和工作人员，不让施工。这些当地人要求中方按照当地传统习俗，举行适当的仪式后，才能对先辈的坟墓进行搬迁，以表尊重。但中方觉得已经依法办理和执行完所有法定程序，对方现在的行为是巨额敲诈的借口，不能答应。双方僵持不下，工程不得不暂停。后来警察赶到，告知当地确有这种习俗。最后中方同意当地人举行了祭祀仪式，仪式不到一个小时结束，结束后就允许中方开工，也没有要求中方支付任何仪式费用。

第三，宗教差异。哈萨克斯坦人信奉伊斯兰教，忌讳猪和与猪有关的东西。中方人员多无宗教信仰，饮食以猪肉为主。因不了解对方的宗教文化，中方曾发生过员工要求伊斯兰信仰的当地人带路采购猪肉，用猪肉菜肴宴请有伊斯兰教信仰的项目相关人员的文化冲突事件。伊斯兰教徒每天要做四次祷告，对祷告的时间和场所都有要求，而项目的一些重要工序要求连续作业不能中断，项目因此遭受过损失。

第四，书面沟通差异。中方书面沟通形式使用较少，多做口头协商。哈方聘请了欧美国家的工程监督，他们习惯于使用书面沟通方式。当项目发生索赔事件时，中方考虑到要多照顾哈方和自己的"面子"，就很少让工程监督出书面文件承认对方或自己方的"差错"。中方以为这些事情口头说清楚就可以了，给对方留足"面子"，以后他们会感恩地用他们方便的其他方式进行回报。结果在项目结束时，中方没有书面文件为自己主张的索赔提供支持，而哈方根据工程监督开具的载明中方过错的书面证明对中方进行了大量的反索赔。

3.3 文化差异下的文化融合：华为公司海外子公司的跨文化管理

(1) 文化融合

文化融合是处理文化差异的一种基本方法，也称"文化协同"。融合是指不同文化间在承认、重视彼此间差异的基础上，相互尊重，相互补充，相互协调。

(2) 案例分析

华为技术有限公司成立于1987年，总部位于深圳，是一家生产销售电信设备的员工持股的民营科技公司。目前，华为公司已成为全球领先的ICT（信息与通信）基础设施和智能终端提供商，其产品和业务遍及全球170多个国家和地区。华为在全球各大地区都设有子公司或分支机构，面对多元的他国文化，华为面临的跨文化管理更具复杂性。如何有效实现跨文化管理是华为子公司管理的核心问题。多年来，华为主要通过文化融合的方法来解决跨文化管理问题。

第一，尊重他国文化。华为公司具有较强的文化意识和跨文化能力，在面对他国文化和文化差异时通常采取尊重态度，接受他国企业文化中的共有之处，并实施到子公司的员工管理制度上。例如，在墨西哥的分支机构，华为在工作制度方面完全按照墨西哥当地员工的习惯和当地的节假日来制定上下班和休假时间，并会按照他们的风俗习惯给员工过生日。

第二，融入母公司价值观。一个企业能够成功的重要原因之一是它拥有让全体员工认同的核心价值观。企业文化中的价值观能影响员工的思维模式和行为模式。在华为，其总部实行军事化管理，纪律严明。团结协作、集体奋斗是华为"狼性"企业文化之魂。华为提倡企业家精神、敬业精神、团结合作精神以及创新精神，鼓励员工积极进取，为华为、为客户、为整个社会奉献自己的价值。华为的企业文化在无形的意识形态上约束着员工的行为，远在海外的华为子公司和分支机构也会受到华为总部的军事化管理风格的影响。例如，在墨西哥子公司的中方员工会经常无偿加班至深夜，在这样的拼命精神影响下，拉美员工也接受了华为文化，开始奋力工作。

4. 跨文化管理对策

要想解决好跨国经营中的文化问题，避免文化冲突，就必须有效地实施跨文化管理策略。结合以上案例，跨国企业在面对文化差异时可实施的跨文化管理策略应包含以下方面：

4.1 进行跨文化培训，识别文化差异

跨文化培训最主要的目的是帮助员工识别文化差异，提高文化敏感性，形成跨文化意识，并提前对将要接触到的不同的文化环境做好准备。跨文化培训除了要学习语言、专业基础知识和东道国文化礼仪外，还应培训跨文化沟通、管理技能，提高员工跨文化能力和素质。有效的跨文化培训能够帮助

企业员工提高在异文化中的适应能力，避免或减少因文化差异产生的误解和摩擦而引发的文化冲突事件，有效提高企业跨文化管理的效率。

4.2 实施本土化策略，聘用本土管理人才

本土化策略是企业力图融入目标市场所要采取的策略。"本土化"就是要将企业的生产、经营、管理等活动融入东道国经济社会中去，其中最重要的是要实现人力资源本土化。跨国企业想要成功打入他国市场，就必须雇佣他国本土的管理人才。这主要是因为本土管理者熟悉当地的文化环境和人们的价值观念，能给企业的跨国经营管理提供本地视角的建议和对策，帮助企业更快更好地融入他国市场中。

4.3 适当采取文化规避，避免文化冲突

文化规避策略是指当母国文化和子公司所在国文化之间存在巨大差异时，母公司所派遣的管理人员要特别注意避开双方文化中的重大不同之处，或借助第三方的文化作为沟通时的桥梁的策略。跨国企业在宗教国家进行跨文化管理时，一定要尊重当地员工的宗教信仰，尽力避免在一些"敏感地带"与他们的文化产生文化冲突，通过规避达到双方和平相处。

4.4 实施文化相容策略，进行文化融合

文化相容策略包含两个层次：一是文化平行相容策略，也就是"文化互补"，两种文化相互补充，互相弥补不足。二是文化和平相容策略，就是隐去两种主体文化，在管理活动中刻意模糊两种文化的差异，使不同文化背景的员工在同一公司中和睦相处，相互妥协和协调，达到和平状态。在跨文化管理中，还要重视共同价值观的作用，要主动将母公司文化和东道国文化融合在一起，进行文化渗透，使东道国员工逐渐适应母公司和母国文化，衷心认可母公司的价值观，成为母公司文化的维护者。

5. 结语

在全球化的背景下，企业在跨国经营中不可避免地会遇到文化差异和文化冲突，跨文化管理就是对在企业跨国管理中因文化差异所导致的文化问题进行处理和解决的过程。为了能够对文化差异做出及时合理的应对，企业应

提高识别文化差异的能力,把握文化差异对跨国管理的影响,深刻分析文化差异和冲突产生的原因,积极采取有效避免和解决文化冲突的跨文化管理策略,对员工进行跨文化培训,选拔本土管理人才帮助企业实现本土化,并注意对一些敏感文化进行规避,避免严重的文化冲突。在尊重他国文化的同时,企业要积极将母国文化和他国文化进行融合和渗透,不断提高不同文化背景员工对企业母文化的理解和认知,帮助企业成功经营。

参考文献

[1]彭汉香. 文化差异与管理差异[M]. 上海财经大学出版社,2010.

[2]王伟. 企业跨国经营过程中的文化冲突问题研究[D]. 中央民族大学,2013.

[3]张智远编著. 跨文化管理案例[M]. 经济科学出版社,2016.

[4]罗正业编著. 人力资源管理概论[M]. 北京邮电大学出版社,2015.

[5]张玉娟. 企业跨国经营中跨文化管理问题的思考[J]. 商业研究,2005(21):117 - 119 + 127.

[6]颜垒,黄静. 我国企业跨国管理与跨文化冲突[J]. 河南社会科学,2017,25(03):35 - 39.

[7]于永达,韩振国. 文化差异与农业"走出去"跨文化管理策略分析[J]. 吉首大学学报:社会科学版,2018,39(02):73 - 80.

跨文化视域下中德企业文化比较研究

徐铃玲

摘要：中德两国的民族文化存在着差异，这种差异使得中德企业文化也有各自的特点。面对激烈的竞争与挑战，中国的企业应该知己知彼，发扬自身企业文化的优点，汲取他国企业文化的长处，逐步发展成具有中国特色的企业文化。

关键词：中德企业文化　国家文化　霍夫斯泰德文化维度

1. 导论

自从中国加入世界贸易组织之后，来华投资的外国企业数量逐渐增多。作为世界重要经济体的德国自然也加入了来华投资的行列，跨国企业、合资企业等纷纷涌现，机遇与挑战共存。2020年度《财富》按营业额评选出世界500强企业，本年度中国大陆公司以124家首次超过美国121家，中国企业实现了历史性跨越的同时，也面临着更大的挑战。

中国已连续五年成为德国最大的贸易伙伴。随着中德两国经贸往来日益密切，中德两国跨文化交流愈发频繁。而文化作为一种软实力，关乎国家和企业的发展前途。而"企业文化"这一兴起于二战之后、源于美国学者对二战后日本经济腾飞原因研究的概念，随着经济的发展也越发受到企业的重视。德国企业作为世界翘楚，其独特的企业文化值得学习。因此，本文从跨文化的角度出发，以霍夫斯泰德文化维度理论为基础，在简析中德民族文化（国家文化）的基础上，对中德企业文化特点进行探讨，以期中国企业能够取其精华,学习德国优秀的企业文化,弥补自身的不足。

2. 企业文化相关概念界定与理论基础

2.1 文化的定义

对于"文化"一词的定义,自古以来便有多种解释。但有了人类社会才有了文化。《说文解字》中对"文"的解释是:"错画也,象交文。'文'本花纹之'纹'。"[1]古人会在身上绘花纹,作"文"一说,即表明了"文"与人类活动的联系之密切。而"化"字,"教行也,依《说文》:'化'乃教化之'化'……文献中教化、变化均作'化'。"[2]这与教化人的行为有所关联。在中国古籍中,便将"文""化"二字关联使用作"文化"说。文化包含人类所创造的物质财富和精神财富,文化总与人类社会的发展密不可分,文化具有教化的功能,用于培养人才,同人的生活息息相关。

从广义上来说,文化是与自然相对而言的。英国人类学家爱德华·泰勒于1871年出版了《原始文化》一书,在书中他提出了文化的概念,即"文化,或文明,就其广泛的民族学意义来说,是包括全部的知识信仰、艺术、道德、法律、风俗以及作为社会成员的人所掌握和接受的任何其他的才能和习惯的复合体"[3],这一定义涵盖了人类社会的诸多方面,更加注重的是人类的精神财富。随后,各国学者都对文化这一概念进行了诸多研究。1952年,美国人类学家克罗伯以及克拉克洪经过调查研究,给文化下了定义:"文化是由外显的和内隐的行为模式构成;这种行为模式通过象征符号而获致和传递……文化体系一方面可以看作活动的产物,另一方面则是进一步活动的决定因素"[4]。这一定义同样是综合性的,文化由人类活动产生,并对人类活动产生影响。随着社会的发展,各国文化之间相互交流、碰撞愈来愈频繁。荷兰

---

[1] 苏宝荣.《说文解字》今注[M].陕西人民出版社,2000:328.
[2] 苏宝荣.《说文解字》今注[D].陕西人民出版社,2000:290.
[3] [英]泰勒著.原始文化:神话、哲学、宗教、语言、艺术和习俗发展之研究[M].连树声译.广西师范大学出版社,2005:1.
[4] 雷淑娟.跨文化言语交际学[M].学林出版社,2012:6.

跨文化管理学家格特·霍夫斯泰德把人们在头脑中形成的特定思维、感情和行为模式与计算机编程做类比，称之为心理程序[1]，也就是将"文化"比作"心理程序"。由此可见，霍夫斯泰德已经把文化看作是某个环境下一类人的思维方式，是某一社会成员所共同拥有的，处在不同环境下的人其思维方式具有差异性。

文化的定义虽广，但总体来说，文化离不开人的活动，离不开人所创造的环境，包含了物质层面以及精神层面两方面的内容，本文着重从精神层面探讨。

2.2 企业文化的定义

由霍夫斯泰德的文化定义可知，文化与人的活动相关，具有独特性。企业文化作为一种文化，在不同的企业中以不同的理念和管理方式呈现出来。

企业文化的发展源于美国学者对战后日本经济腾飞的研究。经历过二战的严重破坏，日本的经济形势非常严峻，但至19世纪60年代末期，日本经济就迅速恢复并迎来了高速增长，各国学者纷纷开始研究日本经济的腾飞的原因。研究发现，其中日本独特的企业文化是使日本经济迅速恢复的重要因素。泰伦斯·E.迪尔和阿伦·A.肯尼迪在合著的《企业文化：企业生存的习俗和礼仪》中指出，企业文化的组成因素是：企业环境、价值、英雄、习俗和仪式以及文化网络。随后"企业文化"的概念便逐渐发展起来。这些因素在公司内部相融合而作用。我国学者定雄武所著的《企业文化》一书中给企业文化所下定义是："企业文化是指企业全体员工在长期的创业和发展过程中培育形成并共同遵守的最高目标、核心价值观和行为规范等，是企业理念形态文化、制度（行为）形态文化和物质形态文化的有机复合体，……是企业成员共享的价值观体系和行为规范，是一个企业具有独特性的关键特征。"[2]

综合各种定义可知，企业文化是企业发展日积月累的结果，它贯穿企业生产过程的始终，是为企业员工共同信奉的价值准则，具有凝聚力，能为企

---

[1] [德]吉尔特·霍夫斯泰德. 文化与组织——心理软件的力量（第二版）[M]. 李原等译. 中国人民大学出版社，2010:3.

[2] 定雄武. 企业文化[M]. 经济管理出版社，2012:6.

业发展指明方向。

2.3 企业文化与国家文化的关系

国家文化，其英文为"nation culture"，也可译作"民族文化"。不同民族之间的文化存在着差异性。"国家文化"这一概念源于霍夫斯泰德的调查。霍夫斯泰德先后对 IBM 公司 11.6 万名员工进行了调查，在对其调查结果进行深入分析、计算结果后，他将民族文化进行了划分，即霍夫斯泰德文化维度理论。霍夫斯泰德指出，国家文化由人们在家庭、生活环境和学校等环境中学习而来，而企业文化主要包括的是组织的实践活动①。就国家文化与企业文化的关系来说，企业文化深受本民族文化的影响，在具有共性的同时，由于每个企业发展方式、领导方式等方面存在差异，所以企业文化也显示出自己的个性特征。

2.4 霍夫斯泰德文化维度理论

企业文化的概念复杂，各国学者在企业文化的功能、结构、层次上均有不同的划分。本文以霍夫斯泰德的文化维度理论为基础，从跨文化的角度对中德两国的企业文化进行对比分析研究。其文化维度理论将文化划分成五个维度：个人主义与集体主义维度、权力与距离维度、阳刚气质与阴柔气质维度、不确定性规避维度以及长期导向与短期导向维度。这几个维度在他的《文化与组织》一书中均有详细的阐述。

权力与距离维度。这一维度"反映的是不同国家的人对于'怎样对待人与人之间不平等'这一基本问题的回答。权力与距离……指的是上下级之间的情感距离"。权力与距离指数较高的国家，"上下级认为彼此之间天生就不平等；等级制度就是以这种不平等论为基础的"。上下级之间的关系较疏远，上级对下级的领导方式多为专制型或家长型，上级制定决策，交给下级执行，下级一般会避免同上级持相左意见。而在权利与距离指数较低的国家，"上下级认为彼此天生平等；所谓的等级制度不过是角色不同而已，制度的

---

① [德]吉尔特·霍夫斯泰德. 文化与组织——心理软件的力量(第二版)[M]. 李原等译. 中国人民大学出版社，2010:304.

建立完全是为了工作的方便"①。上下级关系较近,上级愿同下级协商处理而不是独断专行。在霍夫斯泰德的调查中,中国大陆指数为 80,在 74 个国家中排名 12—14,而德国指数只有 35,位于 63—65 名。由此可见,中国是高权力距离的国家,而德国是低权力与距离的国家。

个人主义与集体主义维度。霍在《文化与组织》中对这一维度定义如下:个体主义(Individualismus)指的是人与人之间松散联系的社会:人们只照顾自己及其核心家庭;相反,集体主义(Kollectivismus)指的是这样的社会:人们从出生起就融入强大而紧密的内群体当中,这个群体为人们提供终身的保护以换取人们对于该群体的绝对忠诚。中国的个体主义指数为 20,而德国为 67,可见中国个体主义明显低于德国,中国人习惯服从集体,集体利益高于个人利益。

阳刚气质与阴柔气质维度。阳刚气质更倾向于冒险、竞争与挑战,而阴柔则倾向于谦虚、谨慎、关注自身生活。"男性的成就强化了其阳刚气质,使他们更加自信和富有竞争性;女性的养育活动强化了其阴柔气质,使她们更加关注人际关系和生存环境"。在这一维度,中德两国的阳刚气质指数同为 66,在 74 个被调查的国家中位居 11—13,说明两国阳刚气质较高。

不确定性规避维度。这一维度指的是"某种文化中的成员在面对不确定的或未知的情况时感到威胁的程度"。中国的不确定性规避指数较低,为 30,而德国高出中国的两倍,指数为 65。这说明中国人在面对不确定性因素时较为坦然,而德国人则会更加焦虑。

长期导向与短期导向维度:这一维度源于霍夫斯泰德对儒家文化的研究。长期导向指的是"培育和鼓励以追求未来回报为导向的品德",而短期导向指"培育和鼓励关于过去和当前的品德——尤其是尊重传统、维护面子,以及履行社会义务"。在霍夫斯泰德的调查中,中国的长期导向指数为 87,德国为 31,两个国家在这一维度上差异很大。中国人讲求实际,勤俭节约,

---

①[德]吉尔特·霍夫斯泰德.文化与组织——心理软件的力量(第二版)[M].李原等译.中国人民大学出版社,2010:60.

会为了长远的目标不懈努力，对未来有长远的规划。而且，中国的储蓄率位居世界首位，"1989年至2018年，中国的储蓄表现稳健，三十年来的年均储蓄率为43.72%，中国总储蓄率在2018年达46.25%，依旧是全球第一"①。而德国人则相对更加注重眼前的利益。

3. 中德企业文化特征分析

民族文化是企业文化的根源所在。根据霍夫斯泰德文化维度理论，中国的民族文化是集体主义、高权力与距离、阳刚气质、不确定性规避程度低以及深受儒家思想影响，具有长期导向。而德国是以个人主义为导向、低权力与距离、阳刚气质、不确定性规避程度高以及短期导向的文化。两国民族文化对企业文化有重大影响。本节着重探讨在民族文化的影响之下，中德企业文化的特点。

3.1 中国企业文化特点

以人为本，以和为贵。中国儒家思想对我国经济发展产生的影响广泛而深远。改革开放后，随着国内企业文化的热潮掀起，经过几十年的发展，我国逐步形成了具有中国特色的企业文化，其中一大特点便是同以儒家思想中的"仁、义、礼、智、信"相结合。我国高科技产业集团正威集团②，其企业文化则明确了"商而兼士，贾而好儒"。《论语》有云："人而不仁，如礼何？人而不仁，如乐何？""夫仁者，己欲立而立人，己欲达而达人。能近取譬，可谓仁之方也已。"《说苑·杂言》记载"天生万物，唯人为贵。而吾得为人，是一乐也"。儒家思想中的"仁"即为"仁者爱人"，注重人的价值，重视人、尊重人。《论语·乡党》中记载孔子对人的重视："厩焚，子退朝，曰：'伤人乎？'，不问马"，体现了坚持以人为本。这种思想被运用在现代企业文化中，则是重视人才的培养以及以顾客为导向，阿里巴巴集团企业文化其价值观之一便是：客户第一，员工第二，股东第三。华为也坚持以客户为先。

---

①刘珊华. 世界主要经济体储蓄——投资与经济增长关系的实证研究[D]. 中央民族大学，2020:22.

②注：本节所提到的企业均为《财富》世界500强2020年度排行榜上的企业。

"和"即追求和谐,以和为贵。"'和'在组织中表现为动态的和谐,是企业伦理道德一种理想境界的反映,是企业文化建设始终追求的重要目标之一。'和'不但崇尚拥有共同的价值追求,又体现和而不同、求同存异的原则"[1]。"和"使得企业内部具有凝聚力,能够更好地应对挑战。恒力集团其企业文化中便强调:尊重人才,和谐共进。

诚实守信,合作共赢。诚信,是企业的立足之本。《论语》有云"人无信不立,业无信不兴,国无信则衰",强调了诚信对个人乃至家国的重要性,现代企业也将诚信作为企业文化建设的重中之重。比如,腾讯集团坚持"坚守底线,以德为先,坦诚公正不唯上",国际化大型综合企业集团海亮集团强调"以人为本,诚信共赢",海尔奉行"诚信生态、共赢进化",阿里巴巴坚信"因为诚信,所以简单"。团结是一种中华民族精神,团结协作也是中国企业文化一大特点,如美的集团"志存高远、务实奋进、包容共协、变革创新"的核心价值观。

志向报国,回馈社会。根据霍夫斯泰德文化维度理论,中国是一个重视集体利益的国家,集体利益大于个人利益,所以在企业文化中,一大特点便是重视对国家和社会的回报,积极承担社会责任。企业创造"'以天下为己任,关心社会,奋发有为'的企业精神,让企业员工和社会认同这种精神,鼓励员工以为社会创造价值为荣,从而形成了中国民族企业家们实业报国、服务社会的理念"[2]。正威集团的企业文化有一条是"振兴民族精神实现产业报国",雪松集团"坚守实业兴中国　创造价值报社会"无不体现着产业报国的理念。

勇于创新,自强不息。当代时代精神的核心便是创新,创新是企业经营最重要的品质,也是中国企业文化建设的一部分。与美国的贸易战中,更能体现出创新的迫切,企业唯有创新才能不被别人牵着鼻子走。格力坚持"忠诚友善、勤奋进取、诚信经营、多方共赢,爱岗敬业、开拓创新"的价值观,

---

[1] 肖楠. 儒家思想在现代企业管理中的应用与价值[J]. 现代商业, 2016(16):108.
[2] 定雄武. 企业文化[M]. 经济管理出版社, 2012:274.

腾讯发扬"超越创新，探索未来"的创新精神，而华为一直奉行的"狼文化"中，也体现了创新进取，以奋斗为本这一特点。

除了以上几点，中国企业文化中还有诸如强调归属感，创造幸福和爱等特点。

3.2 德国企业文化特点

定雄武在《企业文化》一书中说："德国的民族文化受欧洲文化价值观影响很深。而欧洲大陆的文化来源主要是古希腊文化和基督教文化。古希腊文化给欧洲留下了科学和民主，基督教文化给欧洲提供了理想人格的道德楷模"①。在两种文化的熏陶下，德意志民族传承了科学严谨、理性至上、民主自由、勤奋博爱等精神，由这种民族文化发展成了当今的德国企业文化。

以人为本，尊重个性。德国强调个人主义，重视对员工的培养，发挥员工的才干。例如，"西门子公司在提高人的素质方面更为细致，他们一贯奉行的是'人的能力是可以通过教育和不断培训而提高的'"②，同时，也尊重员工的个性化发展，尊重多样性。比如，奔驰就强调员工个性的多元化，认为尊重多样性更能激发员工的创造力和活力；德国软件公司 SAP 公司在其官网中说：成功的核心要素就是承认多样性和包容性，SAP 公司有来自 150 多个国家的员工，超过 180 个国家或地区的客户。德国企业文化中的"以人为本"还体现为企业对可持续发展的重视。可持续发展的核心价值观就是尊重，尊重人、尊重差异与多样性、尊重自然环境，将"以人为本"作为实现可持续发展的首位内容。宝马、大众、奔驰等企业都关注可持续发展，这些德国汽车大亨都在努力探索研发有利于环保的新型汽车，大众集团"TOGETHER2025＋"战略就能很好地说明这一点。德国著名汽车零部件生产商采埃孚公司表示"可持续性"就是其企业文化永恒的主题。

注重质量，创新发展。19 世纪时，德国对外贸易刚刚起步，当时人们将德国制造同劣质、粗制滥造画上了等号。但是，经过 100 多年的发展，"德

---

① 定雄武. 企业文化[M]. 经济管理出版社，2012:266.
② 定雄武. 企业文化[M]. 经济管理出版社，2012:266.

国制造"已然一改前貌,成为高品质的代名词,而且德国企业对品质的追求已然在德国制造的产品中体现出来,并获得消费者认可。注重质量也成为德国企业文化的一大亮点。此外,创新也是德国企业屹立于世界前端的秘诀之一。德国著名汽车品牌无不把创新放在企业文化中,用创新驱动企业发展。

诚信公平,社会责任。德国企业同样以诚信为本,在企业里营造互相信任、互相尊重的氛围,并且强调承担责任。德国讲求人人平等,强调公平,比如德国零售批发超市集团麦德龙企业文化中一条就是"公平对待所有人"。此外,还有直视自己的错误,从错误中学习和进步。比如宝马的"我们不掩饰错误,从错误中学习";大众集团倡导"konstruktive Speak-up-Kultur",即倡导勇于面对风险和错误的企业文化。

怀揣热情,团结协作。德国企业强调员工的热情,努力调动员工的积极性,并且尤其注重团队协作。德国著名运动品牌阿迪达斯其独特的 3Cs(Confidence,Collaboration,Creativity)企业文化之一就是协作,阿迪达斯认为顶尖运动员也需要依赖于他的伙伴:教练、队友和营养师,相互信任、坦诚合作是成功必不可少的因素,阿迪达斯培养的正是充满运动热情、昂扬向上的企业文化。

尊重规则,敢于竞争。"德国企业遵守每一条法律法规,每一个规章制度以及每一条上级的要求。德国人对于法规执行起来说一不二,其原则性是最强的,讲不得半点情面"①。大众集团"TOGETHER2025+"战略的一部分就是 T4I 项目(Together4Integrity),即合规项目,该项目于 2018 年春季启动,目的在于营造一种,让每一位员工在任何时候都能诚信行事并规则的企业文化。

除这些外,德国企业文化还注重以客户为导向,满足客户的需求。

4. 中德企业文化特征比较

中德两国的企业文化有共同之处,因各自民族文化的不同,两国企业文

---

①戴辉. 在华德资企业发展与跨文化冲突[D]. 上海外国语大学,2012:19.

化也有各自的特色。基于上述特点的阐述，以下对中德两国企业文化进行比较：

注重创新，讲求诚信，团结协作。中德企业文化中，创新、诚信、团结是不可或缺的一部分。只有做到这些，企业才能在竞争的浪潮中屹立不倒。

以人为本。中德企业文化在以人为本这一点上达成了共识，都强调以客户的需求为导向，重视人才。人是科技创新最关键的因素，创新的事业呼唤创新的人才。中国企业文化的"以人为本"源于儒家思想中的"仁爱"，而德国企业文化以人为本中，更关注子孙后代的发展，强调可持续发展，积极弘扬生态理念。

中国是以集体主义为导向的国家，主张"舍小家为大家"，集体利益高于个人利益，而且中华民族精神的核心是爱国主义，民族精神是民族文化的灵魂所在。所以，在中国的企业文化中更加注重对国家和社会的回报，充分体现爱国主义精神。而德国是以个人主义为导向的国家，认为个人利益高于集体利益，强调个人利益和个人自由，德国企业文化尊重个性差异，尊重多样性。而且，中国的人际关系复杂，讲究"面子"，所以在中国的企业文化中对待矛盾和错误比较隐晦，相比之下，德国的企业文化则更加开放，具有包容性，比如大众集团所倡导的"Speak-up-Kultur"。

5. 小结

当今国际形势严峻，竞争激烈，中国企业要想在激烈的国际竞争中脱颖而出，优秀的企业文化不可或缺。儒家文化传承至今，仍是中国企业文化的源泉，随着现代企业制度的发展以及现代企业文化建设的逐步完善，儒家文化仍然具有借鉴意义。但是，跨文化交流愈发频繁，故步自封、闭门造车只会阻断发展的脚步，而德国企业文化中的规则与秩序、严谨考究、坦然面对错误及矛盾、追求高品质的特点更加值得中国企业学习。企业文化将在企业发展中发挥越来越重要的作用。

参考文献

[1][德]吉尔特·霍夫斯泰德.文化与组织——心理软件的力量(第二版)[M].李原等译.中国人民大学出版社,2010.

[2][英]泰勒.原始文化[M].连树声译.广西师范大学出版社,2005.

[3]戴辉.在华德资企业发展与跨文化冲突[D].上海外国语大学,2012.

[4]定雄武.企业文化[M].经济管理出版社,2012.

[5]雷淑娟.跨文化言语交际学[M].学林出版社,2012.

[6]刘珊华.世界主要经济体储蓄——投资与经济增长关系的实证研究[D].中央民族大学,2020.

[7]苏宝荣.《说文解字》今注[M].陕西人民出版社,2000.

[8]肖楠.儒家思想在现代企业管理中的应用与价值[J].现代商业,2016(16).

从跨文化人力资源管理视角探析中德语境中克服文化休克的策略

——以招聘和跨文化培训为例

付宇娜

摘要：20世纪以来，经济全球化带动了跨国企业的迅速发展。近年来，随着中德企业间经济交流的日益频繁和合作的逐步深入，一些企业员工会经常被派往异国工作。其间许多外派员工或多或少都会经历文化休克，精神上饱受其带来的困扰和折磨，影响国外的工作和生活，致使心情郁闷，工作效率降低，严重的甚至终止工作提前回国。以一汽—大众的德国工人为例，由于文化和思维方式的差异，部分德国员工不愿和中国员工有除工作外过多的交流，一味埋头工作，导致在工作中发生矛盾；有时因为工作时间过长、连续加班而变得烦躁；有时在双方沟通合作的过程中一言不合就发生争执，甚至拳脚相向。

目前，中德一些文献就克服文化休克这一心理问题提出了许多建设性意见，但大部分研究都只停留在如何从生活、学习方面入手研究解决留学生这一问题的对策，企业外派人员心理问题的研究却很少，据有关资料显示，国内很多企业也不够重视外派人员的这种心理状态变化。

针对文化休克带来的现实问题，本文借鉴亚历山大·托马斯（Alexander·Thomas）的文化标准理论和跨文化培训的相关理论，以文化休克的实证研究为基础，从企业人力资源管理的角度研究克服文化休克的途径，从招聘和跨文化培训两个方面探析中德语境中克服文化休克的有效策略，为中德企业解决相关问题提供了一种新思路。

关键词：中德语境　文化休克　克服策略

1. 绪论

1.1 研究背景

如今，在我国对外开放政策和经济全球化的影响下，越来越多的外国公司来到中国投资兴建工厂，中国经济的快速增长也促使许多中国公司出国加入了跨国公司的行列。以中德关系为例，近年来中德之间的交流越来越多，特别是经济和文化领域的交流日益频繁。在企业界，双方都互相派遣员工出国工作；在高校，越来越多的留学生选择到中国或德国留学。

第一次在异文化环境中生活和工作绝非易事。根据中国驻德国大使馆教育处主页上的统计资料，中国留学生在德国必须应对生活和学习中的双重压力，2012 年 6 月至 7 月，部分中国留学生因学习压力过大而导致抑郁，严重的甚至自杀，他们中的一些人仍在接受抑郁症的治疗，这对于许多首次在德国工作的外籍人士来说无疑也是一个巨大的挑战。

跨国公司中的员工来自不同的国家和文化背景。他们的价值观、思维方式和行为方式有可能完全不同。中德员工之间的文化差异可直接导致误解的产生，甚至导致双方的文化冲突。以一汽—大众公司中员工的文化休克现象为例：一汽—大众汽车有限责任公司是由中国一汽、大众、奥迪和大众中国（全德资）投资设立的，成立于 1991 年 2 月 6 日。几乎每年，大众汽车公司和奥迪德国公司都会向中国派遣大量德方经理、工程师和专家，以便为新项目中的中国员工提供及时的技术支持。一汽—大众公司也会派遣许多中国管理人员和技术工人到德国交流和学习。与此同时，文化休克的心理问题贯穿于整个合作过程中，并且对其日常工作产生一些负面影响：在几乎完全陌生的环境中，一些外籍人士无视当地的风俗习惯，整天独自埋头工作，不想结交当地的朋友，而且产生一系列的消极情绪，如失望、沮丧和恐惧。由于语言、文化差异和交流误解，双方人员会经常发生冲突甚至大打出手；中方上下级之间等级关系明确，下属时刻保持对领导的尊重和服从，而德国人上下级间的权力距离相比之下更小，所以对于中方领导的视察会感到无所适从。除语言问题外，大多数中国员工都无法理解德国人在工作中有自己的处事原则和习惯。例如，德国员工习惯于预先做好每天的工作计划和时间安排，突如其来的工作会让他们感到手足无措和不舒服；个别在中国出差的德国技术工人经常向上司抱怨周末连续加班的问题，因为他不了解，加班对大多数中国的企业来说是常事。

1.2 研究目的、提出问题

本文结合了现有的文化休克和跨文化人力资源管理理论，从人力资源管理的角度分析了企业人资部门如何在人员招聘和跨文化培训方面管理外派人员、东道国本地员工和第三国的外派人员，以一种新的视角探析有效的策略和方法，从而减少员工因文化休克带来的负面影响或缩短影响周期。此外，本文旨在帮助中德跨国公司更好地理解文化差异，意识到文化休克现象的客观存在和跨文化培训的重要性，并为其提供参考价值。

以下内容基于这几个问题来进行探讨：1. 文化休克和跨文化人力资源管理指的是什么？2. 它们之间有什么关系？3. 跨国企业是否可以从人力资源管理角度找到消除文化休克的有效策略和方法？

1.3 文本结构与研究方法

本文共分为四个部分。第一部分包括研究背景、研究动机、研究意义、文本结构、研究方法以及研究重点和难点。在第二章中，它为以下实证研究提供了一系列理论基础，即文化休克、跨文化人力资源管理和跨文化能力（包括文化维度和跨文化培训）的相关理论。第三部分是本文的实证研究部分，以此证明文化休克的客观性和跨文化培训的必要性。第四部分中，将从招聘、跨文化培训两个方面分析消除文化休克的有效方法。

本文的研究方法是文献综述与实证研究相结合，在既有理论的支撑下，为实证研究提供部分理论基础，从而探析出科学的方法论。

1.4 研究的重点和难点

本文的研究重点是将文化休克与跨文化的人力资源管理理论相结合，并提出可行的跨文化适应策略。此外，国内目前在跨文化培训方面的研究仍然不足，部分研究结果相对简单，需要进一步系统化。在实际工作中，许多国内企业仍旧没有跨文化培训的意识，不能理解其重要性和必要性。因此，跨文化培训的理论和实践的丰富是本文的另一个研究重点。

研究的困难在于很少有相关文献结合文化休克理论和跨文化人力资源管理理论进行系统的讨论，如何正确地将两种理论结合起来以提供有效的解决方法是一大难点。其次，国内外大多数研究仅涉及解决留学生的文化休克和跨文化适应问题，关于如何管理企业外派人员，提高他们的适应能力尚无系统的讨论。再者，本文还涉及诸多学科，包括文化学、心理学、跨文化管理和教学法等，从这个意义上说，它具有一定创新性。

2. 理论基础

2.1 文化休克的概念

"文化休克"一词最早是由美国人类学家卡尔韦罗·奥伯格（Kalvero Oberg）于1960年提出的。他认为文化休克"这是一种心理状态，在异文化环境中，所有已知的价值观和行为模式似乎突然对个人失去了有效性。其症状包括想家、抑郁、紧张、易怒、拘谨、莫名其妙地想哭，丧失有效工作能力甚至在新环境中表现出侵略性行为"[①]。这种休克状态少则几天，多则持续6个多月，在国外生活了数年的外派人员也可能会经历长达一年或更长时间的文化休克，严重时甚至会出现自杀的情况。

然而，文化休克这种心理现象是完全正常的，它不是一种疾病。生活在异文化环境中的人或多或少都有这种症状，只是不同人的休克程度不同。随着全球化和国际市场的发展，不同民族和文化的人们之间有了更多更紧密的联系和沟通，文化休克现象变得越来越普遍，这似乎成了外派员工提前回国的主要原因。因此，缩短文化休克是迫在眉睫的。

2.2 跨国企业的人力资源管理

2.2.1 跨国企业的概念

跨国公司是某一国企业受国际市场的引导，直接在国外投资建立工厂或

[①] 伊迪丝·布罗辛斯基·施瓦贝（Edith Broszinsky-Schwabe）. 跨文化交流，误解与理解. 社会科学出版社，2011.

研发中心等，它们将国外资源广泛用于生产和商业活动。跨国公司可以拥有合资企业或独资企业，它们通常有来自不同国家（两个或两个以上国家）的雇员，因此它们的管理具有跨文化特征。

2.2.2 跨文化人力资源管理的概念

人力资源管理是一门严密的学科，它是集行为学、管理学、决策学、统计学等学科最新成就而发展起来的一门交叉学科。随着人力资源重要性的日益突显，企业人力资源管理已具有预测、规划全局发展的特性。"在过去的30年中，人力资源管理作为一门科学已成为管理理论不可或缺的一部分，并且已逐渐失去其作为下属辅助功能的地位。"[1]

通常情况下，人力资源部门会开展许多人力资源管理的活动和任务，人力资源管理与岗位需求、人员配置、人员变动、绩效管理、培训、人员薪酬和工作关系的战略规划有关。跨文化人力资源管理意味着跨国公司在国际化阶段需要接受和培训具有不同文化背景的人员。传统意义上的人事管理比跨国企业的人事管理更加容易，是由于跨国公司中员工的文化背景非常复杂，由于双方在语言、文化标准和维度等方面存在差异，这就使得人力资源管理变得更加困难，因此人力资源部门在合作时必须仔细考虑自己的处境。

2.3 跨文化能力

2.3.1 亚历山大·托马斯（Alexander Thomas）的文化标准理论

亚历山大·托马斯（Alexander Thomas）通过采访具有多年跨文化交流经验的专业技工和管理人员，提出了文化标准的理论，并总结出了中国人和德国人的文化标准。他认为，中国的文化标准是：宗氏制度（氏族和宗派关系）、等级制、狡猾和战术、社会和谐、关系制度（社交网络）、官僚主义和礼节；德国人具有典型的文化标准，包括事实取向、规则取向、时间计划、个人与生活区域的分离、弱语境和个人主义。

---

[1] 伊娃·图伦（Andrew Engelen），伊娃·托伦（Eva Tholen）. 跨文化管理. 斯图加特：Schäffer-Poeschel 出版社，2014.

2.3.2 什么是跨文化能力?

跨文化管理研究所解释说:"跨文化能力可以理解为在异文化中的行为举止能够领会自己的意图,并且可以正确地解释周围环境的行为方式。"克服文化休克的过程也是提高跨文化能力的过程。相反,提高跨文化能力为克服文化休克提供了可能的解决方案。① 古迪孔斯特(Gudykunst)认为:"在跨文化方面进行有效的沟通,不应从自己的背景来解释外国人的行为,而是从第三视角看待和评估这种情况。"②在朱塔·伯宁豪森(Jutta Berninghausen)撰写的《跨文化能力——管理文化多样性》一书中可以找到:"跨文化能力是一个过程,而不是结果。只有当人们不刻意避免跨文化冲突,而是乐于承认并与文化差异进行对话,为了双方在交流中相互理解且不失其文化身份,才会逐渐获得跨文化能力。在跨文化交际中,文化冲突更像是一种学习的机会,这样就可以从中获取经验并获得跨文化能力。"③霍夫斯泰德(Geehrt Hofstede)提出从意识培养、知识和技能三个层面来理解跨文化能力。

意识培养:"在情感层面,是一种开始意识到的过程,在此过程中,人们才能认识并把自己的文化偏见相对化。需要有同理心,能容忍模棱两可,忍受模糊和矛盾的情况,尊重不同的观点以及保持对新挑战的好奇心。"

知识:"认知层面包括对外国的文化、语言、区域研究、政治、历史的了解,还包括对不同的价值观和规范的了解。但与此同时,还要了解文化价值体系的各类模式(例如,上述提到的企业文化的不同极性),这使得差异分类变得容易。"

技能:"行为层面要求能够主动倾听他人,并重复确保正确地理解对方。这还意味着能够通过规则进行交流,保持角色距离和视角转换,并且能够将看似陌生的情形置于新的框架中,从而将它们置于新的含义范围内。"

2.3.3 跨文化培训的概念

跨文化培训是跨国公司采用的培训方法,以实现战略目标并提高东道国

---

① 朱塔·伯宁豪森(Jutta Berninghausen). 跨文化能力——管理文化多样性. 练习教材(第二版).
② 朱塔·伯宁豪森(Jutta Berninghausen). 跨文化能力——管理文化多样性. 练习教材(第二版).
③ 朱塔·伯宁豪森(Jutta Berninghausen). 跨文化能力——管理文化多样性. 练习教材(第二版).

侨民和工作人员素质的过程，其中包括发展培训概念、开展培训课程和评估培训结果。跨文化培训的任务是在国际环境中提高东道国借调人员和雇员的能力。在传统意义上，跨文化培训是指对跨国公司母公司的外籍人员的培训。随着公司本地化战略的发展，东道国的员工培训变得越来越重要，它还包括对来自第三国家的外籍人士的跨文化培训。除外籍人士外，也包括对其配偶和子女的培训。培训时间通常持续1至6个月，最长的时间甚至持续1至3年。培训师有两种类型。一方面，公司聘请内部员工在培训部门任教，教授其他员工的语言和跨文化课程；另一方面，公司聘请其他专业人员，例如大学教授为公司进行授课。

跨文化培训的内容非常广泛，但是培训时间有限。培训内容包括，例如语言、宗教、价值观、生活方式、教育、技术、经济发展状况、社会组织形式、政治和不同国家的法律等。不同的国内外学者对跨文化培训有不同的内容分类，它通常分为三个维度：即认知知识、情感维度和行为能力，也就是跨文化能力的三个方面。舒格克(Schugk)等人把跨文化培训归为四类：普遍文化—信息型培训、普遍文化—互动型培训、个别文化—信息型培训、个别文化—互动型培训。

3. 实证研究

3.1 文化休克的实证研究——跨国公司的文化休克现象与实例

世界各国的企业界中存在许多的文化休克现象。文化休克会导致许多严重的问题，例如恐惧和失望，会危及员工的心理健康。在经济合作中，企业中存在文化休克现象的事实证明，研究诸如高素质外派人才的选拔和跨文化培训等应对策略是必不可少的，这些文化休克实例对后文的方法分析非常重要。此外，本文中，笔者还采访了一些中国人和德国人，询问他们在日常工作中是否经历过或看到过类似的现象，访谈的结果也为后面的方法分析提供了事实依据。

3.1.1 个案访谈和问卷调查

文化休克实证研究的方法包括个案访谈、问卷调查及案例的收集汇总。

经调查共收集到三份调查表,其中两份是案例访谈,另一份出自小红书(The Red Book)的案例(The Red Book 是手机的一款应用程序,与 Instagram 类似,每个人都可以向其中上传自己的生活和有趣的事物,并与他人分享)。问卷通过微信的问卷星(问卷星是微信上的在线问卷)分发,采访通过微信聊天进行,受访者均为跨国公司的中国和德国员工。问卷和调查的基本信息包括性别、职业、公司名称以及以下关于文化休克方面的六个问题:

(1)在前往中国或德国的商务旅行中,您是否有一些负面情绪,如想家、抑郁、紧张、易怒、拘谨、莫名其妙地想哭,丧失有效工作能力甚至在新环境中表现出侵略性行为?

(2)请描述您第一次在德国或中国工作时的心情或感受。

(3)如果是这样,这些负面情绪是什么时候开始的?

(4)这些负面情绪持续了多长时间?

(5)您认为是什么因素造成了这种陌生的感觉?

(6)这些负面情绪如何影响您的日常工作和生活?

个案访谈提问的问题主要围绕以上问题随机进行,以下是文化休克的实际案例:

案例1

菲奥娜(Fiona),德国杜塞尔多夫艺术与设计文化交流研究所的翻译(德国杜塞尔多夫艺术与设计文化交流中心,是德国与中国之间艺术与设计文化交流的专门机构)。当她第一次到达德国时非常兴奋,但也很困惑和茫然。下了国航飞机后,她开始感到非常不舒服,这种不适感持续了大约一个月。陌生的生活和工作环境,陌生的人,不同的种族,语言交流的障碍,包括当地人说话太快或口音过重,她不会在地铁或电车上买票。超市的商品与中国的商品有很大的不同,有时会买错东西。周末,她还会感到非常恐惧,宁愿一直独自待在宿舍里也不想出去。

案例2

李文钊,是凯宾斯基饭店(Kempinski 饭店是一家豪华酒店集团,在世界范围内拥有悠久的历史,最早于1897年在德国成立。目前它在欧洲、中东、非洲、美洲和亚洲都有酒店。它在34个目的地设有76家豪华酒店，包括北京、柏林、布达佩斯、伊斯坦布尔、德累斯顿和圣莫里茨）的一名员工。在前往德国的商务旅行中，下车后他就感到紧张和兴奋，但仍然有些困惑和迷茫，这种不适感仅持续了三天。同时，由于心理素质和对文化差异的认识使他在工作和人际关系方面极为敏感。三天后，无论在工作还是在日常生活中，他的情绪开始逐渐保持稳定。

案例3

乌维（Uwe）是奥迪公司的一名德国雇员，大约50岁。因到中国一汽—大众公司出差，他在中国待了几年。在青岛出差期间，他经常与中国员工在工作中发生冲突。一方面，由于语言的原因，他们存在一些沟通障碍和误解。另一方面，中国员工经常加班，甚至在周末继续工作，没有休息时间。德国员工通常必须连续七天与中国员工一起工作。即使他在中国待了几年，长期的加班工作也使这个德国人变得越来越烦躁和抱怨。

案例4

王宇涛是一汽—大众的一名经验丰富的工程师，在青岛分公司已工作了20多年。他第一次去德国是为了参加一个奥迪的项目。在出国之前，他非常兴奋和紧张，同时充满了期待和渴望，因为当时没有多少人有机会出国，此外他又有些茫然和无助。当他第一次到达德国时，他周围的一切都是新的。在德国大约两三个星期后，负面情绪开始出现。一方面，他必须逐步适应未知的环境和不同的生活方式，衣、食、住、行方面也存在巨大差异。另一方面，他在日常生活中与同事之间有更紧密的联系，会注意到某些人平时发现不了的缺点和另一面。大概两星期后，他终于适应了，一切都步入正轨。

案例5

李是孔子学院[孔子学院是通过中外合作建立的非营利性教育机构，致力于满足各国（地区）人民学习汉语的需要，增进各国（地区）人民对中国语言文化的了解，促进中国与其他国家之间的教育和文化交流。合作、发展中外友好关系，促进世界多元文化的发展，建设和谐世界是主要目标。孔子学院提供汉语教学与交流，以及中外教育文化合作。今天，它已成为各国学习汉语和文化并了解中国的重要场所]的对外汉语老师。她出国后一方面受到尊重，另一方面又有些不安和恐惧。如何乘坐公共交通工具，如何在移民局注册，许多事情与中国的情况有所不同，因此调整阶段花费的时间比她想象的要长。由于她是学校里工作的唯一中国女生，毫无疑问，她会有点紧张。这些负面情绪持续了大约三到四天，一切都清楚了之后，便没有太多的恐惧和焦虑了。她认为，这种不适应更像是一种动力，促使她更快地适应工作和生活。

案例6

这是一个来自"小红书"中的真实案例。一个女生在爱丁堡的头两个月是她的蜜月期。一切都是新鲜的。两个月后，天气转冷，她的情绪状态迅速下跌。具体来说就是她不想出门，对所有社交互动都失去了兴趣。许多以前被忽略的琐碎事情现在变得无法忍受，愤怒和悲伤情绪持续了一月之久，之后她的情感适应期持续了半年。后来，工作变得越来越容易，而且还结识了新朋友，对自己的生活有了更好的了解。

3.1.2 实证结果分析与汇总

综上所述，这些受访者是第一次在中国或德国工作，或多或少都有不适的感觉，工作和生活环境的许多重大变化引起恐惧、躁动等许多负面情绪，并影响到一个人的工作和生活。这种不适感可能是在下飞机后第一次到达德国时出现的，也可能是在德国工作和生活了一段时间后才出现的。但是，这种不适的程度因人而异，不适的感觉持续少则几天，多则几周甚至几个月不等。通过访谈和问卷调查的实例证实了外派人员中文化休克的真实性和客观性，它还证实了文化休克带来的各种现实问题。尽管如此，文化休克不仅会带来许多负面影响，对员工的跨文化适应也有积极的促进作用。

3.2 跨文化培训必要性的实证研究

随着中德经济合作的频率越来越高，跨文化培训日益处于更加重要的地位，已成为企业员工出国前的必备工作，这也是他们有资格出国和接受进一步培训的必要条件之一。跨文化培训的真实案例证实了它的重要性和必要性：

案例 1

据王宇涛所说，一汽—大众的培训部门专门负责员工培训。培训部门为员工提供德语课程，以便他们掌握德语等基础知识。该课程内容涵盖德国的一些生活方式、文化差异、德国的饮食、服装、家庭和交通，例如购物和其他相关的预防措施。同时，以前在德国工作过的员工也会分享他们的经验和案例。学习德语达到一定水平后，就可以在同济大学和北京语言大学等高校进行为期半年的脱产培训，这就是所谓的高级德语课程。在出国之前，公司会组织考试，包括笔试和口试，例如情景模拟等。口试时，由一名德国人与一名中国员工用德语进行口语交谈，对话的内容涵盖了日常生活和汽车专业方面的知识，以测试中国员工的德语水平。但是，德语不是强制性要求，因为公司配有专门的德语口译员，但接受过德语培训后的中国员工能更好地和德方员工进行沟通和交流，使双方合作更加顺畅。

案例 2

长安福特汽车有限公司（长安福特汽车有限公司由美国福特汽车公司和中国长安汽车集团于 2001 年 6 月 25 日共同成立，双方各占 50% 的股份）是一家中美合资企业，总部位于中国重庆。自 2001 年以来，该公司成立了专门的培训部门，配备了专用教室，并聘请了许多培训师进行教学，多次为员工提供了各种形式的跨文化培训。公司的跨文化培训包括新员工引进培训、文化和语言培训以及海外培训。例如，新员工的培训课程是在入职后进行的，内容包括公司价值观、经营理念、公司历史、文化差异、产品知识、人员系统、个人职业生涯规划、时间管理以及会议和组织等，培训时间为两个星期。除技术英语外，该公司还为所有中国雇员提供免费培训，内容包括中美之间的文化差异，与外国人如何打交道等。对来到中国工作的外国雇员的培训主要集中于中国历史、文化和习俗。公司还设立了一个特殊的英语角，邀请外国管理人员和员工轮流开会，以提高他们的语言能力和员工的跨文化能力。最后，该公司还为海外中高级管理人员提供培训，培训内容主要基于技术和文化，大多数部门负责人会被派往美国接受这种培训。

案例3

这是《跨文化交际—跨文化管理》一书中的案例。勒鲁格（Lerouge）是一位法国工程师，在法国的一家日本公司工作。有一天，该公司董事总经理田中（Tanaka）让勒鲁格进入他的办公室，讨论中东的一个新项目。田中告诉他，公司对他的工作非常满意，并希望看到他担任这家新公司的总工程师，他将不得不离开法国两到三年，但是他的家人可以陪伴他，并且在新的职位上他将获得合理的经济利益，当然他也将为他的公司提供有价值的服务。勒鲁格感谢田中对他的信任，但他说必须先与妻子讨论一下，然后才能做出决定。两天后他回来，告诉田中，他的妻子和他都不想离开法国，他不能接受这个提议。田中一言不发，但也感到惊讶，对这一决定几乎无言以对。田中是日本人，日本是男性主导的社会，他认为勒鲁格考虑妻子的意见至关重要。另一方面，对于勒鲁格来说，个人倾向于满足自我的喜好，但是田中对此一无所知。此外，日本是一个集体主义社会，在父母、雇员和仆人等一系列角色中发挥作用，因此他认为应当满足这些身份角色的要求。因此，勒鲁格的拒绝对田中是陌生的，也是有害的，田中对勒鲁格的信任几乎被彻底摧毁。勒鲁格来自法国，法国非常重视个人自由，他认为自己的拒绝绝对没有问题，它们之间的跨文化冲突是显而易见和不可避免的，跨文化培训的重要性是第一位的。

4. 以跨文化人力资源管理的角度分析中德语境中应对文化休克的策略

目前，有多种方法可以克服这种心理危机。本文将从跨文化人资管理的角度，即从人员招聘（选拔）和跨文化培训两个方面，提出克服文化休克的有效建议。在招聘方面，通过视角转换，从中国和德国的文化维度来确定外派人员的选拔标准。对于跨文化培训，本文详细讨论了培训的步骤，包括跨文化准备意识的培养、跨文化培训师的资质认证、培训方案的确定、培训教材的选择以及培训后的效果评估。

4.1 招聘

4.1.1 基于德国文化维度的中国外派员工选拔标准

事实取向：一直以来，德国人对待工作认真严谨、实事求是，不会欺瞒谎报，也绝不虚假夸大。工作上出现问题会当面直接指出来，目的是想更快更好地完成工作。中国外派员工在合作时应该正视对方指出的问题和不足，杜绝玻璃心态，实事求是，不夸张、不浮躁，认真解决工作中出现的各种问题。

规则定位：遵守规则同等重要。中国员工在各种情况下往往容易违反工作规则，相比之下，德国人更喜欢中规中矩地工作，按规则办事，因此他们也会有僵化的刻板印象：不知变通。因此，德国人期望中国管理人员和雇员在合作时能够严格遵守公司的规章制度。

时间规划：按照德国的标准，他们喜欢在日常生活和工作中制订计划。有时他们的计划甚至延伸到未来几个月。此外，计划通常是在很短的时间内做出并严格遵守的。突然出现的事情会破坏他们的计划，使他们感到不安和焦虑。在德国，这可能会引起刺激。另一方面，中国员工的工作安排更加灵活，甚至可以同时处理两件事情。在中德双方的合作中，中国员工需注意要事先与德方预约好具体的地点和时间，然后开展交流合作。

人格与生活区分开：德国人非常重视将个人和生活区分开。与往常一样，他们追求生活质量和个人时间与空间。请注意，在节假日期间最好不要打扰他们。

弱语境：弱语境是一种沟通方式，德国是典型的具有弱语境文化的国家。在德语环境中，有许多清晰明确的信息，言语交流和肢体语言成为交流的主要方式。相比之下，中国以强语境闻名，谈话中暗示了很多隐藏的信息，特别是消极的信息不会通过口头传达，必须在字里行间才能读出其真实含义。大多数中国员工倾向于非言语交流和非直接陈述，为了维持"面子"，他们没有直接表达出自己的情绪和态度，手势和面部表情没有德国人那么夸张和频繁，这种差异可能会导致双方沟通时存在误解，从而导致冲突。因此，中国的外派员工需要掌握许多非言语交流和副语言交流技巧，注意与德国人打交道简明扼要,有直接和清晰的表达,可适当加一些更加夸张的表情和动作来表达自己的意思。

个人主义:德国人具有典型的个人主义的特征。个人的自由受到重视,会更加强调挑战和个人成就,在这种情况下,中国员工应尽量避免扎堆抱团,不断提升个人能力,学会独立自主地解决工作中存在的各种问题。

4.1.2 基于中国文化维度的德国外派员工选拔标准

单位系统(宗族与氏族关系):中国人自古就崇尚集体主义,只有在集体中才会获得安全感,在其影响下,家族观念深入人心,自古以来都是以氏族、家族为单位群居,成为一种精神寄托。在企业中,具体表现为很多中国员工抱团一起工作,而德国人更愿意独立自主地个人奋斗,展现个人价值。德国外派员工应适应这种工作氛围,积极主动融入中国人的工作圈,不要自我隔离,醉心于自我工作。

等级体系:中国在历史长河中经历了五千多年的封建专制等级制度,即使在新中国成立之后,不论是在事业单位还是各类国企、民企中,领导和下级之间仍然保持很大的距离,领导的权威是不容置疑的,各个员工之间有明确的等级划分,从总监到部门经理到主管再到普通工程师,下级要时刻对上级保持尊重和恭敬,这一点对许多德国人来说是十分不适应的,因为德国是一个权利距离较低的国家,上下级之间有的时候没有特别明显的距离,非常有亲和力。德国外派员工应适当尊重中国的领导,与中方领导保持一定的距离,切忌与领导有直接正面的冲突,避免说话过于草率直接。

手段和战术:中国人喜欢在处事时耍点心机和手段,来达到自己真正的目的,使得利益最大化。在商业合作中更是如此,闻名至今的"三十六计"也成了商界惯用的法则。德国人的思维方式与之相比会更加直截了当,没有过多的弯弯绕绕和心计,低语境的交流环境也使得很多德国人在高语境中一头雾水,德国员工应在这种环境中提高防备心理,多学习中国社会为人处世的法则。

社会和谐:中国人自古强调以和为贵、和气生财;闹矛盾、吵架、冲突在企业里都无疑是一种额外的负担,因此努力营造一种和谐的工作氛围是至关重要的。部分德国人会因为文化差异而直接向上级表达自己的不满情绪,这一点在中国企业里边是万万不可以的，应努力维持表面的和谐，在不影响工作的前提下向上级正当地反馈自己的意见。

关系系统(关系网络)：关系系统在中国社会中起着重要作用。相反，做生意取决于人，亲自建立良好的关系是企业成功的前提。宴会对于建立业务关系网络的重要性现在已毋庸置疑。与中方合作时，人际关系通常通过餐桌宴会和聚餐建立。德国员工应努力适应这种交际方式，从而促进双方的合作关系更加紧密，为以后的工作打下基础。

官僚主义：在中国，领导的高高在上权力是不容置疑的，个别领导存在常常脱离实际、不了解下情，时常主观臆断瞎指挥的情况。德国人应了解相应的情况，及时对相关情况进行委婉的解释，切忌当面指责领导的错误。

礼仪：中国素来是礼仪之邦。要有礼貌地与人打交道，以礼待人。在企业里遇到领导或同事应积极打招呼握手，尊重中国人的礼仪规则，应避免直接贴面打招呼和拥抱，和异性交往应注意身体距离。

此外，德国人必须比在德国更灵活地思考和采取行动，工作不一定完全遵循规则和程序，有时还需要解决不属于自己职责范围的任务，中国企业的大多数员工不仅要完成自己的工作，而且经常解决与自己工作无关的问题，对于许多德国人来说，这可能不是常见的做法。同时，教学技能在工作中也很重要，在工作中应确保将此类知识教给其他员工，而不仅仅是做好本职工作就可以了。即使在大学里的教育和学习内容与工作有可能无关，中国人习惯在工作中逐步掌握并积累大多数实用的工作技能。因此，中国工人在不知道时可能会互相提问，做计划和预约安排也并不像在德国那么重要。

4.1.3 基于跨文化适应影响因素的外派员工选拔标准

外派人员几乎在完全陌生的环境中生活和工作，每天都会遇到各种各样的挑战。毫无疑问，公司对他们比普通员工有着更高的要求。基于跨文化适应的影响因素，企业在人员招聘上应选拔符合外派人员核心资质的员工。陈惠将影响跨文化适应的因素分为内因和外因两个部分。公司在招募优秀的外籍人员时很少考虑外部影响，因为这些外部因素通常是不变的。因此，这里仅关注内部因素。内因包括跨文化交际中的个人感知、人格因素(包括内向、外向等），跨文化知识和技能、应对策略（应对文化适应压力）和人口因素（如性别、年龄、受教育程度、婚姻状况、工作经历等）。考虑到妇女在工作中的特殊情况，例如生育，男性雇员会在企业选拔外派人员时被优先考虑；年轻雇员比年长雇员有更强的适应能力，年轻雇员会被优先考虑；受过高水平教育的员工比普通员工更具适应能力，因为他们对新事物更加好奇，同时准备接受新知识并具有接受新知识的能力；此外也应考虑员工的家庭状况，其配偶的工作状况和适应情况直接影响到外派员工的生活和工作，所以外派携家带口的员工会给企业增添一定的负担，就这一点来说，未婚的单身男士可能是首选。但是，像技术骨干这样的一些关键人才如果可以给公司带来更多利益，便可以优先考虑让其出国，因为其多年工作经验可能是最重要的。据统计，几乎没有一家公司不会将具有专业经验的员工派往国外；具有外国工作经验的人显然会具有更好的适应能力；人格因素在国际外派中起着重要作用，具有开朗性格的人更愿意与不同文化的人交流，这使彼此之间的交流更加容易，并与当地人越来越好地融入。跨文化的知识和技能也是必不可少的，跨文化知识包括诸如外国文化的文化标准或文化维度、跨文化敏感性、文化洋葱模型、特定文化的区域研究等。除跨文化知识外，跨文化技能也是出差前必不可少的先决条件，但有些具有跨文化知识的人不一定具有跨文化能力。应对策略涉及应对文化差异的压力，外派人员应具有良好的适应能力和抗压的能力以及对冲突的适当解决方案。

企业人事部门应在人员选拔时结合实际情况综合考量，仔细权衡以上提及的各个方面，把派遣费用降到最低。总体而言，具有良好性格特质和受过高等教育、有国外工作经验、业绩潜力和发展期望，具有一定跨文化知识和跨文化能力的人才是派遣的更优选择。

4.2 跨文化培训

4.2.1 跨文化准备意识的培养

Problemklasse	<2 Jahre	Problemklasse	2-6 Jahre
Sprache / Kommunikation (Verständigung / Orientierungsprobleme)	58%	Reintegration (berufliche / private Rückkehrprobleme, Zukunftsängste)	76%
(Ehe-)partner (fehlende Arbeitsmöglichkeiten, Isolation)	58%	Stammhausbeziehungen (Autonomiekonflikt, fehlende Unterstützung)	61%
Personal / Führung (Personalbeschaffung -führung, -entwicklung)	50%	Arbeitszeit / menge (lange Arbeitszeiten, Termindruck, Geschäftsreisen)	56%
Stammhausbeziehungen (Autonomiekonflikt, fehlende Unterstützung)	50%	Sprache / Kommunikation (Verständigung / Orientierungsprobleme)	54%
Gastlandkontakte (fehlende / unbefriedigende Kontakte mit Einheimischen)	46%	Gastlandkontakte (fehlende / unbefriedigende Kontakte mit Einheimischen)	50%
Reintegration (berufliche / private Rückkehrprobleme, Zukunftsängste)	46%	Personal / Führung (Personalbeschaffung -führung, -entwicklung)	48%
Arbeitsinhalte / -abläufe (Aufgabenneuheit, Überforderung, unbekannte Unternehmenskultur)	33%	(Ehe-)partner(fehlende Arbeitsmöglichkeiten, Isolation)	44%

表格：外派经理遇到的问题
来源：博尔滕(Bolten)，2001：82

这是一项关于中国国际经理在国外派遣期间面临的几大问题的研究。外派时间分为 2 年和 2 至 6 年，共有 7 个类别，分别是语言/沟通、人员/领导、配偶、和总部的关系、和东道国的联系、重新融入和工作内容/过程。从此表中可以清楚地看出，语言和沟通以及配偶原因是 2 年以下(58%)的外派经理面临的最大问题。此外，员工/管理层和母公司关系各占50%，东道国的联系和重返融入所占比例不到50%；新任务和未知的企业文化对国际任务的影响较小。综上所述，语言和婚姻状况是国际任务在初期阶段成功的主要影响因素。对于2到6年的外派人员，回国融入在问题类别中占第一位（76%）；工作和私人归国问题成为2至6年之间外派员工最大的问题；多年后语言和交流也占很大一部分（一半以上）。人员/领导力，例如招聘人员管理和人员发展以及配偶的身份处于问题类别的末尾。

一方面，这项研究为跨文化培训提供了现实的基础，并再次强调了其必要性。另一方面，回国后进行跨文化培训也很重要。随着中德经济合作的加强，越来越多的中国公司将自己的员工派往德国进行交流和进一步培训。但由文化差异引起的许多问题，目前许多中国公司尚未进行专业的跨文化培训，他们甚至没有意识到这一点。与中国相比，德国公司对此更加了解。

因此，中国和德国公司员工克服文化休克的第一步是从管理层到普通员工跨文化准备意识的培养，即跨文化培训，并认识到跨文化培训的作用及其重要性。通过语言、文化层面等方面的培训来改善沟通状况，这样可以尽可能避免与当地居民发生不满接触。配偶的状态，如孤独和缺乏工作机会也可以通过培训或财政支持进行改善，重新融入社会，让在陌生的环境工作和学习企业文化变得更容易。

4.2.2 跨文化培训师的资质认证

跨文化培训师必须获得相应的资格，即获得跨文化培训的资格证书才能进行专业的培训授课。美国认证协会（ACI）推出的国际注册跨文化交际管理师证书是全球157个国家认可的通用证书，它已经由美国联邦政府公证并具有国际权威。凭借ACI证书可有机会参加美国的行业会议、论坛、公司调查、培训课程和其他相关活动，也可以申请加入中国专业人才数据库，并作为高级专业人才储备存档，供人事部门查询。目前ACI证书已得到我国各省人事和社会保障部、教育委员会和行业协会的认可，是雇用、任命、提拔和升职的重要依据。跨文化交际管理师的重点是学习"什么是文化""什么是中国传统文化""不同阶级、性别和年龄的人的文化价值观有何不同""文化比较""如何从美学的角度学习汉语，然后研究和弘扬传统文化"以及"中华民族的突出品格"等相关内容和观念。

此外，2016年12月16日至18日，外语教学与研究出版社在北京举办了中国首届"跨文化培训师高级研讨会"培训之后，受训人员在培训后将成为中国第一批获得ICI—跨文化交际学院的国际和国家认证，包括跨文化培训师的证书和学分。

4.2.3 培训方案和培训教材的选择

培训之前，每位培训师必须制定科学的培训方案，并为课程选择合适的培训教材。中国和德国的培训师针对各行各业的受众群体，有各自不同的培训方案，并使用不同类型的培训教材以及不同的培训方法和培训内容。

目前，中国公司对跨文化培训的意识不强，缺乏专业的跨文化培训教师、培训方案和教材。如今，对中国员工进行有针对性的培训及其研究对跨国公司而言是非常重要的。

4.2.4 跨文化培训评估

培训课程结束后，应对培训的方案、内容、教材、方法及效果进行评估，做出相应的总结；改进培训课程中不合理的设置，逐步完善课堂形式；培训课程中收效好的部分可加以推广应用。

5. 结语

本文从企业人力资源管理的角度出发，探析了中德语境中克服文化休克的有效策略；以文化休克和跨文化培训的实证研究为基础，从招聘和培训两个方面找出了解决这一问题的有效方法。希望对中德跨国企业克服文化休克起到一定的借鉴作用，也希望中国跨国企业从员工招聘着手，选拔出适应国际化发展的优质员工，并且更加重视跨文化培训，使之更加专业化和国际化，从而让中国企业能更好地"走出去"。

参考文献

[1] Andreas Engelen / Eva Tholen. Interkulturelles Management. Stuttgart: Schäffer-Poeschel Verlag Stuttgart, 2014.

[2] Astrid Erll / Marion Gymnich. Interkulturelle Kometenzen. Stuttgart: Klett Lerntraining, 2013.

[3] Edith Broszinsky-Schwabe. Interkulturelle Kommunikation-Missverständnisse Verständigung. VS Verlag für Sozialwissenschaften, 2011.

[4] Jutta Berninghausen. Interkulturelle Kompetenz Managing Cultural Diversity. Trainingshandbuch(2. Auflage)

[5] Hans-Jürgen Lüsebrink. Interkulturelle Kommunikation. Weimar: Verlag J. B. Metzler Stuttgart, 2012.

[6] Helga Losche / Stephanie Püttker. Interkulturelle Kommunikation-Theoretische Einführung und Sammlung praktischer Interaktionsübungen. Ziel Zentrum für interdisziplinäres erfahrungsorientiertes Lernen GmbH, 2009.

[7] Kai Nartel / Thomas Kempa / 舒雨 / 张华南 / 周蕴. Interkulturelle Kommunikation-Interkulturelles Management. Beijing: The Commercial Press 2016.

[8] 余建年. 跨文化人力资源管理. 武汉大学出版社, 2007.

[9] 郑兴山, 陈景秋, 唐宁玉. 跨文化管理. 中国人民大学出版社, 2010.

给在德中国员工的六条跨文化建议
——以特朗皮纳斯文化维度理论为基础

杨 倩

摘要：人与人之间交流不仅是以语言为媒介的思想交流，更是不同文化的交流。相似的文化背景可以促进人与人之间的交流，跨文化背景就有可能阻碍人们之间的交流，尤其当中西文化交锋的时候。而随着全球企业之间日渐频繁的跨国协作，这种由于文化差异带来的交流障碍问题也日渐突出。因此本文将以这一问题为出发点，重点关注在德中国员工与其德国同事之间的交流问题。并借助特朗皮纳斯的文化维度理论一边解释这种文化差异根源，一边为在德中国员工提供可供实践的六条实用建议，希望以此来缓解他们之间的交流障碍。

关键词：跨文化交际 特朗皮纳斯 文化维度理论

引言

自从全球化贸易日渐频繁以及中德关系的日益紧密，越来越多的中国人走出国门，寻求在德工作的机会。德国联邦统计局于2020年4月的一份统计数据显示，截至2019年底，已有超过14万中国人生活工作在德国[①]。对这些在异乡的中国人来说，在德工作既是一份机遇，也是一份挑战，他们必须承受由于不同教育和生活背景带来的巨大观念差异。一位在德企工作过的

[①] Ausländische Bevölkerung. Ergebnisse des Ausländerzentralregisters-Fachserie 1 Reihe 2 – 2019 (destatis. de).

中国员工就曾一边夸奖德国同事的办事效率和准时的时间观念，又同时抱怨那不近人情的德式刻板与固执。这一切都源于中德两国不同的政治、教育、历史、经济等多个层面上的差异，而深植于这些差异背后的最根本原因就是文化的不同，俗话说"一方水土养一方人"就是这个道理。这种由于文化差异带来的问题不仅让中国员工觉得自己很难融入公司团体，同时也使他们在和同事交往的过程中倍感困扰。

为了解决这一问题，本文将从特朗皮纳斯对"文化"这一概念的理解出发，运用其文化维度理论来解释中德文化的差异现象。弗恩斯·特朗皮纳斯出生于1952年，是一位师从于豪夫斯泰德的跨文化方向专家。因此他1993年首次发表的文化维度理论除了发源于早年做企业顾问以及管理培训师时期产生的对文化的看法，以及从来自47个不同国家的15000领导层员工的问卷调查中整理出来各国文化异同之处，也深受老师豪夫斯泰德的影响。根据他的思考，人们可以将文化和企业紧密地结合在一起，并从七个方面来对自己所属的文化进行认同。这七对维度分别为普遍与特殊、个人主义与集体主义、中性与情绪化、关系特定与关系散漫、注重个人成就与注重社会等级、人与时间的关系以及人与自然的关系。其中前五个维度侧重于关注人与人之间的关系，倒数第二个维度则注重人与时间的关系，而最后一对强调处于不同文化的人对自然的看法。本文将依靠特朗皮纳斯的前六对文化维度理论来对比分析中德企业文化，因为最后一对文化维度更多涉及的是人与自然的相处，所以本文中不做详细解释。除了主体部分的文化对比分析外，文章结尾处会为拥有中国文化背景的员工提出在德企工作的六条建议，以此来帮助他们更好地融入德国企业，促进其和德国雇员、领导之间更有效地沟通，同时也希望对他们的晋升之路有所帮助。

1. 中德文化的六方面对比

1.1 普遍与特殊维度

特朗皮纳斯提到的第一对文化维度是普遍与特殊维度，它们主要关注人们是否遵守规则，如果人们遵守规则、规定，按照合同办事，不注重人与人之间的特殊裙带关系,那他们所处的文化就属于普遍维度,与此相反就是特殊维度。在一个拥有特殊维度文化的社会,规则是可以打破的,不是必须要遵守的,人们会愿意花费更多的时间来维护自己与他人之间的关系,并且在处理工作事务中私人关系比遵守规则更加拥有优先的地位。为了研究哪些国家的文化属于特殊维度,哪些属于普遍维度,特朗皮纳斯在他的问卷中提出了这样一个问题:如果您乘坐朋友的汽车,他超速行驶并且撞倒了一名行人,然而此时并没有其他目击者可以证明他超速行驶。在这种情况下,您的朋友可以期待您为他做什么[1]?值得注意的是第三个选项:我的朋友没有任何权利要求我证明他没有超速。根据问卷统计结果,其中有89名德国人选择了这一选项,而中国人只有48名[2]。因此根据特朗皮纳斯的划分,德国的文化属于普遍维度。德国企业不仅注重规定,认为规定就规定,人们必须要按照规定办事,而且他们更在意的是员工的个人能力以及专业性。因此,员工和领导的私下关系并不会对工作产生影响。与之相反,中国刚好属于特殊维度文化,注重事物的灵活性,中国人常说的一句话:"规定是死的,人是活的。"就很好地体现了他们对打破规则抑或是灵活性的偏爱。比如,某些时候人们可以不按照合同办事,临时毁约。除此之外,在中国社会,人们注重强调人与人之间的裙带关系,关系可以凌驾于规则之上。甚至在某些极端情况下,关系可以修改规则。这种特殊私人关系不仅在生活中,而且在职场中也发挥着巨大的作用。那些拥有裙带关系的员工,不仅更容易得上司的偏爱,在职位晋升时候也更容易得到领导的青睐。

1.2 个人主义与集体主义

个人主义和集体主义作为第二对重要的文化维度理论在豪夫斯泰德对"文化"这一概念的理解中就已经扮演着重要的角色。特朗皮纳斯受其老师的影响,也将这一对维度纳入自己的理论中。对特朗皮纳斯来说,个人主义是

---

[1]Trompenaars, F.. Riding the Waves of Culture-Understanding Cultural Diversity in Business, London, 1993:57.

[2]Trompenaars, F.. Riding the Waves of Culture-Understanding Cultural Diversity in Business, London, 1993:57.

指人们在社会活动中是被作为独立个体认同的。反之，如果他们被作为小组成员的一部分而认同，那就属于集体主义。判断一个国家是属于集体主义还是个人主义维度，很重要的一个方面就是看这些国家的公民是否认为个人观点和意见优先于团队和谐，或者他们是独自度假，还是和整个家庭一起享受假期。根据以上判断标准，中国是一个拥有集体主义文化维度的社会主义国家，这一点是不言而明的。几千年以来，我们就一直强调着集体主义。集体是生活的纽带，每一个人都要生活在集体之中，每一个人都要和他人进行合作，个人和集体的关系就像鱼儿离不开水，鸟儿离不开森林一样，而且认为个人应该服从集体，一切集体利益应该优先于个人利益。因此，在工作中员工不仅应该抹去自身属性，考虑整个团队，更应该"同甘共苦"，一起为整个团队项目负责，共同承担责任。如果因为团队中的个人问题而导致整个团队工作失误，那么被责问的就不只是个人，而应该是团队中的所有成员。除此之外，团队中的个人还应该有义务共同维护整个团队的和谐与凝聚力。因此，在这种集体主义文化维度中生长起来的中国员工很难突然一下适应拥有个人主义文化维度的西方职场。他们一方面会因为没有考虑团队中其他成员的意见，顾及他们的感受而感到羞愧，另一方面会觉得团队中的其他成员没有顾及自己的想法而感到备受冷落。因为这些国家与中国文化恰恰相反，他们更注重强调"我"，"我"干了什么，认为"我"要为自己的工作负责。杰奎琳在她的书中就曾特意提到过德国雇员对中国集体主义观念的惊讶，并且当这些德国雇员被问到更偏向于团队工作还是独立工作的时，他们出奇一致的都选择了独立工作[1]。因此我们可以看出，一个在德国工作的中国员工应该多为自身打算，不能因为自身传统的集体主义思想而放弃自己的观点，更应该做的是强调自我，注重自己。

1.3 中性与情绪化

除了集体主义与个人主义文化维度，特朗皮纳斯还提到了第三对文化维

---

[1] Jacquline, Kotte/ Wie, Lie. Geschäftlich in China. Verhaltensweisen verstehen und geschäftlich umsetzen. Wißner Verlag, Augsburg, 2007：38.

度，中性与情绪化维度。它主要关注拥有不同文化背景的人如何处理自己的情绪，以及是否愿意主动表达自己的想法。在中性文化维度中生长起来的人懂得隐藏自己的激动情绪，他们不会直接将自己的情绪表现出来，更愿意保持沉默，但是人们可以通过他们的姿势或者脸部微表情来间接察觉这些被隐藏起来的激动情绪。并且对他们来说，这些情绪也很容易被突然缓解。除此之外，身体接触以及夸张的表情对他们来说都是禁忌，人们更在意的是得体、含蓄委婉的表达方式。按照特朗皮纳斯对情绪化社会维度的定义，那些热衷于表达自身情感，愿意毫无保留地向他人展现自身的情绪民族文化属于情绪化文化维度。对于一个国家文化是属于中性维度还是情绪化维度，特朗皮纳斯在他的问卷中提出了这样一个问题：如果工作中的某点让您感到很生气，您是否会隐藏自己的情绪？据统计图表显示，选择隐藏的德国人和中国人的百分比分别为35%和55%[1]。因此按照统计结果，中国文化更倾向于中性维度，而德国文化则属于情绪化维度。所以在德国企业中，不管是领导还是雇员，他们都会直接地表达自己的情绪，比如，当他们对某事感到不愉快的时候，一般情况下也会直言不讳地说出来，并且运用语调、表情和动作来表现自己的情绪。而生长于集体主义维度的中国员工则更愿意为了整体团队和谐而选择放弃表达自己的观点。此外，众所周知，中国人还好面子，乐于维护自己的面子，因此，当遇到令他们感到不悦的事情或是不好意思表达自己观点时候，为了所谓的面子，中国员工也可能会隐藏自己的观点和情绪，只通过面部微表情或者动作表达自己的不满，他们有时甚至会沉默不语。德国员工不仅将这种含蓄的非语言式表达解释为一种隐藏式游戏[2]，而且明显表达出了他们对此感到的不悦，尤其针对中国员工的沉默，曾经就有一名德国雇员这样评价这种中国式沉默：

---

[1] Trompenaars, F.. Riding the Waves of Culture-Understanding Cultural Diversity in Business, London, 1993:96.

[2] Jacquline, Kotte/ Wie, Lie. Geschäftlich in China. Verhaltensweisen verstehen und geschäftlich umsetzen. Wißner Verlag, Augsburg, 2007:64.

德国和其他来自西方的同事都十分开放,他们乐于表达自己的观点。如果他们想什么,他们就干什么,并且会表达他们是否对这件事感到满意,如果不满意,他们就回答不。但是中国人是完全相反的,如果他们对什么感到不满意,也不想干,那接下来的就是沉默,尤其是在谈话中①。

因此,我们看出,德国同事以及领导需要的是人与人之间的眼神交流,以及积极主动的语言交流,并且期待收到他人的反馈,而不是沉默,或是委婉。

1.4 关系特定与关系散漫

关系特定与关系散漫这一对维度重在考量个体在某一环境下给出的信息是否直击问题中心,以及所给出信息的重要程度。判断一个民族文化是属于关系特定维度还是关系散漫维度主要依据以下三个方面:首先需要关注的是,个体在谈话的时候是否直接回答提问者的问题,注重问题的解决,不绕弯子。其次需要注意的是,他的回答是否具有透明性以及准确性。最后还应该记得观察,道德因素以及某些原则因素是否会被说话人考虑进去。根据以上判断标准,如果属于一个特定国家文化的人民说话时不兜圈子,直接清楚地表达自己的观点,并且不因为其他的因素而改变自己的看法,那么这样一个民族的文化则属于关系特定维度;反之,一个民族文化中的人说话容易兜圈子,题不达意,内容模糊,让人捉摸不清,而且会因为外部因素影响自己的观点,那么这样一个民族的文化就属于关系散漫文化维度。

因此,根据以上三个方面的划分,德国文化属于关系特定文化维度。在与德国人的交往中,中国人常常感到很困惑,德国人为何如此直接。这是因为德国文化属于关系特定维度,他们注重信息的饱和度,以及信息是否有效地传递,听话者是否能理解"我"的意思。因此德国人在和别人打交道的时候,不仅会直接表明自己的态度,而且会回答到点子上,以至于不让听话者

---

① Jacquline, Kotte/ Wie, Lie. Geschäftlich in China. Verhaltensweisen verstehen und geschäftlich umsetzen. Wißner Verlag, Augsburg, 2007:64.

产生一种听不懂的感觉。而与此相对，中国文化就属于关系散漫文化维度，中文里刚好有一个词可以很形象的概括这种文化维度现象，那就是"打太极"。"打太极"用来形容说话者词不达意，含糊不清，不直接回答问话者提出的问题。而这种现象在中国企业里十分普遍，当被问话者遇到碍于面子不想回答，或者无法回答的问题时，他就会故意使用这种"打太极"的招数，东拉西扯，来避免直接回答被提出的问题。华裔设计师刘扬就曾在她的画集《东西相遇》中用一组插画来生动地说明了这一中德文化差异，画中左边蓝色部分代表德国，右边的红色部分代表中国。当中德两国人表达自己的观点时，左边的德国人观点表达过程被用一根直线来表示。然而右边中国人的表达过程则看起来像一团被揉乱的毛线。这副插画一目了然地表明作者的观点：德国人偏爱直来直去，而中国人偏爱"打太极"。然而值得注意的是，这种"太极文化"似乎很难使中国员工顺利融入德国职场。一段中国人的采访就很清晰地表明了他的德国朋友对这种含糊不清的表达方式倍感奇怪和不理解：

> 一个德国朋友正在和她的中国同学对话。因为她一直从她的同学那里得到的是模糊不清，偏离问题的回答，所以她一直在重复这个简单的问题。她相信，那是因为她的同伴没有理解这个问题。最终我还是决定插手了，我通过另一个问题来回避这个他们谈话主题。就这样，我给我的朋友解释到，这位中国朋友可以很好理解你的问题，只是他不想直接回答。因为这个问题让他觉得不舒服，所以他采取打太极的方式。我的德国朋友感到很奇怪，不能理解这个行为。但是她很感谢我的解释以及我的问话策略。①

由以上的分析和采访可以看出，我们的回避策略不适用于德国职场，这种规避方式不仅让德国人感到很奇怪，还会让他们误解我们的意思，并且没

---

① Jacquline, Kotte/ Wie, Lie.. Geschäftlich in China. Verhaltensweisen verstehen und geschäftlich umsetzen. Wißner Verlag, Augsburg, 2007:64.

法从这些含糊不清的信息里真正明白我们的意图。

1.5 注重个人成就与注重社会等级

注重个人成就或注重社会等级维度是最后一对由特朗皮纳斯所总结的侧重人际关系的维度。这一维度旨在关注，一个人的社会地位是由他的出身、宗教信仰、年龄、教育背景和关系，还是由他所获得的个人成就所决定的。如果一个社会对他人身份地位的关注点主要来源于出身和社会特性，那么这样一个社会就属于注重社会等级维度。与此相反，如果一个社会文化对人的社会地位评判标准来源于他所做的贡献以及成就，那么这种文化就可以被称为注重个人成就文化维度。判断一种文化是属于个人成就还是注重社会等级维度有以下三个点可供观察：首先可以观察，生活在这类文化下的人们如何对他人进行称呼，是比较偏向于用表示个人能力的头衔来称呼他人，还是用表示个人地位的头衔。其次值得注意的是，人们对一个人社会等级的划分是取决于他的能力、专业度，还是以等级来作为评判他人组织以及执行能力的标准。最后需要关注的是，是否每个人都有公平晋升的机会，年龄、性别以及背景是否是考核职员晋升的重要标准[1]。根据以上三点的划分，中国社会文化更偏向于注重社会等级文化维度。中国人十分注重称呼，比如在中国职场中，我们随处可以听到刘处长、张部长、吴经理等。这些某某处长、部长、经理等的头衔直接地体现了他们个人社会地位。另外，在中国的晋升机制中关系发挥着巨大的作用，有关系的员工更容易得到上司的特殊待遇和关照。虽然近年来我国职场的男女性别比例已经有了大幅度的改善，但是处于管理层的男性数量还是明显多于女性的数量。与之相对，德国文化被定义为注重个人成就文化维度，职场中领导更加注重的是员工的个人能力，并且在称呼他人时，头衔也总是被忽略。如果一位中国员工想要和他的德国经理打招呼，那么他就应该称呼他的经理为某某先生，而不是某某经理。并且如果这位中国员工想要顺利地晋升，那么就应该凭借自己的真实能力，而不是私

---

[1] Matthias, Sure. Internationales Management Grundlagen, Strategien und Konzepte, Springer Gabler Verlag, Wiesbaden, 2017:73.

下去和自己的领导搞好关系，因为如前文所分析，关系在德国职场中发挥的作用几乎微乎其微。

1.6 人与时间的关系

这一对维度不仅旨在解释不同文化的人对过去、现在和未来的看法，同时也关注他们对时间的感知，时间在他们的处事中是连续的，还是共时的。根据特朗皮纳斯的结论，与对过去和现在的关注度相比，德国是一个更加关注未来的国家，所以在德国社会中，人们更加注重对未来计划，这一点尤其体现在德国的准时制度和预约制度上。因此，一个刚到德国工作的中国人应该学会对自己的事情进行计划，将它们有条有理地进行规划，而不是让所有的事情乱作一团，手忙脚乱，不知如何下手。此外，特朗皮纳斯在人与时间的关系这一维度还重点强调了人对时间的看法，并将它划分为两种方式：其中一些文化背景的人视时间为连续的，而另一些文化背景的人则认为时间是共时的。人们可以从以下三个方面来判断来人们对时间的感知：首先被提到的是，生活在特定文化背景下的人是一次只可以干一件事，还是同时做好几件事。其次，当他们和他人约定见面时，是会约定一个精确的时间点还是只给出一个大概的时间段，以及是否会准时赴约。此外，对他们来说，是关系比计划重要还是计划比关系重要。如果一种文化中的多数人可以同时做好几件事，并且约定见面时间时只给出模糊的时间段，同时认为关系比计划重要，那么他们对时间的感知就是共时性的，反之则为连续性的。根据这一划分标准，中国人对待时间的看法为共时性的，而德国人的看法为连续性，因此多数德国人在一段时间内只能一心专注于一件事，完成一个任务才能接着做另外一个任务，对他们来说工作应该有条不紊地展开。除此之外，德国社会十分重视准时，他们对时间的计划精确到了几点几分，并且认为计划就是计划，即使是关系亲密的人也不能打破自己的计划。然而不同于德国人对时间的感知，我们中国人认为时间是共时的，一般情况下，我们同时完成几件事，并且约定的见面时间是可以突然修改或者取消的，例如，在国内就经常会发生这种事，眼看就快要到了朋友的见面时间，他却突然不能赴约。因此，我们可得结论，一名在德企工作的中国员工不仅一定要注重对时间的把握度，而且要对自己的工作内容提早计划，有条不紊，做到心中有数。

2. 结论

以特朗皮纳斯的前六对文化维度为依托，本文在每一章首先对中德两国文化分别进行归类，然后再逐条分析两国文化的差异之处，并以这些差异之处为突破点，为在德工作的中国籍员工总结出来了六条建议。首先，根据第一对普遍与特殊维度，中国员工在德企应该注重规则，遵守规矩，不能让自己和同事、领导之间的关系凌驾于规则之上。即使再好的私下关系也不应该被用来打破规则，更应该做的是不断加强自己的专业能力，以过硬的工作能力获取同事领导的尊重。再者，我们要将自己的集体主义思想逐渐转换为个人主义思想，在注重合作的同时，强调自身独立，多从"我"的角度出发。其次，在德国这样一个直来直去的社会，要学会表达自己的观点，说明自己的不满，而不是隐藏自己的情绪。再次，我们不能因为好面子不好意思回答选择沉默，或者因为被问到的问题感到不愉快而采取规避的"打太极"方式，这种方式不仅无法有效地传递我们的想法，更会让德国员工感到不愉快，从而不能实现有效的交流。我们更应该做的是积极面对，正面回复。还有一点十分重要，德国文化属于注重个人成就维度，因此中国员工应该在称呼自己的领导时提醒自己去掉对方的头衔，且不依靠德国同事的职位高低来判断对方的工作能力。最后，应该加强自己的时间观念，遵守约定时间，注意准时准点。并且还要对自己的工作内容提早分步计划，做到计划明确，有条不紊。总之，作为一名在德国工作的中国员工，应该慢慢学习消除因为文化不同而带来的观念差异问题，入乡随俗，逐渐向德式工作作风靠拢。只有这样才能和领导、同事实现有效沟通，工作更加顺利。

参考文献

[1] Eckrich, K.. Bedeutung der interkulturellen Kommunikation in globalen Märkten; in: Praxis der Außenwirtschaft, Schriftenreihe der FHDW Bergisch Gladbach, Band 5, Aachen, 2005:69-91.

[2] Jacquline, Kotte/ Wie, Lie. Geschäftlich in China. Verhaltensweisen verstehen und geschäftlich umsetzen. Wißner Verlag, Augusburg, 2007:38 – 64.

[3] Matthias, Sure. Internationales Management Grundlagen, Strategien und Konzepte, Springer Gabler Verlag, Wiesbaden, 2017:58 – 63.

[4] Michael, Poerner. Die Darstellung Chinas in interkultureller Ratgeberliteratur, Peter Lang GmbH Internationaler Verlag der Wissenschaft, Frankfurt am Main, 2009:33 – 38.

[5] Sebastian, Vieregg. Kulturelle Faktoren in der internationalen Geschäftsentwicklung, GWV Fachverlage GmbH, Wiesbaden, 2009:51 – 57.

[6] Tina, Adili. Controlling in China. Guanxi und Kultur als wichtige Schlüssel zum Geschäftserfolg, Diplomica Verlag, Hamburg, 2008:64 – 75.

[7] Trompenaars, F.. Riding the Waves of Culture-Understanding Cultural Diversity in Business, London, 1993:57 – 96.

[8] Trompenaars, F.. Resolving International Conflict: Culture and Business Strategy. In: London Business School (Hrsg.), Business Strategy Review, Volume 7 Number 3, London, 1996:51 – 68.

[9] Ausländische Bevölkerung. Ergebnisse des Ausländerzentralregisters-Fachserie 1 Reihe 2 – 2019(destatis. de).

中德企业形式对比

——以有限责任公司和股份有限公司为例

窦文浩

摘要：在经济全球化大背景下，中德之间的贸易往来越来越密切。越来越多的中国人和德国人选择前往对方的国家进行投资合作。但在合作过程中，由于对东道国的法律制度和公司形式缺乏了解，投资者和东道国员工以及合作者之间产生了许多误解，甚至部分投资以失败告终。因此，对中德与公司有关的法律制度与本国的法律制度加以比较，寻找两国法律之间的异同至关重要。在投资过程中，有限责任公司和股份有限公司是投资者接触最多的企业形式。本文从公司的设立和公司内部的组织机构两方面对这两种企业形式进行比较，分析它们之间存在的异同。

关键词：中国　德国　有限责任公司　股份有限公司　比较

1. 绪论

21世纪以来，中国的经济实力日益增强，中国在国际市场中的地位也在不断提升。在"中国制造2025"国家战略的激励下，越来越多的中国企业选择"走出去"，到海外参与投资，掀起了一股中国企业海外投资并购的热潮。其中，德国因其雄厚的经济实力、极具吸引力的投资激励政策、安全的投资环境等优势成为中国投资者投资的首选之地。同样，中国也因其广阔的市场、持续稳定发展的经济受到了德国企业的青睐。中德两国在经济领域的合作交流变得越来越频繁。

然而，两国企业的跨国合作并不总是成功的。由于对东道国投资环境、文化背景和企业文化缺乏了解，缺乏跨国管理经验，部分企业的跨国合作以及企业经营以失败告终。特别是大多数企业在投资前从未接触过东道国的法律制度，对东道国公司建立经营相关的法律制度缺乏了解，仍按照本国的制度来注册管理公司，最终成为公司跨国合作、跨国经营的一大难题。

企业分为个体企业、人合公司、资合公司等多种形式。其中资合公司中的有限责任公司和股份有限公司是中德两国最受欢迎的企业形式。在两国企业的交流合作过程中，这两种企业形式也为双方所偏爱。本研究以中德两国的企业制度为研究对象，对有限责任公司和股份有限公司进行简要介绍，分别分析对比中德两国有限责任公司和股份有限公司在公司设立、组织机构等方面存在的异同。

2. 有限责任公司

有限责任公司（德语：Gesellschaften mit beschränkter Haftung，简称GmbH）是19世纪90年代德国人专门为中小型企业而设立的一种企业形式。不同于股份有限公司等其他企业形式，有限责任公司不是在长期的经济活动中自然形成的，而是一种人为设立的企业形式。它使得经营者能够在避免承担无限责任的条件下经营中小企业，即有限责任公司的股东以其出资额为限对公司承担责任。[①] 而公司则以其全部资产为限对公司的债务承担责任。[②] 例如，某有限责任公司注册资金50万人民币，某股东出资20万，如果公司欠款100万，当公司无偿还能力破产偿债时，该股东最多偿还的债务为其出资的20万，并不涉及该股东的个人资产。

2.1 公司的设立

有限责任公司在设立时，需符合各国法律对其股东人数、注册资本、公司章程和公司名称等方面的规定。在中国，股东人数应限制在2人以上50人以下。而德国对有限责任公司股东人数的规定较为宽松，股东人数为一人

---

① 《中华人民共和国公司法》第三条。
② 《中华人民共和国公司法》第三条。

及以上即可申请设立公司。

另外,中德两国有限责任公司的最低注册资本也有所不同。根据《中华人民共和国公司法》的规定,有限责任公司的注册资本是指在公司登记机关登记的全体股东实缴的出资额。[①] 有限责任公司应根据其经营范围缴纳不同的注册资本。一般来说,以生产经营或商品批发为主的公司注册资本不得少于 50 万元人民币;以商业零售为主的公司注册资本最低限额为 30 万元人民币;科技开发、咨询、服务性公司的注册资本相对较低,为人民币 10 万元。[②] 德国《有限责任公司法》将所有有限责任公司最低注册资本设为 25000 欧元。

公司章程是公司组织和活动的基本准则,与《公司法》共同肩负调整公司活动的责任。公司在登记之前需由股东共同制定公司章程。德国的公司章程涉及内容较为简单,需包含公司名称及公司所在地、公司营业范围、股本总额、股东数量及每一股东对股本所应缴的出资额(股本出资额)这几个方面[③],而中国的公司章程除去这几点还应包含股东的权利和义务、股东转让出资的条件、公司的法定代表人等方面,内容较为具体。在中国,全体股东通过公司章程后需在章程上签字、盖章。而在德国,股东仅需要在公司章程上签名。在德国人们只认可签名,并不承认公章的法律效力,所以中国企业在德国投资、与德商进行商业合作时应避免只使用公章,而不签名的情况发生。公司名称方面,中国和德国的要求是一样的,必须在公司名称中标明有限责任公司(GmbH)字样,如贵阳南明老干妈风味食品有限责任公司、Bosch und Siemens Hausgeräte GmbH。此外,有限责任公司的注册登记机构在这两个国家也有所不同:在中国,公司前往公司所在地当地的市场监督管理局进行商业登记;而在德国,公司的商业登记在公司所在地当地的法院进行。

2.2 组织机构

中国有限责任公司组织机构

---

① 《中华人民共和国公司法》第二十三条。
② 《中华人民共和国公司法》第二十三条。
③ Gesetz betreffend die Gesellschaften mit beschränkter Haftung, § 3.

中国有限责任公司中设立股东会、董事会和监事会三个机构。这三个机构以及经理等高级管理人员在公司内部所处的位置以及它们之间的关系如图一所示。

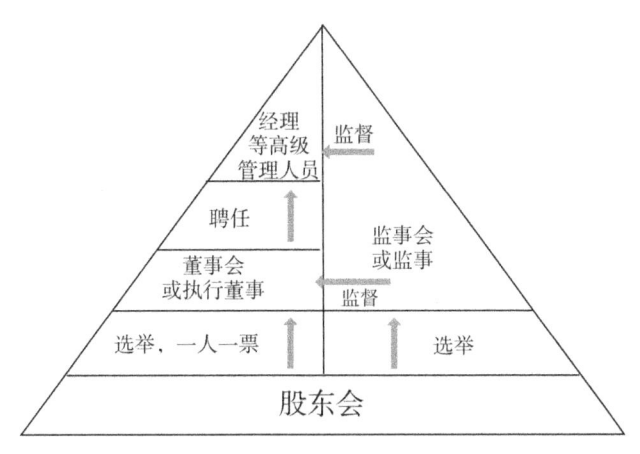

图一　中国有限责任公司内部组织构图

股东会由全体股东组成，是公司的最高权力机构，它有权决定公司的经营方针和投资计划、修改公司章程和对公司清算以及董事和监事的选举和更换等最基本的问题。[1]

董事会由股东会选举，执行股东会的决议，对股东会负责，在召集股东会时还需要对股东会报告工作。董事会是公司的决策机构，基本上决定了公司所有的重大事项，包括决定公司的经营计划和投资方案、制定公司运行相关的具体方案、决定公司内部管理机构的设置以及任免经理等公司高级管理人员等。董事会成员人数需限制为3人至13人，设一名董事长。董事长为公司的法定代表人。在股东人数较少和规模较小的有限责任公司可以不设董事会，但须设一名执行董事。执行董事为公司的法定代表人。有限责任公司经理由董事或执行董事负责聘任或解聘。以经理为核心的高级管理人员是公司的执行机构，负责组织公司的日常经营管理，其职能包含实施董事会决

---

[1]《中华人民共和国公司法》第三十八条。

议，设计经营管理组织结构与其职能，安排经营计划的执行等。① 中国《公司法》还规定，有限责任公司必须设立监事会或监事。

监事会或监事一部分由股东会选举产生，另一部分由公司职工代表组成，代表股东与员工监督并约束董事、经理和财务负责人等高级管理人员，避免董事和高管利用职权损害公司权益情况的发生。但它们并没有决策公司重大事项以及组织公司日常经营管理的职能，只是公司的监督机构。另外，董事、经理及财务负责人不得兼任监事。

德国有限责任公司组织机构

德国有限责任公司设立的组织机构一般包括股东会（Gesellschafterversammlung）和董事经理人（Geschäftsführer）以及监事会（Aufsichtsrat）三部分。其中股东会和董事经理人是必设机构，而监事会是任意性机构。② 德国法下的有限责任公司股东会的职能与中国股东会的职能类似，股东会是公司的最高权力机关，主要审议追加资本、任免董事经理人、检查公司经营、修改公司章程等重大事宜③。

德国有限责任公司的董事经理人负责领导公司的日常经营管理，董事经理人的聘任或解聘都由股东会决定。有限责任公司法规定，董事经理人是公司的法定代表人，负责整个公司的合规运营。④ "董事经理人的职权包括为取得公司的商业目的而采取全部必要的措施与决定，尤其是投入与协调公司的资源，并包括设定实质上的以及时间上的阶段性目标。"⑤董事经理人服从股东会决议，对外代表公司，对内负责经营管理。

不同于股东会和董事经理人，监事会只是德国有限责任公司的任意性机关。有关有限责任公司设立监事会的事宜，《德国有限责任公司法》做出了以下规定：在德国，只有当雇佣人数达到500人及以上时有限责任公司才必须

---

① 匡怡觉. 2014：4.
② 朱泓睿. 2018：90.
③ 朴实. 1994：40.
④ Gesetz betreffend die Gesellschaften mit beschränkter Haftung，§ 43，1.
⑤ 匡怡觉. 2014：9.

设立监事会。500 人以下的公司可以不设立监事会。当有限责任公司的经营涉及公众利益时，该公司必须设立监事会。由于德国有限责任公司监事会的职能与股份有限公司项下的重合，且监事会在德国有限责任公司中并不是必要机关。因此，有关德国监事会的职能将在德国股份有限公司这一部分中涉及。

中德有限责任公司组织结构的比较

如上文所述，中德有限责任公司内部组织结构构成及其职能存在着一定的相似性，同时也有一定的差异。其中，中德有限责任公司股东会都是公司最基本的机构，是公司最高的权力机关。在公司章程未做出其他规定的情况下，股东会可以就除法律规定的其他机构职权外的其他公司事宜拥有决定权。[①] 此外，德国有限责任公司股东会还兼具监督的职能。尤其是在雇员人数低于 500 人或经营范围涉及公众利益等未设立监事会的公司中，股东会需承担监督董事经理人等高级管理人员的责任，确保他们在公司的决策和管理过程中不会做出以权谋私、损害公司利益的事。

在德国，董事经理人负责公司的管理与运营。董事经理人需执行股东会的决议，并制定公司运行相关的具体方案，与中国有限责任公司董事的职能类似。此外，德国董事经理人还负责公司的具体运营，在中国这是属于经理的工作。由此可见，德国有限责任公司的董事经理人的职能与中国有限责任公司董事和经理的职能具有一定的重合性。德国董事经理人既是公司的决策机构又是公司的执行机构。

此外，中德有限责任公司中都设有监事会（或监事）。但两个国家对监事会的设立有不同的要求。在中国，有限责任公司必须设立监事或监事会，监督董事、经理等高级管理人员的行为。但在德国，在人数较少的有限责任公司中，监事会的设立不是强制的。而原属于监事会的监督职责则由股东会履行。只有在人数较多或部分经营范围较为特殊的有限责任公司才必须专门设立监事会。

---

①匡怡觉.2014：9.

3. 股份有限公司

股份有限公司(Aktiengesellschaften)是一种大型企业的公司模式，它的历史可以追溯到17世纪。股份有限公司是资合企业的重要形式之一，股东以其所持股份为限对公司承担责任，而公司则以其全部资产为限对公司的债务承担责任。① 该公司全部资本分为等额股份，每一等分都为股票。股份有限公司可以通过发行股票向社会公开募集公司生产经营所需资金。

3.1 公司的设立

《中华人民共和国公司法》规定："设立股份有限公司，应当有五人以上为发起人，其中须有过半数的发起人在中国境内有住所。"②而德国《股份法》并未对公司发起人人数和国籍做出限制，一个发起人就可以申请设立股份有限公司。这在一定程度上也促进了来自中国和其他国家的人前往德国投资，推动了德国经济的发展。在中国，注册一家股份有限公司应在相关机关登记至少1000万元人民币的注册资本；而德国的最低注册资本相对较低，为5万欧元。与有限责任公司类似，中德两国股份有限公司必须在公司名称中表明股份有限公司或AG字样，如珠海格力电器股份有限公司、Bayerische Motoren Werke AG。公司章程、注册机关等方面的规定在上文有限责任公司的设立部分已提及。

结合中德法律对有限责任公司设立的规定，可以得出以下结论：相比于德国法律，中国法律对有限责任公司设立方面的限制较多，限制范围涉及股东或发起人人数及国籍、最低注册资本的分级及金额等。中国企业公司章程包含的内容也更多、更具体。

3.2 组织机构

中德两国股份有限公司设股东大会(Hauptversammlung)、董事会(Vorstand)和监事会(Aufsichtsrat)三个机构，分别拥有所有权、经营权和监

---

① 《中华人民共和国公司法》第三条。
② 《中华人民共和国公司法》第七十五条。

督权。

在中国，股份有限公司股东大会是公司的权力机构。股东通过股东大会对公司的重大问题发表意见，例如，公司章程的修改、原始资本变动、审议年度报告等。此外，股东大会还负责任免董事会成员和监事会中股东代表出任的成员。董事会是公司的执行机构，负责公司的经营。它的职能包括召集股东大会、向股东大会报告工作、执行股东大会的决议、制定公司运营所需的方案以及聘任或解聘经理等高级管理人员。董事会成员需限制在五到十九人之内，设一名董事长，董事长是公司的法定代表人。监事会应由"股东代表和适当比例的公司职工代表组成"①，成员应不少于三人。监事会负责公司财务的检查、董事及经理行为的监督和纠正以及临时股东大会的提请。董事、经理及财务负责人不能兼任监事。董事会和监事会相对独立，是两个平行的机构，对股东大会负责。这三者之间的关系如图二所示。

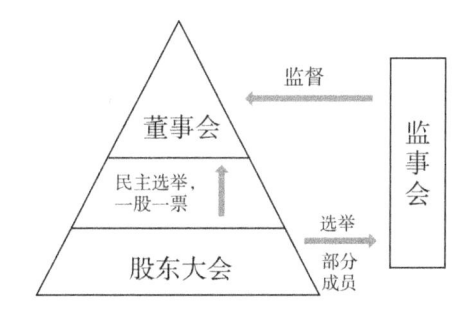

图二　中国股份有限公司内部组织机构示意图

德国股份有限公司股东大会的职能与中国股东大会的职能相类似，同样为公司的权力机构，但德国股东大会不具有选举董事会成员的权力。德国股东大会选举监事会成员，监事会对股东大会和员工负责。监事会至少由三名监事组成。若监事人数多于三人，成员数须被三整除。监事会具有以下职权：召集股东大会，选任和解任董事会的成员，监督董事会的经营管理并提出建议等等。董事会需要自主处理公司经营活动，并"定期向监事会报告公

---

①《中华人民共和国公司法》第一百二十四条。

司经营情况"。由此可见，可以得出图三德国股份有限公司内部组织机构关系图。在德国股份有限公司中，股东大会是最基本的权力机构，负责选举监事会。监事会是权力在董事会之上的机构，掌握着公司的决策权，并对掌握具体经营权的董事会形成对董事会经营权的强力监督。

```
        董事会
      （Vorstand）
    选举  ↑  监督
   监事会（Aufsichtsrat）
   民主选举，一股一票  ↑
   股东大会（Hauptversammlung）
```

图三　德国股份有限公司内部组织机构关系示意图

4. 结语

中德有限责任公司和股份有限公司在股东人数、最低注册股本等方面存在着差异。中国对股东人数范围设定了上下限，而德国对股东人数并未做限制。针对最低注册股本，中国设定了相对较高的门槛。此外，中国针对公司章程中所需载明的内容也更加详细。这样更有助于避免过多的公司进入市场，有助于维护经济市场稳定。德国是一个出口导向型的国家，且资源并不丰富。在德国注册公司的标准相对较低更有助于吸纳他国资本进入本国投资，加深德国与世界市场的沟通，推动德国经济的发展。

此外，中德企业在组织机构方面也存在着一定的差异。中国有限责任公司中设立股东会、董事会和监事会三个机构，而这三个机构分别为公司的权力机构、决策机构和监督机构。以经理为核心的高级管理人员为公司的执行机构。而德国只设立股东会和董事经理人。除去为公司的权力机构外，股东会还是公司的监督机构。董事经理人集中国有限责任公司的董事和经理的职责和职能于一身，负责公司的决策和经营。中德股份有限公司内部的治理结构都分为股东大会、监事会、董事会及经理层。但各个机构的职能和层级地位也各有不同。相较于中国的股东大会，德国的股东大会没有选举董事会的职能。相较于中国的监事会，德国监事会也具备了选举董事会的职能，也更具权威性，甚至能够为董事会决策提供建议。此外，中国的监事会与董事会相对独立，处于同一层级，都对最高权力机构股东大会负责；而德国监事会由股东大会选出，位于董事会之上，董事会向监事会负责。比较中德有限责任公司和股份有限公司的区别，有助于投资者更好地了解中德之间的制度差异，提高跨文化敏感度，为中德之间的投资活动和经济合作提供保障。

参考文献

[1]匡怡觉.中德有限责任公司董事与高管民事责任制度比较研究[D].华东政法大学，2014.

[2]朴实.德国的企业制度——西方企业制度简介之二[J].前进，1994(07):39-41.

[3]詹明盛.中德股份公司监事会制度的比较及启示[J].时代金融，2017(33):194+196.

[4]朱泓睿.德国有限公司"三分之一共决"监事会的法律地位[J].德国研究，2018，33(01):89-102+136.

[5]《中华人民共和国公司法》：http://www.npc.gov.cn/npc/c12435/201811/68a85058b4c843d1a938420a77da14b4.shtml，2021年5月16日.

[6]Gesetz betreffend die Gesellschaften mit beschränkter Haftung, https://www.gesetze-im-internet.de/gmbhg/GmbHG.pdf, 01.05.2021.

跨文化视角下的中德公益广告对比研究

石 鑫

摘要：与传统的被大众所熟知的商业广告不同，公益广告不以营利为目的，而是承担着对全社会进行道德和思想教化的功能。在此种功能背景下，公益广告作为广告的一种特殊形式对文化传播具有特殊的作用。不同国家的公益广告反映出不同国家和民族在各自意识形态方面的侧重点。本文以中德两国的公益广告为切入点，在跨文化视角下运用霍夫斯泰德的文化维度理论以及豪尔的高低语境理论探究中德公益广告的异同，并加深对中德文化差异的理解。

关键词：公益广告 文化维度理论 高低语境 跨文化对比

1. 公益广告与跨文化

从"宣传"这一概念诞生开始，广告就应运而生。广告不仅在商品营销过程中发挥作用，也是传递信息的一个重要手段。公益广告作为广告的一个重要分支，越来越频繁地出现在大众的视野中，在文化传播和发展中发挥着重要作用。

公益广告与传统意义上的商业广告不同。商业广告的主要目的是宣传产品，促进商品的销售，而公益广告更加注重的是社会功能，以传播公益信息为目的。公益广告是一个国家或民族精神文明建设中重要的一环。公益广告通过关注社会的热点现象和热门话题，表达某种道德思想或观念，体现某种价值取向。公益广告研究学者潘泽宏认为"公益广告使得人们更好地理解严重的社会问题,影响人们对于该事件的理解及态度,进而改变自己的行为和方式"[1]。从中也可以看出公益广告的功能。

公益广告最先在外国兴起。在诸如德国的欧美发达国家中,公益广告现在已经十分普及。不只是电视媒体广告,随着新媒体时代的发展,各种形式的公益广告层出不穷。而我国的公益广告虽起步较晚却发展迅速,从20世纪80年代才开始逐步发展起来。公益广告的数量逐年增多,随着网络等新兴媒体的迅速发展,公益广告的年播量也在不断递增,近五年来公益广告的年播放量已经从1000万分钟增加到了4759万分钟。[2] 可见,在中德两国,公益广告逐渐深入普通民众的日常生活中,对两国民众的生活产生了潜移默化的影响。

而在跨文化视角下,公益广告也在发挥着其独特的作用。文化是一个国家或民族精神现象的凝结,公益广告作为文化的载体之一,其制作必定离不开该民族和国家文化的影响。因此,想要了解一个国家的文化内涵,可以从公益广告出发,通过公益广告感受这个国家和民族所推崇的精神内核。不同文化背景下的公益广告在文化维度方面存在相当的差异,向人们传递不同的文化价值观。因此,比较中德两国公益广告的异同,对中德两国跨文化研究的发展具有参考意义。

2. 豪尔的高低语境理论

跨文化交际与语境这个概念密不可分,跨文化交际的行为往往在语境中发生进行。美国人类学家爱德华·豪尔将文化分为高语境文化和低语境文化两种。高语境文化和低语境文化影响下的人们交际的习惯和方式不同,因而在跨文化交际中经常会产生误解。下面将从高低语境文化的特点、成因及两者之间的差异几方面阐述豪尔的高低语境思想。

2.1 高低语境文化的特点及成因

在跨文化交际过程中,不同的交际环境对交际过程会产生不同的影响,

---

[1] 潘泽宏. 公益广告导论. 中国广播电视出版社, 2001.
[2] 梁香,刘淑娟. 我国公益广告的发展现状、问题及策略. 大众文艺, 2019(19):193-194.

其中，语境在交际中发挥至关重要的作用。豪尔根据这一点将文化分为高语境文化和低语境文化两种。在高语境文化中，交际者根据环境来获取信息，无须太多的口头表达，交际者就可以自己将所需要的信息解读出来。高语境文化影响下的交际者在其获取信息的过程中，不只是语言在发挥作用，交际者的丰富的面部表情和微表情、交际中的动作和行为、情绪、谈话时的手势，甚至谈话的地点和周围的环境细节都成为获取信息的信号。受高语境文化影响的交际者擅长利用环境来分析交际过程中对方的情绪和隐含的意思，也就是能够体会到"字里行间"的含义。而低语境文化影响下的交际者对周围的环境则没有那么敏感，他们更喜欢"打直球"，通过简单直接的方式表达自己的所思与所想。

不同国家和民族的历史文化背景导致了高语境文化和低语境文化交际方式存在差异。西方社会的人说话时往往"直言不讳"，但是东方则更重视"意会"的力量。高语境文化的形成与宗教文化因素和历史因素有关。中国作为一个典型的高语境文化国家，几千年来深受儒家思想的影响。由孔子创立的儒家思想以"仁""义""礼""智""信"为"五常"，"仁"的思想既是五常思想的核心，也是整个儒家思想的核心内涵，更是儒家思想所推崇的最高境界。儒家思想通过详细的"三纲五常"规范人应该拥有的最基本的品格和德行，被几千年来历代儒客所推崇。几千年来，在儒家思想的影响下，中国人逐渐形成了独特的民族性格，含蓄、稳重且内敛的性格成为中国人的标志。强调集体主义也是儒家文化非常重要的一个特点，儒家一直有坚持集体主义的传统，"人伦"思想就是儒家强调集体主义的体现。历史角度方面，中国长期处于封建统治下，历朝历代帝王为了巩固自己的统治地位，不仅在政治方面实行专制统治，文化方面也采取专制措施来控制人们的思想。在儒学和封建统治长期的影响下，高语境文化模式在中国逐渐形成。

而低语境文化起源于古希腊时期的辩论术。辩论作为一种逻辑性极强的思辨性活动，富有竞争性。起源于西方的辩论推崇个人主义与自由竞争的精神，这与后来豪尔提出的低语境文化有许多相似之处。包括德国在内的一些西方国家在社会生活中具有较强的竞争意识，人与人之间相处时注重维护个人的尊严与人格，同时尊重个体的独立性与个体的平等性。因此，在交际双方平等地位的基础上，低语境文化影响下的人在交际中直来直往，有话直说。

但是高低语境文化不能简单地凭借国家或者地区来区分，个体的差异性也是高低语境文化的区分的因素之一。不是所有的德国人都古板严谨，同样的，也并不是所有的中国人都内敛含蓄。尽管不同国家和民族的文化有许多差异，但如果跨文化交际的对象是以单个的人为个体时，就要考虑交际者自身的其他因素，诸如年龄、性格等因素。

2.2 高低语境的差异

高低语境文化在多个方面都存在差异。首先是表达方面，在高语境文化中，人们想要获取信息离不开语境，"字里行间"往往蕴含许多深意。人们的表达方式较为间接，交际者应了解交际的背景和谈话者的意图。而在低语境文化中，对延伸的背景知识则无须关注太多，谈话者会直接坦率地说出自己的目的和想法。

在商务谈判中，高低语境文化之间的差异尤为明显。在低语境文化中，人们会首先将签合同这一目标达成，然后才考虑是否和合作伙伴建立长期关系。而在高语境文化中，情况恰恰相反。只有在与合作伙伴建立良好关系后，高语境影响下的人们才会谈及合同的签订。因为在高语境文化中，合作关系的确立应该建立在双方已经互相了解并且相互信任的基础之上。因此，高语境文化中，个人关系和工作关系是密不可分的。而低语境文化中，私人领域与工作是完全分开的，两者之间的界限更加清晰。

除此之外，高语境文化影响下的国家往往是集体主义导向，这一点常表现在发生冲突的情况下。在高语境文化中，当冲突发生时，人们注意维护面子，一般不会出现激烈的冲突与争执，为了维持和谐，人们会采取多种手段使冲突弱化。而低语境文化则呈现出个人主义的特点。如果在交际时双方意见不合，低语境文化中的人们一般选择不留情面，正面且直接地处理问题。

3. 霍夫斯泰德文化维度理论

为了衡量不同国家之间的文化差异，20 世纪六七十年代荷兰著名社会心理学家盖尔特·霍夫斯泰德在大量的问卷调查的基础上，提出了文化维度理论。该理论发展到现在共包含六个维度，分别是：权力距离、个人主义或集体主义倾向、不确定性规避、男性偏向或女性偏向以及长短期导向。

权力距离指的是某一社会中地位较低的人对于权力在社会中权力不平等分配的接受程度。权力距离指数高的社会更重视等级地位，地位较低的人会对高位者表现出服从和尊重。而权力距离指数较低的社会更注重平等、民主与平权。

个人主义倾向或集体主义倾向衡量的是个人与群体之间的联系程度。个人主义倾向影响下的人更在意个体，人们更关心自己和家庭，与此同时，人与人之间关系没有那么亲密，个人利益放在首位。而集体主义文化中，人们更看重集体利益，对集体表现出忠诚和维护。

不确定性规避是指一个社会对不确定性和模糊情景的畏惧程度，以及通过措施、制度等来消除这些不确定性及模糊情景的倾向。[1] 回避程度高的社会采取各种规章制度和措施或者通过绝对的宗教信仰来回避各种不确定性因素，人们难以忍受模糊不清的事情，通过规则约束行为。回避程度较低的社会中，人们的心理压力普遍更小。社会中规章制度的要求没有那么严格，在宗教信仰方面比较宽容，也允许不同的意见和主张存在。

男性倾向或女性倾向这一维度判断的是一个社会中男性气质更盛或是女性气质占主导。男性气质占主导的社会中，性别角色区分明显。男性往往被认为是刚强的，更加注重物质财富，而女性被认为是更温柔，侧重于生活质量的提高，社会中男女分工明确。而在女性气质突出的国家，社会性别角色有所重叠。人们更看重生活质量，生活与工作中都强调平等与团结。这与竞争意识强烈、追求财富功名的男性气质主导社会有所不同。

---

[1] 王玥. 霍夫斯泰德的文化维度理论解读. 世纪桥, 2012(1):35-36.

长短期导向这一维度评判人们对于战略的看法是否具有长期性的眼光。长期导向的社会群体更加节俭，有更强的毅力和坚韧不拔的品质。而短期导向的社会尊重历史传统，追求安定感与稳定，人们活在当下并及时享乐。

4. 跨文化视角下的中德公益广告

公益广告作为交流的一种形式，在反映社会价值观和社会生活等方面起到了十分重要的作用。中德两国的公益广告根植于两国的文化环境中，霍夫斯泰德的文化维度理论和豪尔的高低语境理论在两国的公益广告中都得到了印证。以下将选取中德两国几则公益广告进行对比，通过公益广告的对比分析可以较为全面地了解两国的文化理念。

4.1 高低语境理论

中国是典型的高语境文化国家，信息的传递通常依赖语境。高语境文化影响下的中国人性格含蓄，情感表达较为间接和内敛。例如，中国人家喻户晓的《给妈妈洗脚》这一公益广告就体现了这一点。广告中的妈妈先为自己的孩子洗脚，然后又大汗淋漓地端水为自己的婆婆洗脚。这一幕被小孩看到后，也效仿母亲的行为打水为妈妈洗脚。这则广告虽然只是简单地围绕洗脚这一行为展开，但其中蕴含的感情是十分深厚的。妈妈对儿子的爱和对长辈的孝顺都通过洗脚这一行为间接地表达出来。而儿子效仿妈妈的行为也给长辈洗脚，则展现了这则公益广告的深意："把爱传递下去。"简单的情节背后是中国人情感的传递和含蓄性格的体现。

德国作为低语境国家，对待事情的处理方式则更为直接明了。这一点也反映在公益广告当中。在德国有这样一则拍摄真实场景的公益广告。德国一家剧院举办了一场特殊的观影活动。活动全程空调的温度被调到 8 摄氏度，每个座位上都附带一条毛毯。影片开始前，观众被邀请观看一则关于冷风中流浪汉生存的短片。随着短片的播放，观众因为空调的低温仿佛也感同身受，纷纷裹紧了毯子。但 8 摄氏度的气温对于流浪汉来说根本算不上什么，观众们通过切身经历直接地体验到了寒冬中流浪汉生存条件的恶劣。这则公益广告的目的是向人们呼吁关注流浪汉的生存环境，整个广告没有太多情感的抒发，但直接地将流浪汉的生存环境呈现在人们眼前，以信息的直接传递为主要目的，达到了良好的宣传效果。

4.2 长短期导向

中国社会的发展具有长期导向型，更强调为未来的幸福和回报做准备。中国的公益广告大量的体现出崇尚节俭和尊重美德需求的特点。"节约无小事""不要让最后一滴水成为我们的眼泪""勤俭节约，中华美德"等广告用语早已深入人心，以节约资源为主题的公益广告更是每年都会在央视播出。这是因为中国深受儒家思想的影响，提倡勤俭节约。不仅如此，中国的公益广告中也体现出展望未来的特点。有一则公益广告描述了一位中国母亲的生活。当她儿子还小的时候，她说："等你考上大学，妈妈就享福了。"等儿子长大上了大学，这位母亲说："等你毕业工作了，妈妈就享福了。"儿子毕业了，妈妈说："等你结完婚，有了孩子，妈妈就享福了。"直到最后孙女对奶奶说："奶奶，等我长大了，就让你享福。"在儿子人生的每一阶段，这位母亲都在提早为儿子人生的下一步做打算。虽然母亲牺牲了自己的时间，但这则公益广告传递的价值观告诉人们，要积极地为未来做准备，为未来的幸福而努力。这与霍夫斯泰德的研究相吻合，是中国长期导向型文化在公益广告中的反映。

而德国恰恰与中国相反，短期导向型的特征在德国社会和公益广告中出现。广告中一位男子不断地说着自己想买的东西，不管是崭新的沙发，超酷的音响还是防水的洗衣机，都在他的计划之内。但是在他想买的过程中，一直有许多人对他说"不，你买不起"。男子反复地反驳这些声音，他坚持认为，只要想要就该购买。这则广告借这位男子的口告诉观众，及时享乐，珍惜当下，关注并享受当前的生活比牺牲现在而迎合未来更重要，这符合短期导向型文化的特征。

4.3 不确定性规避

不确定性规避指的是人们规避不确定性威胁的程度。不确定性规避程度较高的文化中，人们做事比较保守，常常制定严格的规则来尽量避免不确定性因素的出现。反腐倡廉是中国近些年公益广告的热门主题之一，以廉政为主题的公益广告形式多样并且很多创意性十足。其中有一则是这样的：一个男子坐在高压线密布的河边"钓鱼"，他用公章作为鱼饵，水里的"金钱""美女""赌博"纷纷以"鱼"的形式上钩。男子高兴得直甩鱼竿，但鱼竿碰到了高压线上，最终男子被警车带走。广告中的高压线指的是严格的法律规定，我国明文禁止腐败和收受贿赂，一旦触碰到这条"高压线"，就会面临严重的后果。中国人对于政府部门中隐藏的腐败风险是零容忍的，因此制定严格的法律规定来避免这种风险的发生。

不确定性规避程度较低的国家的精神压力更小，人们更愿意冒险和鼓励年轻人。由于对不确定性的接受程度较高，受这种文化影响下的社会对"不同的事物"的反应也更为包容和开放。在德国等欧洲国家，公益广告常常为性少数群体（LGBT群体）发声。通过公益广告的传播，性少数群体的处境被更多人所了解，社会大众对这一群体的歧视性态度也相应地发生改变。这一切都建立在较低的不确定性规避文化基础之上，人们对少数群体的包容度高，心态更为自由开放，敢于追求他们心目中的真爱。

4.4 个人主义与集体主义

在个人主义与集体主义这一维度，东西方之间差异比较明显。以德国为代表的西方国家大多都带有个人主义倾向，而包括中国在内的东方文化则更看重集体主义精神。在中国，很少有人把自己看作是一个独立于社会之外的个体，一个人作为家庭的一分子，也是整个国家的一个组成单位。中国的公益广告中常常宣扬以集体利益为先的集体主义精神。不仅在以爱国主义为主旨的广告中出现，包括国家安全教育的广告也强调了个体对集体的作用。从"汇聚人民力量，维护国家安全"等广告语中可以充分地看出我国集体主义为上的价值观。此外，许多以爱国为主题的公益广告将评选出的年度时代楷模作为先进事例。时代楷模作为代表性的先进人物，他们中的许多人为了国家奉献了自己，为了集体的利益而敢于牺牲自我。中国人的集体主义价值观投射在公益广告之中。

而个人主义价值观突出的德国，在公益广告领域，极少出现与中国相类似的情况。德国的公益广告大多宣扬个人，信奉个人利益高于一切，广告中也优先体现自我意识。例如德国健康类的公益广告中表现出强烈的个人主义倾向。这类广告十分强调个人健康所带来的变化，广告的主体都是"我"，从个人的视角直观的体现健康变化带来的后果。这是由于德国人崇尚独立的自我，强调个人的感受，更看重个人的利益。

4.5 权力距离

公益广告中同样可以体现出权力距离这一维度。中国作为权力距离指数较高的国家自古以来就有尊崇权威的传统，等级秩序较为严格。许多公益广告借助明星或社会知名人士的力量，通过明星的知名度唤起公众对公益事件的关注。明星作为公众心中的另一种"权威"，他们的言行对于公众有着不容小觑的影响作用。在权力距离指数较高的国家，借助名人效应可以使公益广告影响力更强。

来自权力距离指数较低的国家的民众，比如德国人，对于权威则没有那么迷信，更倾向于根据事实来做决定。德国的公益广告将镜头对准普通民众，用具体而详细的生活故事来传递信息。例如，德国有一则呼吁民众关注心理健康的公益广告，广告全程以一个抑郁症患者的视角讲述自己的患病全程以及患者生病后的心理活动。抑郁症患者成为整个场景的"代言人"，从普通患者的经历，观众直接地体会到了关注心理健康的紧迫性和重要性。对于权力距离指数较低的文化来说，源于普通民众生活的公益广告，比居高临下的说教更具备说服力。

4.6 男性倾向与女性倾向

霍夫斯泰德用男性倾向和女性倾向来描述人们对社会性别角色的看法。男性气质较强的社会中，人们普遍自信、坚强、有进取心，注重物质的获取，而女性气质较强的社会中人们更加谦逊、温柔且注重生活品质。以往中国的公益广告中，女性通常以照顾孩子和操持家务的家庭主妇形象出现，而男性一般在外工作，负责赚钱养家。如前文中提到的洗脚广告，女性在家不仅负责家务还承担着照顾老人的工作。以及本文分析长短期导向部分举例的母亲角色，母亲牺牲自己的多数时间为儿子成长所需的一切都做好准备。"女主内"与男性倾向较强的社会所表现出的特性相符，因此从这一点来说，中国是男性倾向较强的国家。

德国的公益广告中对于霍夫斯泰德的这一文化维度体现不多，在此略过，不再赘述。

5. 总结

公益广告作为唤起民众社会责任感的文化载体，反映出不同的文化价值和文化观念。通过分析对比研究我们可以得知，中国作为一个传统的高语境文化国家，具有集体主义和长期导向型的特点，倾向于提前制定规章制度来避免社会中的不确定性因素。同时，由于中华文化长期受儒家思想影响，中国的社会也展现出较强的男性倾向。中国人尊崇权威，公益广告常常邀请知名人士参与，利用其知名度扩大公益广告的传播力。而德国则是低语境文化社会，公益广告的表现更加直接，强调个人主义，重视对个人利益的维护。德国人更重视当下的生活，对于生活中的不确定因素较为宽容，包容度较高。公益广告大多深入民众生活，以个人视角对某一事件展开描述。

但本文仍存在许多局限性。文化是多维度的，仅以公益广告为例并不能准确地了解、判断某一种文化。就算是同一则广告，从不同的角度解读也会有不同的理解。因此，应该要具备更全面的思维和对跨文化现象的洞察力，以便了解中德两国间文化方面的异同，从而更好地开展跨文化交际活动。

参考文献

[1]潘泽宏. 公益广告导论. 中国广播电视出版社，2001.

[2]梁香，刘淑娟. 我国公益广告的发展现状、问题及策略. 大众文艺，2019(19)：193－194.

[3]王玥. 霍夫斯泰德的文化维度理论解读. 世纪桥，2012(1):35－36.

[4]舒雨，张华南等. Interkulturelle Kommunikation-Interkulturelles Management 中德跨文化交际与管理. 商务印书馆，2011.

[5]胡文仲. 跨文化交际学概论. 外语教学与研究出版社，2019.

德企在华子公司当中的跨文化交际
——以大众汽车自动变速器（天津）公司为例

王 哲

摘要： 自改革开放以来，中国市场吸引了越来越多的外企进行投资，其中一种很重要的形式就是外商在华设立子公司。它们不仅在经济方面为中国经济带来了活力，也在一定程度上促进了中外跨文化交际。在这个过程中，人们很容易发现，中外企业文化既有许多相似之处，也存在着很多的差异与不同。本文将以德国大众汽车公司在中国的子公司为例，具体探讨德企在华子公司当中的跨文化交际现象。

关键词： 在华德企　跨文化交际　文化冲突

1. 研究背景

自从中国实施了对外开放的政策以来，中国在世界上同非常多的国家建立了经贸合作关系，外商对华投资逐年增长。根据商务部外国投资管理司的数据，"2019 年 1—11 月，全国新设立外商投资企业 36747 家，实际使用外资 8459.4 亿元人民币，同比增长 6.0%（折 1243.9 亿美元，同比增长 2.6%，未含银行、证券、保险领域数据）"[①]。这些投资让中国经济的发展充满活力，是经济发展三驾马车当中必不可少的一部分，"……今后很长一段时间中投资依然是推动中国经济的一个重要的动力，而外资也是提供投资来源的

[①] 商务部外资司. 2019 年 1—11 月全国吸收外商直接投资快讯. http://www.fdi.gov.cn/1800000121_33_13103_0_7.html.

重要部分"①。

中德两国之间的经贸往来一直非常密切。根据《中国外资统计公报2019》②,在2018年对华投资前15位国家/地区当中,德国排在第七位,是欧盟成员国当中对华投资最多的国家。而根据中国德国商会(AHK)的数据,目前在中国有超过5000家德国投资企业。这些企业在促进中国经济发展的同时,也通过各种各样的方式,不断融入中国的文化框架,也让中外文化产生了碰撞,让在华外企的跨文化交际和跨文化管理以及不同国家的企业文化比较成为跨文化交际研究领域当中非常热门的话题。

实际上,已经有不少学者就这些话题提出了自己的见解,如吉林大学马克思主义学院的孙秀云副教授就在文章《中外企业文化比较研究》中对美国、日本、欧洲和中国的企业文化进行了比较;北京工业大学经济与管理学院的赵晓霞和孔海洋在《在华德国跨国公司的企业文化本土化研究》中论述了国家文化和企业文化的关系,以及在华德国跨国企业在文化方面是如何进行本土化的。除了这些从宏观角度出发的论文之外,当然还有一部分文章是以小见大,如北京外国语大学庞博所写的论文《企业跨国活动中的文化沟通——以德国大众公司为例》。本文也将从微观角度出发,根据作者在大众汽车自动变速器(天津)有限公司当中的实习经历,具体描述和探讨在华德企子公司当中的中德文化交流与冲突现象。

2. 国家文化与企业文化

二战结束以来至今,跨文化交际领域的研究蓬勃发展,随着时代的变迁,许多专家提出了许多新的理论。然而,荷兰学者吉尔特·霍夫斯泰德在20世纪80年代提出的文化维度理论在今天仍旧被许多学者奉为经典,并作为工具用在自己的研究当中。这些文化维度分别是权力距离、不确定性规避、个人主义与集体主义和男性化与女性化等。

---

① 龙永图. 在华外企如何适应"新常态"[J]. 中国外资,2015(1):18-19.
② 由于截至2020年3月18日,《中国外资统计公报2020》仍没有发布,因此排名选择了2018年的数据。

企业是社会当中的众多组织之一，"企业文化是指在一定的社会经济条件下，通过社会实践所形成的并为全体成员所遵循的共同意识、价值观念、职业道德、行为规范和准则的总和，是一个企业或一个组织在自身发展过程中形成的以价值为核心、以形成企业具有高度凝聚力的经营理念为目标、独特的文化管理模式"①。霍夫斯泰德同时认为："组织文化和国家文化是两个完全不同的概念，是相互补充的。组织文化是区别于不同组织的，成员所共有的'心智程序'"②。然而，作为整个社会的一部分，"企业文化是基于各种文化系统之上的，它的存在不能够游离在大的文化系统之外，因此企业文化塑造一定要充分考虑到企业文化的基础格调及基本思想根源，我们称为企业文化基石……民族文化……对企业文化的影响是所有企业文化基石因素中最重要的，因为它基本决定了除世界文化以外的其它各种文化因素，因此说民族文化的特征决定了企业文化的基础特征"③。基于此，在这篇论文当中，也会以霍夫斯泰德的文化维度理论作为理论基础，对在华德企子公司当中的跨文化交际进行探究。

3. 在华德企当中的文化冲突——以大众汽车自动变速器（天津）有限公司为例

自从20世纪80年代进军中国市场以来，大众汽车一直都是最受国内消费者喜爱的汽车品牌之一。根据中国汽车协会的数据，一汽大众和上汽大众占据了2019年乘用车销量排行榜的榜首④。除了合资公司之外，大众集团目前还在中国设立了33家⑤独资子公司作为生产汽车零部件的工厂，大众汽

---

①赵晓霞，孔海洋. 在华德国跨国公司的企业文化本土化研究[J]. 经济论坛，2008(17):74-75+78.

②袁琳，李莹. 中德企业文化与企业管理比较——基于Hofstede的文化价值理论框架[D]. 2012.

③赵晓霞，孔海洋. 在华德国跨国公司的企业文化本土化研究[J]. 经济论坛，2008(17):74-75+78.

④中汽协会行业信息部：2019年前十家乘用车生产企业销量排名. http://www.caam.org.cn/chn/4/cate_32/con_5228409.html.

⑤https://www.volkswagenag.com/de/sustainability/reporting/regions/china.html.

车自动变速器(天津)有限公司(以下简称 VWATJ)就是其中之一。作为德企的在华子公司，VWATJ 当中的一部分正式员工是德国人。此外，在日常办公过程中，也免不了会和来自母公司或者其他供应商公司的德国专家进行交流和沟通，尤其是在研讨会当中，文化的冲突和融合体现得更加突出，例如协作机器人研讨会和文档电子分类系统推广会议。在这两次会议的与会者当中，中德代表各占一半，是 VWATJ 中跨文化交际的典型，因此这篇文章将着重以这两次会议为例，分析在华德企子公司当中的跨文化交际。

根据霍夫斯泰德的洋葱模型理论，文化有四个层面，处于内核的价值层面会通过外层的象征、英雄和礼俗层面表现出来。因此，通过商务交际方面的差异可以分析出 VWATJ 这一在华德企子公司当中中德民族文化和企业文化的不同。

3.1 权力距离

权力距离是"指在一个国家或组织中，掌握权力较少的那部分成员对于权力分配不平衡这一现象能够接受的程度"①。根据霍夫斯泰德的文化维度理论，中德两国在权力距离方面的差异比较大，即在中国，权力距离较大，而在德国则较小。在 VWATJ 当中，由于一些部门的部门经理来自中国或者是拉美国家，而另一些部门的部门经理则是由大众集团在德国沃尔夫斯堡的总部派驻中国的德国人，因此这一点体现得也非常明显。在协作机器人研讨会和文档电子分类系统推广会议中，前者派出的代表虽然是相关项目的负责或者参与人员，但是并没有决定权，只担任了"传话筒"的角色，在会议结束之后依旧需要将会议当中的问题汇报给部门经理，之后再由部门经理敲定最后的主意，这样无形当中也让会议的步骤变得繁复；而后者派出的代表是相关项目的负责人，有时，部门经理也会直接参与到会议当中。毫无疑问，这些部门的代表往往可以直接在会议中拍板，因此，在会议当中，他们的表现往往也非常直率，这一点和前者非常不同。这样的差异不仅体现出了中德之间

---

① 张旭，杨洋. 基于跨文化管理理论的中美企业文化比较[D]. 2006.

民族文化的不同，也体现出在华德企子公司和其母公司之间企业文化的不同。虽然子公司也要遵从和发扬母公司的企业文化，但是由于所处的更大的文化圈子不同，还是产生出了企业文化差异。

3.2 个人主义与集体主义

"在个人主义的社会中，人际关系较为松散……而在集体主义的社会中……人们从一出生就与强大而又具有凝聚力内部集团结合在一起。"[①]在这一方面，中德差异也十分明显。在协作机器人研讨会和文档电子分类系统推广会议中，大众集团德国总部派来的德国专家更着重于自己的想法，例如，协作机器人本身或者是自己研发出来的文档电子分类系统有哪些优点，自己针对这些项目的想法，并极力通过这些内容劝说参加会议的各部门代表听取自己意见，按照自己的想法安排子公司的工作内容。与此相反，VWATJ 作为在华子公司，参会代表——尤其是中方代表——更多考虑的是要统筹全局，不仅要自己认为合适，还要让后续会使用到这些项目的所有人员都觉得合适可行才可以。这些人员实际上占了公司全体员工中的很大一部分，例如，后续要使用到协作机器人的是车间的普通装配工人，然而他们往往很难亲自参与到研讨会当中。这就需要中方代表更多地考虑他们的需求，并且在项目的实施过程中着眼于全局，不断和这些员工进行沟通。这也体现了大众集团的企业文化之一：我们，而不是我。这一点，在注重集体主义的子公司当中体现得尤为明显。

3.3 男性化与女性化

根据霍夫斯泰德的文化维度统计中德在男性化和女性化这一方面较为相似，然而还是存在着细小的差异。[②]例如，不论是 VWATJ 的德国籍正式员工，还是大众集团总部派来参加会议的德国专家，都非常喜欢根据集团现有的流程或者操作清单来安排后续的工作。具体表现为：在进行协作机器人研讨会之前，德国同事会将大众集团德国总部已经制定好并且使用正在

[①]张旭，杨洋. 基于跨文化管理理论的中美企业文化比较[D]. 2006.
[②]The 6-D model of national culture. https：//geerthofstede.com/culture-geert-hofstede-gert-jan-hofstede/6d-model-of-national-culture/.

使用的安全检查清单和可供参考的法律条文发给中国同事进行参考；而在研讨会进行当中，德国专家也会花费大量的时间来介绍德国总部关于协作机器人的分工情况以及审批流程。这样的方法和步骤虽然看起来非常严谨且有条理，但是却不受中国工程师的欢迎，因为不论是检查清单，还是法律条文，都是"德式流程"，这些流程并不能满足在华德企的要求，单纯生搬硬套不仅没有效果，还会在实施上带来许多问题和麻烦。这种情况下，中国工程师更倾向于灵活处理问题，更愿意真正去现场进行协调，而不是简简单单地走流程了事。这也体现了"德国的企业文化诚信度高、注重法制、管理严格、认真细致，中国则更加注重人情、讲究集体主义、注重过程、规避高风险"[①]。

3.4 不确定性规避

"德国的不确定性规避程度明显高于中国，说明德国人更不能接受风险，抵制风险"[②]。的确如此，3.3 中的例子也可以印证这一点，制定详细的流程可以在一定程度上避免风险。另外一个可以体现德国人更希望规避风险的例子是，德国人更希望让整个企业都整齐划一，以避免出现分歧和差异。例如，在文档电子分类系统推广会上，德国专家明确表示希望让 VWATJ 的所有部门都使用自己推广的系统来储存和管理电子文档，而不是像现在这样不同的部门有不同的管理方法，因为这样会"难以管理，在未来容易出现问题"。然而，参会的中国工程师们并不同意这一点，因为不同的部门情况也不尽相同，使用的体系自然也存在差异，如果强制改换成同一个文档体系，反而会加大员工的工作量，也不符合 VWATJ 的实际情况。而且，各部门分开管理，即便是出现了问题，也不会影响其他部门。这样的两种观点针锋相对，体现的其实是中德之间在不确定性规避方面的文化差异。

在华德企子公司是一种很特殊的企业形式，既受到中国文化的影响，又与在德国的母公司联系密切，因此，在这样的公司当中，难免会出现中德民

[①] 赵晓霞，孔海洋. 在华德国跨国公司的企业文化本土化研究[J]. 经济论坛，2008(17)：74-75+78.

[②] 袁琳，李莹. 中德企业文化与企业管理比较——基于 Hofstede 的文化价值理论框架[D]. 2012.

族文化和企业文化相互碰撞的现象。在这样的背景下，在华德企子公司应该更注重跨文化方面的管理，"整合双方文化，寻找适合企业发展的最佳结合点，提炼出在该国最具竞争优势的子公司文化。在了解自身与中国文化有多大差距的前提下，还应该了解自身的文化与中国的文化在子公司的管理中的利弊。结合中国的环境背景，寻找中德文化最能符合企业发展战略的最佳结合点、互补方式，以得出合理的跨文化管理模式"[1]。只有这样，两国文化中的精华部分才能让企业的发展更具活力，不断吸引更多人才，在中国市场站稳脚跟。

参考文献

[1]高清. 论德国企业在中国的跨文化管理[D]. 2010.

[2]龙永图. 在华外企如何适应"新常态"[J]. 中国外资，2015(1).

[3]袁琳，李莹. 中德企业文化与企业管理比较——基于 Hofstede 的文化价值理论框架[D]. 2012.

[4]赵晓霞，孔海洋. 在华德国跨国公司的企业文化本土化研究[J]. 经济论坛，2008(17).

[5]张旭，杨洋. 基于跨文化管理理论的中美企业文化比较[D]. 2006.

[6] 2019 年 1—11 月全国吸收外商直接投资快讯. http：//www. fdi. gov. cn/1800000121_33_13103_0_7. html.

[7]中国外资统计公报 2019. http：//wzs. mofcom. gov. cn/article/ztxx/201912/20191202925437. shtml.

[8] 2019 年前十家乘用车生产企业销量排名. http：//www. caam. org. cn/chn/4/cate_32/con_5228409. html https：//www. volkswagenag. com/de/sustainability/reporting/regions/china. html.

[9] The 6-D model of national culture. https：//geerthofstede. com/culture-geert-hofstede-gert-jan-hofstede/6d-model-of-national-culture/.

---

①高清. 论德国企业在中国的跨文化管理[D]. 2010.

中德企业危机管理的跨文化对比分析

陈思甜

摘要：新冠疫情作为突发性危机给社会各个领域带来了极为深刻的影响，作为经济领域主体之一的企业首当其冲。仅仅从经济管理学的角度来对中德企业的危机管理进行对比分析并不能从根本上理解中德企业危机管理建设的出发点、侧重点和实际目的。中德企业的危机管理也不能简单地依据盲从的原则来进行。借助 Hofstede insights-Comparation 文化维度对比模型以及 GLOBE 组织的文化维度数据，可见中德在不确定性规避、未来导向性等维度上都有着较大的差异。此外，从文化纵向发展的角度来看，中企的危机管理深受传统文化(如儒家的"忧患意识")的影响，而德企的危机管理则受到注重个人主义、文化传承的企业文化的熏陶。依据一些实际的案例，如中企华为的危机管理五论和德企奥迪的"尾气门"事件，更是能够看到不同文化背景下危机管理的巨大差异。实际上，根据毕马威、普华永道及一些其他机构的统计数据来看，目前中德企业的危机管理的总体现状不佳，在新冠疫情的大背景下部分企业更是陷入了挣扎。从"不退反进"的中德企业看危机管理的实践经验，同时总结部分企业未能成功解决危机的教训，结合中德两国危机管理的文化背景，才能真正地提好建议，让中德企业走符合国情、切实可行的危机管理之路。

关键词：危机管理　中德企业　文化维度

1. 导论

危机管理是企业运作和管理过程中十分重要且必不可少的环节。完善的危机管理体系和良好的危机管理意识不仅有利于企业及时对危机做出反应并成功化解危机，甚至会影响到企业在关键时期的存亡。例如新冠危机就属于危机范畴中的灾难危机。如果能够很好地理解文化维度和危机管理之间的内在关系，对于理解中德企业危机管理的现状大有裨益。而对中德企业危机管理现状所根植的各自文化背景一定程度的深入了解，会为企业在实践中有效解决危机提供很大的帮助。

本文对中国传统文化与中国危机管理之间的关系，以及德国企业文化与德国危机管理之间的关系进行了对比分析。这种方法为中国和德国公司更好地了解自己的实际情况，对未来的潜在危机做出更成功和有效的反应，以确保其业务运营的稳定性，提高竞争力和效率，并在经济全球化浪潮中更好地定位自己提供了一定的思路。更为重要的是，中国和德国公司应仔细考虑如何将其传统文化或企业文化与危机管理相结合，从而走出单纯照搬或模仿外国公司的危机管理理论的窘境。只有这样，公司才有可能进一步完善自身的危机管理并从中受益。

2. 研究现状

中外学者在对企业危机的定义上不尽相同，且各有侧重点。企业危机的来源是一个或者多个危机因子，它会对企业和企业内的员工产生一定的震撼效果。（朱延智，2003）而这一效果不仅会对企业的产品和声誉造成不好的负面影响，（Banks，1996）还会对企业的未来获益率、企业成长以及企业的生存和发展造成潜在性威胁。而为了应对这一挑战和危机，企业需要在有限的决策时间内及时发现、快速处理，并对已产生的后果进行修补和恢复。（高红军，2013）

企业危机管理理论在里杰斯《危机公关》一书引入国内后，又经历一些大企业中的危机事件，开始走向实质性研究。学者路洪卫认为，有效的危机管理不仅有利于度过危机，更有利于提升企业的声誉，并让其在危机之后树立更优秀的企业形象。惠斯滕（Rüsten）在 Krisen und Krisenmanagement der Familienunternehmen（《家族企业中的危机及危机管理》）中重点研究了德国家族企业内的危机管理现状，列举了危机管理对应的要求和针对性建议。目前对于中国或者德国单个国家的企业危机管理研究较为充足，但涉及中德企业危机管理对比领域的研究却相对较少。而有关企业文化与企业危机管理相应联系方面，甘露通过对三家机械行业的外资企业进行分析，重点研究了企业文化对于企业危机管理的重要性及意义，并给出了相应的建议。

3. 危机管理与文化维度

"危机"一词最初是由美国著名字典作者韦伯斯特（Webster）于1967年初定义的。他将危机定义为"进入更好或更糟的未来，一个决定性时刻或至关重要的转折点"，这一"危机"的概念中的"危机"正好与"危机管理"中的"危机"相对应。危机管理目前已被应用到许多不同的领域，例如企业的危机管理或公共关系中的危机管理。它不仅可以预防不确定性负面事件的发生，同时还展现出人们减轻恐惧的策略。在跨文化交际的理论当中，文化维度理论便很好地解释了危机管理背后的文化因素和其文化渊源。

霍夫斯塔德认为，避免不确定性（Unsicherheitsvermeidung）是指当社会受到不安全事件和非常规环境的威胁时，社会是否会通过正式渠道来避免和控制这种不确定性。高度避免不确定性的国家更加重视职权、地位、资历以及年龄等因素的影响。人们总是通过使工作场所更安全、制定更正式的规则并依靠专业知识和专家评估来避免危机。GLOBE 组织（即"全球领导力和组织行为有效性"组织）的"面向未来的倾向"（Zukunftsorientierung）也解释了对未来的关注与危机管理之间的关系。面向未来的倾向性越大，一个社会中关注长期战略的组织就相应更多。良好的危机管理无疑是长期战略之一。下文中还将详细解释这些文化维度如何实质性地影响到公司的危机管理。

此外，危机管理理论也是极具民族特性的。这源于其本身的实践性和不同民族、不同传统文化的背景。例如中国人更加注重个人的修养，并保持着与外界（或社会）的和谐关系。这便导致中国的权力距离很大，集体主义倾向明显，对不确定性的规避也很高。

4. 企业中的危机管理

4.1 危机管理的定义和特征

对于公司所面临危机的定义各有侧重。危机的内容和阶段常常成为定义和划分企业危机的侧重点。通常情况下根据危机的内容，公司危机可以分为以下四类：1. 战略性危机。管理者对组织内部和外部环境的错误估计导致战略危机的出现。2. 组织性危机。组织结构与新兴战略、目标市场和其他发展阶段的脱轨会导致组织危机的出现。3. 功能性危机。功能性危机是指因公司各项职能管理不善而导致的危机。4. 突发性危机。此类危机不是由公司的意愿所左右的，但是会严重影响公司的正常经营。2019年年末暴发的新冠危机便是如此。

如果根据公司生命周期来对危机进行有效划分，则危机可以被分为四种类型。1. 初期危机。这一阶段内公司运营中的错误会直接危害公司的生存和发展。2. 成长阶段的危机。董事长或者总经理不适当的战略计划可能会导致危机。3. 成熟发展期的危机。此时出现的危机不仅会影响公司的现金收入和利润率，甚至还会导致公司早日陷入衰退。4. 经济衰退时期的危机。市场上替代产品和技术的涌现会使企业的生存和发展面临严重的风险。

而企业危机的特征主要体现在三个方面。1. 突发性。当管理人员准备不足时，危机通常会在短时间内发生。2. 造成危害。这场危机不仅会给企业造成巨大损失，而且还引起了公众的恐慌，甚至给社会大众造成了直接的经济损失。3. 扩散性。一些危机会成为舆论的"热点"或"焦点"。

4.2 企业危机管理的内容

当前的危机管理模型已经非常成熟且较为多样化。奥古斯丁（Augustine）的六阶段模型理论（Das sechsstufige Modell）展现和分析了公司危机管理的特定过程。这一理论中的六个主要阶段分别是避免危机、准备危机管理、确认危机、控制危机、解决危机和危机后的恢复。罗伯特·希斯（Robert Heath）

的 4R 模型(das 4R – Modell)理论则更为精确。在预防(reduction)、准备(readiness)、响应(response)和恢复(recovery)这四大阶段的每一部分中,都有十分确切和极具针对性的措施和方法。

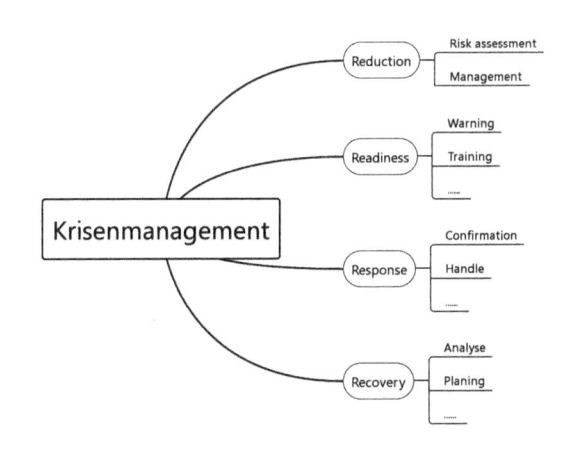

罗伯特·希斯的 4R 模型

5. 中德企业的危机管理对比

5.1 现状不佳

中德企业危机管理不好的现状与相对完善的企业危机管理理论形成了鲜明对比。根据清华大学公共管理学院与中国惠普公司对上海和北京的 476 家公司进行的一项联合调查显示,接受调查的公司中具有良好危机意识和危机管理系统的占比不足的 40%。德国的公司同样需要更好的危机管理。管理咨询公司普华永道(PwC)的一项研究表明:在过去五年中,有 60% 的德国公司直接受到了危机的影响。但是 60% 的公司中并没有常设的危机小组,或者只有八分之一的被调查企业在遭遇危机之后才进行原因分析并优化应急方案。根据毕马威(KPMG)的"未来就绪指数"(Future Readiness Index),德国公司显然低估了潜在的金融危机和人口变化等全球挑战。综上可见,中德企业的危机管理仍存在很多的问题。

5.2 中国传统文化与危机管理

西方国家的危机管理理论对一些处于危机中的中国企业起到的帮助作用

十分有限。这是因为危机管理活动本身就带有先天性的文化假设。因此，对于一些中国公司如何借鉴中国传统文化的理论和经验进行危机管理的回顾和借鉴十分重要。

5.2.1 儒家思想与危机管理

"忧患意识"是中华民族传统文化的重要组成部分，也是儒家文化的重要体现。它代表着一种危机感和责任感。危机意识同危机管理密不可分，它时刻提醒着人们为可能遇到的困难做好准备。只有对危机有清晰的认识，个人、公司或国家才能实现长期发展。在中国传统文化中的集体主义背景下，"忧患意识"中的社会责任感受到了广泛关注。一些公司为了利益的最大化而逃避生产环节中其他部分的成本。例如，污染性企业对当地生态环境的破坏。随着环境成本的上升，这种不负责任的企业行为必然引发重大危机，并导致企业支付更高的成本。因此，社会责任在公司的危机管理中至关重要。

5.2.2 法家思想与危机管理

战国时期"法家"二字中的"法"代表着法律或法制。这一理论对于企业的危机管理有两方面的重要意义。依据"法家"理论，企业一方面必须改善内部结构，建立危机管理机制和预警系统。另一方面，公司还要保证这一系统的与时俱进，并不断创新。简而言之，根据"法家"理论中的"法者王本"和"法与时移"的观点，公司应高度重视危机管理系统的建立、维护和创新。只有这样，公司在应对风险时才不会手足无措。

5.2.3 道家思想与危机管理

道家的主要理论与辩证法息息相关，如"以雌守雄""刚柔并济"等。按照这一理论，危机也可能是一个转折点（即转机）。当一家公司陷入危机并引发公众关注时，其知名度也会随之提高。此时的企业应该开始考虑如何将这种受欢迎程度转变为良好的声誉。此外，在不断创新发展的过程中，企业会遇到各种各样的危机。这些危机也是良好的时机。正是因为危机的出现，尤其是企业中的守旧派对公司变革和创新的抵触会发生动摇。企业也可以借此机会进行在常规环境下很难付诸实施的内部调整。

5.3 德国企业文化与危机管理

5.3.1 德意志民族文化的特征

德国企业文化的大多数内容和特性都可以追溯到德意志民族文化。而德意志文化无疑继承了欧洲大陆传统文化的某些特征。例如个人主义、自由、科学和民主特性。随着时代的变迁，德国企业文化也很好地继承了这些特性。

5.3.2 个人主义与危机管理

德国公司非常重视对员工的教育和培训。双轨制教育（Das duale Bildungssystem）就是一个很好的例子。在培训期间，员工非常重视解决实际问题的能力。接受过良好培训的员工将产品质量视为己任。这也在一定程度上避免了很多产品质量问题和随之引发的危机。这是一种十分明确的责任感。此外，很多诸如戴姆勒等德国公司内有许多负责管理和科学研究的专家团队。德国公司的普通员工也可以参与公司的决策，与此同时，工会组织对公司也有很大的影响。在这种情况下，公司的员工不仅可以更好地保护自己的个人利益，而且可以亲自参与公司的发展和运营并建言献策。在理性、公正、公开讨论的支持下，公司理论上更有能力避免危机或成功解决危机。

5.3.3 注重研发与危机管理

大多数德国人认为研发才是左右公司未来的决定性因素。无论外部环境如何，他们在研发方面的投资始终保持在较高水平。在专利申请数量和研发成果营销方面，梅赛德斯-奔驰等一些大型德国公司处于世界领先地位。尽管德国的小型公司几乎没有可用的研发资金，但这些公司仍在进行各种创新，以保持自己的领先地位。创新其实是一种预先计划。它在危机前、危机中和危机后的三个阶段都十分重要。

5.3.4 企业历史文化的继承与危机管理

许多德国大公司建立了具有自己文化特色的产品博物馆和历史展览馆。此外，这些公司的官方网站上也有很多可以通过多媒体工具查看的各式各样的有关本公司历史和文化的内容，如德国的克虏伯公司（Thyssen Krupp）的官方网站。这些德国公司历史悠久，在20世纪经历了各种危机。例如战争（两次世界大战和战后重建对于它们的影响)、金融危机、合并和收购。这些处理危机和困难的经验对于公司来说颇有价值。因此德国公司非常重视公司文化和企业历史，以便从过去的经验中学习并很好地应对当下和未来的潜在性危机。

5.4 新冠期间的中德企业危机管理

新冠(COVID-19)大流行是典型的突发性危机，几乎所有的企业都因此遭受重创。在疫情期间，一些中国企业创新了业务模式，提高了数字化水平，从而提高了竞争力。这些公司不仅凭借互联网平台在线销售产品，还对公司的其他部门实行了在线管理。这些措施在很大程度上优化了公司的结构和运营。从5.2.2的"法家思想与危机管理"中，我们看到公司必须随着时间的推移进行自我优化和不断创新，而这些中国企业已经做到了这一点并克服了危机。

另一方面，一些德国公司也在疫情流行期间抓住了时机，甚至实现了经济下行大背景下销售的逆增长。例如德国的汽车影院行业(Das Autokino)。2020年初，德国只有12家汽车影院。但是，从2020年初到4月18日，德国各地方政府至少收到了120份新的自驾剧院建设申请。这一方面是由于传统电影院被迫关闭，另一方面是由于汽车电影院为更好地服务和吸引顾客对其业务方法的进一步改进。创新对公司的重要性是不言而喻的。这些"逆流而上"的德国企业分析危机并将危机变为转机，也反映了中国传统哲学即道家思想在危机管理中的独特参考意义。

6. 总结

不同的民族文化深刻影响着不同国家的危机管理模式和现状。尽管并非所有企业都符合跨文化理论中有关文化维度的预设状态，但我们可以借助文化维度的理论深入分析中德公司危机管理的特征和侧重点。中国是一个集体主义倾向极高的国家，那么对中国企业而言，肩负社会责任感无疑是十分重要的。

中国和德国企业在危机管理领域有诸多相似和不同之处。就实际调查来看，二者对于危机管理的薄弱意识让中国和德国的部分企业都处在不佳的现状中。这也凸显了中国和德国企业建立和改善自身危机管理的紧迫性。而谈到相似点，创新精神不仅是中国传统文化中法家思想的一部分，而且是德国企业文化中"持续创新"的生动体现。

危机管理的实践性极强，且需落实到主体自身上来。不同国家有着不同的传统文化。这意味着对中国传统文化和德国企业文化进行分类比较的必要性，以免出现"橘生淮南则为橘，生于淮北则为枳"的尴尬局面。这不仅是基于文化背景的预设，更是解决危机管理中实际问题的根本方法。

参考文献

［1］Beatrice Hecht/El Minshawi und Jutta Berninghausen. Interkulturelle Kompetenz, Managing Cultural Diversiy-Trainingshandbuch.

［2］Christian Klett. Krisenmanagement in KMU-Maßnahmenkataloge zur Abwendung von Unternehmenskrisen.

［3］Geert Howstede. Cultures and Organizations: software of the mind, Administrative Science Quarterly.

［4］Heinemann, Daniel. Krisenmanagement in kleinen und mittleren Unternehmen.

［5］Müller, Rainer. Krisenmanagement in der Unternehmung: Vorgehen, Maßnahmen und Organisation, P. Lang Verlag, 1986.

［6］Rüsten. Krisen und Krisenmanagement der Familienunternehmen, Springer Gabler.

［7］高敏主编. 哈佛模式——公司危机管理. 中央民族大学出版社，2003.

［8］刘刚. 危机管理. 中国经济出版社，2004.

［9］罗伯特·希斯. 危机管理. 中信出版社，2004.

［10］迈克尔·里杰斯. 危机公关. 郭惠民译. 复旦大学出版社，1995.

对国际电商平台中企业简介的跨文化视角分析

聂昊晨

摘要： 在国际电商平台上，为了尽快使顾客了解自身产品的优势和特色，卖家常常利用电子店铺中的"企业简介"栏进行自身宣传，是吸引客户的有效手段之一。本文利用 Swales 和 Bhatia 的语类分析结构，对来自中国阿里巴巴国际站和美国亚马逊平台的共 20 个企业简介进行了分析，比较了中西方企业在撰写简介时的异同，并利用 Hofstede 的文化维度分析差异的原因。

关键词： 电商　企业简介　语类分析

1. 研究背景

随着国际贸易的不断发展和电子商务产业的逐渐成熟，跨国经济活动越发便利。越来越多的国际企业选择在电商平台上上架自己的产品，以拓展国际市场。为了使网络另一端的客户能够快速了解企业、了解产品的特色和优势，大部分店铺都会撰写企业简介来进行自我宣传。不可否认的是，电商网站中的企业简介发挥着重要的作用，是企业展示实力、吸引客户的有效途径。然而，国际电商平台为企业带来更大市场、更多机会的同时，也使企业面临新的挑战，不同国家文化的差异和思维模式的差异有时会造成严重的误解，阻碍企业开拓国际市场的脚步。

2. 理论基础

2.1 语类和语步结构

"语类"（genre，或称体裁）在人文社科领域一直是一个常用概念。语类分析理论的代表学派之一是由 Swales 创立的语步体裁分析理论，John M Swales 教授认为，语类是一种具有交际目的(communicative purpose)的交际事件(communicative event)。具有相似目的的交际事件可以被归为同一个语类。

根据 Swales 教授的理论，在分析某一特定语类的交际事件时，一般采用语步结构分析模式，即根据说话人的交际目的，按照意义和功能划分语篇层次，进而研究表达方式。"语步"(move)是与说话人的交际目的密切相关的语义单位，也是分析的基础。每一个语步又下分不同的"步骤"(step)，包含对语篇的详细分析。另一位学派代表人物 Bhatia 则提出分析商务信函的七步模式。在本文的分析中，企业简介与广告具有相似的交际目的，因此接下来将采用该模式对收集到的企业简介文本进行分析。

2.2 Hofstede 文化维度理论

Geert Hofstede 是一位荷兰籍心理学家，他提出的文化维度模型是早期最为全面的用来衡量不同国家之间文化差异的一个框架。他认为文化是人们在相似环境中共同的心理程序。通过研究，Hofstede 将不同文化间的差异归纳为五个基本维度，包括个人主义与集体主义、不确定性回避、权力距离、男性气质与女性气质、长期取向与短期取向。下面将简要介绍几个维度的基本内容。

"个人主义与集体主义"维度衡量的主要标准是一个社会更看重个人利益还是群体利益。在个人主义社会中，人与人之间的联系是松散的，人们更多地关心自己的利益。相反，在集体主义社会中，人们更加注重整个社会的和谐，关心大家庭，成员会将集体利益置于个人利益之上。

"权力距离"维度是指一个群体中的成员对权力分配不均的预期和接受程度。各个国家对权力的理解不同，因此在这个维度上不同文化之间存在很大的差异。大部分西方人不太看重权力，而是更注重个人能力；亚洲国家由于人口众多、自身体制等因素，相比而言更加注重社会阶层和权力的约束力。

"不确定性回避"指的是文化成员对模糊或未知情况感到威胁的程度。回避程度较高的文化更注重权威、地位等，试图通过制定更全面的规则来避免不确定的事件。回避程度低的文化对于反常意见和行为比较宽容，规章制度较少，允许不同意见和主张的存在。

3. 电商平台上企业简介的分析

本章将运用 Swale 的体裁语步分析模型对搜集到的电商平台上的公司简介进行分析，对比其异同，并运用上一章介绍的跨文化理论分析差异出现的文化原因。

为了保证样本的客观性，笔者从来自美国的亚马逊（amazon.com）和来自中国的阿里巴巴国际站（alibaba.com）两个电商网站上各随机抽取 10 个店铺，销售的产品种类包括玩具、服装、家电等，两个网站的默认语言均为英语。根据 Bhatia 的七步模式将这 20 家店铺的企业简介内容划分为五个语步，统计每个语步出现的频率，并根据 Swales 的语类分析模式来分析 20 篇文本的语类结构，分析两个网站上文本的相同和不同之处。统计结果见下表：

阿里巴巴		频率	亚马逊		频率
Move 1：基本信息	Step 1：创立时间	90%	Move 1：基本信息	Step 1：创立时间	70%
	Step 2：所在地	100%		Step 2：经营现状	20%
	Step 3：面积	80%		Step 3：品牌历史	20%
	Step 4：人员规模	100%			
	Step 5：品牌历史	10%			
Move 2：主营产品	Step 1：产品种类	100%	Move 2：主营产品	Step 1：产品种类	100%
	Step 2：产品质量	80%		Step 2：产品目录	30%
	Step 3：原材料	100%		Step 3：原材料	20%
	Step 4：证书	70%		Step 4：证书	10%
	Step 5：产量规模	40%		Step 5：产品用途	30%
Move 3：企业理念		20%	Move 3：企业理念		80%
Move 4：合作客户		80%	Move 4：合作客户		40%
Move 5：呼吁购买	Step 1：促销标语	90%	Move 5：呼吁购买		20%
	Step 2：售后服务	100%			

从上表的对比可以看出，中西方企业在国际电子商务平台上的企业简介步骤有相似之处。大部分企业都是首先介绍公司的基本情况，让客户有一个基本的了解，接着介绍自己产品和经营理念，赢得顾客的认可，最后激发浏览者的购买意愿。但是两国企业简介的具体内容和侧重点并不相同。阿里巴巴国际站上的简介信息比较全面，强调产品质量，绝大部分店铺都会在介绍的最后明确呼吁合作或购买；然而，在亚马逊平台上的很多店铺里甚至找不到完整的简介信息，企业介绍主要以品牌故事的形式出现。从表中可以看出，在亚马逊平台上的西方店铺中，最受重视的是主打产品种类和企业经营理念，有宣传鼓动性的劝导类信息很少出现。本文的下一部分中将运用Hofstede的文化维度理论来详细分析两平台店铺的简介文本出现异同的原因。

4. 中外差异对比

4.1 个人主义与集体主义（Individualism vs. Collectivism）

在企业简介的语步—步骤分析中，无论是中方还是西方企业的简介，都包含了企业基本信息的内容，但两者在内容的丰富程度上有明显的不同。中国企业的基本信息介绍不仅有成立日期，还包括企业的位置、面积和规模；公司所在地在中方的简介文本中是一个重要的信息点，中国企业会特别强调自己的企业位于"中国玩具之乡"或"中国服装之乡"。而亚马逊平台上的简介文本则并不重视企业基本信息的介绍，至多会提到企业的现状和品牌故事。

原因可以用Hofstede的个人主义与集体主义维度来解释。集体主义文化占主导的国家强调的是群体利益和集体的力量，个人要将自己融入群体中去，群体成功永远比个人的成功更重要。作为典型的亚洲国家，中国更倾向于集体主义文化。所以，中方企业会在简介中强调自己位于"玩具之乡"等等，以突出该城市的相关产业链密集，历史悠久，以争取客户的信任。另一方面，根据Hofstede在1980年的调查，美国在40个国家和地区中的个人主义文化倾向排名第一。个人主义文化往往更加注重个人的成就和贡献，公司的成功与否在于自身的努力，与它所处的位置和所属的集体关系不大。因此，亚马逊平台上的企业简介很少提及企业所在地，而是有意识地介绍能够体现个性和特色的品牌故事。

其次，中方企业的命名方式与西方企业有很大的不同。本文选取的10个中国企业店铺都是以地理位置命名，如"上海盈信天下机械有限公司"；而在亚马逊平台上的企业则几乎没有以地域信息来命名的。这再次证明了个人主义和集体主义之间不同的文化价值。作为集体主义文化的一员，中国企业比西方企业更强调对社会的归属感，因此"上海""深圳""中国"等表达地理位置的词才会成为公司名称的一部分；部分欧美企业的名字会使用创始人的名字，这也是个人主义文化的体现。

4.2 权力距离（Power Distance）

阿里巴巴国际站中的中国店铺大部分是中小企业。在本文选取的中方企业简介样本中，许多企业提供了由行会或政府颁发的企业或产品获奖证书，以证明自身的地位和产品的质量。这样做一方面形象地反映了企业文化，另一方面也展示了政府部门和相关机构给予企业的政治奖励和荣誉，如"先进集体""2018年江苏省服装行业50强企业""明星企业"等称号。但在亚马逊平台上选取的企业介绍中，无论是图片还是文字形式，都没有任何一个样本提到政府荣誉或证书，唯一一个有相关内容的企业展示的是自己的专利技术证书。

这种差异可以用权力距离维度来解释。权力距离是指不同文化背景的人对社会权力分配不平等的接受程度。在权力距离较大的文化中，公民对权力有一种敬畏感，更能接受权力分配的不平等，相对来说更认可高社会阶层具有话语权。但在一个权力距离较小的文化中，人们相对更加平等，也不太重视社会阶层和权力差别。中国是一个权力距离较大的国家，而美国的权力距离较小。因此，中国企业更倾向于认为政府颁发的证书是企业实力的象征，能够赢得更多客户的信任。因此中方企业更可能会关注与政府的联系，强调负责人的存在，以证明自己受权威的认可，具有更高的可靠性。相比之下，来自英美的企业更注重与客户的合作，在企业简介中既不会特别强调公司获得的政治荣誉，也不会特别强调公司的负责人与政府是否有关。相反，他们在语步3、4中更加关注企业经营理念和客户群体，在本次选取的样本中有40%的企业特别标注了与自身有良好合作的客户。

4.3 不确定性回避（Uncertainty Avoidance）

在分析两个网站的企业简介页面时，笔者发现阿里巴巴国际站中的企业简介的语步结构非常相似，而亚马逊平台上的公司简介则有很大的不同。这种差异不仅体现在语步结构上，还体现在字体、字号、颜色、布局等方面。亚马逊平台上不同的企业简介排版形式更加丰富，信息的构成相对多样。

这种差异是由两种文化不同的不确定性回避程度导致的。不确定性规避程度较高的文化倾向于以可预测的、有秩序的方式生活，这种文化的特点是完善的规则和程序。而不确定性回避程度低的国家则不太苛求严格的规则，对不同更加宽容。这种文化中的人有能力接受和处理不确定性，不会有太多的恐惧或不适，因而享有更多的灵活性和自由。中国文化属于高不确定性规避的文化，重视和谐与统一。因此，中国公司简介的格式看起来很相似，布局也基本相同，这可能是网站的统一规定带来的结果，而提前制定统一的规定正是为了规避不确定性。相对而言，美国精神的一部分就是追求独特性，因此在编辑公司简介页面时，企业会使用不同的字体、颜色、大写字母和字符等表达方式，使自己与众不同，以期能给客户留下深刻印象。

5. 结语

国际电商平台上的公司简介在跨境贸易中发挥着重要作用。一个得体合适的企业简介不仅可以提供产品的基本信息，还可以宣传企业形象，吸引潜在客户。但在国际贸易的平台上，企业在设计简介的时候不能按照自己在国内网站的简介照搬照抄、刻板翻译，还应考虑中西方文化的价值差异。

参考文献

[1] Erll, Astrid/Gymnich Marion. Interkulturelle Kompetenzen[M]. Klett Verlag, Stuttgart, 2015.

[2] Swales, J. Genre Analysis. English in Academic and Research Settings[M]. Cambridge

University Press, London, 1990.

[3]陈伟佳,吴春明.中美陶瓷企业英文简介对比及中文简介英译[J].韩山师范学院学报,2019(4):86-97.

[4]乔丽静,张发祥.语类及语类研究概述[J].科技咨询,2008(24):227-228.

[5]王雪飞.跨境电商背景下外贸开发信的语步结构应用分析[J].肇庆学院学报,2019(4):77-81.

中德企业组织形式与职场称谓跨文化对比分析

石 鑫

摘要：随着企业全球化浪潮的不断推进，在跨文化交流中，企业成为非常重要的一个因素。由于中德两国之间在文化层面存在差异，折射到经济领域这些差异直观地反映在企业之中，其中最明显的就是企业组织形式上的差异。了解双方企业组织的不同对跨国企业的运作发挥积极作用。与此同时，职场中的称谓语在职场交往中起到"敲门砖"的作用。跨文化环境下，使用正确的职场称谓有助于两国企业员工建立良好的人际关系。通过对职场称谓的跨文化对比分析能够帮助企业顺利开展跨文化经贸活动。

关键词：跨文化对比　企业组织形式　职场称谓语

1. 引言

企业，是一个国家经济发展的重要分子。企业的发展为健康稳定的经济运行打下坚实且牢固的基础。而企业的自身发展又与其组织形式密切相关，企业采取的组织形式对企业的各方面工作都产生了十分巨大的影响，要想深入了解企业的运作及发展情况，必然绕不开企业组织形式这一主题。当今经济世界风起云涌，全球化的浪潮早已波及经济领域。世界各国企业之间联系愈发密切，不再是从前单纯的竞争关系，企业之间相互依存程度不断加深。中德两国在此背景下，不断深化并扩大彼此之间在经贸等各个领域的合作，大批来自中国和德国的企业在两国积极开展投资活动，极大地丰富了两国的经济市场，推动了中德两国经济的发展。而在跨文化的背景下，研究中德两国企业不同的组织形式对于深入了解两国企业的发展状况具有十分特别的意义。

另一方面，企业作为职场的重要载体，职员在企业内各部门中不同称谓语的使用，反映了职场中不同人际关系的细微变化。与此同时，职场中也存在许多因素反过来影响着职员对于称谓语的选择。职场称呼看似简单，但背后却蕴藏着深厚的文化含义。职场称谓语的选择是文化影响下的结果。中德两国的企业由于组织形式的不同以及企业文化的差异，职员的职场称谓必然也存在许多不同之处。对比分析中德两国职场称谓语的差异并从跨文化角度探究其背后的文化因素，有助于人们在跨文化交流时减少不必要的冲突和摩擦，增进企业的跨文化管理意识，从而促进中德两国企业顺利开展经济活动。

2. 企业及企业组织形式

企业是从事生产、流通与服务等经济活动的营利性组织，企业通过各种生产经营活动创造物质财富，提供满足社会公众物质和文化生活需要的产品和服务，在市场经济中占有非常重要的地位。[1] 从中文的角度来看，企业由"企"和"业"二字组成。"企"作动词可以表示祈望、企图，"业"可以指事业，也指有一定规模、目标、系统和影响的社会活动。"企""业"二字连在一起，顾名思义为企图从事获取利润的事业，引申到商业领域便有了企业的定义：企业是组织众多人开展经济活动并以此来获取利润的社会经济组织。

企业首先是经济性组织，这就意味着通过生产、销售等一系列活动后，获取利润并实现利润最大化是企业经营的第一目的，追求经济性是企业运行的目标。与传统的行政单位和福利性机构不同，企业必须获利。在发展健全且完善的市场体系之下，企业的运行为社会做贡献，企业获得的利润与其所做的贡献是正相关的关系。此外，企业也是社会性组织，企业运行受社会大环境制约。企业的建立和发展过程都受到社会文化传统和意识形态的潜移默

---

[1] MBA智库百科。

化的影响，企业文化尤其能够体现出民族文化的特点。

伴随着企业的存在和发展，公司作为一个独立的概念常常出现在人们的视野中。从概念范畴上来看，企业包含公司，公司下属于企业。企业存在的形态和类型被称为企业组织形式。根据市场经济的要求，以财产组织和担当在法律上的责任表现为标准，国际上把企业组织形式一般分为独资企业、合伙企业和公司企业三种形式。[1] 常见的"公司"这一概念就属于第三种企业组织形式。

以德国和中国为例，德国最常见的企业组织形式分为个体企业（Einzelunternehmen）、人员组合公司（人合公司，Personengesellschaften）以及资本组合公司（资合公司，Kapitalgesellschaften）三大类，而具体的注册形式有数十种之多。包括但不限于以下几种：隐形公司（Stille Gesellschaft）、民事合伙公司（Gesellschaft des bürgerlichen Rechts，简称 GbR）、无限责任公司（offene Handelsgesellschaft，简称 OHG）、两合公司（Kommanditgesellschaft，简称 KG）、有限责任公司（die Gesellschaft mit beschränkter Haftung，简称 GmbH）以及股份公司（Aktiengesellschaft，简称 AG）等。而中国常见的企业组织形式如：有限责任公司、股份有限公司、国有独资公司、个人独资企业、合伙企业、个体工商户、外商投资企业、集体所有制企业等也都有各自不同的组织特点和组织方式。

3. 德国企业组织形式简介

德国的个体企业写作 Einzelunternehmen，在德语中也把个体企业称为注册商人（Eingetragener Kaufmann），形象又直接地指出了个体企业的本质就是个体户经营。个体企业是在德国较为普遍的一种企业组织形式，一般只需要一个经营者就可以成立个体企业，个体企业的经营权掌握在企业所有人自己手中。创立个体企业的手续并不烦琐，只需要企业主进行书面登记领取营业执照，就可以获批进行经营活动。因为个体企业的创立者往往只有企业主一

---

[1] 武宝雨. 企业组织形式研究. 经贸实践，2017(17):178.

人，所以个体企业的经营责任也由企业主个人承担，企业所有者以公司财产和私人财产对公司债务承担无限责任。另外，值得注意的是，个体企业的名称中通常包含企业主的姓名，企业的经营范围也直观地反映在企业的名称中。成立个体企业没有最低的资本限制，由于企业决策人就是企业所有人，企业经营的灵活性较大，限制较小。因此在德国建立企业的诸多选项中，个体企业是最简单最易成立的一种企业组织形式。

在德国企业组织形式的第二大分类是人合公司。简单来说，人合公司就是指两个或两个以上以其全部资产对公司的债权人承担无限责任的自然人或法人注册成立并进行经营管理的公司。人合公司以股东的个人信用作为公司信用基础，突出股东本身的重要性。人合公司概念下一般又包括四种企业组织形式，分别是：隐形公司、民事合伙公司、无限责任公司和两合公司。

隐形公司的特点是，某人以出资和按比例分享利润的方式参与其他人（经营业主）的工商经营活动。它不是商事公司，而是一种匿名者在幕后参与其他人的工商经营活动的内部公司。[1] 隐形公司的最低经营者数为两人，经营权掌握在企业所有人手中。企业所有者在企业经营过程中承担无限责任，而参与经营活动的合伙人最多只承担其投资的部分，也就是承担有限责任，公司合同可以规定合伙人不承担公司的亏损。隐形公司不需要在商业登记册中进行注册。

民事合伙公司由两位或两位以上合伙人共同创立并参与经营。在企业运行过程中，所有合伙人共同向公司出资，因此所有合伙人都承担无限责任并共享公司经营权，公司财产归所有合伙人共有。民事合伙公司成立并不复杂，只需所有合伙人签订合同，并在合同中规定清楚合伙人义务即可成立。如果合同中规定的公司目的已经达到或无法达到，或者发生合伙人退出等情况，民事合伙公司就会宣告解散。与隐形公司类似，民事合伙公司不从事工商活动，不需要在商业登记册中进行注册。在德国，民事合伙公司名称往往

---

[1] 高爱贺. 德国人合公司的主要形式及其经济意义. 经济管理研究杂志, 1995(2): 42-45.

包含公司合伙人的名字，并且附带有后缀 GbR 作为民事合伙公司的标志。

无限责任公司是成立大中型企业的传统形式，需要在商业登记册注册才可宣告成立。两个或两个以上合伙人通过签署公司合同成立无限责任公司，所有合伙人都承担无限责任。同时，所有合伙人都享有公司的经营权，每个合伙人都有权利和义务单独经营公司业务。当公司有重大事项需要决策时，需要全体合伙人一致同意才可以通过。无限责任公司的名称中至少应该出现一个合伙人的名字，名称中往往带有无限责任公司的缩写 OHG。

两合公司也属于人合公司的范畴，和无限责任公司一样，两合公司也必须在商业登记册注册登记才可宣告成立。与无限责任公司不同，两合公司的合伙人又细分为无限责任股东和有限责任股东。无限责任股东以其私人财产和投资在公司经营中承担无限责任，而有限责任股东只承担自己投资部分的有限责任。公司的经营权掌握在无限责任股东手中，有限责任股东被排除在经营管理之外。两合公司的名称包含无限责任股东的名字，后缀带有两合公司的缩写 KG。与无限责任公司相比，两合公司具有的最大优势是可以通过吸纳更多的有限责任股东，从而可以比较容易地扩大资本基础，具有较大的灵活性。

德国的企业组织形式的另一个分支是资合公司。与人合公司相比，资合公司组织结构更加合理，管理更加严密，资合公司更符合企业发展的潮流与趋势。股份公司和有限责任公司是资合公司的重要组成部分。股份公司是资合公司最重要的经济形式。德国的股份公司法以三权分立的方式确定股份公司的组织结构，股份公司的权力机构为股东大会，执行机构为董事会，监督机构为监事会。监事会由股东大会选举产生，监事会成员数量取决于公司注册资本（注册资本 150 万欧元以下 9 人，1000 万以上 21 人，150 万—1000 万之间为 15 人），最少 3 人。董事会由监事会任命，董事会成员可以是股东，也可以不是。股份公司的最低注册股份资本为 5 万欧元。股份公司可以选择上市，也可以不上市，承担与注册股份资本相应的有限责任。

有限责任公司是股份公司的"小兄弟"。有限责任公司的最低注册资本为 2.5 万欧元。德国有限责任公司法对股东人数未做限制，最少可由一位股东建立一人有限公司(Einmann-GmbH)。有限责任公司设董事会，成员由股东聘任，负责公司的经营管理，其中包括董事长1名(即总经理或总裁)及董事(副总经理或副总裁)若干名，员工人数超过500人的企业还设有执行董事席位。有限责任公司是介于大型股份公司与小型合伙企业之间的企业形态，机构设置灵活，股东在承担有限责任的同时，参与公司的决策管理，成立和管理都比较容易，是目前德国最为广泛采用的企业形式。

4. 中国企业组织形式简介

在中国，现代企业组织形式与国际通用的企业组织形式分类大体一致，即分为个人独资企业、合伙企业和公司企业三大类。

首先是个人独资企业，个人独资企业是指由一个自然人投资，全部资产为投资人所有的营利性经济组织。个人独资企业不具备法人资格，是独立的民事主体，企业主对企业的债务承担无限责任。中国的个体户和很多私营企业都属于个人独资企业。根据《中华人民共和国民法典》规定，自然人从事工商经营，经依法登记，为个体工商户。个体工商户不需要注册资本和会计报税，每个月税金固定，个体工商户的经营者不能发生变更。独资企业与个体工商户之间存在本质区别。个人独资企业可设立分支机构，员工数量无限制；个体工商户不可设立分支机构，雇工人员不得超过8人；个人独资企业，经营者和投资者可以不是同一个人，有上市的机会；个体工商户，经营者和投资者必须为同一个人，不具备上市资格；两者的法律地位也不相同，个人独资企业能以企业自身的名义进行法律活动，个体工商户是以公民个人名义进行法律活动。在了解中国的企业组织形式时，要对这个人独资企业和个体工商户这两个易混淆的形式加以区分。

第二大分类是合伙企业。合伙企业是由几人、几十人甚至几百人联合起来共同出资创办的企业，结构相对来说比较不稳定。按照我国的《合伙企业法》规定，我国的合伙企业包括普通合伙企业和有限合伙企业。普通合伙企业中，合伙人对整个企业承担无限责任。而有限合伙企业由普通合伙人和有限合伙人组成，普通合伙人对企业债务承担无限责任，而有限合伙人仅以其出资额为限制承担对公司有限责任。

公司类企业主要包括有限责任公司和股份有限公司。有限责任公司一般由2人以上50人以下的股东共同出资成立。在这类公司中,董事和高层经理人员往往都由股东担任。中小企业往往选择有限责任公司这一形式,公司的设立程序和解散程序都比较简单,管理机构也比较简单。有限责任公司还有一种特殊的组织形式,即国有独资公司。国有独资公司由国家单独出资,出资人职责由国务院或者地方人民政府授权本级人民政府国有资产监督管理机构履行,这类企业也属于有限责任公司的行列。股份有限公司通过发行股票筹集资本,公司以其全部资产对公司债务承担有限责任的企业法人。公司的发起人应在2人以上200人以下,注册资本最低限额为人民币500万元。股东以其持有的股份享受权利,承担义务。

另外,在中国特有的公司组织形式还有外商投资企业。外商投资企业是由中国投资者与外国投资者共同投资,或者由外国投资者单独投资的企业。外商投资企业又可以细分四种类型:中外合资经营企业、中外合作经营企业、外资企业和外商投资合伙企业。中外合资经营企业与中外合作经营企业的区别是,合资企业属于股权式的合资,合资双方共同投资,共同经营,按各自的出资比例共担风险、共负盈亏;而合作企业属于契约式,中外双方不以投资数额、股权等作为利润分配的依据,而是通过签订合同具体确定各方的权利和义务。合资企业必须是取得中国法人资格的企业,是有限责任公司;而合作企业可以具备法人资格,也可以不具备法人资格。外资企业的主要特点是企业全部资本均为外商出资和拥有。而外商投资合伙企业是外国企业或者个人与中国的企业或者经济组织(不包括个人)在中国境内设立的合伙企业。

5. 中德企业组织形式异同对比

中德两国虽然各有多种不同的企业形式,但经过对比分析不难发现,两国的企业组织形式在大体上可以归为三类。第一类是个体企业/个人独资企业,两国的共同特点是都由一个企业主投资创办,经营权掌握在企业所有人手中，企业主对企业承担无限责任。这种企业的限制少，灵活性最强。第二类是人合公司/合伙企业，虽然具体的组织形式有些许差异，但在中德两国这类企业都是由合伙人来投资创立。例如，德国两合公司中的无限责任股东和有限责任股东的区分，这一点与我国合伙企业中有限合伙人和无限合伙人职能和性质的划分极为类似。第三大类是资合公司/公司类企业，在这一分类下，中德两国的企业都包括有限责任公司和股份公司，关于这一类企业两国都各自规定了详细的成立条件，企业形态存在非常多的相似之处。

但与德国不同的是，中国的企业组织分类方式更加多样和丰富。出于中国国情、历史的原因和分类标准的不同，中国的企业组织形式并不只是可以按照企业制度的形态构成分类。例如，按照企业资产的所有制性质来分，中国的企业也可以分为国有企业、集体所有制企业、私营企业、混合所有制企业等。按照企业生产经营业务的性质，可以分为工业企业、农业企业、商业企业、物资企业等等。中国企业的上级主管部门会按照企业经营业务的性质来设立管理机构，政府对企业进行更为细致和全面的管理。

6. 中德职场称谓差异

中德两国的企业组织形式不同、文化背景不同，反映在两国职场当中最直接的体现就是职场称呼语的不同。称呼语不仅是职场文化的重要组成部分，还影响着职场中的社交过程。

在中国，职场中的称呼语复杂多变，根据称呼双方身份地位的不同，称呼语也发生着相应的变化，职场中的称呼必须符合被称呼对象的身份。当职位较低的人称呼上级时，说话者的称呼通常礼貌又正式，称呼时多使用尊称"您"，或者称呼以对方的姓加职称以表示说话者的尊重，如"王总""张经理"等。根据霍夫斯泰德的文化维度理论，中国是权力距离较大的国家，人们对权力有敬畏之心。上级领导的职称是权力的象征，因此人们以领导的姓氏加职称称呼，显示了中国人对权力的尊重。当上级称呼下级时，称呼语则更为自由灵活。小/老加姓、直称全名、只叫名字或者甚至没有称呼的情况都会出现。由于职位存在差距，上级领导作为"权力者"称呼下级时往往带有一定的随意性。这种由于权力的差距导致的称呼上的变化，体现的是一种心理上的优越感，但其根源还在于文化层面上对权力的推崇。在职场中，当交际双方职位相当时，称呼语也有不同的变化。如果双方都是领导层，称呼通常为姓氏加职位，表示双方的尊重；但如果双方都是普通职员，那称呼则较为随意，直呼姓名或者姓氏加哥/姐的情况都有出现，通过双方的称呼也可以体会到平级员工之间更为亲切友好的氛围，与称呼领导相比更为自在。另外，在中国的职场中还有一种比较常见的称谓，即称呼职场中较有资历的前辈为"师傅"或"老师"。老师在中国是受人尊重的职业，以"老师"称呼职场中的前辈表现了人们虚心求教的心理和对前辈的尊敬。

与中国职场的复杂情况不同，德国的职场称谓相比之下较为简单。刚入职的职场新人都以"您"来称呼同事，表示对对方的尊敬，体现出的是一种礼貌的距离感。工作一段时间后，同事之间逐渐熟悉起来，当其中一方提出可以以"你"相称时，双方一般才会改变称呼，不再以"您"相称。德国的职场中，同事之间一般不会走得太近，彼此都保持着一定的距离。这是因为德国是强调个人主义的国家，重视个体的独立性，工作和个人生活严格分开，因此没有必要和同事建立过于亲密的私人关系，这一点也反映在职场的称呼当中。与中国职场的情况不一样，德国公司里上下级的等级差距在称呼上体现并不明显。德国是权力距离指数较小的国家，更追求平等的社会结构。职员只需做好上级分配的工作任务并及时反馈，领导不是唯一有话语权的人，公司内的权力等级结构并不像中国一样突出。在德国企业里，也会出现相熟的同事和领导之间彼此间只称呼名字的情况，这在较为严肃的中国职场中是不会出现的。

7. 总结

通过对比中德两国之间的企业组织形式，可以发现，随着经济在全球范围内的发展，两国企业形式之间存在非常多的相似之处。按照国际通用的分类方法，两国企业都可以分为三大类：个人独资企业、合伙企业和公司类企业。伴随着两国经济领域法律制度的不断完善，特别是在跨国企业的发展方面，两国的企业组织形式将会更加完备和健全。近些年来，中国方面也在不断优化外商投资环境，为更多的德国企业到中国开展经济活动提供了便利，这十分有利于两国经贸关系的继续发展和两国企业的交流和沟通。

两国经济的更深入交流也意味着在企业发展中更多跨文化问题的出现，企业应该更多的培养员工的跨文化意识。职场称谓语差异便是诸多企业跨文化经营时可能碰到的问题之一。中德两国企业在跨国开展经济活动时，首先要注意在对方国家职场中的称呼问题。正确的职场称呼会缩短两国之间存在的隔阂，建立健康愉悦的工作环境，从而有助于两国企业之间做出更好业绩，创造出更大价值。

参考文献

[1] 赵劲. 经济德语. 上海外语教育出版社, 2011.

[2] 武宝雨. 企业组织形式研究. 经贸实践, 2017(17):178.

[3] 高爱贺. 德国人合公司的主要形式及其经济意义. 经济管理研究杂志, 1995(2):42 - 45.

[4] 罗白璐. 基于跨企业文化的中德合资企业管理初探. 文史博览(理论), 2014(3):47 - 49.

[5] 杨三正. 中德股份公司组织机构之比较. 山西财经大学学报, 1999(1):67 - 69, 79.

[6] 宋云, 赵速梅. 浅谈称呼语在职场中的使用及相关因素. 合肥工业大学学报:社会科学版, 2009(3):105 - 108.

文化角度下中德企业财务模式比较

聂昊晨

摘要： 在全球化发展的背景下，企业想要稳步前进，就必须建设更符合时代要求的管理模式，尤其是具有核心地位的财务模式。本文通过对比中德企业财务模式中的异同，运用跨文化维度分析文化因素对企业财务模式形成的影响，从跨文化角度为企业提供国际化趋势下持续发展的启示。

关键词： 中国财务模式　德国财务模式　管理文化　跨文化

1. 导论

随着经济的不断发展，各国企业都面临着愈发激烈的竞争。对于企业来说，提高自身竞争力的关键任务之一就是不断改进自己的财务管理模式。一方面，财务管理是企业管理的基础，是企业内部管理的中枢，企业生产经营中进、销、调、存每一个环节都离不开财务的反应和调控，经济核算、财务监督等更是能有效控制企业各项经济活动。另一方面，财务管理是企业和外部交往的桥梁。通过会计核算，财务部门对原始数据进行收集整理，将其处理为有用的经济信息，使企业能够向外界提供准确、真实的信息，从而有助于国家调控、投资人合理投资、银行做出信贷决策以及税务机关依法征税。由此可见，良好的财务管理制度是企业的核心竞争力之一。

企业财务管理是在一定的整体目标下，关于资产的购置(投资)、资本的融通(筹资)和经营中现金流量(运营资金)，以及利润分配的管理。现有的对于企业财务管理、企业财务组织的研究更多的是在讨论财务管理对整个企业的贡献，关于不同国家的财务管理模式背后不同的文化特征和思维习惯讨论得比较少。财务管理是企业管理的重要一环，必然受到企业管理文化的影响，而管理文化实质上就是一定的民族、社会的文化在管理过程中的渗透和反映，是社会文化特征在管理中的体现。因此，对不同企业背后文化特征的分析，有助于针对性地理解来自不同文化的企业的内核，在全球经济一体化的背景下具有重要的参考意义。

2. 中德企业财务模式概况

2.1 中国企业及财务模式概况

由于我国占主导的经济体制是计划经济体制，因此财务更多被赋予的是会计、计算和分配的职能。随着改革开放不断深入，市场经济体制蓬勃发展，以市场为主导的现代企业，尤其是民营企业也在这40年间取得了不俗的成绩。到目前为止，中国大多数的民营企业仍然是家族控制性企业。根据《福布斯》中文版发布的《中国现代家族企业调查报告》显示，截至2014年7月31日，A股上市公司中有41.3%为国营企业，其余则为民营企业，其中的50.3%为家族企业，这一数字比2013年上升了0.6个百分点（调查范围包括在沪深两地和港交所上市的内地企业）①。作为特定文化背景和历史条件下成长起来的中国现代企业，其财务组织设计在吸收西方企业制度特点的同时也有着深刻的历史和文化烙印。

在中国，财务部门在企业中属于职能部门，或者说是中层行政机构。它一方面接受最高层领导的垂直管理，另一方面又通过资金调度、成本转移、利润分配等实现对企业内部其他各部门的管理。这种管理不是直接干预，而是通过进行经济核算提供价值信息，以信息的形式间接发挥调控作用。组织形式上一般分为财务核算岗、出纳岗、内部审计岗等平行岗位，负责不同的信息收集与整理分析工作。

而与财务工作密切相关的税务工作，两者在大部分中国企业的财务运营

---

① www.199it.com/archives/275380.html 2020/11/25.

体系中并没有明确的划分。一般中小企业不会单独设立税务会计和财务会计，而是财务会计包办涉税业务。税务会计作为一项实质性工作大多不是独立存在的，而是以财务会计的信息数据为基础来对纳税人的生产经营活动进行核算和监督。

2.2 德国企业及财务模式概况

德国长久以来都是自由市场经济的倡导者，提倡自身市场的公平和自由。然而近十几年来，特别是国际金融危机爆发以来，各级政府控股或参股的企业数量均有不同幅度的上涨。根据联邦财政部统计，截至2014年底，联邦政府直接参股企业、机构和基金共计107家，间接参股且比例在25%以上的企业共566家，主要集中在基础设施、教育科研、能源供应、信息通信等领域。[1] 虽然如此，德国市场经济的主要力量仍是中小型民营企业。

广义上的德国会计工作（Rechnungswesen）包括四个领域，即财务会计（Finanzbuchhaltung und Bilanz）、成本会计（Kostenrechnung）、经济事项的统计会计（Betriebswirtschaftliche Statistik und Vergleichung）和预算会计（Planungsrechnung）；狭义上指财务会计，是企业财务部门中最重要的一个工作流程。德国财务部门的日常工作通常分两条线：会计核算（Rechnungswesen）与财务控制（Controlling）。可以大致理解为，前者是财务会计，负责日常会计交易处理、结账、出具财务报告和管理报告、税务申报和缴纳、出纳、资金结算与银行关系；后者是管理会计，负责预算、预测、财务分析以及决策支持。

3 中德企业财务模式对比

3.1 共同点

3.1.1 相关法律制度详尽

德国是一个典型的成文法系国家，在各种财务活动方面都有相关法律详细的明文规定，早在19世纪，德国的会计规范就已经开始法典化。目前德

---

[1] http://de.mofcom.gov.cn/article/ztdy/201704/20170402556522.shtml 2020/11/25.

国没有单行的会计准则，与会计规范相关的法律主要有《公司法》《商法》和《税法》。《商法》详细地规定了企业的核算规则、记账规则等，包含了德国的核心会计规范。这些法规对会计工作的规定严格且详尽，即包含框架性的构建，也包括甚至是会计报表的格式这样非常具体的内容。

从法律体系上来说，我国的会计制度体系由四个层次组成。第一层是2000年起施行的《中华人民共和国会计法》，属于法律，是会计法规制度的母法。第二层是2001年起施行的《企业财务会计报告条例》，属于行政法规。第三层是财务部颁发的《企业会计准则》和《小企业会计准则》，属于部门规章。第四层是地方政府根据上述法律法规，结合自身情况制定的地方规章。可以看出，我国为企业专门制定了详细的法律法规，以指导企业的财务工作。

3.1.2 基于宏观层面制定

中德的财务法规同两国的其他法律一样，主要目的是为企业的财务活动设定一个标准，以规范企业的经济活动，维护市场秩序，同时为政府贯彻其他相关经济政策服务。比如，德国在《商法》中关于企业可以提取各种准备金的规定，目的便是为了让企业增加更多积累，从而保证经济的持续发展；中国政府规定公历年为统一的企业税务年度，企业必须在国家规定时间内公开财务信息，以便国家统一核算国家经济发展状况。详尽严格的法律制度规定使得两国的企业在会计政策方面的灵活性较差，无法在微观层面上根据企业的实际情况大幅度的调整财政手段，更多的是接受国家的调节和控制。

3.1.3 会计标准国际化趋势

随着全球化的发展，国际会计制度不断融合发展。德国的《商法》百年来增添了不少向其他国家借鉴的经验。尤其是欧盟成立后，德国吸收了许多对自己有利的指令，不断丰富《商法》内容。除此之外，德国的会计组织也是国际会计标准委员会的创始成员。中国的企业会计制度化工作起步较晚，借鉴吸收了许多国际经验。尤其是在2001年加入世贸组织之后，关于会计标准向国际标准趋同的讨论越发热烈。会计标准国际化是大势所趋，两国现行的会计制度都是考虑本国特色和国际惯例相协调后趋利避害的结果。

3.2 不同点

3.2.1 财务部门组织形式

德国企业财务部门的日常工作通常分两条线：会计核算(Accounting)与财务控制(Controlling)，分属两个次级部门，前者大致可以理解为是财务会计，负责日常信息的收集和整理工作，比如会计交易处理、结账、出具财务报告和管理报告、税务申报和缴纳、出纳、资金结算与银行关系等；后者是管理会计，基于前者提供的财务数据信息负责管理工作，进行预算、预测、财务分析，提供决策支持等。组织形式上一般分为税务部、会计核算部、统计信息部、预测部等。

中资企业在财务岗位分工上不强调职能定位，而是从报表出发、按科目或者是会计要素分工设岗，比如财务核算岗、出纳岗、内部审计岗等。成本会计既要做成本核算又要做成本分析，资产会计既要做固定资产相关的会计分录、维护资产台账和盘点，又要做资本性支出的分析。他们的头衔都是××会计，但不好衡量他到底多少时间花在财务会计上，多少时间花在管理会计上。

3.2.2 会计计量模式

公允价值和历史成本是两种非常重要的会计计量模式，二者各有自己的优势和不足。德国的会计模式严格遵守历史成本原则。历史成本是指取得资源时的原始交易价格，简单来说就是"买价"。历史成本会计最大的特点是面向过去，它建立在过去已经发生的事项的基础上，因此具有客观可靠性、可检验性等特点。

我国的会计制度则采用公允价值计量模式，根据财政部制定的《企业会计准则》中的定义，公允价值是指"在公平交易中，熟悉情况的双方，自愿进行资产交换或债务清偿的金额"[1]。这一解释是基于公平交易的前提做出的，它反映的是企业资产的真实价值，保持"随行随市"，保证企业会计信息的时

---

[1] http：//kjs. mof. gov. cn/zhuantilanmu/kuaijizhuanzeshishi/201512/t20151208_ 1602631. html 2020 -12 -08.

效性。

3.2.3 信息披露程度

德国会计信息披露基于区别对待、分层披露的原则，以公司利益为导向。企业财务报告公开与否根据企业性质不同而设置不同要求，企业财务报表信息披露量的多少根据公司性质不同而要求不同，允许中小企业采用简化报表。总体而言，德国企业的信息披露制度比较保守，注意保护债权人和企业的利益。

我国会计信息披露强调一致性，披露对象主要是股东、政府及其他利益相关者。上市公司要求定期编制财务报告以公开企业会计信息，是披露规范管理的重点对象。总体来说，会计披露要求缺乏层次性，不分企业规模与性质，比较不考虑企业信息保密性需求。

3.2.4 财务人员选用标准

德国企业在聘用管理人员方面奉行"专家模式"。在德国企业界，技术专家占有绝对的领导地位。这种技术专家导向也在深刻地影响着德国的教育体制，颇具代表性的便是德国特色的"双元制"职业教育（Duale Berufsbildung），其实质就是学生在学校读书的同时也要兼职去企业工厂等实训基地实习，使学生更好地将理论知识与实际工作相结合。毕业后他们通常会在企业做助手，工作一到两年后可以参加再培训，如果通过了总账会计的考试，才可以成为一名初级会计人员。而行业中层次较高的会计审计师通常要求接受过高等教育，或在有10年专业实践的基础上参加考试，考试合格后还需要经过一定的程序，证明其能履行相关的责任与义务。除此之外，会计审计师每年至少要参加20个学时的再培训。

中国的会计从业人员的平均文化水平则不乐观。根据2019年的报道，在我国超过1400万的会计人员总数中，大专及以上学历人员不足50%，通过正规院校专业学习毕业后进入会计行业的人员比例更低。许多会计从业者是只培训学校接受过短期培训，或者是转岗成为会计边干边学，会计人员普遍专业知识不足。在人员选用方面，许多企业尤其是小企业更倾向于让自己信任的人负责财务工作，尤其是财务部门中直接负责资金保管的出纳岗位，许多企业都会选择与自己利益相关的、关系密切的亲人或朋友担任这一角色。

4 影响中德企业财务模式的文化因素

4.1 文化根基

文化是一个社会的共同价值和观念,是人类社会在长期的社会实践中创造和累积的共同价值观。一个国家的法律、政治、经济等各个方面都潜移默化地受到社会文化的影响,会计制度当然也不例外地会刻上特定的文化烙印。

德国属于日耳曼民族,长期生活在古罗马帝国境内,直接受到罗马文化下的国家制度及法制的影响,罗马国家的文化对德国文化产生了深远影响。无论从形式还是内容上看,法律都是社会价值观最重要的体现之一。从法律史的角度来看,真正的欧洲法律体系的形成一方面来自罗马帝国崩溃之后日耳曼民族大迁徙带来的习惯法,另一方面来源于中世纪之后罗马成文法的重新传入。德国的法律体系是在罗马成文法的基础上发展出来的"大陆法系",成文法在其社会中具有非常高的地位。因此德国社会的各行各业都强调有法可依,德国的财务模式也受到法律的影响,遵从立法管理。企业内部对财务部门的人员选拔、工作内容等也有详细的成文规定。

中国企业的财务模式现状(尤其是民营企业)是特定管理文化的产物,尽管现代企业制度很大程度上受到法律制度的监督,但中国的传统儒家文化不可避免地影响着企业的管理文化,进一步体现在企业的财务模式之中。以血缘关系为本位的传统家族文化对中国社会的影响是无法忽略的。由于中国民营企业中有一大部分都是家族企业,家长制是民营企业常见的管理模式,人员任用方面受到内亲外疏的人际关系准则的影响。反映在财务模式上,家长制的管理使得中国企业财务部门多只具有信息功能,通过经济核算提供价值信息,真正对企业各方面有决定权的则是企业的高层领导,财务部门无法真正实现对企业各部门科学有效的调控。除此之外,由于内亲外疏理念的影响,使得企业在人才引进方面略显不足,财务人员的视野和能力还有待提高。

在社会文化根基的基础上，文化因素对企业财务模式的影响还体现在许多文化维度中，下文取 Hofstede 文化模型中的不确定性规避维度以及 Tronpenaars 文化模型中对时间的态度，来对中德企业及其财务工作中的文化因素进行分析。

4.2 不确定性规避

不确定性规避(Unsicherheitsvermeidung)是指组织或群体面对不确定性时所感受到的威胁以及试图通过制定安全规则和其他手段来规避不确定性的程度。[1] 不确定性规避倾向反映的是一个组织面对风险的态度，会影响其活动结构化的程度。在一个不确定性规避程度高的文化中，国家和企业会倾向于建立更多的工作条例、流程和规范以应付不确定性，管理者决策多为程序化决策；而在不确定性规避程度低的文化中，组织很少强调控制，工作条例和流程规范化和标准化程度较低。

德国是一个典型的高不确定性规避的国家，对不明朗因素反应较强烈。因此，德国的会计制度趋向使用保守的方式，比如，法律层面对各项事务的规定具体详细，严格遵守历史成本原则，多次使用"准备"概念等。企业中的规章导向也是规避风险的一种形式，明确的制度可以使各种企业活动规范化，从而降低不稳定性，一定程度上也就降低了风险。除此之外，德国对财务人员的要求高，奉行"专家主导"也是为了规避风险，因为高学历人员往往是掌握规律、其言可信的人员。与之相比中国文化的不确定性规避程度较低，虽然现代法律制度也日益完善，但企业内部的管理往往比较松散，没有严明的成文制度规定。家长制管理和财务人员的学历水平限制了财务部门职能的发挥，缺乏专业的分析和决策机制。

4.3 对时间的态度

Tronpenaars 和 Hampden-Turner 文化模型中与时间有关的文化维度涉及的是并行性(Serialität)和序列性(Parallelität)这对概念。并行性是指同时进行多

---

[1] Andreas Engelen&Eva Tholen. Interkulturelles Management. S. 40.

项活动的倾向。在并行性特点更突出的文化中，时间安排是非常灵活的，在特殊情况下各项工作可在短时间内进行调整，人们不排斥同时做几件事情。序列性是指按顺序进行活动的倾向。在这种社会文化下，人们更习惯一个接一个地处理各项事宜，严格遵守之前制定的时间表，不太接受临时调整或者同时进行多项工作。

并行性和序列性文化特征在中德企业财务部门的组织形式中有所体现。德国企业的财务部门一般下设统计信息部、会计核算部、税务部、预测部等。各部门各司其职，分工明确：统计信息部主要收集和统计企业的生产经营信息，对数据进行分析处理；会计核算部的主要职能是进行数据核算，确保信息准确；税务部研究税收政策，依法纳税，合理避税；预测部则主要负责财务预测，进行预算控制。各部门相互合作，权责分明，且对信息的利用顺序是先后连贯的。中国企业的财务部门则更倾向于并行运转，按会计要素划分，没有明确对信息的收集整理和分析利用进行划分。财务人员往往同时要进行信息收集、计算和预测工作，各部门对数据的获取有一定的重复性。

5. 总结

财务模式的形成与社会经济环境、法律制度、政治体制等各方面联系密切，但除此之外社会文化环境也是不可忽视的关键一环。在经济全球化的今天，各国企业的财务模式之所以相差甚远，文化因素起到了很大的影响作用。

中国和德国拥有截然不同的文化根基，在此基础上形成的企业管理文化自然大不相同。中国受儒家文化影响深远，属于群体导向型文化，其财务模式体现出传统家族文化的特征，强调满足国家宏观调控需要，政府主导、高管主导的特征明显。德国文化受严谨的罗马文化影响较大，强调法治与秩序。其财务模式严格遵从立法管理，信息披露有所保留，频发提取准备金，表现出极强的稳健特征。

在全球经济一体化的今天，企业财务模式也有逐渐同化的趋势，各国不断向国际统一标准靠拢，但其自身文化对财务模式的影响是无法磨灭的。通过对中德企业财务模式的对比，分析其中的社会文化因素，能够帮助企业在经济活动中更深刻的理解双方的差异，理解差异背后的原因，从而更容易求同存异，促使跨国经济活动的顺利开展。除此之外，了解他国企业的管理文化，通过对比与反思，能够促进本国财务模式的改进，使企业在市场活动中更具竞争力。

参考文献

[1] Engelen, Andreas&Tholen. Eva. Interkulturelles Management[M]. Stuttgart：Schäffer-Poeschel Verlag, 2014:40.

[2] 王冲. 中国式企业财务制度文化的探索[J]. 中国市场, 2014(06):56-57+94.

[3] 张露文. 基于文化差异的财务组织设计研究[D]. 复旦大学, 2009.

[4] 中国财政科学研究院财务与会计研究中心课题组. 各国会计法律制度研究[J]. 财政科学, 2017(04):14-30+35.

[5] 孙满. 关于公允价值和历史成本会计计量模式的比较分析. (2012-03-26) [2020-12-08] https：//www. chinaacc. com/new/287_288_201203/26su197363849. shtml.

[6] 中国经济研究报告. 福布斯：2014年中国家族企业调查报告. (2014-09-18) [2020-12-08] http：//www. 199it. com/archives/275380. html.

[7] 中华人民共和国财务部. 企业会计准则第39号-公允价值计量. [2020-12-08] http：//kjs. mof. gov. cn/zhuantilanmu/kuaijizhuanzeshishi/201512/t20151208_1602631. html.

[8] 驻德国经商参处. 德国国有企业情况初探. (2017-04-12) [2020-12-08] http：//de. mofcom. gov. cn/article/ztdy/201704/20170402556522. shtml.

中德企业文化差异对比初探

张丽萍

摘要： 在经济全球化的今天，在国家战略引导下，中国以其日渐强大的经济实力和市场潜力，向世界打开了国门，中国企业国际化成为常态。当前背景下，分析跨国企业在管理经营过程中因文化差异而产生的冲突，加快跨越文化障碍对企业发展的制约有着重大意义。

目前，中德两国的合作愈加深入，越来越多的跨国公司和中德合资企业孕育而出。但是双方社会文化背景不同，造成了许多跨文化冲突。若不能恰当处理，易造成管理双方信任缺失，关系紧张，导致企业管理效能低下，丧失竞争优势和市场机会。

本文通过对比中德企业文化在表观文化、决策方式、管理方式和价值观等方面的不同，希望能够给中德企业互相了解提供更多的参考，使双方能够更加理解对方的文化，从而更好地进行企业交流与合作。

关键词： 中德企业文化差异　企业管理　跨文化

1. 研究背景

当今世界，随着中国经济的迅猛发展，中国在世界经济中扮演着越来越重要的角色。尤其是自中国成为仅次于美国的第二大经济体，更是在世界经济中占据着举足轻重的地位。中国改革开放的政策效应及经济发展的示范效应吸引了大量国外公司到中国从事投资。中国已连续多年成为仅次于美国的第二大投资东道国。

德国作为欧洲传统的经济强国，发展跨国性经济是其经济保持发展的必然要求。中国作为有着巨大发展潜力的新兴市场，越来越多的德国企业把目光投向中国。

但是因为东西方巨大的文化差异，不少德国企业在经营管理中都不同程度地感受到了文化差异带来的挑战。因中德文化的不同造成了许多合资企业在管理和沟通上的困难，如果企业正确处理跨文化冲突，在这方面处理得顺利，就能够实现合资企业管理双方的兼容，提高合资企业的生产效益。如果企业对跨文化冲突处理得不好，则容易使合作双方引起误会，造成关系紧张和信任缺失，导致管理效能低下，丧失市场机会和竞争优势，甚至可能酿成更大范围的社会危机。

为了减少文化差异成本与合资的失败，人们逐渐意识到研究跨文化管理的重要性，通过研究合资双方的不同企业文化，进行文化整合，让和谐的文化促进企业的管理，实现企业的目标。

2. 研究意义

近几年来，随着全球化的发展，企业文化问题的研究越来越受到国内外学者们的重视。任何企业都是在一定的文化背景中生存和发展的，文化不仅制约着企业的营销方式，也制约着企业的管理。在经济全球化的条件下，越来越多的跨国企业必然会与世界各国的不同文化进行交流，由于文化背景的不同，文化碰撞是不可避免的。

在合资企业的管理过程中，文化冲突必然会影响和制约企业的管理，如果不能有效地处理，则容易使合作双方产生误会，有可能降低企业的管理效率，使企业丧失市场机会和竞争优势，从而制约企业发展。从因文化冲突而导致企业合资失败的案例中，人们逐渐意识到跨文化管理的重要性，通过研究合资双方的不同企业文化，进行文化整合，树立共同的企业价值观，实现企业的共同目标。

自改革开放以来，中德两国经济联系愈来愈紧密，中德合资企业日益增加，德国是中国在欧洲最大的贸易合作伙伴。而中德合资企业由于文化背景产生的冲突和隔阂不可避免。本文主要通过分析中德企业文化的差异，思考如何解决跨文化冲突，提出几点较好的处理文化冲突带来的问题的办法，为准备对外投资经营的中国制造企业提供经营管理活动的一些参考，具有很强的现实意义。

3. 企业文化的内容

企业文化作为新的管理学概念，是在20世纪70年代末80年代初由美国的一些管理学家通过比较日、美两国企业的经验后提出来的，从而在美国乃至全球兴起并带来了一场企业管理的革命，其理论和实践给当代企业管理以深刻的影响。简单地讲，企业文化是"以形成最佳的经营管理机制为目的，以人的管理为主体，以企业精神的共识为核心，以群体行为为基础"的企业精神活动及其成果的总和。

一个企业文化包括硬性的和软性的两方面因素。它不是仅仅表现在企业管理的一两个环节上，而是表现在企业的产品、流程、服务、管理、培训以及技术开发、资产运作等环节上，也可以表现在企业的人事政策、企业氛围，甚至职工的着装、企业的信纸颜色和形式上。这些因素一部分是显性的，一部分是隐性的。

从内容结构来看，企业文化包括三个层面。第一层面，即制度文化，指的是组织结构、制度流程、目标决策等外在因素；第二层面，即交际文化，也称行为文化，指的是企业与外界以及企业内部人与人之间的交往形式；第三层面，观念文化，是企业文化中的内在因素，指的是价值观、信仰、观念等因素。[1]

这三个层面的文化又分别属于三个不同的范畴：企业哲学、企业认同和企业伦理。

（1）制度文化属于企业哲学的范畴，它涉及企业的经营目标和经营理念，包括企业对人、环境的理解，从而决定它所采取的管理制度。

---

[1]何华. 中德企业文化差异初探与思考[J]. 商情, 2012(15)：189-190.

（2）交际文化属于企业认同或企业形象的范畴，指的是企业在公众面前主动地或被动地表现出来的形象。

（3）观念文化属于企业伦理的范畴，其基础是企业的世界观，以及由此而形成的以经营理念为代表的价值观念体系，用以指导企业在运作中应自觉遵守的道德及义务，如诚信、正直、责任心等。

深入理解"企业文化"一词的内涵和实质，比较中德企业文化的差别，对创造具有中国特色的企业文化，进行富有成效的跨文化企业管理有着现实意义。

4. 中德企业文化差异

中国和德国是两个有着不同文化背景的国家，其企业文化也有许多不同之处：前者以儒家文化为主，强调伦理道德，注重人事管理；后者以基督教精神和西方人文主义思想为基础，创建了一套理性的管理制度。本文将从表现文化差异、制度差异和价值观差异三方面进行对比和探讨中德企业文化的不同。

4.1 表观文化的不同

表观文化是文化最表层、最显而易见的形式，也是文化冲突最主要的表现方式，通常会因为衣着打扮、行为举止和语言表达等差异而呈现出不同特点。对于表观文化而言，由于表达方式的不同，可能会出现一些文化冲突，比如声音、肢体语言、沟通方式等。

例如，中国人说话讲究含蓄，旁敲侧击，人们常根据隐含的意思和话外之音去理解信息传递者的意图。在中德合资企业交流中，偶尔会发生这样的情况，本来很简单明了的问题，德方与中方交流时，随着中方领导的阐述和问题的深入，德方人员倒越来越糊涂了。

而德国人语言表述则直接明确。德国人讲话习惯开门见山，不拖泥带水，不转弯抹角，喜怒哀乐都写在脸上，感情变化很容易从面部表情上看出来。这样的特点在沟通时，信息的传达快捷清晰，不需要费心思去琢磨话语的潜台词。

许多中国人认为，过于直白的描述，会使事情缺少回旋的余地。尤其是在商务领域，某些场合特定的信息需要一定的模糊性。中国人认为这样可以使自己拥有主动权，尤其是当一些不可预知的情况出现时，可以随着事情的进展灵活应变。在大庭广众之下，德方人员过于直白的指责，会造成中方人员的难堪，感到丢面子，可能会使中方人员产生消极抵制心理，反而不利于问题的解决。

4.2 管理方式的不同

(1)中国企业实行伦理化的人事管理

受中国传统儒家文化的影响，中国企业文化中的核心内容是伦理道德，可以说，伦理性的管理机制是中国企业管理中的一大特征。中国的企业管理以人事为中心，干部的优劣，职工的好差，皆以道德是非标准为最高准则。平时所说的"感情留人"指的就是企业实施伦理式管理所产生的效果，也是企业用以凝聚人心，发展事业的保证。

然而，伦理式管理带来的弊端也是显而易见的，例如，企业尽管有一套规章制度，但在具体执行中，往往会偏离制度而注重人情关系。在解决具体问题时往往是精神疏导重于制度管理，致使形成"人治""情治""法治"相结合的企业管理，有时甚至会出现规章条例形同虚设，人情面子解决一切的现象。

(2)德国实行制度化的硬性管理

德国著名的社会学学者马克斯·韦伯在20世纪初建立了组织理论，他认为组织应分级管理、下级服从上级，层层职责分明，不仅适用于政府管理，也适用于企业管理，这一理论为现代企业管理奠定了理论基础，其影响不仅仅限于德国本土。[1]

德国企业的经营理念是：以追求利润最大化为企业终极价值目标。德国企业多数是私有制企业，历来是独立的经济组织，它的一切活动都可归结为经济活动，因为它的终极价值目标就是利润的最大化。企业获利不仅决定着

---

[1]朱婕. 中德企业管理文化对比[J]. 吉林广播电视大学学报，2011(06):119-160.

企业的前途和命运,而且决定企业与企业家在社会中的地位和形象。有了好的经营理念,还必须落实到制度层面。俗话说:"没有规矩不成方圆",良好的理念必须要有一套行之有效的制度文化来加以保证,才能有效体现企业的竞争力。

德国企业在经营管理中的最大特征是比较重视"管理硬件"。所谓"管理硬件"是指企业在经营管理中重视企业经营管理的硬性面,即战略、结构和制度。

①战略方面表现为企业未来发展的战略规划和策略,如产品策略,企业为了开发新产品不惜资金来搞技术开发和研究,以期占领市场。

②结构方面则重视人员的配备和管理制度的科学性。

③在制度方面,企业的硬性管理突出一个"严"字,主要表现在依靠严密的组织结构和严格的奖惩条例,对职工的行为进行规范,把从制度上加强对员工的控制作为实现组织目标的重要手段。在企业制定的标准和条例中,职务规范非常严格,岗位职责明确,任何情况下不容越位。上下级的界限分明,无论是决策机构还是经营机构都要求在工作中不折不扣地履行职务规范和岗位职责。在每个德国人心中形成了"心灵契约",成了根深蒂固的自觉职业行为。闻名遐迩的德国质量就是依靠了严格科学的管理制度、严密的质量保证体系和全体员工的责任心而创造出来的。

4.3 决策方式的不同

(1)中国企业的决策带有一定的行政性

改革开放以来,我国的经济体制改革目标是社会主义市场经济体制,除了所有制基础不同外,在许多地方与德国有着相似之处。从决策机构来看,国家作宏观调控,国有企业实行"国家所有,企业经管,分级监管"的管理体制。①

与德国企业不同的是,中国的企业在传统计划经济体制下,是一种政治结合型的组织结构,附属于各级行政管理部门,其行为带有很强的行政性。

---

① 金秀芳. 中德企业文化之比较[J]. 同济大学学报:社会科学版,2002(01):40-46.

当前，中国的企业正处在经济体制和改革环境中，新旧体制都会对企业以及企业文化产生影响。所以，有的企业在决策时出现"两只眼睛，一只盯着市场，另一只盯着上级"的独特现象。随着社会主义市场经济体制的逐步完善，这种计划经济体制下出现的决策弊端将逐步减少。

(2)德国企业实行集权与分权相结合的决策体制

从决策结果来看，德国实行的是一种独特的集权与分权相结合的决策体制，政府进行宏观决策，政企分开。国家干预经济的行为除了要确立一个能保证让物价稳定的货币金融体系外，更多的是通过宏观调控和政策导向（如，鼓励投资，促进经济稳定，提供社会福利项目等）来稳定发展经济。国家既不干涉企业的经济活动也不插手市场经济的运转，而是让企业本身去适应市场的变化。[1]

在微观决策上，企业的决策和经营在国家规定的范围内完全自主。即使在政府股份比重比较大的一些企业里，决策也按自主的原则进行，而不受政府的干预，大多数的经济决策由企业根据消费者的需求和市场的变化做出。

简而言之，在中国，企业管理者与员工的权力差距大，通常是领导者或者领导班子小集体决策公司的各项事务，企业员工参与企业的管理机会很小。在德国，无论是大的跨国企业，还是小企业，管理者与员工权力差距不明显，企业通常愿意倾听员工的意见，员工也把自己当作企业的一分子，愿意为企业发展献计献策。

4.4 价值观方面的不同

文化会体现在企业经营管理的各个方面，对于企业的管理影响不可忽视。中德两国的企业的核心价值观有所不同，这在行为方式、人际关系和工作态度上展现的尤为明显。

4.4.1 行为方式

在行为方式方面中国人的一个显著特点是，无论是工作还是休闲，中国人都表露出惯于利用"关系"的行为方式特点。比如找工作、看医生、寻旅行

---

[1] 张翔. 德国中小企业发展对中国的启示[D]. 武汉科技大学, 2014.

社等都会习惯性的先看看有没有"关系"。这里的"关系"是指个人的社会关系与交友网络。中国人十分看重非正式渠道的关系，并以此作为其自身发展的社会资本。与"关系"紧密相连的还有"圈子"的概念。中国人社交中有所谓的"圈子"，从表面上看，大家好像平等相处，一团和气。但实际上，尤其在一些非常时刻，圈内圈外对许多人有很大的区分。能进入圈内，有时就成了某些事项或活动获得成功的关键。

如何才能维护好"关系"，首先工作或者商务上大家要能够互相照应，另外，业余时间也需要你花费一定的精力和时间，比如共同参加一些业余活动，常见的有共进晚餐，对方生日时前去祝贺等，这些都能对关系的维系有很大的促进作用。关系导向的行为方式会有一些消极成分，比如造成不公平竞争、暗箱操作、易滋生腐败等。但在中国这是一种客观存在，作为中德合资企业，在中国市场上开展经济活动，这是不可能回避的问题。尤其是在商务领域，与客户、供货商、经销商等建立良好稳固的关系网络，对企业的长期稳定发展具有重要意义。

由于关系导向的原因，在时间方面中德也有着显著的差异，德方工作和业余时间区分分明，中方工作时间和业余时间界限会不太明确，尤其是在做管理和商务工作时。比如业余时间和同事及客户的接触，在中国许多成功人士也会投入较大的精力。因为大家清楚，在业余时间的交流，有时候更能创造出一个融洽合适的氛围，某些情况下，更利于问题的解决。

与之形成鲜明对比的是德国人对待时间的态度。在八小时工作时间内，德国人会尽力地工作，但下班后就是自己的时间，希望能够独享自己的个人空间，家庭生活占据着重要的位置。不希望有别人打扰，包括工作方面的内容也会尽量避免提及。

4.4.2 人际关系

人际关系反映的是个体与他人发生的关系。在人际关系方面的价值取向主要有"个人主义"、"集体主义"与"等级主义"三种变化。在人际关系方面，中国社会始终都是集体主义文化占统治地位的。中国传统儒家文化的修身、齐家、治国、平天下之术，推崇的就是以大家庭为核心的治理模式。大家庭制的基本管理理念是以整个组织为一个大家庭，大家都为同一理想与目标而奋斗、献身。这个大家庭自然也要照顾和保护其每一个成员。这一理念便衍生出人人听命、依附和归属于自己的组织（大家庭），而组织则对每一成员一生的工作与生活的各方面负责的体制。

在西方国家，业余时间在大街上游览时，喜欢成群结队在一起的大多是东方人，比如中国或者日本游客。这就反映了中国人的大家庭观念，一个人默不作声地做一些事情，很多中国人会觉得索然无味。在典型的大家庭式企业管理模式中，层次和等级观念是比较鲜明的。领导的意见和命令，下属在做自己的工作时要给予充分的考虑和重视。这种行为模式，优点是行动上下一致，命令和指示容易贯彻执行。缺点是会压制民主活跃的企业氛围，容易形成一言堂。

在德国企业文化里，往往会突出个人主义，同时领导和普通员工之间等级观念不显著。在德国企业里，只要是为了工作需要，普通员工也会和自己的上级据理力争。有时会发展到强烈的语言冲突，甚至面红耳赤。可是事情过后，双方会言归于好，继续合作。同时工作上的争执一般会仅仅限制在工作层面上，不太容易发展为个人攻击，更不会对个人的职业发展造成不利影响。

4.4.3 工作态度

德国人行为的一个鲜明特色是规矩有条理。在德资企业，如果留心观察德方人员的办公桌，会发现文档材料排放整齐，拉开抽屉，钉书器、胶水等办公用具都有特定位置，码放得整整齐齐。用完后，都会放到原来位置。

在工作实践中，有一次在和外方经理合作的时候，笔者需要记录一个电话号码，笔者就拿起一张纸，在上面随意记了下来。写完后外方经理很诧异，说你怎么不写在纸的左上方开头处或者方方正正写在中间呢？德国人的认真和严谨可见一斑。德国人工作的严谨认真是举世闻名的。在工作中，德国人习惯做计划，时间节点会特别的精确。即使是一些小的事情，德国人也会一丝不苟地列出计划。在工厂里会经常看到，为了检查或者保养设备，德国人会整个身体钻在机器下面，油污灰尘全然不顾。对设备会像对待婴儿一样细心地呵护，与个别中国年轻技工习惯性的野蛮操作形成了鲜明的对比。

中德方员工工作方式上的差异在现实工作中时常会发生碰撞，笔者就亲身经历了这样的事情。有一次，公司新进了生产设备，来了几个集装箱，承担拆卸工作的运输公司到后，德方经理拿出了一份自己之前苦心考虑的详细的书面计划，集装箱放置的时间顺序、位置一目了然。而在场的中方负责人看后，虽然表示赞叹，但在工作中却置之一旁，因为他认为拆卸顺序需要现场灵活判断，另外他认为一上午的时间足够，可以允许有一些小的误差。

4.5 其他方面的不同

中德企业的不同体现在很多方面，除了管理方式和决策方式的不同，在员工培训和奖励政策方面也有很大不同。

(1) 员工培训方面的不同

中国企业在员工教育培训方面的投入不多，企业不愿意过多投入培养人才，害怕员工成长起来以后，"跳槽"变成竞争对手。而德国企业比较重视人才培养和员工的教育培训工作，把员工当成企业的重要组成部分，作为企业文化的一部分。

(2) 奖励政策方面的不同

中国企业往往把给个人提供一份稳定的工作，再加上职务上的升迁，作为对职工工作的激励。德国企业是以工作为导向的，个人主义倾向性较强，通常以实现自我价值来激励员工。

5. 对中德合资企业跨文化管理的建议

在了解了中德企业文化差异之后为了能实现有效的跨文化管理和跨文化交际应注意以下的几个方面：

首先，无论企业大小，合作双方需要有共同遵循的价值观，例如，生产优质产品，坚持质量第一，提供一流服务，诚信为本，等等。建立共同的价值观，使中德企业所有员工为了一个共同的目标而努力，可以缓和合作双方的文化冲突，增加企业的凝聚力和向心力。

其次，在跨国企业中，无论是领导还是员工首先要确定正确积极的态度，要正视企业文化差异的客观存在，不能消极回避。再次，在尊重理解对方文化的这一指导思想的前提下，摒除一切的文化偏见，切勿产生先入为主的思想。例如，认为德国人刻板冷漠没有激情，或者认为中国人不重视质量，没有时间观念。在管理风格和方法发生差异时，力求做到求大同存小异，通过积极主动的交流和沟通逐步缓解矛盾和冲突。

此外，极度的民族主义的跨文化管理也会挫伤同事间的信任，伤及企业和团队的团结和士气；反之，一味的崇洋媚外的心态，同样也不会达到跨文化交际中真正的平等成功的沟通。企业可以开展多方位多层次的跨文化培训。[①] 比如，在员工中开展语言培训的同时，加强异国文化知识的扩充，增强员工跨文化意思的培养，提高员工的文化敏感度。可以考虑从以下方面着手：

(1) 确立双方认可的核心价值观

共同认可的价值观是双方合作的基础，也为合资企业的发展确定基调，要充分调研，并征求双方管理者的意见。

(2) 进行广泛的充分交流

把各自的价值观、思维方式和行为准则等进行充分沟通，促使双方人员互相理解，互相适应。

(3) 加强跨文化培训

运用短期的有效的培训对管理者以及普通员工进行培训，包括语言、文化、地域环境、沟通方式等。

(4) 规范管理制度

加强制度化建设是把不同地域文化、不同管理文化的企业职工形成一个整体的有效手段。通过制度建设实现各部门、各班组日常管理工作的标准化、制度化和规范化，尽快使员工在实际工作中，按照规章制度进行规范运作。

---

① 郑应友. 德国企业文化对我国中小企业文化建设的启示[J]. 中原工学院学报，2016，27(05)：99-102.

(5) 重新架构组织机构

当企业并购时,首先要尽快稳定因并购而导致的人心动荡,尤其是东道国的职工。若任用本地的管理者,通常会对迅速稳定员工情绪起到积极作用。例如,联想集团最初并购万国商业机器公司(IBM)时,就任用了原公司副总裁为新企业首席执行官,使公司实现了稳定的过渡,迅速走上了正轨。

(6) 企业文化的完善

在合资企业运行走上正轨后,这时的企业文化要随着企业内外部环境的变化,再进行调整完善,使企业文化适应企业长期发展的目标。

6. 结语

综上所述,中德企业文化的差异主要表现在以下方面:

(1) 文化基础的差异

德国企业文化以基督教理性精神和人文主义思想为基础,注重科学与法制。

中国企业文化的基础则是儒家文化,注重"人情"和"精神"。

(2) 决策方式的差异

德国企业的决策方式以企业发展和市场竞争本身的内在逻辑为依据,所以,决策较少出现失误,执行起来也迅速。

目前,中国企业的决策方式呈多元化趋势,但计划经济体制下的决策方式还会或多或少地影响着企业。一旦决策者对企业和市场的理解与认识滞后于它们自身的运作规律时,决策就会出现偏差。

(3) 经营理念上的差异

德国企业的经营目标是以追求利润最大化为企业终极价值目标。企业在竞争中保持优势的法宝是品牌意识、质量意识和用户满意。[1]

在中国的许多企业中,营销观念尚未成熟,经营哲学基本上还是一个生产观念和推销观念的混合体,其结果往往是大量地生产产品并通过低价推销

---

[1] 金秀芳. 中德企业文化之比较[J]. 同济大学学报:社会科学版,2002(01):40-46.

来争夺市场。

(4)管理制度上的差异

德国企业注重法制管理，同时也注重个人的发展。这种制度下的员工，虽然有机会充分发展自我，但也必须要忍受刻板、冷漠的工作环境。

中国的企业注重人情，这对凝聚人心很有效果。但偏重人事和伦理化的管理，往往忽视了制度的实施。而且，当企业发展到一定规模的时候，人力资源配置上的滞后就会影响企业的发展。

参考文献

[1]金秀芳.中德企业文化之比较[J].同济大学学报：社会科学版，2002(01)：40-46.

[2]张翔.德国中小企业发展对中国的启示[D].武汉科技大学，2014.

[3]朱婕.中德企业管理文化对比[J].吉林广播电视大学学报，2011(06)：119-160.

[4]何华.中德企业文化差异初探与思考[J].商情，2012(15)：189-190.

[5]毛红华.YB公司跨文化管理策略研究[D].南京理工大学，2014.

[6]杨光利.华晨宝马公司企业跨文化整合研究[D].吉林大学，2015.

[7]丛明才，黄文西.跨文化视域下中德中小企业文化对比研究——以辽宁省为例[J].东北亚外语研究，2017，5(02)：94-97.

[8]郑应友.德国企业文化对我国中小企业文化建设的启示[J].中原工学院学报，2016，27(05)：99-102.

[9]范杭.一汽大众汽车有限公司跨文化管理研究[D].吉林大学，2009.

[10]冉云芳.企业参与职业教育办学的成本收益分析[J].华东师范大学，2016.

[11]郑应友.德国企业文化对我国中小企业文化建设的启示[J].中原工学院学报，2016.

[12]张晓玲.跨国企业中上下级信任关系的构建[J].德国研究，2010.